Judith M. Bennett

MEDIEVAL EUROPE
A SHORT HISTORY
（Eleventh Edition）

欧洲中世纪史
（第11版）

[美] 朱迪斯·M.本内特 著

林盛 杨宁 李韵 译

上海社会科学院出版社
SHANGHAI ACADEMY OF SOCIAL SCIENCES PRESS

前　言

30 多年来,C.沃伦·霍利斯特以其独特的历史观及迷人的风格为《欧洲中世纪史》注入了活力。即便这已是我着手参与的第三版,书中也依然留有他的印记,但他已不再是直接的作者。我和本书的所有读者们一样,对他心怀感激,感激他经久不衰的才智、学识和人文关怀。

我与中世纪人的初次邂逅充满愉悦和幻想,如今我依然坚定地相信,中世纪的历史乐趣非凡。我在中学时广读中世纪的小说——从而着迷于这一时期。现在我勉励我的侄孙本内特和萨缪尔·科基什一起读中世纪的小说,玩中世纪的电脑游戏,只希望他们也会为此着迷。我将这本书献给他们,因为中世纪令他们时而展露出的喜悦让我想起,这段历史不仅重要,也很有趣。我期盼,任何在大学中读到这一教科书的人,都不会感觉这一切乐趣不复往昔。

本版新内容

在编撰第 11 版时,我和先前的霍利斯特教授一样,谨守一个信念,这一教科书应当反映的是历史的共识,而不是大胆的新观点。本书依然着重在中世纪西方这一焦点上,而拜占庭和伊斯兰世界仅是配角。如今有些教科书将这三大文明一并囊括,但在我看来,这样的一味求全只会损失相当程度的深度与细微之处。这一教科书绝不应该对中世纪基督教国家的这些近邻熟视无睹,但拜占庭与伊斯兰有其自身更庞大的历史,难以在这区区数页中尽数亮相。我们牢牢植根于西方,才能梳理出更连贯而富有质感的历史,同时也能更多地探讨女性史、社会史和中世纪晚期史。本书并不全能,旨在重点完成一个简单的任务:帮助理解中世纪西方各民族如何建造他们的世界,理解并改变他们的世界。

新版包括许多小的改动和几处大的变动,包括:

● 第一章现在囊括了原先两章解说的内容,这样能让学生更快进入公元 500 年之后的古代西罗马帝国的世界。

● 本书三大部分——中世纪早期、中世纪中期、中世纪晚期——的引言被删去了,内容被并入正文,让过渡更加平顺。

● 新加入的第七章单独探讨教皇政权,给学生提供更扎实、更连贯的叙述。

● 第十章现在包含了全部中世纪国家的历史,尤其是将神圣罗马帝国放到与英国和法国一样重要的地位上。

xx

● "视觉材料"经过大幅修订,图片数量之多前所未有,并且有大量新图片。

● "人物传略"经过修订和加强,鼓励更多学生使用。

● "参考书目"从印刷版换到了网站(MedievalEuropeOnline.com)上,这样我能定期更新,为师生所用。

● 所有引用的"引文出处"也同样移到了网站上。这一方面节省纸张和成本,同时也让对某句引用产生兴趣的学生依然能找到现代翻译。

● "国君与教皇列表"添加到了相关章节的框中。喜欢旧版完整列表的人依然可以在网站上找到。

网站

本书有两个强大的网站支持。

MedievalEuropeOnline.com 是由我直接管理的网站,提供开放访问。网站上的内容包括:

● 本版中所有地图和年表图片都可供下载,方便教师在课堂上使用。

● "参考书目"我会定期更新,提供最及时的历史研究和已出版原始资料的建议。

● "线上资源链接"也会定期更新。可以在其中找到有用的资源(例如线上参考书目和原始资料)以及有趣的资源(例如有关中世纪的最新新闻,还有一个有关"趣味真相及其他中世纪乐事"的板块)的链接。

● "其他材料",均节录自这一版(引用的引文出处;教皇与国君的统一列表;一篇删去的人物传略)。

这个网站是这一版的新功能,我希望上面的内容能及时有效地满足师生的需求。欢迎访问这个网站并为我提供反馈。

还可以访问麦格劳-希尔的网站(www.mhhe.com/bennett11)。上面的教师手册可供下载,有密码保护,包括章节目标、章节纲要、研讨课题。学生可以找到各种学习工具,包括学习技巧入门、多项选择测验和问答测验,可以帮助他们准备这门课程。

致谢

这本学生用书在很大程度上得益于学生。从感到无趣的学生那里,我学会了如何"唤醒"我的听众;从感到迷惑的学生那里,我了解了我必须明意、解惑;而从感到怀疑的学生那里,我找到了大量亟待重新思考的假定。对于他们,我全部都要感谢,无论是在我的课堂上享受的人,还是有时在我课堂上忍受的人。我还要衷心感谢珍妮丝·威金斯(Janice Wiggins)在这次修订的全过程中给予的帮助,她的理智与耐心无与伦比;简内尔·维尔纳(Janelle Werner)和克里斯汀·杰曼(Kristen Geaman),在教授第 10 版时用敏锐的眼光找出错误和拼写问题;达娜·布林森(Dana Brinson)、埃德蒙·马萨(Edmund Mazza)、A.康普顿·里维斯(A. Compton Reeves)、迈克尔·克兰西(Michael Clanchy)、艾琳·卡特(Erin Carter),他们找到了更多的差错处;拉姆齐·罗菲(Ramzi Roughi),提供迅速的建议;乔什·韦斯特高(Josh Westgard),不仅帮助 MedievalEuropeOnline.com 网站上线运行,还对其进行了大幅度改进;辛茜娅·赫拉普(Cynthia Herrupt),感谢她长期的耐心和好脾气。

麦格劳-希尔出版公司和我感谢本版的审阅者,感谢他们的评论与建议:爱荷华州立大学的凯文·D.希尔(Kevin D. Hill)、福坦莫大学文科研究学院的帕特里克·霍尔特(Patrick Holt)、加利福尼亚大学戴维斯分校的丽莎·贾斯蒂斯(Lisa Justice)、加利福尼亚大学伯克利分校的杰弗里·科齐奥尔(Geoffrey Koziol)、德克萨斯州立大学的伊丽莎白·马考斯基博士(Dr. Elizabeth Makowski)、北卡罗莱纳州立大学的朱莉·梅尔(Julie Mell)、波特兰州立大学的约翰·S.奥特(John S. Ott)、威登堡大学的克里斯汀·拉芬斯珀格(Christian Raffensperger)、克里夫兰州立大学的劳拉·韦特莫(Laura Wertheimer)。

至于书中仍存在的错误,我也只能重复霍利斯特教授的话。针对所有错误与风格缺陷的批评,我都欣然接受。我希望你们能喜欢我在后文书页中所取得的成功,也能理解我有时犯下的错误,并告诉我你们的评价和指正。我保证心怀感激予以回复,绝不拖延,以期在未来做出修正。

朱迪斯·M. 本内特
加利福尼亚州帕萨迪纳市

目　录

人物传略

中世纪传说

年　表

地　图

插图列表

作者简介

朱迪斯·M.本内特(Judith M. Bennett)

在南加利福尼亚大学(University of Southern California)教授中世纪史和女性史。在迁至洛杉矶之前,她在北卡罗莱纳大学教堂山分校(University of North Carolina at Chapel Hill)任教,是该大学的玛塔·奈尔·哈迪杰出教授(Martha Nelly Hardy Distinguished Professor)。她曾就读于霍约克山学院(Mount Holyoke College)、多伦多大学(University of Toronto)及天主教中世纪研究院(Pontifical Institute of Medieval Studies),现已撰写了许多关于中世纪农民、女性和家庭的专著与论文。本内特教授的研究获得古根海姆纪念基金会(Guggenheim Memorial Foundation)、美国人文基金会(National Endowment for the Humanities)、美国学术团体理事会(American Council of Learned Societies)、美国人文中心(National Humanities Center)、福尔杰莎士比亚图书馆(Folger Shakespeare Library)、汉庭顿图书馆(Huntington Library)等许多机构的支持。本内特教授曾在澳大利亚、英国、美国讲学,是美国中世纪学会(Medieval Academy of America)和伦敦皇家历史学会(Royal Historical Society in London)会员,曾在中世纪学会、北美英国研究会(North American Conference on British Studies)、历史上的女性协调委员会(Coordinating Council for Women in History)、贝克郡女性历史学家联合会(Berkshire Conference of Women Historians)等机构任职。本内特教授曾以其学术著作及论文获得许多奖项,也是一名获奖教师。

C.沃伦·霍利斯特(C. Warren Hollister)

在1997年去世前共参与了九版《欧洲中世纪史》的编撰。他是知名的学者、受人爱戴的教师,是加利福尼亚大学圣芭芭拉分校(University of California, Santa Barbara)历史系的创始成员。他对这本教材的洞见依然塑造着本书的形式与丰富内容。

导　言

　　"中世纪是欧洲历史上一个灾难性的时代。"虽然这种说法早已过时,而且极不可信,但是仍然被广泛地接受。今天,一提到"中世纪"(medieval)这个词,人们脑海里就浮现出许多可悲可叹的事物,比如宵禁制度、残酷专制的政府、混乱的等级制度;《纽约时报》2000 年 11 月的一则社论里甚至用"中世纪投票机器"来形容布什和戈尔在佛罗里达州的竞选之严酷程度。中世纪(Middle Ages)始于 5 世纪,迄于 15 世纪,整整横跨 1 000 年。仍有些人认为,这 1 000 年是人类走过的一段漫长而愚蠢的弯路,这 1 000 年的贫穷、迷信和黑暗横亘在罗马帝国古老的黄金时代和意大利文艺复兴的新黄金时代之间。正如一位著名的历史学家在 1860 年所说,在这些年里,人类的意识"有如梦游,至多只是半醒"。另一位历史学家则陶醉于华丽的辞藻,将中世纪描述为笼罩在"一重重铅灰色的迷烟巨雾之中"。对于许多其他人来说,中世纪就是"黑暗世纪",是钉入古罗马和文艺复兴之间的一个巨大错误;而在 15 世纪的某个时刻,这种黑暗就烟消云散了。欧洲苏醒了,沐浴在明媚的阳光之下,开始重新思考。在经历长时间的停息之后,人类再次迈出前进的步伐。

　　这种落伍的理论最早是由中世纪末期的文艺复兴人文主义者和新教徒们提出的。人文主义者希望回到古罗马的盛世,而新教徒则希望恢复基督教最初的传统。对这两类人来说,中世纪这 1 000 年是一个障碍,是过去的荣光和当前的希望之间那沉睡的荒原。出于种种原因,对中世纪的这种不公道的观点持续了整整 500 年。中世纪的人早已入土,即便我们用"原始"来形容他们的习俗,用"粗野"来形容他们的生活方式,用"可怕"来形容他们的价值观,他们也无法起身抗议。他们的静默让我们得以安全地孤芳自赏,以他们的时代为参照,我们的时代才显得非常不错。说到底,有谁愿意生活在没有电、没有自来水、没有计算机的时代? 而中世纪人也会说,有谁愿意生活在受温室效应威胁、布满核武器和超级都市的时代?

导言部分年表　　中世纪，500—1500

500	1000	1300	1500

罗马帝国晚期	中世纪早期	中世纪中期	中世纪晚期	现代欧洲早期

2　　　　无论如何，中世纪都不是一个沉睡的、可怕的时代，而是一个充满变化的时代。公元 600 年的欧洲和公元 1100 年或 1400 年的欧洲有着截然不同的景象。本书也相应地分为三个部分。中世纪早期(Early Middle Ages，约 500—1000)指成形时期。这段时期动荡不安、变化不断，从西罗马帝国的分崩离析延续到较为稳定、自信的西欧文明的出现。中世纪中期(Central Middle Ages，约 1000—1300)，人口逐渐增长，财富得以汇聚，城市得到发展，教育得到振兴，疆域也在扩张。这几个世纪里，我们也看到了宗教改革、学术的进步，以及——非常不幸地——对少数民族的迫害。中世纪晚期(Later Middle Ages，约 1300—1500)则见证了可怕的灾难以及社会形态的变化。在公元 1300—1350 年间，欧洲惨遭饥荒和瘟疫的肆虐；然而在公元 1500 年时，欧洲的生产技术、政治结构和经济组织的发达却使之与世界上的其他文明相比具有绝对优势。哥伦布(Columbus)开始探索美洲大陆；葡萄牙人已绕过非洲来到印度；欧洲人发明了加农炮，开设了印刷厂，造出了机械钟，做成了眼镜和蒸馏酒，发展出许许多多现代文明的组成要素。

　　　　本书将着力于中世纪的种种进步之处，以及这些进步是如何影响到我们现在的世界的。在中世纪之后被称为"现代"的几百年，也就是大约公元 1500—1945 年，欧洲的舰队、军队和思想踏遍全球，并改变了整个世界。直到今天，中世纪时关于教育、政府、社会结构、社会公正的观念仍然影响着非欧洲国家。大学是中世纪的发明；而现在，大学这种教育机构遍布全球。美国、墨西哥、加拿大、以色列、日本，以及东欧的几个新的民主国家，其立法机构都可以说是源自中世纪的国会和议会。当今中国、古巴、朝鲜等国的社会主义制度，也源自西欧的思想；其中一部分可追溯至卡尔·马克思之前好几百年的中世纪晚期。那时的农民反抗更高的社会阶层，用的就是一句超越了阶级的标语：

　　　　亚当耕田，夏娃织布，
　　　　那时哪有绅士淑女？[①]

[①]　When Adam delved and Eve span, Who was then the gentleman? 又可译作"男耕女织，谁人为仕？"这句诗的意思是，在远古时期，男耕女织，是没有高于劳动者的"绅士"阶级的。——译者注

简而言之,西欧改变了整个世界,并将它带入我们身处其中的全球化文明;无论这种变化是好是坏,要了解它,我们必须回到中世纪来寻找一部分答案。在漫长的中世纪,欧洲从贫困而极不安定的农业社会发展成强盛而别具一格的文明社会,对当代世界的成形有着深远的影响。

　　除中世纪与当代世界的传承关系之外,本书也将着力于叙说中世纪的不同,让读者知道中世纪的欧洲不仅是当代世界的前奏,和当代世界相比,更是千差万别。许多不同之处在现在看来颇为奇怪、不可思议。中世纪的人们会幻想出奇形怪状的人种——没有躯干的人、独腿人,还有长角的人,并且还想象他们生活在已知世界之外。他们为什么会有这样的幻想?在瘟疫为害一方时,中世纪的自笞者们会残酷地抽打自己,并陷入虔笃的悔恨直至发狂。这又如何解释?中世纪有奴隶(slaves),也有半自由的农奴(serfs),他们为什么能接受一些人成为奴隶,另一些人成为佃农的事实?有些独特的习俗今天只能在一些虚构的故事中才能看到,比如关于火星人和外星人的好莱坞电影。有些则可见于一些非欧洲的文化:有的文化就将自我鞭笞当作一种宗教情结的自我表达。另一些则彻底消亡,在今天的世界里几乎没有或彻底没有留下丝毫痕迹,比如农奴制(serfdom)。这些已经消亡的习俗也将占领本书一隅,因为它们不仅是人类经验之广度的绝佳例证,更是中世纪世界的有机成分之一;而且对于中世纪,我们不仅仅要观察,更要去理解。

第一章
罗马人、基督徒和蛮族

中世纪早期

　　"中世纪早期"一语,指的是约公元 500 年至 1000 年的一段时间;这两条分界线并不准确,可以灵活看待,在当时也是悄然跨过,不曾引起注意。我们要在这 500 年里停留五个章节,其中我们将看到一个文明衰败(罗马),又有三个新的文明出现(中世纪、拜占庭和伊斯兰),以及这三者中最弱的中世纪西方文明慢慢强大起来,迈入公元 1000 年。

　　我们不会突兀地落在公元 500 年的欧洲大地上;相反,我们会从古罗马步行上路,中途停留探寻罗马文明从 3 世纪以后发生的转变,尤其是基督徒和蛮族所带来的变化。在这一章中,我们还会勾勒出基督教的缓慢传播,新民族的侵略和定居,还有西罗马帝国的倒台。走过这一段预备之路,我们将会来到公元 500 年。

　　随后的四章会探讨公元 500 年后的世纪,罗马帝国被分成了三个后续的文明。我们会追溯昔日罗马帝国东部与南部的疆域如何被拜占庭人和穆斯林主宰,但由于本书的主题是中世纪的西方,我们会主要着眼于拜占庭和伊斯兰文明对西欧的影响——包括文化、宗教和军事方面。西方曾是罗马后继者中最弱的。在 6—7 世纪,这里经受着不断的侵略、政治混乱和经济瓦解。土地拥有者们虽然目不识丁,但作风顽强。他们带着扈从互相讨伐,或与别的野蛮民族作战,最后不得不和逐渐强大的伊斯兰帝国进行战争。在这不断的社会动乱之中,城市人口减少,荒芜破败,农村则饥荒不断,瘟疫肆虐。

　　但是基督教却发展起来。许多信仰基督教的王后通过**通婚劝皈**(domestic proselytization),使她们的丈夫连同他们的王国一起皈依基督。(特殊术语第一次出现时以粗体标记,可以在书后的专业术语表中查到完整定义。)更多刚毅无畏的修道士和修女们则在法里逊人(Frisians)、撒克逊人(Saxons)、巴伐利亚人(Bavarians)和别的民族里发展出许多更谦逊的教徒。他们的修道院是基督教的心脏地带，成为传教事业、农业生产和学术研究的中心。在这个识字人口很少的世界中，修士和修女们通过抄写、保存和研读古代拉丁语手稿，使古罗马文化遗产得以流传。在罗马，**教皇政权**（papacy）的影响却并不强大，但其声称拥有更大的权威，以此来保存由罗马统治的单一**教会**（Church）的理想，就像罗马曾统治的帝国一样。

年表 1.1　罗马帝国，约公元前 31—公元 500

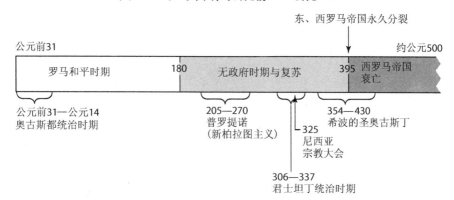

在 8 世纪，一个突然兴起的王朝——加洛林王朝（Carolingian dynasty）——和修士、修女及教皇们密切合作，建立起一个新的帝国，最终几乎覆盖整个西方**基督教世界**（Christendom）。加洛林王朝的传奇伟人——查理曼（Charlesmagne）在公元 800 年戴上皇冠，成为"罗马皇帝"，而这个新的称号既包括了他手中的实权，又包括已经消亡的罗马传统所象征的权力。然而，由于缺乏强大的大城市和受过良好教育的统治阶级，查理曼的帝国在诸多外族的重重侵略下很快崩溃，当时入侵的有维京人（Vikings）、穆斯林和马扎尔人（Magyars）。在这些长时间的侵略过程中，在某种程度上也是为了回应这些侵略，诞生了一些强大的国家，比如在英格兰的盎格鲁-撒克逊人（Anglo-Saxons）和加洛林王朝的日耳曼后裔。而在昔日加洛林帝国的西部，法兰西后裔的统治者势单力薄，因此，保卫家园的任务落到了当地公爵和伯爵们的头上，他们建起城堡，在自己的地盘加强防御，渐渐对势力较小的民众加紧了控制。他们为应对艰难时事而采取的这些勉强维系的应对措施，演变成了我们如今所谓的**封建制度**（feudalism）。

到公元 1000 年，侵略已近结束，在第二个千年的开端笼罩着和平的色彩，农民庆祝着更好的收成，城市居民从贸易活动中获得更大的利润，贵族建造起更大、更好的城堡，教士开始巩固他们的教会。中世纪早期开始于公元 500 年左右,旧的强盛文明那时正在衰落;终止于公元 1000 年左右,新的文明正在成熟;虽然与古罗马迥然不同,但从某种意义上说,却像母子一般有着传承关系。

罗马和平时期(公元前 31—公元 180)及后期

在公元的前两个辉煌世纪中,罗马帝国是当时世界前所未见的最大的帝国之一(见年表 1.1)。"公元"(Common Era)是什么?这一术语是一套罗马人并不知道的纪年系统,而是中世纪时发展出来的。一位中世纪早期的修士以耶稣出生时间来计算自己的生平年份,每一年都是一个"主的年份"(*Anno Domini*,"in the year of our lord")。他的计算有误——如今表明,耶稣实际上大约出生在主的年份 1 年之前的四年——但他的这套系统被广泛采纳,成为全世界的纪年体系。其原先在基督教中的缩写——B.C.(Before Christ)和 A.D.(*Anno Domini*)——现在习惯性地以 B.C.E.(Before the Common Era)和 C.E.(Common Era)所替代。

罗马帝国在公元最早的几个世纪中格外稳定,这种"罗马和平"(*Pax Romana*,"Roman Peace")从今天伊拉克的幼发拉底河畔扩张到大西洋海岸,从北非的撒哈拉沙漠,扩张到欧洲中部的多瑙河(Danube)和莱茵河(Rhein)(见地图 1.1)。帝国自东向西的跨度约为 4 800 千米,和如今的美国大陆不相上下。根据学术界最准确的估计,帝国的人口大于五千万(约为美国人口的六分之一)。中世纪文明将要脱胎的西部省份的人民、资源和文化相对匮乏。而东部省份的商业和文明早在罗马之前就非常繁荣了,那里人口众多,生活富足。尽管希腊归于罗马的政治统治,但其独特的宗教、文学、艺术和城邦,大大影响了罗马的文化,以至于许多罗马人都怀疑到底是谁征服了谁。

大多数富有的罗马人都会说希腊语和拉丁语两种语言,在辽阔的土地上共同享有我们如今所称的希腊—罗马文化。这一文化既深厚又兼收并蓄,但却只影响了社会中很小的一个阶层。大多数普通人则住在农场和小村子里,而不是城市里,他们仍然说着自己古老的语言,遵循着自己的地方传统,膜拜着自己传统的神祇。他们身为"罗马人"不过只是对罗马政权俯首,并向罗马缴纳税款而已。

在这片广袤的土地上,罗马帝国的统治非常稳固,并不压迫。罗马的统治靠的是军队的强大、城市的合理管理和地方上层人士的忠诚。罗马的统一还依靠"罗马"这一概念的力量,这个词的含义慢慢扩大,直到最后,帝国境内的任何自由居民都是罗马公民,即便大多数人从未亲眼见过这座城市的山丘或圣殿。中

7

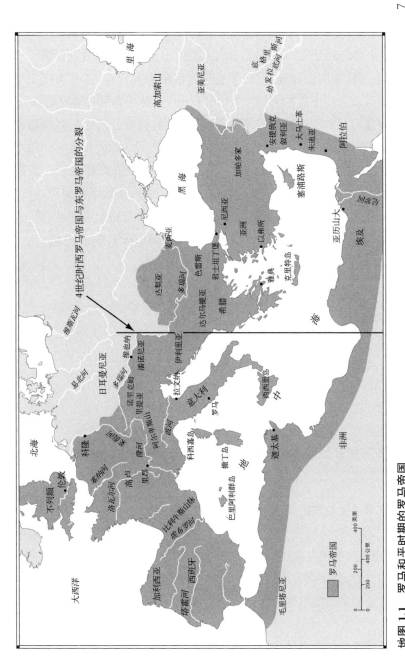

地图 1.1　罗马和平时期的罗马帝国

这是罗马在其鼎盛时期（约公元 180）的地图，地中海整个被它包住。请注意看莱茵河和多瑙河是如何形成罗马帝国的边界的。地图上另外加了一条线，显示出后来 4 世纪时帝国是如何分裂成东西两半的。这次分裂最终导致中世纪欧洲（西面）和拜占庭帝国（东面）的产生。（本书地图均系原书插附地图）

世纪的人们一直都将为罗马这一概念而沉醉——那里有伟大的权力,有持久的和平,有罗马哲学家、艺术家和诗人们留下的文化——他们也会将其影响延伸到超越罗马的历史。在后世,君士坦丁堡的希腊君主、亚琛(Aachen)的撒克逊君主和维也纳的哈布斯堡君主都自称为"罗马"皇帝。即便到如今,罗马的传奇犹在回荡——例如,现代货币上用作装饰的神秘符号,华盛顿特区的古典建筑,还有会把负责诸如禁毒和教育等政府新倡议的人称作"沙皇"(czar,来源于尤里乌斯·恺撒)。

我们现在清楚罗马和平时期也并不总是风平浪静,而曾经把这一时期想象成人类最无忧无虑时代的历史学家们都是戴着有色眼镜的。但公元最初的两个世纪与之后发生的相比,无疑是和平的。在 3 世纪,一切仿佛都乱了。**蛮族**(barbarians)在帝国的边境伏击;罗马军团频繁地废立新帝,略微夸张地说,一个人第一天可能还是将军,第二天就能成为皇帝,而第三天则已一命呜呼;饥荒、疾病困扰着每一个人,通货膨胀严重,生活成本在一代人间暴涨了整整 10 倍。

8

几位罗马皇帝

戴克里先(Diocletian),284—305 年在位

君士坦丁(Constantine),306—337 年在位

瓦伦斯(Valens),364—378 年在位

狄奥多西(Theodosius),378—395 年在位

瓦伦提尼安三世(Valentinian III),425—455 年在位

罗慕路斯·奥古斯都路斯(Romulus Augustulus),474—476 年在位

公元 3 世纪末 4 世纪初的帝制改革多少拯救了帝国的命运。戴克里先皇帝(284—305 年在位)和君士坦丁大帝(306—337 年在位)力图求新,在庞大的军队、众多官僚和令人敬畏的皇帝支持下,将松散的帝国建成一个专制国家。对于他们重新改建的政府,历来都有不少批判。这些批判虽然公正,但是这个政府却成功地使摇摇欲坠的帝国能够继续在西方苟延残喘两个世纪——在东方则多存活 1 000 多年。

东西之间的殊途其实正源于这些改革,因为戴克里先和君士坦丁着手将帝国分裂开来。这个过程对后来的"中世纪西方"文化的发展产生了深远的影响。这次分裂,一开始是行政行为。戴克里先从巴尔干地区(至今这里仍是东西纷争

的焦点)向北非画了一道直线(见地图 1.1)。这条线的西边是帝国旧都罗马,以及更农业化、较不富裕、易受侵略的西部;线的东边则是君士坦丁大帝建起的新都君士坦丁堡,以及一个更城市化、更安宁、更富饶的世界。随着 4 世纪末狄奥多西皇帝(378—395 年在位)的去世,这一行政划分永久成形。此后,西罗马帝国和东罗马帝国各行其道,虽然它们有一个共同的过去。

基督教

在公元 395 年之前,西罗马帝国与东罗马帝国不仅同属同一个历史帝国,也共享同一种信仰:基督教。4 世纪时的皇帝们一开始对其容忍,随后才开始信仰,基督教是一个兼收并蓄的宗教——来源于犹太教的传统,形成自耶稣及其最早门徒的教训,又在罗马的学术与制度传统中变得成熟。这一信仰是欧洲中世纪不可或缺的一部分,中世纪的人们甚至创造了一个词——基督教世界(Christendom),意为基督教的王国——来描述他们的世界。

耶稣是犹太人,生前居住在犹地亚(Judea)。那里曾是一个自治国家,在耶稣的时代已牢牢地受罗马控制。大多数犹太人住在犹地亚,也有少数住在亚历山大(Alexandria)、塔尔苏斯(Tarsus)、以弗所(Ephesus)和别的地中海东岸城市。对犹地亚人来说,罗马的统治是他们历史上的一件比较近的事情,对他们来说也是件痛苦的事;对罗马来说,这个省份难以管制,不仅政治上动荡不安,而且由于犹太人信奉单一神,在宗教上也属独特。耶稣就诞生在这样一个犹太和罗马文化交合的时代。他大约出生于公元前 4 年,成年后,他主要对生活贫穷和无家可归的犹太人讲道。他在布道中强调爱、同情和谦恭;和过去的希伯来先知一样,他也谴责宗教上空洞的形式主义。犹太人非常欢迎他,他们相信他所宣称的神权,因为他治好病人、救活死者,这些奇迹都能验证他的宣讲,不过这也让其他人对他产生了担忧。罗马的专权者更是把他视作眼中钉,在麻烦的省份制造麻烦。他被带到犹太总督本丢·彼拉多(Pontius Pilate)面前,被指控自称为犹太人之王。这在当时罪同叛国。在公元 30 年,耶稣被钉死在十字架上。这项刑罚一般用来处死非罗马人。

根据福音书的记载,耶稣的最大奇迹莫过于他的复活。被处死之后的第三天,他回来了。据说,他在人间短暂地停留了几天,安抚他的门徒,给他们新的指示,接着就升到了天上,答应说他会再度荣归故里,检视众生并结束痛苦的现世。最早的基督徒期待着这一时刻能快些到来,但随着时间的推移,基督徒们只能自己组织起来,活过这个漫长的过程。

从一开始,大多数基督徒就不仅接受了耶稣的教化,更将他拜为"基督",即上帝的化身。正如福音书所言,耶稣曾不止一次将自己和上帝("圣父")区分开来,但是他又说过"我和圣父是一体"(I and the Father are one)。耶稣的追随者们对此有不同的解释。但大多数的基督徒们渐渐地相信一个复杂而费解的说法:耶稣基督既是完全的人,又是完全的神(见图 1.1 和图 3.2)。同时,大多数基督徒也接受了"三位一体"的说法,即"圣父""圣子"和"圣灵"集合为同一个神。基督即为圣子,是三位一体中的第二位,但这三位是同一个神。

10

图 1.1　善良的牧羊人
耶稣的同时代人没有留下他的画像。耶稣最早的画像作于 4 世纪,就是这座雕像的雕刻年代。这座雕像的主题是"善良的牧羊人",着重刻画了耶稣的年轻、单纯与善意,它曾是基督教早期艺术品中最受欢迎的。耶稣到底是人还是神,是基督教早期颇有争议的一个话题。这个雕像里,他以人的形象出现;有的艺术品中,他或衣着华丽,或高坐庙堂,就是以神的形象出现。图 3.2 就是一幅表现耶稣崇高神性的镶嵌艺术品。

早期基督徒与早期教会

　　基督教刚开始规模不大，不过是一个犹太教派，但它很快就吸纳了更多人、更多思想。耶稣的使徒极少受到希腊思想的影响，甚至想把教义限定在犹太教的要旨之内。然而，一位早期的改宗者，既是犹太人又是罗马公民的圣保罗（St. Paul，公元前5—公元67）却成功地将基督教徒们引导向一个更宽容的目标。圣保罗宣教说，基督徒们不应该被犹太教严格的斋戒规定所限制，也不宜强求割礼，因为这会导致基督教的教义对非犹太人的成年男性失去吸引力。在保罗的领导下，无论在哪里，只要有人愿意接受耶稣为神和救世主，基督教的大门就对他开放。

　　基督教只是罗马帝国晚期繁荣的众多**神秘教派**（mystery religions）之一。这些教派之所以被称为"神秘教派"，是因为它们承诺信徒和天神（divine being）最终能够神秘地结合。而新的神秘教派则旨在解决个人的疾苦、满足个人的愿望。从埃及传来了崇拜生殖女神艾西斯（Isis）的太阳神教，从波斯传来了崇拜米特拉斯神（Mithras）的宗教，从巴勒斯坦则传来了基督教。基督教的许多教义和仪式都和其他神秘教派的非常相似，包括洗礼、永恒的超度、一位救世主的死亡和复活、圣餐、一位天父掌管人的家庭。但是基督教在两个方面和其他神秘宗教有基本的区别。而且，在公元3世纪的艰难时事中，正是由于人们对人世的强烈不满和精神的强烈渴望，基督教渐渐地成了胜出者。第一，其创始人和救世者是一个真实的历史人物；耶稣作为人类的神，和艾西斯神及米特拉斯神比起来，显然要现实得多。第二，基督教的神并不是诸神中最英名、最好的一个，而是唯一的神。他是犹太人的神，在众多古老传说人物中是唯一独立而全能的神。现在，他不再专为犹太人所膜拜，而是成了所有愿意接受基督教洗礼的人的唯一的神。

　　基督教的一些早期改信教徒非常富裕，可以为他们的新信仰提供住所和经济支持。在菲力比（Philippi），圣保罗和圣路加就寄宿在一位叫吕迪娅（Lydia）的商人家里。吕迪娅经营紫色染剂，她的屋舍成为镇上基督徒的活动场所。吕迪娅的显著地位在当时并不罕见，妇女在早期的基督徒集会里往往发挥了重要作用。基督教在最初时期就吸引了许多这样的富人，后来更是吸引了罗马社会里各种形形色色的人，包括手工业工人、小商小贩，甚至城市里的穷人。芸芸众生之所以觉得基督这位救世主比较容易接受，也许因为他曾经是位木匠，曾经与渔夫、娼妓等可鄙的人为伍。他保证会拯救所有的追随者——不论男女，不论贵贱。最初改信基督的人，不论出自哪一个阶层，大多是城市居民。

　　从一开始，改信的教徒接受洗礼，通过这种仪式，新信徒由此被召入教会，所

11

有的罪被宽恕，并接受神的恩惠。洗礼被当作是一种**圣礼**（sacrament），接受者由此被注入基督的精神，沐浴着圣恩。而由于洗礼能够洗清所有的罪，有些人直到临死才受洗。基督徒们还定期进行神圣的聚餐，食用面包和酒。聚餐上的食物后来被称为**圣餐**（Eucharist，希腊文里的意思是"感恩"）。这些仪式维系着基督教群体，同样的还有，在1世纪末，信徒们已经写下不少关于自己的信仰的故事。这些故事有的失传，有的被后世摒弃，但有四部被认为是马太（Matthew）、马可（Mark）、路加（Luke）和约翰（John）所作，后来成为福音书（Gospel），成为《新约》（New Testament）的核心内容。

　　基督徒的精神世界不仅有圣礼、福音书的养育，更有**圣徒**（saint）为榜样。在基督教的最初几个世纪，圣徒的称号不是在正式的仪式上授予的，只要人们认为一个人是圣徒，他就是圣徒了。最早的时候，圣徒超越常人的是他们的极端自我否定（特别是禁欲行为）和殉道行为。圣徒的事迹被编写成册，为基督教的文字宝库添加了一种新的传统——**圣徒传**（hagiography）。在公元202年，一位叫佩蓓图（Perpetua）的年轻女子在迦太基（Carthage）殉难。她的英雄事迹被记录下来，激励了一代代读者，最后人们提升她的地位为"圣佩蓓图"，直到今天，这仍然是早期基督徒史料中不可缺少的一部分。（因为圣徒身份是历史学的一个有趣的话题，被中世纪教会封为圣徒的人，本书一般会在第一次出现时特别注出。）

　　基督徒们逐渐完善着圣礼、经文，树立起一个个榜样，同时也越来越有组织。最早的教徒团体以私宅为活动地点，但到了4—5世纪，专门建造的教堂也为许多群体提供服务（见图1.2）。**神职人员**（clergy）和**教友**（laity）被区别开来，前者管理教堂、主持圣礼，后者则是他们的服务对象。神职人员通过授秩礼（ordination）而被授予司祭（priesthood），并被分为几个等级，其组织形式很像军队。底下是普通司铎（priest），他们主持宗教仪式、施行圣餐，他们由**主教**（bishop）监管，他们每人管理一座城市及其辖区［或称**主教管区**（diocese）］。监管主教的是大主教（archbishop），他们位于大城市，在大主教管区（archdiocese）内掌握着最高权力。在他们之上，就是"宗主教"（patriarch），是帝国最重要的几座城市的主教，比如罗马、亚历山大、安提俄克、耶路撒冷和后来的君士坦丁堡。几位宗主教里，只有罗马的那位居住在西方。他声称拥有最高的权力，因为圣彼得（Peter）——耶稣十二门徒之长——就是在罗马度过了他生命的最后几年，并于罗马殉道的。一般认为，圣彼得是罗马的第一位主教——第一位**教皇**（pope），后来的教皇都认为自己就是圣彼得的继承人。没有哪位罗马教皇能够让其他地区的宗主教承认他的权力，但在中世纪西方，他们最终还是享有了最高的权力。

图 1.2 早期教堂

这是罗马圣萨比娜教堂的正殿(nave)和半圆室(apse)。这座教堂起建于约公元 425 年,以古罗马长方形廊柱大厅的风格建造。在 15 世纪,被人文主义理想激起灵感的建筑师们又重新模仿这种建筑的平顶和半圆形拱廊。(见图 14.3)

基督教与罗马帝国

基督教徒从一开始就是罗马帝国内的异类。他们坚信只有他们自己掌握着真理,而且这个真理总有一天会征服世界。他们希望让更多的人改信基督,并且毫不留情地拒绝其他的宗教。在这方面,除了犹太教以外,他们和当时的其他宗教都是不同的,因为在那时,加入一种新的宗教不需要放弃旧的信仰。基督徒们拒绝向守卫国家的诸神献祭,从而招致皇帝的一次次迫害,幸好都只是短期的。每次暴力整肃之后,就会有长时间的官方沟通,因此,大多数基督徒能够和异教的主流社会和平共处,只有少数会突然之间惨遭屠戮。少数人的殉难似乎让存活者的信念更为坚定。正如德尔图良(Tertullian)对异教镇压者所说的:"你们越是杀戮我们,我们就越是人多势众。殉难者的鲜血正是我们教会的种子。"4世纪初,戴克里先大帝下令执行最严厉的一次整肃,但也是最后一次。

戴克里先在肃清基督教的迫害中的失败使得帝国别无选择,只能容下这种新的宗教。公元 313 年,君士坦丁大帝对帝国的宗教政策进行了改革,正式承认基督教。其后,他还协助基督教发展,仿佛是寄望于这个新的宗教能提供某种黏合剂以团结他的帝国。他之后继任的皇帝同样信奉基督教,也遵循了他的方向。

4 世纪时，他们召开教会**宗教会议**（council）来解决教义上的争端；他们建起恢宏的教堂以彰显上帝无边的力量；他们取消了角斗士，转向更文明的马车赛，城市人不再靠血腥取乐；他们突然终止了十字架刑，也禁止弃婴，不仅因为当时人口正在减少，这种行为毫无益处，也因为这和基督教徒及犹太教徒的生活实践相矛盾。不过，他们没有取消奴隶制，因为奴隶制对于帝国的经济来说太重要了。

　　异教信仰（paganism）仍存活了很久，特别是在农村里；"异教"（pagan）一词即源自拉丁语的"农民"（paganus），但是在受到帝国扶持的基督教的强盛势力之下，异教信仰渐渐地式微了。旧罗马的旧神们渐渐退出历史舞台，到了世纪末，狄奥多西一世（Emperor Theodosius I，378—395 年在位）将一切异教崇拜判为非法。而在公元 300 年时还被判为非法信仰的基督教，到公元 400 年时已是罗马正式的国教。

基督教与犹太教

　　基督教发展为独立自治的宗教，与此同时，犹太教自身也处于不断的变化之中，因为公元 70 年和 135 年两次犹太起义的失败使得犹地亚城被彻底摧毁。第二次起义之后，犹太人每年只有一天能进入耶路撒冷。许多人离开了犹地亚，留守的人成了当地的少数民族。犹太人不只迁移至犹太社群长期繁荣的帝国东部，还出现在许多西部的城市，如罗马、米兰、科尔多瓦、马赛、里昂，甚至北部边境的科隆（Cologne）。由于罗马尊重犹太人的"祖承法"，犹太人得以在帝国境内平安地笃行自己的信仰，不受折磨，甚至成为罗马公民。

　　4 世纪时，基督教已成为帝国国教，犹太人仍然可以信奉犹太教，但比起过去，现在的许可令多少有些勉强。狄奥多西封杀异教时，特别指明要保护犹太人。但早期的基督教神学家对犹太教多持贬抑的态度，最多也就模棱两可。他们认为，犹太教固然历史悠久，曾经起过正面作用，但在现在则是不正当的；他们认为犹太教有问题，甚至认为它是一种邪恶的信仰；他们断言说，犹太教之所以能被容忍，是因为它的"错误"刚好就是基督教需要的反面教材。犹太教神学家对基督教也持有敌意。他们把耶稣描写成一个巫师、叛乱分子，甚至说他是妓女所生。然而国家的力量却站在基督教这边。到公元 500 年为止，犹太人在地中海地区处处建立社区，异教罗马不痛不痒的接纳却已不再，取而代之的，是基督教尤为忧心忡忡的容忍。

基督教与古典文化

　　基督教改变了罗马，而罗马也报之以李，让这一宗教沐浴在希腊—罗马思想的春风中。其中最重要的一阵思潮来自**新柏拉图主义**(Neoplatoism)。之所以称为"新柏拉图主义",是因为这种哲学大致是以古希腊哲学家柏拉图的思想为蓝本的。新柏拉图主义者宣扬一神论,这个神广大无边,除非通过神秘的体验,否则不为人知也不可接近。它是世间万物、所有精神和肉体的源泉(虽然身体、大地和物质所处的这个物理世界较弱、较低),又被称作"太一"(Oneness)。以它为中心,流溢出所有的存在;这些存在位于不同的阶段。池塘里的涟漪形成同心圆,离中心越远,波纹就越小;同样的,事物离"太一"越远,就越是势弱。新柏拉图主义者认为,人类正处在一个较弱的阶段,困于人的身体中,应该通过**神秘主义**(mysticism)溯回到神的完美状态。新柏拉图主义要求苦行禁欲,基督教的理念也是这样;新柏拉图主义认为万物源自"太一",基督教也认为只存在唯一的上帝。在基督教的发展过程中,他们渐渐引入了新柏拉图主义关于灵魂、神秘主义的作用和现实世界的神学观点。从某种程度上说,新柏拉图主义给了基督教的思想家们一种可以为人所接受的、以学术的方式来解释他们的信仰的语言。例如,其思想可以论证柏拉图和《圣经》都认为只存在唯一的上帝,都认为过一种合乎道德的生活非常重要。

有关寓言的古典思想还为基督教神学家提供了另一种思路,帮助他们让自己的信仰更有理智,以此证明它从最高端的学术角度看也站得住脚。亚历山大的斐罗(Philo,约公元前13—公元50)居住在埃及的一个庞大的犹太居住区,他给了人们极大的启发,如何运用寓言将圣经中的典故与哲学融合起来。对他而言,犹太教《圣经》里一个个具体的故事都有着抽象的象征意义,比如亚伯拉罕(Abraham)的生平就象征着灵魂从罪过中得到拯救的过程。受这样的例子启发,基督教神学家将犹太教《圣经》[Jewish Bible,即《旧约》(Old Testament)]重新解释为预言了基督教的典籍;因此,亚伯拉罕在牺牲儿子以撒(Isaac)时用的柴火就成了钉死耶稣的十字架的原型。

尽管许多基督教神学家接受新柏拉图主义以及寓言的解释方式,但也有些反对用理性的方式来阐释自己的信仰。他们认为,上帝远远超越了理性,任何以理性的方式来接近上帝的做法都是行不通的,都是渎神的。他们尤其反对使用异教思想来阐释基督教信仰。3世纪时,德尔图良(约150—225)严词质问基督教学者,他将雅典(柏拉图和其他哲学家们发迹之处)和耶路撒冷(基督教圣地)进行了对比:

雅典与耶路撒冷有什么相干?学院与教会有什么相干?……这些斯多葛派、柏拉图派和辩证法派的基督教全是冒牌,让我们把它们都抛弃吧!自

　　　　基督耶稣以来,我们不再需要争论;自传报了福音以来,也不再需要逻辑分析。

德尔图良的这种理论使一部分人大惊失色,而另一部分人则拍手称快。他指出的理性和信仰的冲突——雅典和耶路撒冷的争论——至今仍如影随形。在第十一章中我们会看到,这一冲突在12世纪达到高潮:彼得·阿伯拉尔(Peter Abelard)的激进逻辑和克莱尔沃的伯纳德(Bernard of Clairvaux)的爱的神学彼此水火不容。

基督教神学与正统派

　　早期基督教徒们为他们的信仰争论不休。他们争论着基督的本质属性(他怎么可能既是神又是人?),争论着三位一体(三位如何存在于一体之中?),争论着原罪(初生婴儿是否生来就背负原罪?),争论着神父的职责(负有原罪的神父主持的圣礼是否正当?),争论着马利亚(她是否一直是童贞女?),他们还争论着许许多多关于教义和宗教仪式的问题。大部分论辩都在宗教会议上得到解决,由主教和其他领导者聚集一堂,确定基督教政策。比如,在公元325年于尼西亚(今土耳其城市伊兹尼克)召开的宗教大会最终确定,基督既是完全的人,也是完全的神,是圣三一(Holy Trinity)中的任一位;他自时间伊始就存在,并且将永远存在;他只是在某一个特定的时间化为人形,降生于人世,以耶稣之名四处游说宣教,最后被处死。像这样的决议有助于明确基督教**正统**(orthodoxy),但是同时也扼杀了讨论,产生出**异端**(heretics),即信仰由此得不到承认的基督徒们。

　　尼西亚大会的决定正说明这点,因为这次大会宣布许多改信基督教的蛮族为异端,理由是他们信奉的是**阿里乌斯教派**(Arian)。尼西亚大会之后,阿里乌斯教派[不要和纳粹理想中的雅利安(Aryan)民族混淆]成为异端,因为他们认为耶稣并不是完全的神,因此也就是圣三一中地位较低者。此后的几个世纪,阿里乌斯教派的基督教教徒和信奉罗马教皇的天主教教徒在西欧古老的土地上剑拔弩张地共存着。罗马教皇依然宣称统治着所有基督教教徒,而**天主教**(catholic)的意思就是"一般普遍"。

　　正统与异端塑造了欧洲中世纪早期的宗教图景;同时还有三位基督教学者的奠基之作,他们利用自己掌握的希腊—罗马哲学来诠释基督教信仰:圣安布罗斯(St. Ambrose,约339—397)、圣哲罗姆(St. Jerome,约340—420)和圣奥古斯丁(St. Augustine,354—430)。他们三人都是政务繁忙的执政官,每天都有许多政治要务和**教会**(ecclesiastical)事务要处理,因此,他们的教义都是经过深思熟虑的产物,有着重要的实际意义。在中世纪人民的眼中,这三位是伟大的导师,被称作"教父"(doctors,来自拉丁语中的"*docere*",意为"教导")。他们对后世的基督徒有决定性的影响。

安布罗斯是米兰主教。这座城市在 4 世纪末期取代罗马,成为西罗马帝国的首都。安布罗斯执政得力,又富于雄才辩略,还是一名阿里乌斯教派的坚定的反对者。在中世纪西方,他最重要的传奇当算是帮助奥古斯丁(见本章的人物传略)改信。不过他另一件为中世纪基督教徒称道的功绩是成功地主张教会的道德权威高于皇帝——或者说是高于任何世俗政权或国家。在狄奥多西皇帝屠杀了萨洛尼卡(Thessalonica)的反叛者之后,安布罗斯禁止他进入米兰大教堂,直到他正式公开忏悔之后才放行。安布罗斯的鲜明立场和皇帝的公开让步成为一个刻骨铭心的先例,在道德事务方面确立了教会高于政治领导人的至高权力。

圣哲罗姆是同时代的《圣经》学者中最有名的一位。他热爱西塞罗和其他罗马人的典籍,不过哲罗姆生前却被一个梦吓到过。他梦见耶稣将他从天堂驱逐出来,说道:"你是西塞罗主义者,不是基督徒!"他试着解决这一冲突,用自己所掌握的希腊—罗马文学来为基督教服务,他从希伯来语和希腊语原本译出了《圣

人物传略

希波的圣奥古斯丁(354—430)

圣奥古斯丁的《忏悔录》(*Confessions*)是西方历史上第一部重要的自传。在这部书里,奥古斯丁回顾了自己一生在思想和道德上的心路历程,讲述了从一个不识愁滋味的享乐主义青年转变为一个虔诚的基督徒的过程。全书以一篇祷文的形式写成,希望迷途中的读者能够像他一样找到基督教的精神港湾。《忏悔录》所记录的生平并不完整,甚至不很准确,却足够折服读者。这部书不仅影响了一代又一代基督徒的信仰,也影响了后世的自传创作。

奥古斯丁在年轻时放荡不羁。他生活在罗马帝国统治之下的北非。他的母亲是虔诚的基督徒,后来被称为圣莫尼卡(St. Monica,333—387,加利福尼亚州的圣莫尼卡正得名于她)。年轻的奥古斯丁不顾她的训诫和祈祷,拒绝接受她的信仰。他找了一个情妇,并生下一子;他学习了哲学和修辞术;他的宗教信仰转变非常快,从异教到二神论(dualism),到怀疑主义,再到新柏拉图主义。直到 32 岁那年,他才改信基督教。中间经历过极大的痛苦,

甚至非常抗拒。

在米兰教授修辞术时,出于好奇,奥古斯丁去米兰听了安布罗斯的布道。安布罗斯是米兰大名鼎鼎的主教,他的讲道具有非凡的说服力。奥古斯丁起先是为安布罗斯"富有魅力的演说"和"安抚心灵的风格"而兴奋,后来才慢慢地被安布罗斯所讲的内容感动。但那时,他还不愿意放弃美酒和女人带来的快感。他与一位继承丰厚财富的女子订婚,并与情妇分手。不过他还把儿子留在身边——最终又和另一个情妇走到一起。他逐渐坚定的信仰和他享乐主义的生活方式慢慢地让他不堪重负。奥古斯丁祈求上帝把他从情欲中拯救出来,但他也并不坚定,在祷词里又加了一句:"且让我再等等吧。"

公元386年夏天,巨大的情感危机终于爆发。开始是有一个朋友和他讲述了修道生活的苦行理想,尤其是两个帝国官员的故事。这两位官员本来也和奥古斯丁一样身负婚约,但他们放弃一切,成为践履禁欲生活的僧侣。奥古斯丁被深深地感动,他对朋友说道:"我们到底怎么了?这个故事说明了什么?那两个人,没有受过我们这么好的教育,但是他们却主动起身,叩响天堂之门。而我们,尽管懂得这么多知识,却躺在这里,沉湎在这个血和肉的世界里。"奥古斯丁冲到花园里,他撕扯着头发,拳打着前额,崩溃大哭。接着,他听到一个孩子的声音重复着:"拿去读一读,拿去读一读。"就拿出圣保罗的《使徒书》(*Epistles*),随意翻开一页,读了这么一段:"不可荒宴醉酒。不可好色邪荡。不可竞争嫉妒。总要披戴主耶稣基督,不要为肉体安排,去放纵私欲。"从那一刻起,奥古斯丁变成了另一个人。他写道:"和平之光浸泽我心,所有阴影、所有疑虑都飘散了。"

第二年复活节,圣安布罗斯主教为他授洗。那一刻,他的母亲坐在他身旁,欣喜不已。奥古斯丁回到他的出生地北非,并在那里领导一个基督教小社群,之后,尽管不很情愿,他加入了教会的管理,接受希波主教一职。他在那里写下大量价值非凡的文学和哲学著作,这些作品对中世纪的知识界来说可谓无价之宝,包括《忏悔录》和许多年以后写就的《上帝之城》(*City of God*)。

奥古斯丁每天都照管着他的主教教区和他的教民。他对基督教神学的贡献,并不来自抽象的知识,而是来自他日常的要务。其中一个当务之急,就是罗马帝国的存亡。历史总有些奇怪的巧合。在公元430年,奥古斯丁去世后几个月,他管辖之下的希波城就被蛮族侵略者——汪达尔人(Vandals)——占领了。

经》的拉丁文定本，即**拉丁文《圣经》**（Vulgate Bible）。中世纪及以后的基督教教
徒们一直将此定为标准文本，后来各种语言的《圣经》译本都以此为原本。

奥古斯丁（见图 1.3）在北非的希波担任了数十年的主教。他著作颇丰，与异
教和邪端教义不停地笔战。在笔战中，他讨论了许多至今仍困扰着神学家的关
键问题：圣三一的本质、善而全能的上帝创造的世界里为什么会有恶、教徒生活
中婚姻和性的角色、基督教教职的特殊性，以及自由意志和宿命的本质。直到今
天，神学学生仍需谨记：一篇好的布道文必须引用圣奥古斯丁的著作。

图 1.3 圣奥古斯丁
虽然没有奥古斯丁同时代的肖
像，但这幅 15 世纪时波提切利
（Botticelli）所作的壁画却呈现了
他的激情与智识。

和圣哲罗姆一样，奥古斯丁也对利用异教哲学来为基督教服务忧心忡忡，但
也还是这样做了。奥古斯丁利用新柏拉图主义，建立了新的基督教神学。认为
现实世界没有精神世界重要，但现实世界也是博爱的上帝一直辛勤创造的产物。
奥古斯丁的教义认为上帝创造人类，赐予人类选择的自由。人类可以选择善（即

接受他的爱），也可以选择恶（即拒绝他的爱）。由于亚当和夏娃做了错误的选择，人类就不再无罪，人类和上帝的关系便由此中断了。但上帝为了重新联结起人类，就化作人形，以耶稣的面貌来到人世，受苦、被处死，而后复活，使人类获得拯救再次成为可能。因此，对奥古斯丁而言，基督徒的生命，其最主要的目标就是获得由基督的牺牲换来的拯救。但是奥古斯丁断言，人类自身是无力的，只有通过神的恩惠，才可能被拯救。换言之，他认为，人类自己没有能力走向通往天堂的路，必须完全依靠上帝的赐予。

神的恩惠在人类的拯救中不可或缺，这是奥古斯丁的《上帝之城》一书的主题之一。在这本书里，奥古斯丁建立了一套全新的且全面的基督教历史哲学，在整个中世纪都影响很大。他否认了古希腊—罗马哲学关于历史不断循环重复的说法，而是认为，历史是在上帝和人类的交互作用之下的有目的的过程。这个过程从上帝创造人类开始，经过基督的受难与复活，最后在世界末日结束。奥古斯丁认为，历史进程的唯一决定因素是人的道德力量，其唯一目标就是人的拯救；因此，真正的历史与政治、统治者、国家的关系，不如与善和恶的斗争来得密切。善和恶的斗争不仅存在于每一个国家，更存在于每一个人。奥古斯丁相应地将人分为相对的两种：不是按异教徒的分类法，分作罗马人和野蛮民族两类；而是一类人承蒙上帝的恩惠，另一类人没有。第一类人居住于"上帝之城"，第二类人则居住于"尘世之城"（Earthly City）。奥古斯丁认为，在历史的长河中，这两个城市在此生此世永远不可分割地缠绕在一起；而城市的居民会在死亡之时受到审判：到底是得到永恒的救赎，还是遭受永久的诅咒。

奥古斯丁关于婚姻和性的教诲也在之后几个世纪里深深地影响了基督教。从这一信仰诞生以来，就有教徒拒绝结婚，信奉贞洁。他们这样做，是因为耶稣言行的激励。《马太福音》第 19 章第 29 节："凡为我的名撇下房屋或是弟兄、姐妹、父亲、母亲、妻子、儿女、田地的，必要得着百倍，并且承受永生。"在公元 313 年，帝国政府不允许殉道以死亡形式出现。严守教律的贞洁被视作活生生的殉道，而加以推崇。在奥古斯丁的时代，一些人将苦行主义推至极端，他们主张所有的基督徒都必须过独身的生活。奥古斯丁虽然自己在改信后也信奉贞洁，但依然在《论婚姻之益处》（On the Good of Marriage）一文中严厉抨击了那些极端者。奥古斯丁承认，修士、修女献身于独身生活，献身于祷告和自我否定，他们的身体力行能够说明"理想的"修行生活确实需要独身。但是他也指出，这种理想并不适合每一个人。而婚姻生活正是除苦行以外的另一个很好的选择。奥古斯丁赞美婚姻，一是因为婚姻能产生后代，二是因为夫妇之间的爱情和性生活方面的彼此忠诚，三是因为婚姻本身即神的恩惠的产物。奥古斯丁为婚姻所做的辩护深刻地影响了中世纪的**教会法典**(canon law)里关于成婚、离婚和生育控制的条文。举一个简单的例子,教会法典制定者认为夫妻不应控制生育,因为婚姻的基本益处之一在于生育后代。当然,奥古斯丁为婚姻的辩护保证了基督教的基本生存。试想,如果极端苦行主义者占了上风,那基督徒们就不可能生出孩子来传承他们的信仰了。

蛮族和西罗马帝国

罗马帝国在适应基督教的同时,也在适应蛮族的定居(地图 1.2)。对于今天

地图 1.2　蛮族定居,约 500

这张地图上的一些民族——比如柏柏尔人(Berbers)、斯威比人(Suevi)和布立吞人(Britons)——自古就是西罗马帝国版图内的居民。但到了公元 500 年,西罗马帝国已经被建立了"继承国"的蛮族人侵占得差不多了。相比之下,东罗马帝国还少有蛮族人定居。

19

的我们来说,"蛮族"(barbarian)这个词意味着野性、没有教化,就像虚构人物野蛮人柯南(Conan the Barbarian)一样。[①] 但对古希腊和古罗马人来说,"野蛮民族"所指的就是外国人(因为他们的语言莫名其妙,"吧吧"乱响),在最早的时候,希腊人甚至把罗马人也称为"野蛮民族"。有些历史学家更喜欢将这些定居者们称为"**日耳曼的**"(Germanic),而不是"蛮族"。这两个词都有缺陷,不过"**日耳曼的**"可能错误地暗示这些民族与现代的德国人拥有共同的祖先,罗马人也很少把入侵者称作"日耳曼的"。塔西佗(Tacitus)的《日耳曼尼亚志》(*Germania*)是一个著名的例外。在研究我们这里所说的蛮族定居时,我们会仔细探讨这些外来者如何渐渐地进入西罗马帝国,以及在这个过程中,他们是如何对抗罗马文化并最终振兴它的(见年表 1.2)。

年表 1.2　西罗马帝国的衰亡,180—700

蛮族的习俗和社会制度

一直以来,罗马帝国的边境把罗马统治之下的人民和非罗马统治之下的人民分隔得一清二楚(见图 1.4)。然而在 4 世纪末,边境地区开始发生变化,特别是由阿尔卑斯山的融雪形成的两条河所形成的自然边界。莱茵河流向西北,多瑙河流向东南。在河的另一侧,蛮族在 4 世纪时开始聚积重兵,罗马人也乐得让

---

① 美国电影《野蛮人柯南》摄于 1982 年,是阿诺德·施瓦辛格的成名作。故事描述主角在童年时代目睹双亲遭暴徒残杀,长大后学习剑术,独闯龙潭,为父母报血海深仇。剧情有些类似中国武侠,制作豪华,有史诗色彩。——译者注

图 1.4　罗马人和蛮族人
这幅浮雕刻画了一位罗马战士,他坚定地面对着一位蛮族士兵的粗壮手臂和利剑。罗马人表情平静,装甲精良,而蛮族士兵则被描绘成野蛮(请注意飘逸的头发)和简朴的样子。

他们进来。中欧和东南部的边境压力最大,说日耳曼语的民族纷纷涌入,同时也有大量的凯尔特人、斯拉夫人,甚至中东人。因此要大致概括外来民族的文化和制度是不明智的。虽然历史学家们一度认为每一个野蛮部族都代表不同的民族,拥有共同的宗教、语言和文化,但事实并非如此,至少在最初的阶段不是这么回事。蛮族是极其不稳定的,一位领导人打赢了战争,就会渐渐形成以他为领导的部族;一旦战败,这个部族就分裂了;一个新的部族又围绕着另一位战胜者振兴起来。

在与罗马帝国接触之前,这些民族都目不识丁,那时候的事情也都没有书面记载,因此也都属于"史前"。在建筑上,他们都喜欢用木头而不是石头,因此,他们留下来的考古遗迹非常少。有关这些蛮族的最早记录来自罗马时期。在公元98 年,罗马历史学家塔西佗写了一本小书,叫作《日耳曼尼亚志》。这本书将罗马人和单纯、正直的蛮族加以对比,以此在道德上批判罗马人。在塔西佗笔下,蛮族人个子很高,蓝色的眼睛,金红的头发,生活在农业村庄里,偶尔会有暴动。我们可以信任他的这些描写,不过书里关于蛮族妇女的独立性和社会地位则不那么可信。妇女在田间耕作,使得男人能够腾出时间来打猎、参战,因此,妇女在

21

蛮族社会的价值是得到肯定的。但是蛮族法律规定,妇女一辈子都是男人的附属,必须受父亲或丈夫的保护。塔西佗在说到蛮族的禁欲和高尚道德的时候,肯定也有所夸张。总体上说,他们的恶行也许不如罗马人那么多,但显然不如罗马人文明。一个罗马贵族关于蛮族人个人卫生的观点也许能说明一定问题——他说:"鼻子要是嗅不到野蛮人,就真是太幸福了。"

野蛮人也许体味很重,但他们是不错的贸易伙伴,也是不错的士兵。莱茵河和多瑙河边境的商品贸易活动十分活跃。罗马人不能把武器卖给蛮族人,但他们把贵重物品卖到河那边,就能换来上好的钱币。到了 3 世纪,莱茵河和多瑙河的边境地区也成了罗马军队招募士兵的好地方,有的野蛮民族甚至被允许在罗马境内定居,为罗马人抵御其他外族的侵略。罗马人和各个蛮族通过贸易和征兵,互相之间渐渐地熟悉了。他们的合作并不是一直非常愉快的。但是,基本上和所有的边境一样,罗马的边境地区非常活跃,两边往来频繁,偶尔也打打仗。到了 4 世纪 70 年代大范围的移民和定居开始的时候,野蛮民族和塔西佗在 300 年前描述的已经很不一样了。他们已经吸收了很多罗马的文化,并且开始信奉阿里乌斯派。

我们以前认为大多数蛮族人都以畜牧为生,因此,他们在帝国的土地上也是赶着兽群四处游牧。新的考古发现证明,他们之中的许多人都定居在村庄和农场里,耕种周围的土地。蛮族人里还有许多手艺高超的**工匠**(artisan),他们打造出许多精美绝伦的金属饰品。和罗马人一样,蛮族人使用铁制工具和铁制武器。和罗马人不同的是,他们很少建立城市。相反,他们的社会组织依靠四个基础:宗族、战争联盟(war-band)、法律,还有种族(主要表现在王权中)。这四者都是蛮族对中世纪文明的重要贡献。

蛮族人追溯父母双方的世系,因此,宗亲网络非常庞大,而且没有确定的界限。蛮族人从宗亲那里寻求养育、爱和情谊,这和我们今天相似,但是他们还从亲人那里寻求我们现在从警察和军队那里获得的保护。如果有蛮族人不幸受伤或被杀,那他的亲人是一定会为他报仇的。最开始的时候,受害者的亲人会与施害者的宗族结下**世仇**(feud),向他们宣战。到最后形成了"**赎杀金**"(wergild)制度:施害者应向受害人或其家族赔偿一定数额的钱以平息他们的仇恨。赎杀金数量不一,一则根据受害人的性别、年龄和社会地位而定,最高的当属育龄妇女和贵族人家的成年男性;二则根据伤害的严重程度而定,若是杀了人,偿金当然高,若是伤残,则伤越小,偿金越低。每种想象得到的伤残——小到小脚趾——都有相应的级别。但是,施害方是否会支付赎杀金、被害方是否会接受,则没有保证。于是，血腥的宗族战争继续存在。宗族战争和赎杀金制度都延续到中世纪很久，二者都说明蛮族人将宗亲视作重要的保护和援助。

宗亲情结有时候也受战争联盟或**扈从队**（comitatus）的牵扯。所谓扈从队，就是一位军事首领率领下的一个精锐连队。扈从队是一种军事上的兄弟同盟，由荣誉、忠诚、勇气和将士之间的互相尊敬团结在一起。在战斗中，将领要身先士卒，表现出更高的勇气和谋略，以此激励自己的士兵忠诚而英勇地作战。扈从队通常是一个部族的下属分支，由一群忠于某个首领或国王的人组成。但有时候，扈从队的首领打赢了足够多的仗，有了足够多的追随者，就会自立门户，建起自己的部族。扈从队的英雄品质作为欧洲武士贵族的特有思想，在中世纪早期一直存在着。

除了宗族和扈从队，让蛮族团结的还有法律。罗马的法律有国家力量的支持，由法官和律师维护，并且对所有人都有效力。而蛮族的法律则全然不同，基于**习俗**（custom）和传统，由群众公认体现其效力，只在特定的部族范围内有效。虽然每个部族都有自己的法律，但所有蛮族法律却都旨在追求以和平的方式解决可能会引起流血和世仇的争端。法律设定赎杀金等级划分，明确规定谁应该得到因受何等侵犯而引起的补偿，这使得他们在演变成宗族战争前有一次解决争端的机会。法律允许神明裁判，这是另一种和平解决的途径。处在较高阶层的人可以以**立誓免罪**（compurgation）的方式得到判决。所谓"立誓免罪"，就是被控者及其"帮誓人"发誓己方陈述属实，从而免罪。相比之下，普通人的誓言就没这么重的分量；于是他们有罪与否，就要通过**"神明裁判"**（trial by ordeal）的方式来判定。神明裁判由神父监督，被控者被要求用手紧握一根烧红的铁棍，或被要求从滚沸的锅炉里拿出一块石头。如果手正常恢复，那受控者就无罪；如果没有正常恢复，那就有罪。虽然这些判决方式在今天看来可谓荒诞，但却让本来可能以武力解决争端的仇家之间可以和平相处。赎杀金防止宗族战争的爆发；庄严的宣誓仪式使得有罪之人暴露言辞中的破绽或支持者的将信将疑；神明裁判给出上帝的终极判决，被争端扯裂的社群便由此重归于好。我们会发现，在整个中世纪及随后的时代，这种源于社群的蛮族法律原则和源于国家的罗马法律原则一直都在竞逐权威。

除了宗族、扈从队、法律，蛮族为了团结还开始形成更长久的部族王国。继而为了巩固这些王国，他们会用异想天开的故事讲述共同的民族历史。一个才华横溢的将领和他的族人身边会聚集起很多军事追随者，他们一起建立一个新的部族；整个过程就好像今天美国许多黑帮的成形。接下来，如果新的部族继续

23

驰骋沙场,胜仗连连,那它的首领就会自封为王,甚至,假如部族延续数代人的话,还会自封为先圣的子嗣。他们还会编撰民族起源,编写神话,叙述他们的故土位于东欧或斯堪的纳维亚。国王死后,部族里的武士就会召开部族集会,在他的族人中立最贤能者为继位者。继位者可能是先王的长子,也可能不是;因为部族集会有相当大的选举权。这样的选举传统在许多蛮族国家直到中世纪还持续了好几百年。在 5 世纪,其主要的结果就是部族通常是由贤明善战的国王率领的。

大迁徙和定居

蛮族长期以来一直侵扰着罗马帝国。他们早在 1 世纪就击败了罗马军队;在 2 世纪和 3 世纪中期深入帝国腹地。但是在 4 世纪晚期之前,罗马人总能够成功地把他们反击出境,或者将他们同化到罗马文明中来。然而到 4 世纪 70 年代就不是这么回事了。此时的帝国早已疲惫不堪、虚弱不已,而边境上又来了新的压力。蛮族入侵迫在眉睫。

罗马帝国比较富裕,田地产量也高,甚至连充满阳光的气候也对蛮族人有很大的吸引力。蛮族人把罗马帝国当作一个可以过上安乐生活的地方,而不是掠夺和破坏的对象。他们渴望着莱茵河和多瑙河那一侧的富饶土地,而这种渴望在 4 世纪末一下子变得急迫起来。一支亚洲的游牧民族——匈奴人——向西部开进。匈奴人身上布满伤疤和刺青,幼年时头就很长,外表十分可怕。他们并非徒有其表,他们轻骑迅捷,骑术彪悍,在马背上的战斗技巧惊人,轻易就征服了一个又一个的野蛮部族。

24

几位蛮族首领

阿拉里克(Alaric),395—410 年在位

阿提拉(Attila),433—453 年在位

奥多维克(Odovacar),476—493 年在位

狄奥多里克(Theodoric),493—526 年在位

在他们征服了生活在多瑙河远侧的哥特人(Goth)之后,一群哥特幸存者——后来的西哥特人——向罗马帝国寻求保护。东罗马皇帝瓦伦斯(Valens,364—378 年在位)同情他们,部分是因为他和遭逢危险的西哥特人一样同为阿

里乌斯派教徒。公元 376 年,他破天荒地允许西哥特人和平地进入罗马帝国。麻烦接踵而至。腐败的帝国官员欺诈、欺压西哥特人,西哥特人则以暴乱相报。最后,瓦伦斯本人不得不亲临战场,与他们宣战,但他损兵折将,公元 378 年,终于在阿德里安堡(Adrianople)溃不成军,丢了性命。他的继任者狄奥多西平息了西哥特人的动乱,允许他们在巴尔干地区和平居住,并提供食物和资金,以换取他们的忠诚和军事保障。

这第一次蛮族人进入帝国的过程所包含的一些基本要素在下一个世纪的民族大迁徙中还会不断重复:蛮族在他们的东侧或北侧受到了压迫;罗马政府允许他们迁居境内;蛮族和罗马之间产生纷争;蛮族被包容,得以定居。

狄奥多西于公元 395 年去世,帝国便被他的两个儿子分别掌握。此后,分为东西两半的帝国再也没能统一,再也没有由一位皇帝统治过。狄奥多西死后不久,一位贤能的西哥特领袖阿拉里克(Alaric)开始第二轮掠夺。公元 406 年,西罗马帝国不堪忍受,从莱茵河畔召回军队以抵抗西哥特人的进攻。结果,到了寒冷的 12 月,莱茵河由于兵防甚虚,被其他蛮族部族突破;他们越过冰冻的莱茵河,进入高卢地区(罗马行省,包括现今的法国及以外地区)。没过几年,西罗马帝国皇帝和皇族成员陷入不设防的境地,他们放弃了罗马,自己躲进拉文纳(Revenna)不可能沦陷的沼泽地里。公元 410 年,阿拉里克和西哥特人不攻而胜,进驻帝国首都罗马,随后进行了整整三天的烧杀掠夺。

罗马城的沦陷对帝国的士气和民心是巨大的打击。圣哲罗姆写道:"我的舌头抵住上腭,动弹不得。抽泣哽住了我的语言。"但从历史的角度看,罗马城的沦陷只是西罗马帝国土崩瓦解过程中的一个重要事件而已。公元 410 年,阿拉里克在攻城后不久去世,西哥特人向北进入高卢和伊比利亚,在那里建起西哥特王国,并一直延续到中世纪。

与此同时,别的蛮族部族——许多才形成不久——也在瓜分罗马的土地。稍后,罗马兵团放弃了遥远的不列颠;岛上就逐渐被盎格鲁人、撒克逊人和朱特人(Jutes)占领。大量其他蛮族部族在高卢定居,包括法兰克人和勃艮第人。而汪达尔人,在公元 406 年越过冰冻的莱茵河之后,又穿过高卢和伊比利亚,随后来到非洲。公元 430 年,即圣奥古斯丁去世的那年,他们占领了他的主教城希波。他们以古城迦太基为中心,建起一个王国,成为海盗,掠海为生,摧毁了地中海的航运,攻击并占领沿海城市,连罗马城也在公元 455 年沦陷在他们的手下。从他们的这段历史中,留下了像"恶意破坏行为"(vandalism)这样的词。

5 世纪中叶,匈奴人开始西进。他们的领袖是阿提拉(Attila,433—453 年在位),人称"上帝之鞭"(Scourge of God)。关于阿提拉的残酷行径,罗马人有着令人毛骨悚然的详细记录。不过,和帝国自己的将军相比,阿提拉的暴行大概也坏不到哪里去。公元451年,阿提拉被罗马和西哥特联军击败。但在第二年,他就卷土重来,向罗马步步逼近;沿路经过的城市被他一一攻陷,并惨遭劫掠。到了罗马,他发现守卫皇城的不是皇帝,而是教皇。在罗马城外,阿提拉遇见了带领着元老院议员代表团的教皇利奥一世(Leo I,440—461年在位)。据史料记载,利奥教皇"面容慈祥,神情单纯;灰白的头发和庄严的衣着让人肃然起敬",只见突然之间,仿佛奇迹降临,圣彼得和圣保罗手持利剑、身着主教袍,出现在他的身边。在这至关重要的时刻,他们的出现格外值得注意,因为在那时,这两位圣人都已去世近400年了。阿提拉再次从西罗马帝国撤军,也许是被教皇感动,不过更有可能是因为他的将士们正受着酷热和瘟疫的煎熬。此后他再也没有回来。两年之内,他就死了。匈奴人渐渐融入欧洲其他已经定居的部族里。

西罗马帝国在其风烛残年里的势力仅仅限于意大利半岛,在其他地方已经完全被蛮族出身的军事冒险家所占领。皇帝们继续统治了一段时间,但实权掌握在宝座背后的蛮族将领手中。公元476年,将领奥多维克(Odovacar)认为不再需要靠皇帝来掩人耳目了,就罢黜了西罗马帝国的最后一个皇帝——人称"小奥古斯都"(Little Augustus)、年幼的罗慕路斯·奥古斯都路斯(Romulus Augustulus,474—476年在位)。奥多维克将帝国勋章送去君士坦丁堡,宣称自己不想继任皇帝,只想以东罗马帝国特使的身份来统治西罗马。然而东罗马帝国的皇帝齐诺(Zeno,474—491年在位)自身难保,无暇旁顾,因此奥多维克实际上只能依靠自己,但他没当几年国王。约十年后,齐诺请东哥特人出兵攻击意大利半岛。东哥特人此时已不受匈奴控制,其国王狄奥多里克(Theodoric)狡猾机敏。苦战几年后,意大利半岛终于迎来和平。狄奥多里克请奥多维克赴宴,趁机将他杀死,并自立为王。如果奥多维克(476—493年在位)是西罗马帝国和中世纪之间的过渡人物,那狄奥多里克(493—526年在位)就是第一个中世纪国王。我们会在下一章中再介绍他。

西罗马帝国的衰败

由于西罗马帝国是人类历史上最强盛的帝国之一,它的衰败和灭亡是历史学的一大热门话题。当然,衰败的只是半个帝国,因为东罗马帝国还继续存在了好几个世纪,那里更富有、更稳定,帝国中心君士坦丁堡更难以撼动。历史学家们对帝国灭亡提出各种各样的解释——根据一项统计，已经超过210种。这些解释包括气候转劣、过度依赖奴隶制、基督教不够世俗化、过度纵酒乱性、生态破坏，甚至铅中毒。以上说法都不足为据。奴隶制既是古典文明的起点，也是终点；东罗马帝国比西罗马帝国更基督教化，但是西罗马帝国灭亡后，东罗马帝国继续存活了千余年；罗马史上最享乐、最放纵的时代是罗马和平时期，而不是西罗马的风烛残年。另有一位颇有建树的历史学家甚至提出，西罗马帝国的灭亡是因为男同性恋泛滥。然而，关于同性恋的记载，在公元前5世纪比公元5世纪要多许多，因此，同性恋倒更有可能促成了古典文明的兴起，而不是衰败。

　　另有一些解释则可信得多。帝国的灭亡是个持久而痛苦的过程，不可能只有一种原因，但政治、军事和社会经济的问题格外显著。在那个时代，领袖贤能与否非常重要，而5世纪的西罗马皇帝在能力上不如同时代的东罗马皇帝。举例来说，瓦伦提尼安三世（Valentinian III，425—455年在位）登基时还是个孩子，一切大事全由他的母亲加拉·普拉西迪亚（Galla Placidia）决定。普拉西迪亚于公元450年去世后不久，瓦伦提尼安就杀死了他手下最好的将军，他本人后来也被杀害。他的统治时间较长，但无甚建树，反而失去了北非地区，也没能保住高卢地区。领袖无能，而5世纪时蛮族的迁徙甚至是入侵，为帝国带来了更大的军事挑战。瓦伦提尼安三世不只失去了北非和高卢；他还将这些行省拱手让给了汪达尔人、法兰克人和勃艮第人。不只是政治和军事危机，西罗马帝国本就相对薄弱的经济，在4—5世纪更是经历了长期的萧条。他们对节约劳力的用具和农业革新根本没有兴趣。他们对大规模的工业和商业同样没有好感。面对贫穷的农村、衰退的农场收入、居高不下的通货膨胀和高额税收，他们的对策是保护自己的利益：不再关心社会事务，放弃在城镇的住所，回到自己的乡间住宅，加强防卫，甚至组建自己的私人军队来赶走强盗和税务官。他们的这种反应对后世影响很大：在西欧的许多地方，贵族在此后千余年内都回避城市，而喜欢住在乡村里。

　　罗马衰亡之谜永远不会被完全解开；其实这个问题本身就有误导作用，因为罗马皇室并没有真正灭亡。一方面，罗马帝国在东罗马继续存在了一千年。从这个角度讲，4—5世纪的格局变化并不是衰败，而像是一次战略转移：从生产力落后的西罗马转向更富足的地中海东部。另一方面，罗马帝国甚至在西罗马也还是继续生存着，尽管势力已经很弱。蛮族最终成了西罗马帝国的保护者，指挥着他们的军队，守卫着他们的边疆，欣赏着他们的成就。蛮族的国王在旧时西罗马帝国的遗迹上建起新的国家，同时也依靠罗马权贵的建议和官僚的工作。同样地,教会和主教也建立在罗马的遗产之上,依据罗马行政单位设立主教管区和大主教管区,而当帝国权威衰败时,他们乘虚而入,承担起新的政治和军事责任。因而,公元 452 年时,在城外抗击阿提拉的不是罗马的皇帝,而是主教利奥一世。在诸多方面,古代的遗产都延续到了中世纪西方。未来许多世纪里,欧洲人都依然汲取希腊—罗马文化的营养,时时念起罗马。西罗马末代皇帝在公元 476 年退位,用这个日子来划分很容易,但在此后几个世纪里,罗马传统依旧留存在中世纪的文明里,与此相比,这个日子就显得微不足道了。

27

结语

如果我们可以乘坐时间机器回到公元 500 年的高卢,我们会发现那时的人与地的交融令人兴奋——粗犷的蛮族士兵和娇贵的拉丁贵族在一起;昔日庞大的城市规模和影响都已减退;基督教传教士努力说服不信教的蛮族人和阿里乌斯派教徒改信;而在农村,有的新定居点是新旧混杂的,而有的则会赶出旧家庭,迎接新来客。这个古代的熔炉就创造出了欧洲的中世纪,尽管其源泉很多,但主要综合了我们在这章中阐述的三个因素:罗马传统、基督教和蛮族习俗。

访问 MedievalEuropeOnline.com 网站下载地图和年表、线上资源链接、参考书目和其他更多本章相关材料。

第二章
早期西方基督教世界，约 500—700

引言

公元 6—7 世纪，罗马在西方已经不再拥有权威了。政治上的统一已经分解成蛮族国王和贵族的地方自治。教会提供了另一种形式的统一，虽然基督教世界——信仰和臣服于基督教的教区——还只是纸上空谈，远远没有成形。阿里乌斯派教徒和天主教教徒的不和仍然使得一部分地区动荡不安；另一些地方的蛮族人要么对基督教不感兴趣，要么干脆没有听说过它。罗马城位于西部，但到了公元 500 年，西欧的势力已远不能和转移至东部以君士坦丁堡为中心的罗马帝国相匹敌。

历史学家认为，西方的 6—7 世纪是一个无所建树、沉闷黑暗的时代，是不断发展的历史进程中的一次缓慢的暂停。因此，正如某些批评家所言，这两个世纪在教学中有时候被描述为"一具即将被拉下舞台的尸体，以便下一幕好戏能赶快开演"。我们切不可这么仓促断言。中世纪的前几个世纪确实是艰难的时代，但依然有社会、政治、宗教和思想等方面的重要发展（见年表 2.1）。

中世纪早期社会

公元 500 年，西罗马帝国已经摇摇欲坠了。其境内的资源却是非常丰富。大自然的赐予就已足够：气候温和，土壤肥沃，河流宽阔，海岸线也不远（见地图 2.1）。在中世纪的最初几个世纪里，西欧的天气比之前和之后都更凉爽，又很舒适。天气还算温和，大致相当于介于美国加利福尼亚（California）南部倦怠慵懒的暖意和缅因州（Maine）的寒冬之间的某种气候。终年雨水充沛，有助农地丰收。一位古代希腊地理学家曾说，这个地区"能够完美地种出生活所需的所有水果"。

年表 2.1　西方基督教世界,500—850

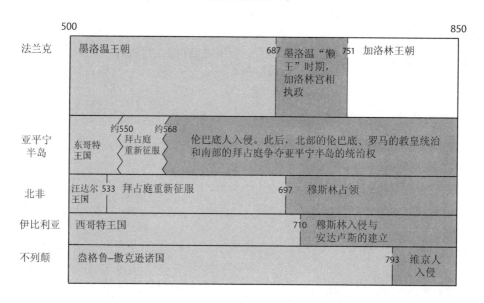

在西欧,不仅气候对农民非常善意,土地也是。正如地图 2.1 所示,西欧的中心地带是一片肥沃的平原,北越比利牛斯山脉和阿尔卑斯山,直至英格兰和斯堪的纳维亚半岛。在欧洲的心脏地带,是几条低矮连绵、富于矿藏的山脉、大片适宜耕种的肥土以及由宽阔的河流组成的河网。河流将各个陆地内部的居住点和海洋联结在一起,也将这些居住点互相联结,使人能够四处走动,消息得以流通,货物得到交换,思想得到传播。欧洲的许多大城市都沿河而建:巴黎、伦敦、米兰、科隆、维也纳,等等。所以,即便它们离海非常远,每天仍可以从码头上卸下从许多地方运来的货物,再运到更多的地方去。欧洲的海岸线很长,而且不规则,不仅有很大的港口和半岛,也有像西西里、撒丁、不列颠和爱尔兰这样易于到达的岛屿,这也刺激了商业的发展。

5—6 世纪,蛮族已翻越阿尔卑斯进入欧洲,他们在那里遇到的人,我们现在称之为高卢—罗马人。这群人中的罗马人我们已经接触过,在蛮族看来,他们大多是富人,居住在帝国老城中。这些城市在公元 500 年时人口下滑,贸易衰退。但其中依然有很多在艰难维持生计。高卢—罗马人中的高卢人大多住在乡村,属于凯尔特民族。凯尔特人(Celt)被罗马人叫作“高卢人”(Gaul),长期居住在西欧大部分地区。“凯尔特人”是个极易混淆的概念。今天,“凯尔特人”一词会立刻让人联想到欧洲的“凯尔特外缘人口”(Celtic Fringe)——从法国的布列塔尼(Brittany)

30

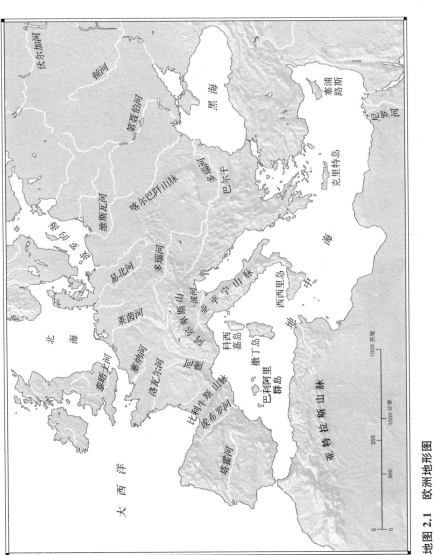

地图 2.1　欧洲地形图

人类创造历史，但是地理环境塑造了他们的选择。大江大河——比如莱茵河和多瑙河——既是水上快道，又是边境线。山区——比如阿尔卑斯和巴尔干——则是难以逾越的屏障。

到威尔士(Wales)、爱尔兰(Ireland)和苏格兰(Scotland)西部。这些地区的人仍然说凯尔特语言。近古时代所说的"凯尔特人"则是个更宽泛的概念,包含更多的东西。在那时,说凯尔特语言的民族遍布整个外阿尔卑斯地区,从伊比利亚半岛穿过高卢到不列颠都有。凯尔特民族和说其他语族语言的民族非常不同,特别是居住在东北方、说日耳曼语的民族,居住在中欧、说斯拉夫语的民族,居住在意大利半岛、说拉丁语和意大利语的民族。这些区别又不是绝对的。凯尔特语族本身就是一个非常庞大的系统,存在许多不同之处。

　　凯尔特人以其在音乐、诗歌、金属铸造和制衣方面的高超技艺而闻名于世(见图 2.1)。他们大多是农民,住在村子里,村子的外面是一圈农田。另一些人则是商人,从事贸易,将各种货品带向欧洲各地。这些商人沿路造起一些比较强大的小镇,罗马将高卢纳入帝国板块后,这些小镇中有的发展成重要的地方城市。这一吸纳过程并不像尤里乌斯·恺撒对另一次战略胜利的任性概括说的那么容易——"我来,我见,我征服"(*veni*, *vidi*, *vici*)——但这确实基本发生在他当权时,即在此前六百多年前的公元前 1 世纪就已完成。

图 2.1　凯尔特结
凯尔特结是具有爱尔兰鲜明特色的传统之物,作为艺术品,是古代凯尔特人历史中的一部分,用于装饰建筑及手工艺品等。

　　被罗马征服后,许多凯尔特村庄渐渐被整合为罗马地方贵族的地产。罗马的贵族通过通婚,渐渐变成了高卢—罗马贵族。但凯尔特农民的地位却发生了变化,每况愈下了。他们不再是自由的土地拥有者,而成了不自由的农民,被迫为拥有土地的高卢—罗马人劳动。自由农的子女们逐渐沦为**农奴**（serfs）和奴隶，他们和父辈一样种地，但他们却是被迫的。他们的生活视野也越来越窄，越来越本地化，越来越自给自足。尽管小规模的奢侈品贸易仍然给贵族们提供玩物，但农民们在自己的土地上就足够种出自己的生活所需品，因为他们的命更贱了，他们的需求也更少了。

　　航空照片可以很好地展示新技术如何让历史更进步，照片表明我们的世界在 6—7 世纪默默地经历了一场灾难，当时的西欧荒废，是因为帝国灭亡，而蛮族又开始侵扰，公元 540 年开始的一系列瘟疫则可谓雪上加霜。这些照片上旧的农田留下的阴影显示出了罗马的农田布局，方形或长方形的，非常有规划。这表明，罗马人的田地曾被荒置过，过了很久才有人定居于此。航空照片里看不出准确的历史纪年，但考古研究发现表明，在城市地区也有类似的布局，这揭示了在 7 世纪和 8 世纪早期城市崩溃的过程。在阿尔卑斯以北的许多乡镇和城市都在衰退，有些甚至消失了。

　　这场灾难并不是蛮族的过错，他们虽然不受高卢—罗马人的欢迎，但却准备好与他们融合。这些变化在欧洲民族分布上意味着什么，向来是个考问历史学家的大难题。有些人认为种族划分是一个政治工具，例如，法兰克人之所以成为法兰克人，是因为他们的国王将这种身份强加于他们。另一些人则认为更寻常的事物可以反映出种族划分，比如服装、葬礼习俗和语言。之所以有这些不同的论点，出发点的不同是很重要的一方面。种族区分是否可以被领袖甚至外族人强加，或者是否可以被个人或社群视为自己的属性？这些问题至今没有定论，因此，不能解答中世纪早期的相关问题也就不足为奇了。可以清楚看到的是，新的社群在凯尔特、罗马和蛮族文化的融合中不断出现，它们之中，有不少仍以旧的蛮族名称来命名：法兰克人、勃艮第人（Burgundians）、西哥特人、伦巴底人（Lombards）、巴伐利亚人（Bavarians）、撒克逊人，等等。

　　在已经登陆罗马土地的各阶层中，这些新的种族带来了黩武主义。平静生活的乐趣和复杂的休闲方式渐渐不为人们所崇尚，取而代之的是蛮族的扈从军及其首领的英雄气概。罗马时代乡村生活的文明礼仪被尚武的思想所取代。高卢—罗马和蛮族的上层阶级渐渐融合在一起，从而产生了中世纪的欧洲贵族，他们富有、高傲，会随时下达命令，也随时准备好杀人。自娱自乐是他们生命中的重要部分，他们吟唱的史诗讲述勇武的战士面临可怕的敌人时的英雄事迹。这些史诗里，最伟大的是《贝奥武甫》（*Beowulf*）。这部盎格鲁-撒克逊史诗的背景是 6 世纪时丹麦的部族。史诗一开始讲述了年轻的贝奥武甫和怪兽格伦德尔的激烈战斗，战胜它之后,贝奥武甫又击败了为复仇而来的格伦德尔的母亲。史诗的最后讲述了50年之后,年迈却依然英勇的贝奥武甫杀死了暴烈的巨龙,但也遭受了致命的一击。

33　　一夫多妻制在几个世纪中都是贵族们遵循的惯例,婚姻也分几种不同的类型。"正式婚姻"要求女方的父亲将权力通过女儿转交给她的丈夫,同时双方交换财产。在"非正式婚姻"里则既不交接权力也不交换财产;"同居关系"(concubinage)则非常不正式,甚至通过这种关系出生的孩子都属私生。教会反对这样的婚姻,而且也只有富有的男性才有可能拥有多个妻子或姘妇。尽管如此,一夫多妻制仍然延续到了8世纪。其结果是产生了纠缠不清的家庭关系,同父异母的兄弟们更是为争夺遗产而明争暗斗。同时,一些能干的女性也因此而有机会出人头地。一小部分女性借助法兰克人灵活的婚姻制度而有机会从平民上升为王后;另一些则成了帮助儿子和其他兄弟相战的有力同盟;还有一些在丈夫死后成为寡妇,控制着大片土地和大量权力。不过有少数女性为了避免一夫多妻婚姻的混乱(或是由于父母之命),最后遁身修道院。

中世纪早期政治

6—7世纪的蛮族国王并非没有能力管理罗马的地方政府。一方面,他们几代人以来深受罗马的影响,另一方面他们也完全可以依赖高卢—罗马人的行政官,这些行政官本来就希望能在新的政权里生活下去甚至飞黄腾达。然而,当蛮族人在西罗马的土地上建立王国的时候(见地图2.2),他们继承下来的行政系统已经残破不堪。和东罗马帝国的贸易逆差依然很严重,金币数量很少,暴力行为处处破坏着乡村,当时的人民已经习惯不去理睬帝国的命令,也就很难从他们那里收到税款。

地方自治与王权

在这民生凋敝、暴力肆虐、劫掠横行的时代,地方的力量就是最有效的力量。但在城镇和乡村,地方自治的意义又有所不同。在乡村,贵族家庭有效统治着自己居所周围的土地。如果你是个6世纪的农民,你的**领主**(Lord)和**女主人**(Lady)便是最大的领导。他们可能就住在离你耕作的土地咫尺之远的一所豪宅里,他们会向你收税,给你一定程度的保护,赐予你某种方式的司法公正。而在城市里,主教会干预进来。虽然经济震荡,但有些城镇,因为恰好是主教的**大教堂**(cathedrals)和管辖周围地区的宗教政府所在地,就存活下来了。如果你是6世纪的一名工匠,你将能够依靠所在城市的主教给你宗教上的指引甚至更多;

他会提供保护和正义，并要求你缴纳赋税以作为回报。

到后来，有的城镇由朝圣者缴纳的贡赋超过了由贸易得来的收入，因此，主教甚至有了经济方面的重要性。例如，图尔大教堂存有圣马丁（St. Martin，4 世纪时的主教）的遗体。有许多人因为触摸了圣马丁的墓而治好了病。阿让的主教（bishop of Agen）陈列出圣佛依（St. Foy 或 St. Faith）的**圣物**（relics），她是被罗马迫害的殉道者，直到 9 世纪，孔克（Conques）的修士取走（也有说是偷走）了她的遗骸。因为去世的圣人的身体或物品据传依然保有神圣的、治愈的力量，于是，朝圣的基督徒从遥远的四面八方赶往图尔、阿让和其他主教城市，以期望能见证这样的圣迹。由于城市里拥有圣物，朝圣者们就能带来利益，再加上缺乏可以匹敌的其他权威机构，欧洲中世纪早期的主教事实上就是城市和地区的统治者。

地方自治虽然并不意味着王权的丧失，但却意味着国王"声称"拥有的权力通常比他实际拥有的权力更大；而且，要行使这些权力，他不得不先获取地方贵

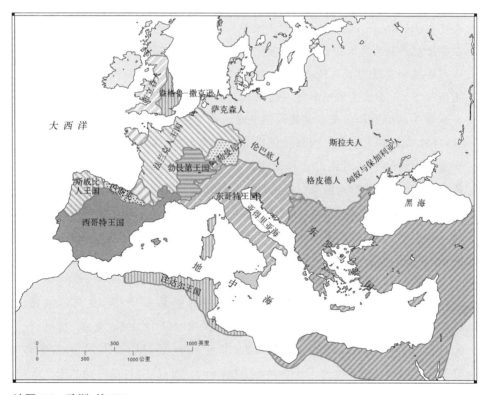

地图 2.2　欧洲，约 500

到公元 500 年，"继承国"已经把统一的罗马帝国给四分五裂了。有一些国家很短命，比如北非的汪达尔王国；另一些国家则比较长命，比如法兰克王国。

35　族和主教的支持。中世纪早期的王权非常依赖个人的忠诚;一个国王,其政府的
代言人本质上就是他忠诚的朋友、信得过的武士及可靠的主教。

亚 瑟 王

　　在中世纪的诸多传说中,没有哪个比亚瑟王(King Arthur)的传说内容更
丰富、生命力更持久的了。故事里有亚瑟王、桂妮薇王后(Queen Guinevere)、
圆桌骑士、英雄的骑士兰斯洛特(Lancelot)、好心的巫师默林(Merlin),当然
还有卡米洛特(Camelot)宫殿。关于亚瑟王的争论,其激烈程度恐怕在今天
也无出其右。有些人坚持说亚瑟王是历史上的一个真实人物,有的人则认
为他只是个虚构的角色。一些人认为亚瑟王是凯尔特人的英雄,是不列颠
西部一位率军抵抗撒克逊侵略者的小国王。通常认为,亚瑟王是公元516
年巴东山(Mount Badon)之役中大败撒克逊军队的领袖人物。亚瑟王的胜利
在中世纪早期的民间传说里非常流行,特别是在威尔士、康沃尔(Cornwall)、
布列塔尼和其他蛮族入侵之后凯尔特传统依然十分强劲的地区。在这种历
史条件下,亚瑟王成了凯尔特人的象征,他在抵抗撒克逊人时的英雄气概至
今激励着威尔士和康沃尔的民族主义者。如果这个身强体壮的首领真有其
人,那他必然不是中世纪中期传说里那个温文尔雅、颇具骑士风范的亚瑟王
形象。中世纪中期涌现出一批围绕这个人物的成文故事。12世纪早期的
历史学家、蒙默斯的杰弗里(Geoffrey of Monmouth)在他的著作《不列颠诸
王史》(History of the Kings of Britain)里,首次围绕亚瑟王的传说展开叙
述。在同一个世纪,克雷蒂安·德·特洛瓦(Chrétien de Troyes)写了五部
亚瑟王传奇供贵族读者阅读。其余的就是历史,但要是真正的历史就好
了。如果要了解12世纪的人是如何相信这位6世纪的英雄的,您可以阅
读《不列颠诸王史》的任何译本里的"不列颠的亚瑟王"一节,也可以看看
威廉·B.基布勒(William B. Kibler)翻译的《亚瑟王传奇》。或者,您也许
会对800多年后的亚瑟王小说感兴趣,比如T. H.怀特(T. H. White)的经
典小说《一世之君,永世为王》(Once and Future King,1958),或者马里恩·齐
默·布拉德利(Marion Zimmer Bradley)的《仙境迷雾》(Mists of Avalon,
1982)。作为不列颠军事首领的亚瑟王可能在公元500年左右成功反抗了

蛮族压迫，但是这位虚构的居住在卡米洛特的亚瑟王，他的生命却长得多，也更有意思。

　　这个四分五裂的世界的政治史就是一部充满不同轨迹与不同地方的历史。在北非和不列颠，6世纪经历了政治上的地震。北非经历了一场剧烈的震荡（汪达尔人在公元500年时颠覆了当地政权），接着又经历了一场震荡（拜占庭人击败了汪达尔人，统治北非，将这里作为东罗马帝国的一个行省）。不列颠也经历了相似的动荡，不同的蛮族部落——现代历史学家们统称这些为盎格鲁-撒克逊人——慢慢从沿岸登陆。他们的进军把本土的高卢—罗马人（或者简称为"布立吞人"）赶到康沃尔、威尔士和南苏格兰，但大多数盎格鲁-撒克逊人和本土居民互相通婚，一起生活，随着时间的推移，两种文化最终合而为一。不列颠岛上的小型独立王国星罗棋布，分布复杂。大多数都是信奉异教的国家。在意大利、高卢和伊比利亚，地上依旧安定，或者说相对安定，而新的地方自治与旧的帝国政治融合，建立起更稳定的"继承国"（successor states），因为这些国家继承了西罗马帝国。

意大利半岛：东哥特人、伦巴底人和拜占庭人

　　我们在第一章中提到，东哥特国王狄奥多里克在公元493年，在宴席中谋害了奥多维克，夺取了意大利半岛上的政权。这种违反礼俗的行为却让狄奥多里克得以统治旧时西罗马帝国核心地区30余年。狄奥多里克是个十足的文盲，但他对罗马的文化和管理技巧却充满敬意。他鼓励信仰阿里乌斯教派的东哥特人和信仰天主教派的罗马人同舟共济，修复高架引水渠，造起新的建筑，给长期遭受战乱的意大利半岛带去一定程度的繁荣。东哥特人提供军事保障，罗马精英人士管理政府，广大百姓和以前一样缴纳赋税，只是交给了另一个统治者。狄奥多里克的稳定政府使文化得到复苏，这也使得古希腊—罗马文化能够延续到中世纪。

　　当时，古希腊的知识在西方正迅速消亡。哲学家波伊提乌（Boethius，约480—524），一位狄奥多里克的宫廷高官写了一系列著作，为新的中世纪学术传统的形成打下坚实的基础。第一，他把柏拉图（Plato）和亚里士多德（Aristotle）的著作从希腊语翻译成拉丁语。很显然，他在死前只翻译了亚里士多德的著作

中关于普通逻辑的很少一部分;但这些作品却成为此后 500 年关于哲学的基础论著。他的死因我们后面会提到。第二,他建立了中世纪教育课程设置的基础,即"**四艺**"(quadrivium,算术、几何、天文、音乐)和"**三学**"(trivium,语法、修辞学、逻辑学)。他为这七门"自由技艺"写了拉丁文教材。此后几个世纪的学生均使用此教材。第三,波伊提乌撰写了自己的著作《哲学的慰藉》(*The Consolation of Philosophy*)。在此书中,他阐述了自己的观点,认为精神层面的发展比俗世的成就和财富更为重要。波伊提乌的写作是从个人体验的角度出发,对自己进行慰藉,因为他当时正因被控对狄奥多里克不忠而即将被处决。虽然身为基督徒,但波伊提乌有关精神层面发展重要性的观点主要提炼自柏拉图和斯多葛派(Stoicism)的论点。《哲学的慰藉》一书在中世纪流传甚广,而现在则鲜被提及。这本书要是能重见天日,在南加州的阳光海滩的可能性恐怕比在华尔街的小办公室里要大一些吧。

　　波伊提乌死后,卡西奥多鲁斯(Cassiodorus,约 490—583)接替了他的官职。他也为中世纪学术成就奠定了重要的基础。和波伊提乌比起来,他更有政治头脑,也可能只是运气更好而已。他最终活到狄奥多里克死后。卡西奥多鲁斯在 6 世纪 50 年代退休回到半岛南部的家乡,他在家乡建起一个修道院,开始两项事业。因为这两项事业,今天的学生必须感谢卡西奥多鲁斯。第一,整理了一份类似于书单的东西——《论宗教文学和世俗文学》(*On Divine and Human Readings*),指导未来的学者如何阅读基督教和异教典籍。从某种意义上说,这本书解决了一个世纪前吓倒圣哲罗姆的那个梦中所表现的挣扎。对卡西奥多鲁斯和他的学生来说,同时成为西塞罗主义者和基督徒是一个很自然的结果,并不可憎。第二,他鼓励自己的修士们抄写典籍并将此视为圣行。他定下抄写工作的标准,为抄写员制定了一套拼写规则,甚至像啦啦队队长一样在他们为长时间无穷无尽的抄书感到厌倦的时候给他们鼓舞士气。他满怀热情,赞扬抄写员"仅以双手就能向人们宣道……用笔墨与魔鬼的邪恶诱惑作斗争"。在这方面,卡西奥多鲁斯继承了圣哲罗姆的工作;两人都使得后世的修士修女们能够继续保存古代异教和基督教的典籍。

　　卡西奥多鲁斯去世时,狄奥多里克在意大利的统治已经因为入侵而摇摇欲坠,入侵的势力有的来自南方,有的来自北方。从 6 世纪 30 年代开始,东罗马皇帝查士丁尼(527—565 年在位)的军队侵入并重新夺取了意大利的控制权;其主要成就在于巩固了南方大部分地区的统治,而此前几个世纪中,君士坦丁堡对这片地区的管辖一直很松散。从 6 世纪 60 年代以来,半岛北部面临着新的入侵者——伦巴底人,这是进入西欧的最后一支大型蛮族同盟。他们以波河谷为中心,在北方建立了巨大的王国,正位于现今意大利的伦巴底省。意大利半岛面对着来自南北的夹击,固若金汤的罗马帝国昔日统一的核心一分为二,并且在之后1 000 多年中都分属两个不同的政体。

墨洛温王朝统治下的高卢

狄奥多里克在意大利统治东哥特王国的时候,另一位蛮族国王克洛维(Clovis,482—511 年在位,见图 2.2)在先前罗马帝国的高卢地区建起法兰克王国。和狄奥多里克比起来,克洛维没有那么罗马化,但他对如何在政治斗争中生存下来有一种强烈的直觉。他采取的办法非常直接——将所有可能的对手一一杀尽(罗马皇帝和狄奥多里克都不曾用过这种方法)。在克洛维之后两代,图尔主教格里高历(Gregory,约 538—594)提到克洛维时说:“啊,悲哀啊,我独行于陌生人之中,却不见亲人相助。”格里高历又加上一句:“他谈起他们的死,不是出于悲伤,而是以一种狡猾的方式找出更多可以杀害的亲戚。”

虽然克洛维对其家庭还不如匪徒对其帮派那么忠诚,但是格里高历却在《法兰克人史》(*History of the Franks*)里将他描写成一个“以一颗正直的心走在上帝面前并会当着他的面行善的人”。主教全力支持克洛维的血腥暴政,这听起来有些奇怪。这是为什么呢?原来,克洛维改信了天主教派;他之所以改宗,在某种程度上是受妻子克洛蒂尔德(Clotilda)的影响。当时基本上所有的蛮族国王都是异教徒或阿里乌斯基督徒,而克洛维积极支持主教格里高历的天主教派。其他的蛮族统治者对天主教教堂不闻不问,或干脆将它们转手交给阿里乌斯基督徒管理;而克洛维则支持他们。所以,尽管克洛维只把基督教当成在战争中助他一臂之力的魔法,格里高历和他的教会依然将他奉为正统天主教的英雄。

克洛维拥有好名声的另一个原因是,他和拥有土地的贵族关系不错。主教格里高历本人也是贵族出身。当时,乡村地区人口稀少,因此,所有的人——法兰克人和高卢—罗马人——都有足够的土地使用。于是,罗马时代的大地主家庭大部分时候也能够安然地生活,享有他们的田地、主教辖区和聚会,而且能够在法兰克政府里身任要职。从他们的角度来看,克洛维不是征服了他们,而只是发动了一次政变。在后来的岁月里,拥有共同信仰的法兰克人和高卢—罗马土地拥有者通过通婚,渐渐融合演变成同一的贵族阶层。几世纪之后,王室名字由“克洛维”演化成更柔和的“路易”(Louis),“法兰克人”也改称为“法兰西人”(French),而法兰克君主政体和教会结成的同盟则发展成欧洲政治中生命力最持久的要素之一。

图 2.2　克洛维

这尊克洛维的雕像是 13 世纪为其在圣丹尼修道院中的墓所雕刻的。图中可见,克洛维是墨洛温王朝第一位"长发国王"。对蛮族男性而言,短发代表着低微、奴隶的身份,而长发象征着出身显赫。有一位墨洛温的叔父给他的侄子们两个选择:剪刀和剑,问他们:"你们是想如平民般苟活,还是像贵族般尊贵地死去?"因为克洛维的先例,圣丹尼成为法国王室理想的安息之所。

克洛维的继任者——众所周知的墨洛温王朝(Merovingian dynasty),其名称来源于传说中克洛维的祖先墨洛维(Merovech)——统治高卢超过两个世纪,却丝毫没有统一与和平。长久以来,墨洛温的国王们依照习俗,将遗产平均分给儿子们,因此也将国土平均分割。这听起来像是一位慈父在行善,但却经常恶化兄弟间的关系。父王死后,儿子们通常展开内战,直到其中一位获胜,成为唯一的国王,或者几位兄弟都满足于自己的部分王国。这类混乱的过程一代代重演,几代人之后,便满地都是国王了。在 6 世纪的北部欧洲(不仅包括墨洛温王朝,也包括不列颠和其他地区),任何时候都有大约 200 个国王。连王权都地方化了。

墨洛温王朝最主要的编年史家图尔的格里高历(Gregory of Tours)喜欢极其血腥的故事,克洛维的后代们也的确从来没能摆脱残杀敌人的家族习惯,而这些敌人通常就是他们的亲属。而且后代中也很少有像克洛维一样有权威的统治者,只能眼看权力和土地渐渐落入贵族手中。他们虽身为国王,但在整个社会,王室的权力却不及地方权力重要。不过,间或会有一位贤能的国王来有效地统治一个统一的法兰克王国或其中非常重要的一部分。墨洛温后期的国王里最著名的一位是达戈伯特一世(Dagobert I, 629—638 年在位)。他以家族中常见的血腥方式继承了权力。[他的父亲克洛塔二世(Clothar II)将伯母布伦希尔德(Brunhilde)折磨致死,从她手中夺过法兰克。]不过他强权统治着所有的法兰克人,对教会非常慷慨,而且很有头脑。比如,他允许他最喜欢的圣丹尼**修道院**(abbey of St. Denis)举行一项年度活动;这一举动,既讨了上帝的欢心,又刺激了商业。他也具有很强的行政能力。他发布了特许状,采用罗马的法律框架,为其治下的蛮族部族颁布拉丁文法典。尽管家族争端和地方自治仍然持续不断,但墨洛温王朝却成功地在法兰克统治达两个半世纪之久,比任何其他蛮族王朝都长。此后,在公元751 年,它的统治让位给加洛林王朝(我们将在第四章讨论)。

西哥特人统治下的伊比利亚

　　6 世纪的伊比利亚在西哥特人统治之下,没有发生地震式的政治事件。伊比利亚半岛上的西哥特国王们在保留罗马的旧有行政方式上比墨洛温统治者们更成功些,特别是在估税和收税方面。他们在统治早期信奉阿里乌斯教派,比墨洛温王朝缺乏宗教方面的重要优势,因为他们和信奉天主教的高卢—罗马人(或西班牙—罗马人)臣民在信仰上并不统一。公元 587 年,西哥特国王里卡雷多(Reccared, 586—601 年在位)从阿里乌斯教派改信天主教,这个问题总算得到解决。和其他国王改教的先例一样,里卡雷多也带领大多数西哥特贵族和大多数阿里乌斯教派的神职人员一同改教。这次大范围的改教——几乎可以说是蜂拥而上——为西班牙—罗马和西哥特的地主阶级融合成一个贵族阶层打开方便之门。两年后,里卡雷多允许在都城托雷多(Toledo)召开教会议会,阿里乌斯教派从此被正式扫地出门,两教派合为一体。图 2.3 是基督教统一之初建造的教堂之一。

　　然而,基督教的和谐统一却伴随着和犹太教的不和谐。公元 613 年,国王西塞布托(Sisebut, 612—620 年在位)下达命令,让国土内的所有犹太人都接受基督教洗礼。此后约一个世纪的时间——直到公元 711 年阿拉伯人征服了伊比利亚半岛——他的继任者们时不时地就尝试使用武力来让犹太人改教。这项政策的目的似乎是增进国内的同一性,在西哥特人、西班牙—罗马人和犹太人间创造共同的信仰。如果是这样,这也是失败的,部分是因为推行的程度相异,还有部分是因为强行改教不能增进同一性,反而制造了新的差异;改教了的犹太人一直就被当作一群独特的基督教徒,因为他们虽然不再信仰犹太教,但在文化上仍然是属于犹太传统的。就连基督教的神职人员对这项政策一般也持有摇摆不定的态度,他们质疑西塞布托"模糊的热情",更愿意听从教皇格里高历一世(590—

40

图2.3　西哥特教堂

这座公元7世纪的施洗圣约翰教堂位于西班牙的巴诺斯·德·塞拉托(Baños de Cerato)。它以独创的方式重新诠释了古典风格的建筑。许多早期的教堂都建于旧有的异教宗庙或神殿之上。

604年在位)的意见,即认为应该通过言辞说服而不是武力来让犹太人改信基督教。贵族阶层有时候也蔑视王室权威,保护犹太人不让他们强行受洗。

在扩张疆土方面,西哥特国王在7世纪20年代重新从拜占庭手中夺回地中海沿岸地区(此时拜占庭人正专注于与波斯人作战),比别的蛮族王国更成功一些。但是和墨洛温王朝一样,西哥特国王也渐渐地让权力和财富流入拥有土地的贵族手中。最终,在8世纪早期,西哥特王国被穆斯林征服。

中世纪早期教会

修院制度

在第一章,我们已经看到,圣奥古斯丁和其他早期的基督徒都毫不犹豫地推崇贞洁的禁欲生活,把它作为基督教生活的最完美形式。不能保持贞洁的人应该结婚,但守贞是最好的。由于有教皇和国王的支持,修道院——守贞的修士和修女隐修之地——就成了西方中世纪早期的一股强大的力量。

圣安东尼（约 250—355）在 3 世纪时退居埃及沙漠，开始作为一位神圣隐士的苦行生活。他起先追求孤独，但最后建起了第一个基督教苦行者团体。他的圣洁之名四处传播，想成为隐士的人都赶来聚集在他身边。作为回应，圣安东尼把这些人组织起来，形成一个隐士团体。他们住在一起，互相之间却绝少交流，就好像现代都市中的公寓住户。类似的隐士团体很快在埃及和其他地方涌现出来。4—5 世纪时更是出现了很多隐士圣徒。其中有一位叙利亚人"石柱人"圣西默盎（Simeon the Stylite，约 390—459）。他在一个 60 英尺[①]高的石柱上居住达 30 年，实现了必要的独居生活，由此获得广泛钦佩，引发无数人模仿。尽管西默盎和其他隐士圣徒独自生活，但他们对自己所在的群体却至关重要。对钦慕、支持他们的人来说，这些神圣的男女就是上帝的恩惠和保护的传达者，也是上帝的智慧、切实的建议甚至朝圣者带来的实利的来源。换言之，他们就是站在上帝和普罗大众之间的人。

有的批评家反对这种行为，认为它太极端、太混乱、太反社会，于是他们开始组织更温和、更公众的修院制度。这项新的运动始于东部，圣帕科缪（Pachomius，约 287—346）和圣巴西勒（Basil the Great，约 330—379）在那里领导更加贴近大众的修士团体（有时也有修女）。这些新的团体并不主张隐修，而主张互相为伴，一起走向神圣的生活。其成员住得更近，交流更多，互相分享共同的精神之旅。这种合作式的修道生活后来在西方非常流行。公元 404 年，曾在伯利恒和埃及当修士的约翰·卡西安（John Cassian，约 360—435）回到西方，开始鼓励合作式修院制度。他创作了一些论述修道生活的拉丁文论著，影响非常广泛，还在马赛和高卢地区的地中海沿岸建造了两座修道院，一座供修女居住，另一座供修士居住。

在西北方的爱尔兰，一些基督教徒正在兴起另一种修院制度。在 5 世纪时，圣帕特里克（St. Patrick，约 389—461）和其他传教士将基督教引入爱尔兰；到了公元 600 年，他们已经令人称奇地发展出极富创见且独树一帜的基督教文化。由于从未进入过罗马帝国的版图，爱尔兰和西方其他的基督教城市也有所不同，它没有可以形成主教制宗教结构以及可以形成教区所需的城市。因此，爱尔兰的修道院承载了许多别处由主教承担的功能。换言之，在爱尔兰，自治的修道院，其领导人具有别处主教所具备的行政管理功能（爱尔兰教会确实有主教，但他们的职责仅限于精神教导和引导圣餐；在一些地方，主教甚至也住在修道院里）。爱尔兰人的修道生活在另一方面也有不同：爱尔兰的修士（就目前所知，不包括修女）非常热

---

① 1 英尺约等于 0.30 米。——译者注

衷于传教式朝圣(pilgrimage-as-mission)。这种朝圣方式要求朝圣者不仅要离开家门,也要肩负起劝说异教徒改宗或者建立新的修道社群的艰巨任务,因此也被视作一种克己,曾被称作"忏悔式流亡"。正因如此,圣科伦巴(St. Columba,521—597)和他的同伴们才能够在苏格兰西海岸的优纳岛(Iona)建起大修道院,圣高隆庞(St. Columban,约540—615)也能够在法兰西的吕克瑟伊(Luxeuil)以及意大利半岛北部的博比奥(Bobbio)建起修道院。也有别的人做了同样的事情,但没有哪个像圣高隆庞那样毅然决绝。跨出家门的时候,他不得不先跨过悲伤欲绝的母亲。也没有人游历得像圣布伦丹(St. Brendan,卒于约577)那样远。传说他乘坐的船偏离航线很远,他有可能是第一个到达美洲大陆的欧洲人(他到达的是现在的加拿大海岸)。就组织来说,爱尔兰人的修院制度起初更像圣安东尼而非约翰·卡西安创造的模式。在一个修道场所内,每一个修士或修女都独自占有一个单人小室或一间小屋(见图2.4)。

42

图2.4 蜂巢小屋

这个蜂巢小屋位于爱尔兰西海岸外一座遥远小岛上的偏远田野中,和其周围别的类似小屋一样,里面都曾居住着一位神圣的修士。可以看见在左侧石墙和小屋中间的小径尽头有一座拱门。走进屋里后,普通身高的人伸展双臂就能轻松碰到屋顶和两边的墙。小屋由干砌石建成,从地上一层层将石块垒起。小屋里的生活应当既寒冷、潮湿,又孤单、隔绝,唯一的陪伴就是附近怀抱同样决心的隐修者们。

中世纪早期的修道院不总是只容纳一个性别的修道者。在爱尔兰、不列颠、高卢和伊比利亚，有的修道院就同时容纳修士和修女。在大多数这样的修道院里，女院长管理着所有的修道者。举例来说，圣毕哲（St. Bridget，约 460—528）在基尔代尔（Kildare）建立的修道社区同时居住着修士和修女。现在，这种修道院被称为**"男女修道院"**（double monastery），但混居不会导致丑闻的发生。一位 7 世纪的学者在写到阿马（Armagh）的修道社群时，以很司空见惯的口吻写道："自有信仰以来直至今日，男女就一起生活在宗教之下，几乎不可分隔。"

中世纪早期的修道院也和支持它们的富有的当地家庭有紧密联系。通常，这意味着修道院院长就是这个家庭的后代，修道院也友好对待并保护支持者的家庭，并提供其他好处。这种**"家庭修道院"**（family monastery）制度和男女修道院一样，在早期都被广泛接受，但在后来的几个世纪都受到严苛的审查。

圣本笃以及他的规章

尽管在努西亚的圣本笃（St. Benedict of Nursia，约 480—550）之前的时代，修院制度在西方已经非常盛行，但他仍经常被称为"西方修院制度之父"。他的伟大贡献在于将帕科缪、巴西勒、卡西安等人的思想综合起来，写入《圣本笃会规》（*Rule of St. Benedict*，以下简称《会规》），这书直到现在仍有巨大的影响。

和同时代的许多基督教领袖一样，本笃是一个出身很好的罗马人。他出生于意大利半岛中部的山区，被送往罗马接受教育。但在完成学业之前，他离开罗马，前往尼禄的乡村宫殿遗址附近的一个山洞，在那里开始隐修生活。他的圣迹流传开去，许多门徒聚集在他身边。事实上，本笃不仅是一个苦行主义者，他还具有敏锐的心理洞察力，是个非常好的组织者，能够从自己年轻时的种种不同体验中总结出修道生活要怎么过才是最好的。他那本影响深远的《会规》所规定的修院制度的特征是，适当程度的苦行和温和的规纪，以及灵活的秩序。

本笃建立了几个修道院，但最大的一个是在卡西诺山（Monte Cassino）顶建造的，位于罗马和那不勒斯（Naples）之间。他的姐姐圣思嘉（St. Scholastica，卒于 543）在附近的一个隐士住处隐居，每年拜访他一次，谈论信仰事务。后来，圣思嘉成为本笃为女性建立的修道院的赞助人，而本笃的卡西诺山修道院在此后几个世纪都是西欧宗教生活的一个主要中心。

《会规》规定了一种繁忙而规律的生活，形式简单，又不是过于严肃。尽管是为男修道院而定，它却同样适用于女修道院。本笃会的修士和修女衣着正统、进食得当，极少需要自己再另想办法满足温饱。他们的生活是献给上帝的，通过祈祷和宗教仪式来获得个人的圣洁。同时，这种生活也适合任何虔诚至信的基督徒。换言之，本笃不仅欢迎可能成为圣徒的人加入修道院，也欢迎普通人在他们有限的能力范围之内过上一心向主的生活。本笃会甚至向儿童开放。有许多孩子都由他们的父母或监护人献给宗教生活（没有征求孩子自己的意见），接下来便在修道院附设的学校受教育。这种行为被称为**"奉献行为"**（oblation），这些孩子被称为"献身儿童"（oblate）。虽然教会名义上反对奉献行为，但几个世纪以来还是很通行，并且实际效果出奇好。大多数在修道院成长的孩子都能够很好地适应修行生活。

修院生活的每一天都有详细规定的活动：集体祈祷、诵经以及工作。工作包括种地、家务、抄写手稿，由修院根据需要和个人能力而定。本笃会团体有主持圣礼的神父，但不是所有的修士都必须被祝圣为神父，大多数人都不是。修士和修女都立誓遵循最基本的义务：安贫、守贞和服从。他们不可拥有私人财产，必须独身生活，必须听从修院院长，努力抵制俗世的三大诱惑：财富、性欲和野心。本笃会修道院的院长都是终身制，他们在修道院的权威不可置疑，像双亲一样领导着修行者组成的家庭［在阿拉米语（Aramaic）中"abba"①一词意为"父亲、神父"］。他们必须严格对上帝负责，被要求按照《会规》公正地管理。同时，他们也必须慈爱而耐心，不可过度要求，也不可让修士、修女像本笃说的那样"低语"向上帝抱怨。

44　本笃会成员的贡献

圣本笃死后仅两三个世纪，他的《会规》就传遍西方的基督教世界。它产生的不是一个庞大的等级制组织，而是一群互相之间独立自治却拥有同一种生活方式的修道院。从这个角度来说，早期的修道院和现代的学院及大学有相似之处。每个机构都互相独立（多校区的学校除外），却享有同一个目的。芝加哥大学和西北大学或者森林湖学院（Lake Forest College）在形式上没有等级关系，但在这三个校园里，学生都以相似的方式攻读学位。早期的修道院也是如此：行政分立，目标一致。

圣本笃将自己的修道院视为虔诚的基督徒可以隐身遁世的精神避难所。然而，本笃会的修士、修女们很快就投身于中世纪早期政治生活的罗网了。这首先是因为修道院院长管理的土地渐渐扩大；其次，许多修士、修女和强有力的贵族家庭有着种种联系；另外，**俗世**（secular）社会也需要一些只有在修院学校内才能

---

① 修道院院长为"abbot"或"abbess"，此处是说明院长所具有的权威性。——译者注

学得到的技巧。于是，本笃会的修士、修女们对他们遁出的世界产生了巨大的影响。他们掌握着最重要的知识宝库，产生出这个时代的绝大部分学者，并使许多有可能永远消失的著作得以传世。他们热衷于传教活动，首度将基督教的光辉传播到当今德国的茂密森林里，随后又传至斯堪的纳维亚、波兰和匈牙利。他们之中出现了负责记录的书记员、王公贵族们的顾问和高层神职人员的候选人。此外，由于虔诚的赞助者向他们捐赠了很多作为礼物的土地，他们拥有并管理着大片地产，其中一些地方成为新型农耕组织和技术创新的范例。尽管每位本笃会修士或修女都发誓拒绝"私人"财产，但一个修道院却可以拥有巨大的"集体"财富。有些本笃会修道院成为大土地拥有者，负责辖区内的行政、律法以及征兵。简言之，本笃会修道院成为西方早期基督教世界一个主要的起教化力量的机构。这些修道院在理论上一直专注于唯一的要旨，不过在实践上只是有时关注：祈祷、沉思并忠于上帝。

教皇格里高历(590—604 年在位)

圣本笃死后不久，他理想中的修院制度和他的《会规》就几乎被毁。他死后约一代人的时间，卡西诺山就被伦巴底人攻陷(约 577)，众多修士也被遣散到各地。有的人逃往罗马，在那里认识了一位出身高贵的虔诚的修士、未来的教皇格里高历(590—604 年在位)。格里高历虽然不是本笃会修士，但他被本笃的圣洁和他的《会规》深深地打动。格里高历写了一部关于本笃的传记，此书流传极广，大大加强了本笃会的势力。

作为神学家，格里高历的著作在此后几个世纪都有深远影响，特别是他推广、宣传了圣奥古斯丁的思想。但他真正的天赋却在于对人性的深刻体察和很强的管理、组织能力。他的《教牧关怀》(Pastoral Care)是一篇论述主教职责和义务的论文，同时也是一部具有实践智慧和常识的伟大著作。这部著作满足了时代的需要，成为中世纪流传非常广的书之一。他对《约伯记》(Book of Job)的评述也被认为是继承了 1 世纪由亚历山大的斐罗(Philo of Alexandria)创造的寓言式解读技巧的一部重要作品。

格里高历热爱修道生活，对自己升任教皇感到由衷的悔恨。在听说自己被选为教皇之后，他躲了起来，人们不得不把他拖到圣彼得教堂才成功地举行了授职仪式。然而一接受新的职责，他就全心致力于扩张教皇的权威。他认为教皇作为圣彼得的继任者，是整个教会毫无争议的统治者。他重组教皇领地的经济结构，把逐渐增加的财政收入用于慈善事业以改善当时的赤贫状态。他的正直、

45

智慧和行政能力使得他几乎在罗马及其管辖地区享有皇帝一般的地位,在当时受伦巴底人和拜占庭人的两面夹击下,这是非常不容易的。

盎格鲁-撒克逊人的改宗

格里高历派遣了一支修士队伍前往不列颠改造异教的盎格鲁-撒克逊人,这也深具远见卓识。这支传教队伍由一名叫奥古斯丁(Augustine,卒于 604)的修士领导。他被称作"坎特伯雷的奥古斯丁"(Augustine of Canterbury),以免和前世的伟大神学家希波的奥古斯丁相混淆。在公元 597 年,奥古斯丁和他的传教士开始在肯特(Kent)进行意义非凡的传教工作时,不列颠是被分成了几个独立的小王国,而肯特是当时最强大的一个。由于肯特国王埃赛尔伯特(King Ethelbert of Kent,560—616 年在位)的妻子王后伯莎(Queen Bertha)是个法兰克基督徒,奥古斯丁确定自己会受到很好的对待。伯莎(卒于 612)是当年劝克洛维改宗的王后克洛蒂尔德的曾孙女。她和曾祖母一样,也非常精于家庭传教。她为奥古斯丁的到来做了非常完善的先期准备,使得他们仅仅用了几个月时间,就让国王埃赛尔伯特和他成千上万的臣民接受了洗礼。坎特伯雷作为当地主要的城镇,成为新教会的总部,奥古斯丁当选第一任坎特伯雷大主教。在他的影响之下,埃赛尔伯特发布了第一批用盎格鲁-撒克逊语言写成的法律。

此后几十年,基督教在不列颠的命运随着各盎格鲁-撒克逊王国的兴衰而起伏。埃赛尔伯特死后,肯特王国就衰落了。到了 7 世纪中叶,政治权力转移到最北部的诺森比亚(Northumbria)。在这个偏远的边区前哨,两股极具创造力的力量相遇了:由南下苏格兰建起修道院的爱尔兰修士带来的爱尔兰基督教派和从肯特北上的罗马基督教派。

尽管两者相信同一个神,但他们却有着不同的文化背景、不同的修院制度和宗教组织以及不同的复活节(Easter)日期推算方法。最后一项分歧粗看之下并不重要,但却引起了极大的不便。举例来说,跟随爱尔兰传统的诺森比亚国王奥斯维(Oswy,卒于 670)庆祝复活节之时,他的妻子,也就是跟从罗马传统的伊弗雷德(Eanfled,卒于约 704)却仍在守大斋节(Lent)。最后,公元 664 年,在由著名的女修道院院长希尔达(Abbess Hilda,详见"人物传略")管理之下的惠特比(Whitby)修道院召开的**地区宗教大会**(synod)上,罗马传统的复活节日期获得官方认同。五年后,即公元 669 年,教皇派学识渊博的塔尔索的狄奥多(Theodore of Tarsus,约 602—690)出任坎特伯雷大主教一职,并让他将盎格鲁-撒克逊教会分成几个教区,由主教管辖。在惠特比会议和狄奥多大主教的不懈努力之下,盎格鲁-

撒克逊的诸王国在受洗仅一个世纪左右的时间里，就成为欧洲最具活力的基督教社会。

人物传略

惠特比修道院院长希尔达（614—680）

　　我们关于惠特比修道院院长希尔达的所有了解，几乎都来自比德（Bede）的《英吉利教会史》（*Ecclesiastical History*）里的一段短小的传记。这本书成书于希尔达死后 50 年左右。比德在里面写到了许多和别的圣徒传相似的事件：母亲梦见未出世的孩子将有非常辉煌的未来；33 岁那年的一次重要转变（33 岁被认为是耶稣受难时的年龄）；狂喜式的死亡及随后的升天。我们可以把这些内容当成是圣徒传中理想化的成分，而不是历史记录。不过比德的其他记录则可信得多。

　　比德写道，希尔达出身于诺森比亚王室家庭的一个旁支。她从小是个异教徒，直到 13 岁才和她的叔祖父——国王爱德温（King Edwin，卒于 632）在同一天接受了洗礼。之后的 20 年生活，比德只字未提。比德从未颂扬过她的贞洁；因此，希尔达可能结过婚，后又守寡。另外，比德也从未提及她的丈夫；因此，她的丈夫可能是个异教徒，或者出于别的原因，他们的婚姻并不合适。无论如何，希尔达在中年时投入一种新的生活。她决定投奔她姐姐所在的位于巴黎附近的谢勒（Chelles）的修道院。在最后时刻，有人说服她在英格兰投身于隐修事业。于是她建起两座修道院，在惠特比建造起第三座之后，终于定居下来。惠特比是约克郡海边的一个寒冷多风的港口，她的修道院一边是多石的峭壁，另一边则是北海。

　　在惠特比，希尔达管理着一个由修士和修女组成的灵修团体。她的智慧声名远扬，各地主教、各国国王都赶到惠特比来和她交谈，而且——如比德所说——甚至从未见过她的人也受到她的善良事迹的鼓舞。在她所有的成就中，有三项特别重要。第一，她使惠特比成为"主教的摇篮"。惠特比修道院至少培养出五位后来担任主教的教士。第二，她主持了惠特比宗教大会。公元 664 年的这次会议解决了爱尔兰传统和罗马传统之间长期存在的纷争。第三，她鼓励了古英语诗歌的发展。有一个名叫开德蒙（Caedmon）的牧人以自己的母语创作了宗教诗篇，结果被带到希尔达面前。希尔达认为他的技能是上天所赐,就把他召入自己的修道院,并安排给他宗教启蒙。此后,开德蒙——引用比德那句不朽名言——像一头反刍的奶牛,把恩师的教导转化成诗句。他的诗篇被谱成曲,唱遍全英格兰,广受好评。

这就是比德告诉我们的,但我们想知道更多。希尔达出生时是个异教徒,但成为著名的基督教领袖。在她那坚定的新信仰背后,有着怎样的故事?希尔达信奉的是罗马的基督教,但在惠特比,她却站在爱尔兰人这边。她在什么时候,又为什么偏爱爱尔兰的基督教传统?在男性统治教会和国家的时代,希尔达能够掌握至高的权力。是什么使她超越了时代强加给女性的界限?是超凡的美德、高贵的出身,或者只是人格力量?我们可以对这些问题提出种种假设,但都无法确定事实。比德没有告诉我们,那我们就根本不可能知道。

希尔达的修道院在公元867年被维京人摧毁。修道院文书房收藏的众多抄本,只有一部手稿和一封由许多修士和修女写的信留存下来。修道院本身已经荡然无存。今天屹立在惠特比港口的遗址是另一座建于非常后期的修道院留下的。修道院所藏手稿及其建筑的命运和希尔达自己的历史地位有些相似。她监管着一个强大而虔诚的修道团体,但在最后,她的名声却完全落入一个在他自己的书里加了几段关于她的话的人之手。这就是历史记忆的本质,这就是名声的脆弱。

47　普罗大众的基督教

由于主教的权威通常只能覆盖他所在的城市及周围很近的区域,教会对农村地区的影响力就比较小。能够顺应农民需要的"**教区**"(parish)直到后来才渐渐多起来。与此同时,一些农民要是一年能见上神父一面,就算是幸运的了。拥有高墙围住的管辖区及广阔领地的修道院确实为普通百姓提供了些宗教服务,但是它们通常不受主教控制,有时也不愿承担农村地区的职责。在不列颠群岛(也许别的地方也是),活跃在乡间的教士群体一般都住在"修道院教堂"(minster churches)里["mynster"一词就是古英语里的"修道院"(monastery)]。修道院教堂监管着更小的教堂,因此就监督着广大农村地区的宗教生活。在这种情况下,和许多别的情况一样,中世纪中期界线分明的两类神职人员——遵守**修院规则**(monastic rules)的**修会圣职人员**(regular clergy)和负责农村宗教生活的**非修会圣职人员**（secular clergy）——的区分在中世纪最初的几个世纪里并不很严格。农民从圣职人员的职责重合中获益，因为他们本来就不关心给予他们精神关怀的究竟是修道院教堂的教牧人员还是主教派下来的堂区神父。

即便如此，总的来说，男女教士在农民心里的印象更多是富有的地主，而不是给大众带去公平、公正的上主所赐恩典的源泉。这并不奇怪，因为主教和男女修道院院长都是国王的兄弟姐妹，或者别的王公贵族。7 世纪时，在惠特比的大修道院女院长希尔达出身诺森比亚贵族家庭，并和东盎格鲁王室有亲缘关系；6 世纪时图尔的主教格里高历则出身高卢—罗马贵族家庭；教皇格里高历一世也是一个富有的罗马家庭的后代。他们的高贵出身，对于当时从事教会工作的男女来说，是一种常态。在中世纪的大部分年代里，贵族家庭的孩子只有两条出路——进入教会或是过世俗生活。不论哪种出路，他们都会有家传地产的经济支持，会有奴隶、赋役农和佃农来耕种。

旧的异教传统在民间继续留存了几个世纪，以许多有趣的方式融入基督教。异教的节日被加到基督教历里（比如，冬至日成为圣诞节）；异教的场所成为基督教的圣殿甚至教堂；旧的习俗和祷辞被赋予新的基督教含义。比如，我们在下面就会读到一段用来驱散小妖怪的药方。在这个方子里，基督教和前基督教时期的药物被很奇怪地掺在一起：

> 做一种药膏，［由好几种草药组成，包括］苦艾、药草石蚕、大蒜和茴香。把这些草药放入杯中，放在祭坛下，对它们唱九支弥撒曲，再在黄油和羊毛脂里将它们煮沸……

这种方子对格里高历一世来说并不麻烦。他建议传教团采用温和手段让盎格鲁-撒克逊人改信基督教，这样他们能够比较适应新的信仰。格里高历是个实际的人，他知道不可能"让这些固执的头脑一下子把所有事情都了断"，因此，旧有的宗庙可以被转化为新的基督教教堂，旧的节日也可以转化为新的基督教节日。他教导说，只要没有异教信仰存在，让那些没什么意义的旧传统伴随基督教祷文不会有什么坏处。传教士们采纳了他的建议，于是直到今天，像万圣节（Halloween，所有圣徒的基督教节日前夜）这样的节日仍然带有自格里高历时代起就形成的混合传统。

学术生活

旧罗马文化渐渐淡出之时,新的学术传统开始在西欧发展起来。主教们在许多方面起到了领军人物的作用,而修士和修女们的作用也不可小视。

对一些历史学家来说,这种新的文化看起来没有创意,太过轻信,也没有可取之处。图尔的格里高历(约 538—594)所著的《法兰克人史》是我们研究克洛维及其继位者的最佳素材,但是他是用不合语法的拉丁文所写的。这本书也有相当严重的政治偏见,过多地述及不可能发生的奇迹和血腥的暴行。同样,教皇格里高历所写的内容虽然具有实践智慧和心理洞察力,但他无法达到希波的奥古斯丁及其他 4 世纪神学家的哲学深度和学术成熟度。再者,塞维利亚的主教伊西多尔(Isidore,Bishop of Seville,560—636)虽然将自己渊博的学识都汇成一本《词源》(*Etymologies*),这本书虽然也是此后几个世纪人们研习的著作之一,但伊西多尔缺乏批判力,他在书里收录了所有能够找到的信息,不管是真是假、有没有深度。在此书里,他作为收集者所做的工作比作为作者要多许多;他随意大量复制粘贴其他学者著作里的内容。平心而论,可以说他引用的许多东西之所以可信度不高,是因为被引用的这些古罗马学者本身并不太可信。不过,他确实表现出缺乏一定程度的老练。比如关于怪兽这个主题,他写道:

> 犬面人身兽(Cynocephali)之所以被称为犬面人身兽,是因为它们长着狗的头,而且它们的长啸显示它们是野兽而不是人类。这种动物产自印度。独眼巨人(Cyclopses)也产自印度,这样称呼它们,是因为它们只有一只眼睛,位于前额中央……无头怪(Blemmyes)产自利比亚,它们被认为只有躯干而没有头,它们的嘴和眼长在胸部;另有一些没有脖子,眼睛长在肩膀上……人们说锡西厄(Scythia)的巨耳族(Panotii)有巨大的耳朵,盖住了整个身体……独腿族(Sciopodes)据说生活在埃塞俄比亚。它们只有一条腿,但跑得飞快,并且……在夏天里,它们仰面躺在地上的时候,就用自己的巨腿来遮阴。

最后,伊西多尔终于带着早该用上的怀疑主义,下结论道:

> 据说还存在其他传说中属于人类的怪兽种族。但是它们不存在,只是想象的产物而已。

　　不过，我们最好要记住，像图尔的格里高历、教皇格里高历一世和塞维利亚的伊西多尔这样的学者，已经在一个艰难的时代做出最大的努力了。通常，他们很清楚自己的局限。图尔的格里高历因为自己的拉丁文水平向读者道歉；教皇格里高历对于罗马文化的衰败则无比感慨地写道，"带着无数的悲伤痛苦而日渐衰弱"。而且，如果我们再看看其他地方，就会发现这几个世纪里还是有真正有力的思想的。

　　相对罗马帝国，爱尔兰的地理位置可以说是天高皇帝远。因此，他们一直以来从未接触过拉丁语。但是爱尔兰的修士们（可能也有修女，我们掌握的证据非常少）却能够完美地使用拉丁语。他们以严谨的学术、高度的圣洁、厉行节制的生活和规模巨大的传教活动而著称于世。爱尔兰的修院学校是当时西欧最好的。他们的学校，除了拉丁语之外，还设有别处没有的希腊语课。他们给自己的爱尔兰语言配上罗马文字，从而以文字形式把世代口传的爱尔兰历史保存下来。他们发展出非常丰富的艺术传统，《凯尔斯书》（*Book of Kells*）手稿里的精美插图（见图2.5）只是其中的一例。这些手稿是那个时代的奇迹，今天仍然能够引来人们的连声赞叹。爱尔兰修道院制度的成功，不仅活跃于爱尔兰地区。他们的传教团还在别的地区复兴修院生活，在不列颠、法兰克王国，甚至远至意大利半岛北部等许多地方建起修道团体。

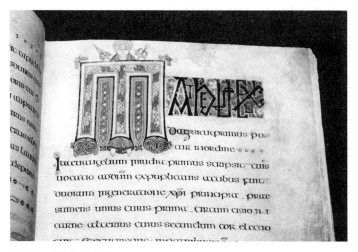

图2.5　《凯尔斯书》

《凯尔斯书》制作于公元800年左右，将爱尔兰和盎格鲁-撒克逊风格完美地融合在一起，以至于我们无从知晓它究竟是爱尔兰的产物，还是苏格兰或者诺森比亚的。

　　本笃会修道院也是重要的学术中心。修院学校里诞生出中世纪早期的大部分学者和作家。并且因为许多修道院专设有供研习、抄写经卷的**文书房**(scriptorium)，修道院还起到文化桥梁的作用，拉丁语古卷得到重新抄写和妥善保存。抄写经卷的工作费心费力；这点我们可以从中世纪手稿末尾的附言里看出来。有一位疲惫的抄写员写道："现在我终于抄完了，看在上帝的分上，给我一壶葡萄酒吧。"

50

　　上述两种修院制度传统——爱尔兰传统和本笃会——于 7 世纪在遥远、寒冷、狂风大作的诺森比亚海岸直接相遇了，由此导致一次文化复苏，被后人称作"诺森比亚复兴"。7 世纪晚期 8 世纪早期的诺森比亚文化的光辉体现在许多方面：大胆使用源自凯尔特和蛮族传统风格的曲线形装饰的手抄经卷、一种新的文字、一部以**地方语言**(vernacular)写成的史诗、令人印象深刻的建筑，以及那个时代最伟大的学者——"可敬的"圣比德(St. Bede the Venerable，约 673—735)的成就。

　　和 6—7 世纪大多数主要的学者不同的是，比德和旧罗马贵族没有亲缘关系。他童年时就进入雅罗(Jarrow)的修道院，一辈子都在那里修行。他的著述很多，尤以《英吉利教会史》为最大成就。他在这部书里表现出远远超越同时代人的批判精神，这也使得他成为继希波的奥古斯丁之后西方最重要的思想家。这部书拥有非常宽广的文化视野，思辨亦十分尖锐，成为我们研究英国早期历史的主要素材。这也是第一部采用基督教历纪年，即公元纪年(A.D.，即 Anno Domini，意为"耶稣纪元")的史学著作。今天我们仍然采用这种纪年，不过换以 C.E. 表示，即 Common Era，意思也是"公元"。

　　比德在公元 735 年逝世时，诺森比亚文化已经开始衰落。但诺森比亚的学术传统则由一群盎格鲁-撒克逊传教士在 8 世纪时带到欧洲大陆。8 世纪 40 年代，盎格鲁-撒克逊修士圣卜尼法斯(St. Boniface，约 675—754)改革了法兰克教会，加入了本笃会的理想。他将教会组织系统化，和教皇也建立起更密切的联系。卜尼法斯和其他盎格鲁-撒克逊人在莱茵河东岸建起本笃会修道院，以此为基地开始一项漫长而艰难的工作：让巴伐利亚人(Bavarians)、图灵根人(Thuringians)和其他说日耳曼语言的民族改信基督教。这项工作，和 100 多年前教皇格里高历手下的传教团使肯特王国改信基督教的经历非常相似。8 世纪晚期，西方基督教世界的中心又开始南移。这次是从盎格鲁-撒克逊人的英格兰转移到法兰克新帝查理曼统治之下的、新兴的法兰克帝国。各地学者云集在查理曼的宫廷里，有的甚至从伊比利亚和伦巴底远道而来。然而其中最伟大的当数来自诺森比亚的修士阿尔昆(Alcuin，约 732—804)。他是比德的亲传弟子之一。

结语

6—7 世纪，西欧和东欧出现的最大区别，可能就是西欧教会的独立性。在西欧，教会和国家往往携手共事，但宗教和世俗政治却从未融合到像在君士坦丁堡的程度；实际上也可以说，从未达到大多数古代文明的程度。神职人员和修士、修女成为文化方面的领导者，而中世纪早期的国王和贵族们则成为政治方面的领导者。这种分工合作促进了西方文化的发展。两者间的相互关系——有时是合作，有时会起争端，有时则互不干涉——深刻地影响了中世纪早期文明的成形。现在，让我们来看一看中世纪欧洲的另一支具有非凡创造力、发挥了深远影响的力量——拜占庭和它的伊斯兰邻居们。

第三章
西欧的邻居：拜占庭帝国和伊斯兰文明，约 500—1000

引言

自 5 世纪起，罗马帝国的东西两部分就沿着不同的道路发展。但两边的交往依然频繁。没过多久，就有一支新的力量加了进来——伊斯兰。因此，到公元 700 年时，从前属于罗马帝国的土地就受到三股势力的影响。在西方，政治体系已经瓦解，宗教上的统一正在形成，一个综合了凯尔特、罗马和蛮族传统的社会已露雏形。在此基础上，本书的主题——中世纪的西欧——成长起来。踞立东方的是罗马帝国的直系后代：东罗马帝国。它至少在短时间内，仍然在巴尔干、小亚细亚、中东和埃及地区具有至高的权威。以此为基础，拜占庭帝国渐具雏形。在南方，一股新的力量兴起于 7 世纪中叶，它产生于一种新的宗教——伊斯兰教，在早期的阿拉伯世界发展起来。到了公元 700 年，穆斯林王朝（Muslim dynasty）宣布整个地中海以南地区归自己统治。此后的几个世纪，统一的伊斯兰世界成为环地中海的三个文明中最强盛的一个。

历史学家有时把这三种文明称为罗马的"三个子嗣"，或者干脆称为罗马的"三个兄弟姐妹"。其实，"邻居"一词也许更好地概括了它们的关系，因为三者相依相邻，而且这种关系的重要性并不亚于它们所共享的罗马传统。实际上，西欧人很少仔细研究他们和拜占庭人以及穆斯林到底有哪些相同的文化传统；而且，如果说他们和其他两者是类似于"兄弟姐妹"的关系，他们会觉得不可思议甚至不能容忍。但是，他们知道，在他们的东方住着拜占庭人；拜占庭人有时是他们的同盟，有时又是敌人，总之很让人摸不着头脑。他们也知道，南方的穆斯林一直虎视眈眈，威胁到他们脆弱的"基督教世界"的生存。对中世纪的欧洲人而言，这两个邻居无论好坏，总之离他们都不远（见年表 3.1）。

年表 3.1　中世纪早期，500—1000

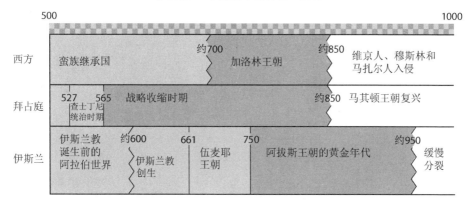

从东罗马帝国到拜占庭帝国

正当西罗马帝国分解成许许多多继承国之时，东罗马帝国的皇帝们驻守都城君士坦丁堡，控制着广阔的疆土。新月形帝国包括地中海东部沿岸地区，从巴尔干直穿小亚细亚、叙利亚、巴勒斯坦，直至埃及（见上一章地图 2.2）。我们前面已经看到，东部的文明比西方的更为古老，扎根更深；东部的城市更大更多，农业也较发达，农民享有的自由对西罗马帝国治下的赋役农而言仅是星星点点的记忆。

5 世纪时，西罗马帝国在政治、军事和社会经济等多方面遭遇重重困难；相比之下，东罗马帝国享有种种优势。首先，帝国的治理更成功些。西罗马帝国面临崩溃之时，东罗马的皇帝们正在小心翼翼地开源节流，并对都城的攻防体系进行加固。其次，东罗马的军事力量也更强大。5 世纪的西欧，蛮族国王在西罗马的土地上建起大大小小的王国；而小亚细亚地区［或称安纳托利亚（Anatolia），即今天的土耳其］成为东罗马帝国的防御重镇。小亚细亚由黑海的天然屏障和君士坦丁堡坚不可摧的城墙保护着，拥有丰富的兵源，其财政收入和税收也足够支持军队。最后，由于城市更多、工业更发达、贸易更繁荣、自由农更多，因此，东罗马帝国强盛一时。另外，君士坦丁堡处在中心位置，它的码头和港口几乎控制着黑海和地中海之间的所有贸易，使得东罗马的国势如虎添翼。5 世纪时，金币从西罗马国库中源源流出，流到了东罗马的商人、农民、皇帝和士兵口袋里。

于是，东罗马帝国比西罗马帝国能够更好地从灾难中复苏，也就不足为奇了。实际上，总的来说，东罗马帝国后来又繁荣了 500 多年（见年表 3.2）。帝国疆域大小在各时代都有所不同。6 世纪时，帝国正在扩张，在短时间之内统治着

几乎整个地中海沿岸,包括东部和西部。之后,它就渐渐失去部分领土;到公元
800 年时,便只对小亚细亚和东巴尔干的部分地区拥有**主权**(sovereignty)了。
再后来直到 11 世纪中叶,帝国又渐渐强盛起来(见地图 3.1)。无论版图"盈亏",
东罗马帝国一直安全挺立;君士坦丁堡四周,不论面向海洋还是内陆,都有坚实
的城墙保护着。东罗马帝国也改变了自己的个性;到公元 700 年时,它已经失去
了许多拉丁文化特色而成为一个更希腊化的国家。西罗马帝国灭亡后,在君士
坦丁堡统治着东罗马的皇帝们便自称"罗马人",声称自己统治的是"罗马帝国";
只是,他们通常只向东眺望博斯普鲁斯(Bosporus)海峡的另一侧,而不会回首西
望罗马。现代历史学家则将他们的领土称为"拜占庭帝国"(Byzantine Empire),
从而给东罗马皇帝们安上了他们所不承认的身份。这个名称来自希腊古城拜占
庭(Byzantium),君士坦丁大帝在这里建立了君士坦丁堡。

53

年表 3.2　公元 1000 年以前的东罗马帝国和拜占庭

拜占庭政府

拜占庭在宗教上承袭基督教,在文化上承袭古希腊,而它的政府结构则大致
源于罗马。我们甚至可以说,拜占庭的法律和官僚机构是从罗马晚期的政治制
度直接演化而来的:拜占庭的独裁传统来自对晚期罗马皇帝的颂扬,如戴克里
先和君士坦丁大帝;皇帝在拜占庭教会中占有重要一席的传统则可回溯到君士

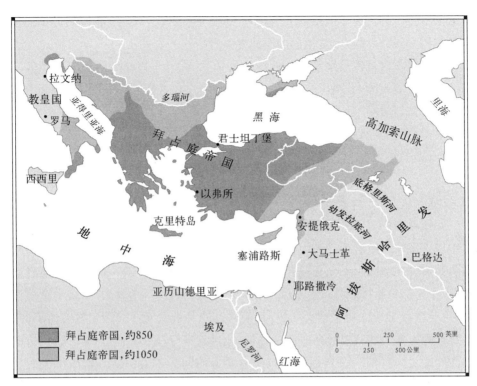

地图 3.1　拜占庭的收缩与扩张，约 850—1050

54

约公元 500 年时东罗马帝国的全貌见地图 2.2。伊斯兰入侵后，拜占庭失去了所有南部的土地。此后，他们仅在希腊、巴尔干地区、小亚细亚，以及意大利半岛的南端拥有主权。这张地图上深浅不一的颜色标明拜占庭在 9 世纪的疆域是如何缩减的，然后在直到大约 1050 年的这段时间里，它又是如何慢慢扩张的。

坦丁大帝（306—337 年在位）和狄奥多西一世（378—395 年在位）；拜占庭的税收制度则延续着罗马晚期的种种苛捐杂税。

除了从罗马继承了这些制度上的遗产之外，拜占庭还继承了罗马的统治思想，即重视防御和自我保存。拜占庭历史上确实出现过几位胆大的皇帝，经历过几个大扩张的时期，但总的政治趋势是防御和自卫，而不是掠夺。对拜占庭人而言，他们的国家是基督教信仰的政治实体，也就是蛮族汪洋里的文明之舟，因此不管付出多大的代价都必须存活下来。在这样一个国家，合适的理念是深挖壕沟而不是扩张国土，是谨慎小心而不是大胆冒进。

这种防御式的保守理念也造就了拜占庭的官僚机构和军队的特色。拜占庭的官僚机构庞大，多因循前人先例而惧怕变化，极少冒险；虽然在精力旺盛、头脑灵活的皇帝们统治期间抵制了他们的革新政策，但在愚人的统治之下也保证了国家的稳定。拜占庭军队虽然人少,但训练有素,也极少冒险。将军们谨慎而诡诈地操练兵法,心里很清楚他们的军队维系着帝国的安危。

拜占庭不仅从罗马继承了政治结构和体系,而且也以新的方式发展了罗马传统。拜占庭帝国的"高压政府"具有复杂的皇室仪式、庞大的官僚机构和冷酷的政府管理,最终超过了罗马帝国晚期的规模。拜占庭统治者的这种烦琐复杂、时而显得曲折的治理方式远远超过罗马政治的防御理念,甚至在今天,"拜占庭"(Byzantine)这个词仍是"僵化、烦琐的政治策略"的同义词。

拜占庭帝国的基督教会

基督教起先占领了东罗马帝国,后来就成为拜占庭帝国占主导地位的宗教。君士坦丁堡的缔造者最终成为"东方正统教派"(Eastern Orthodox Church)的领袖。其中的"Orthodox"不仅是指"正确的观念",而且是特指一种东方的基督教派(现今包括希腊、俄罗斯、塞尔维亚和其他地方的自治基督教派)。在中世纪早期,这一教派重新诠释了教义和权力,使之和罗马教皇领导的天主教有所不同。对拜占庭人来说,基督教信仰是一种引人注目的身份,是他们作为拜占庭人的根本性标志之一。6世纪时,他们抵抗来自北方的阿瓦尔人(Avars)、斯拉夫人和保加利亚人(Bulgarians)的侵犯,7世纪时又抵抗来自东南方的阿拉伯人的侵犯。此时,他们都把保家卫国看作保卫基督教,让它不受野蛮的游牧民族的侵略。我们在第九章将会看到,1095年之后,拜占庭对待西方的十字军时也同样带着宗教憎恶,只不过那一次是基督教的两个分支势如水火,彼此不容。

拜占庭皇帝从教民的忠诚信仰里汲取了无可估量的力量。在拜占庭的老百姓眼里,皇帝远不是个统治国家的凡夫俗子。他是上帝的副手和摄政王;他的言论,从理论上讲,对所有涉及教会管理、宗教实务和教义的事务都可谓一言九鼎。他是神圣教会的保护人,他的军队不只是为帝国而战,而是为上帝而战;他的将士不只是普通士兵,而是十字军战士。在拜占庭,基督教是爱国主义不可或缺的源泉,因此,拜占庭的皇帝们所获得的支持率,是罗马异教时代的皇帝们怎么也想不到的。

不过,皇帝在拜占庭基督教会的绝对地位也会带来问题。因为宗教争议直接牵涉到宫廷,异端言论就成为对国家的一大威胁。这一点,在基督的本质这个问题上最能体现出来。这个问题自古就有,但在5世纪的东罗马帝国又有了新的意义。基督是人类,还只是神?如果他既是神,又是人,那这两者怎么统一为一个个体?有两种观点发展起来。一种观点认为,基督既是完美的神,同时又是完美的人，这两种属性同时存在于一个个体中。这种观点，在公元 451 年的加尔斯顿宗教会议（Council of Chalcedon）上被确认为正统的观点，得到了罗马教皇和君士坦丁堡宗主教的认同。另一种观点认为，基督只具有一种属性，其中的神性要超过人性。他们被称为"基督一性论者"（Monophysite），在北非的城市和中东拥有广大信徒。北非和中东的人们长久以来，就认为神是脱离一切凡间事物的。基督一性论者认为，上帝来到人间并被处以十字架上钉死之刑是说得通的事，但是上帝同时具有完整的人性和神性就不合逻辑了。这种观点非常鲜明有力，并且得到埃及、叙利亚和巴勒斯坦的许多主教甚至一些皇帝的支持。

两种观点的争论持续了很久，也很激烈。而意识到教义的统一对国家的生存至关重要的皇帝们在两种观点之间摇摆不定。他们有时候会迫害基督一性论者，有时又站在他们这边，有时候试图采取折中政策以取悦争论两方，可是谁都取悦不了。争论一直持续下去，直到 7 世纪时，基督一性论者聚集的省份被伊斯兰军队占领为止。实际上，因为基督一性论者不满于帝国对他们的迫害，更欢迎阿拉伯人的宽容统治，因此阿拉伯人更轻松地占领了这些地方。后来，在公元 680 年召开的君士坦丁堡宗教会议（Council of Constantinople）上，最先在加尔斯顿宗教会议上提议的正统观点终于在拜占庭帝国的剩余领土上取得完全的胜利。

8 世纪时，一场新的教义争端爆发了。这次争议的内容是**圣像**（icon）的使用。"圣像"就是圣人的雕像和画像。这次争议不仅导致拜占庭内部教徒的分裂，而且还使得东西方之间的紧张局势加剧。圣像逐渐在宗教生活里扮演起重要的角色。在拥有许多圣人画像的修道院里，前来供奉的朝圣者络绎不绝，修道院也由此获得物质利益。圣像的用处其实很大，不仅是不识字的人习得基督教信仰的途径，而且因为圣像就代表了圣人，所以也能够激起非常强烈的宗教奉献精神。到后来，信徒中有人开始私下里供奉圣像，但这是不允许的。于是，从利奥三世（Leo the Isaurian，717—741 年在位）开始的几位皇帝主张改革，禁止使用圣像，推行圣像破坏政策（iconoclasm），也就是要砸毁圣像。圣像破坏主义者认为，如果没有圣像，也就不会产生不合理的供奉行为。这项政策妨碍了控制着广阔土地而不用向帝国交税的修道院，因此它除了宗教意义之外，还有政治影响。不过无论如何，圣像破坏政策触怒了大多数拜占庭人，包括供奉圣像的信徒和坚持己见的传统主义者。

圣像破坏政策最后在拜占庭自己的国土上也失败了。然而，只要争端继续存在，就会引起罗马和君士坦丁堡之间的强烈敌意。主张圣像破坏的皇帝在西

56

方几乎没有支持者。教皇宣布圣像破坏政策为异端邪说;我们在第四章也会看到,教皇的决定意义重大,这导致罗马和拜占庭解散同盟关系,罗马转投北方的法兰克统治者。东西方之间也有其他争议,特别是在圣餐礼、圣三一的本质和教皇自称基督教会的唯一首领等方面。诸多争议使得两个教派越走越远,终于在1054 年,教皇和宗主教互相开除对方的教籍。这件事只是几百年的误解和争执中的一个瞬间,但它标志着传统意义上所称的基督教**分裂**(schism),分裂为由罗马教皇领导的天主教和由君士坦丁堡宗主教领导的东正教。基督教的这两个分支直到今天也没能治愈千年分裂的伤痕。

拜占庭文化

　　拜占庭帝国由罗马的政治体系和基督教支撑起来,它的文化传统则大多取自希腊。拜占庭继承的希腊文化,当然不是古典时期的雅典文化。希腊文化在后来的几个世纪里,特别是罗马帝国时期,经过不断的改变,已经不再是结构无比均衡的建筑、包罗万象的哲学和节制、健美的雕塑了。对理想世界的渴望在3—4 世纪时渗入罗马文化,并改变了古典时代留下的文化遗产。古希腊—罗马文化传统除了专注于世俗的具体事物以外,还一直有一种强烈的、精神性的神秘主义因素。到了罗马帝国晚期,这种神秘主义的成分加重了些。越来越多头脑聪明的人放弃凡间俗世,投身到神学、释经传道和追求自身的救赎之中。例如,圣奥古斯丁就认为研究实务方面的学问完全就是浪费时间。艺术家也紧随其后,渐渐地对描画美女失去了兴趣,而转向描绘神祇。在罗马帝国晚期的新基督教艺术里,可以看到身材瘦削、身披圣袍的形象,他们面色严峻、双眼深陷,仿佛可以通过眼睛窥探到他们的灵魂。古典时期的艺术家们发展起来的透视技法,在这种新的艺术里不那么重要了(正如对现代艺术家而言,透视技法的重要性又降低了些)。罗马帝国晚期的艺术家们一方面忽视了所绘形象的真实性,另一方面在他们的画作中使用了丰富、绚丽的色彩,用以表现神圣的光芒和庄严的宗教情绪。

　　以上就是拜占庭艺术家们继承的艺术传统。这一传统和拜占庭精神契合,以至于拜占庭的艺术家们不用远离自己的基本审美标准就可以创作出一幅幅传世之作。拜占庭的教堂构造宏伟,其内部以闪亮的黄金衬作背景,上面饰以金碧辉煌的镶嵌画像,包括基督、圣母、圣徒及统治者等形象。君士坦丁堡的索菲亚大教堂(Hagia Sophia)就是一座经典建筑。从图 3.1 可以看到其壮丽的内部景象,图 3.2 则是一幅色彩丰富、着重表现基督神性的镶嵌画像。随着拜占庭的政治

图 3.1　君士坦丁堡索菲亚大教堂内部
请注意最顶部围绕穹顶的窗户是如何让整座建筑看起来好像飘在空中的。索菲亚大教堂最早是基督教教堂，后来成为清真寺，现在则是一座博物馆。

影响力渐渐强大，其艺术特色也在意大利半岛留下了印迹，拉文纳的圣维托（San Vitale）教堂就是一例。那里的镶嵌画像（见图 3.3）充分展现出拜占庭艺术是如何突出皇帝的高贵气度和基督的圣洁及神性的。在这些教堂以及别的教堂的艺术作品和古希腊的艺术作品在技法和创作目的上有非常大的区别，但是其价值和雅典的古典艺术不相上下。

在这种新的、理想主义的环境下，拜占庭文明发展出自己独特的表现手法，但其本质仍然是希腊式的。大多数拜占庭人的第一语言是希腊语，而且，尽管笃信基督教，但他们从来没有忘记过古老的希腊遗产。实际上，从东罗马帝国向拜占庭帝国缓慢转变的一个重要特征，就是他们渐渐远离了拉丁文化。即使拜占庭人一直都认为自己是罗马人，认为自己的国家是罗马帝国，他们的官方语言仍然是希腊语。由皇帝和君士坦丁堡宗主教领导的拜占庭教会也从来不是罗马教皇的同盟，甚至还对他不屑一顾。拜占庭的学者们无视拉丁文化，甚至不能阅读拉丁语的文本；这就好像在今天，你不可能期望一个教授商学、新闻学或美国历史的教授能够阅读拉丁文。

拉丁语文学渐渐没落，而君士坦丁堡和其他拜占庭城市的学者们正孜孜不倦

58

图 3.2　耶稣，索菲亚大教堂的镶嵌画
把这幅镶嵌画里令人敬畏的耶稣形象和第一章图1.1 里那个善良的牧羊人形象做个对比，就会发现，这幅镶嵌画着重表现基督的神性，而善良的牧羊人形象更着重表现基督的人性。

地研读着古希腊的诗歌、戏剧、演讲和哲学论文。拜占庭的学生也不学拉丁语，而学习荷马、德摩斯梯尼(Demosthenes)和柏拉图。中世纪西方的学生则不学希腊语，而学习维吉尔(Virgil)、奥维德(Ovid)和波伊提乌(Boethius)。两种传统都研究《圣经》，但是东部的学生使用希腊语《圣经》，而西部的学生使用圣哲罗姆的拉丁文《圣经》。由于政治和宗教的分立，东方和西方的文化也互相远离。

59　## 拜占庭时代

在拜占庭时代的前 500 年，帝国沿袭了罗马帝国晚期的行政传统，发展了基督教的东正教派，并从古希腊的文化中汲取养分。这 500 年里出过贤明能干的君主，也出过昏庸无能之辈；有过宗教仇恨，也有过教会统一；有过许多战争，也偶有短暂的和平。遥望过去——从我们驻足的中世纪西方的角度来看，总体上说，拜占庭经历过两个强盛时期，在中间则有过一次显著的衰落。

查士丁尼时代，527—565

拜占庭文明的第一次大飞跃发生于查士丁尼(527—565 年在位)统治时期。在许多方面，查士丁尼都可被视作最后一位罗马皇帝。他和宫廷成员仍然用拉

图 3.3　狄奥多拉皇后（Empress Theodora）

在拉文纳圣维托教堂的这幅拼贴画里，狄奥多拉皇后被朝臣们簇拥着，有男有女。人物正面朝前和夸大的眼睛是拜占庭宫廷艺术的两个特点。后来的奥斯曼帝国艺术模仿了这些特点（见图 5.3）。

丁语交流；他的动力仍然来自复兴罗马帝国、收复西方失地的梦想。正是在他的努力之下，罗马法的丰富遗产才被整理成一个和谐的法学体系。然而，查士丁尼之作为拜占庭人并不亚于他作为罗马人的表现——而且他肯定认为这两者没有什么区别。他的统治见证了拜占庭艺术的黄金年代，也见证了帝国专制的全盛时期；这种专制制度在此后几个世纪一直屹立不倒。

　　查士丁尼统治下的种种成就，只靠他自己的决心和雄心壮志是不能达到的，也得依靠他的前任们的明智与谨慎。他的前任们不仅挺过了最严重的蛮族侵略，也开拓出帝国的经济来源；到后来就积聚起一笔可观的盈余财富。有一点对查士丁尼而言比较幸运：那些他执意要征服的西方蛮族继承国，此时已经不那么强大了。东哥特国王狄奥多里克（493—526 年在位）在查士丁尼登上拜占庭皇位的前一年去世，北非的汪达尔王国也已经分崩离析。

　　查士丁尼不仅受惠于前任和天时，更有妻子狄奥多拉皇后（Empress Theodora，详见"人物传略"）的鼎力相助。狄奥多拉皇后不仅雄心不逊其夫，而且行事更为决绝。她和丈夫一起，给悠久、守旧的统治注入了活力和革新精神。人们通常将查士丁尼统治的种种成就归功于他本人，但是实际上所有的政策事务他都要征

60

求狄奥多拉的意见,因此不可能区分出到底哪些是他的意见、哪些是他的皇后的想法。无论如何,公元532年时一群暴徒纵火焚毁君士坦丁堡并试图废黜查士丁尼,此时如没有狄奥多拉的钢铁意志,查士丁尼的统治恐怕不仅历时要短得多,名声也会更小。最后,他们逃过一劫。他们的大胆统治在下述三个方面塑造了拜占庭,也塑造了西方。

第一,在公元532年的暴动之后,查士丁尼和狄奥多拉投下巨额资金,将君士坦丁堡重建到前所未有的规模。这项重建工程里最有名的产物就是索菲亚大教堂[即"神圣的智慧"(Holy Wisdom)之意]。这座教堂是拜占庭艺术的最高代表。其内部金光闪耀,饰有金、银、象牙和炫彩夺目的镶嵌画像,其巨大的穹顶好像飘浮在空中(见图3.1)。其整体效果连查士丁尼都大为震惊;据说,在教堂完工时,他惊叹道:"荣耀归于我主! 此业之成,皆因上主允我担此重任。所罗门,我已超越你!"

第二,在查士丁尼的主持下,一群才能卓异的法学家开始修订当时组成罗马法的无数法律先例、法律意见和皇帝颁布的法令,并且编纂成条文。他们把这些材料汇集成一部被后世称为《民法大全》(Corpus Juris Civilis)的法典。查士丁尼的《民法大全》是拜占庭法学的奠基石,也是11世纪晚期罗马法回归西欧的媒介。我们在第七章和第十一章会看到,11世纪晚期,《民法大全》进入西欧,极大地挑战了当地从蛮族法律发展而来的法学传统。后来,从《民法大全》也发展出欧洲各国更成系统的法学体系。然而《民法大全》的重要意义远不止这些。罗马法原先具有浓重的群众自治的特色,但一经查士丁尼之手,就带上了拜占庭国家专制的特点。因此,在中世纪晚期、现代早期的西方,《民法大全》支持王权专制的兴起,起到了与限制君权的观念相抗衡的作用,而后一种观念大多源自蛮族法律的传统。中世纪晚期和现代早期的许多君主们都认为,查士丁尼提出君权至上的原则,是非常值得尊敬的。

人物传略

狄奥多拉皇后(500—548)

狄奥多拉(500—548)是驯熊师的女儿,但在去世前,她已贵为一人之下万人之上的皇后。所有人——除了她的丈夫——都必须在她面前叩首敬拜。在当上皇后之前,她当过演员,做过妓女,至少有一个私生子,还参加了历史上最重要的一次婚礼。关于她的生活，大部分细节都经过历史学家普罗科皮乌斯（Procopius，约500—562）过滤之后才为我们所知。普罗科皮乌斯成见极深，他在《秘史》（Secret History）一书中，用整整一章的篇幅讲述他所谓的"狄奥多拉的罪行"。不过，如果我们深入研究这些肮脏的绯闻和揣测，就会发现狄奥多拉其实是位非常卓越的女性，她的一生也光彩夺目。

尽管出身贫寒，狄奥多拉却拥有三件珍宝——美貌、智慧和野心。年轻时，她和两个姐妹一起被送往君士坦丁堡的竞技场。在那里，市民们可以观赏到马车比赛、野兽走秀、杂技表演、戏剧表演，甚至政治斗争。和现代的足球队一样，竞技场里的赛马车队也有自己的小集团作为后盾。其中最主要的两个集团——绿派和蓝派——受到狂热的支持，后来发展成准政治党派。

竞技场除了合法的娱乐以外，也有嫖妓等色情活动。许多少男少女在这里堕落。但是狄奥多拉却因此飞黄腾达。而且，如果我们相信普罗科皮乌斯的话，她的成功靠的是很好地利用了性爱技巧。在节节攀升的过程中，她委身为妓，专傍富有的主顾，傍上了至少一个有权有势的男人，做他的情妇。到最后，她的身份已经足够高，能够见上查士丁尼。那时，查士丁尼还只是王储。他们一见钟情，深深相爱，持久永恒。举行婚礼的时候，狄奥多拉年仅20岁，查士丁尼大约35岁。此后20多年，他们强有力的统治改变了东罗马帝国及其版图。

狄奥多拉长期幕后听政，对查士丁尼的影响非常大。这点在他有关妇女问题的立法、宗教政策及福利行为等方面均有所体现，其中福利政策之一就是为从良的妓女提供房屋。狄奥多拉最大的功绩是在公元532年的尼卡暴动中鼎力协助查士丁尼。公元532年，由于查士丁尼某些政策的失误和天气过于恶劣等，绿派和蓝派抛弃互相之间的过节，组成联盟反对查士丁尼政权。他们在城里到处摔砸抢劫，高喊"尼卡"（Nika），意即"胜利"[没错，这就是那个著名的运动品牌"耐克"（Nike）的名称起源①]。君士坦丁堡城整整几天几夜大火熊熊。军队和政治谈判都无法镇压暴动，查士丁尼只好在竞技场的皇家包厢好言相劝。但他的声音立刻被愤怒的暴民给淹没了。

查士丁尼惊慌失措，准备逃离君士坦丁堡。但狄奥多拉拒绝离开。她誓言：与其逃亡苟活，不如光荣战死。她还斥责查士丁尼竟比她一介女流更

---

① "Nike"是希腊神话中的胜利女神。——译者注

胆小怕事。她的话最终彻底扭转了局势。查士丁尼镇守君士坦丁堡,暴动被平息,都城得到重建。

狄奥多拉和查士丁尼并不总是意见一致的。在基督本性的问题上,查士丁尼持正统的观点,认为基督是神性和人性的结合,而狄奥多拉则笃信基督一性论,认为基督只具有神性。查士丁尼非常依赖他的朋友加帕多家的约翰(John the Cappadocian,约 500—550)的建议,而狄奥多拉则一直坚持清除约翰的影响。不过,他们的感情却好像因分歧而得到加深。狄奥多拉于公元 548 年死于癌症。此后,查士丁尼就大势去了。他没有再娶;"以狄奥多拉之名"成了他最庄重的誓言。甚至在许多年后,他让一支胜利的军队停止前进,让整个君士坦丁堡等待,只为让他在狄奥多拉的墓前短暂地祈祷、默哀。

几位拜占庭皇帝

查士丁尼大帝(Justinian the Great),527—565 年在位

希拉克略(Heraclius),610—641 年在位

巴西尔一世(Basil I),867—886 年在位

"保加利亚屠夫"巴西尔二世(Basil II the Bulgar-Slayer),976—1025 年在位

第三,查士丁尼非常重视罗马帝国的传统,他不敢松懈,直到彻底收复原失地、在罗马城重建君权才稍事休息。他的军队人数较少,但是将军们谋略过人。在将军们的率领下,他的军队在公元 533—534 年轻而易举地征服了位于北非、内乱不断的汪达尔王国,后来又从西哥特人手中抢过伊比利亚半岛沿海的一长条土地。他们和意大利半岛的东哥特人奋战了 20 年,付出惨重代价,终于在公元 555 年战胜了他们。这次战争被称为"哥特战争"(Gothic War),兵锋所至,生灵涂炭,连罗马城都被破坏成一片废墟。和查士丁尼的军队所带来的浩劫相比,公元 410 年西哥特人的洗劫不过是一缕轻烟。然而无论如何,查士丁尼几乎使所有的地中海沿岸地区收归"罗马"统治;有那么辉煌的几年,地中海又成了罗马帝国的内海。

查士丁尼统治的最后几年并不顺利。狄奥多拉于公元 548 年去世，使查士丁尼大大受挫，又变得优柔寡断。哥特战争几乎耗尽了帝国的财富，使之濒临破产。此前，查士丁尼以进贡给波斯帝国 11 000 磅黄金为代价换来"永久和平"，这在公元 540 年又被新一轮战事打破。拜占庭帝国在叙利亚失去了一些国土。公元 541—543 年，拜占庭和西欧爆发了一次危害空前的瘟疫。无数人被夺去生命，帝国的经济因此崩溃。最糟糕的是，查士丁尼发现，要保住他重新统一起来的帝国已经非常困难。由于军队的作战重心在西侧，他无法挡住从东侧涌来的斯拉夫人和保加利亚人，无法防止他们进入巴尔干地区。好战的阿瓦尔人是来自中亚的游牧民族，在公元 561 年，他们在多瑙河畔定居，继而开始统治斯拉夫人和保加利亚人。于是，拜占庭两面受敌：一边是虎视眈眈的阿瓦尔人，一边是扩张之中的波斯帝国；北非的汪达尔王国和意大利的东哥特王国的威胁则要小得多。

战略收缩时期，约 570—850

查士丁尼在西欧的战果没能保持多久。公元 568 年，即他去世后仅三年，一支被称为"伦巴底人"［也称"Langobards"或"Long Beards"（长胡子人）］的蛮族部落攻进意大利半岛。这片多灾多难的国土再次惨遭战火肆虐。伦巴底人还以波河河谷（Po Valley）为中心，强行占据一片广阔的土地，建起伦巴底王国。此时，拜占庭仍占有意大利半岛南部的大部分地区，紧紧依靠拉文纳和其他亚得里亚海（Adriatic Sea）沿海城市；但它对整个意大利半岛的控制却明显松懈了。此后不久，西哥特人重新夺回伊比利亚半岛南部被拜占庭占有的国土。终于，在 7 世纪 90 年代，北非地带——前汪达尔王国——被穆斯林攻陷。接着，伦巴底人在公元 751 年占有了拉文纳，再度削弱拜占庭帝国在意大利半岛的势力。到此为止，在前西罗马帝国的范围内，拜占庭只拥有意大利半岛南端的小小一角。

查士丁尼的继任者们别无选择，只能放弃他收复帝国的雄心壮志。帝国的东边和北边都有虎视眈眈的外族与之接壤，因此，皇帝们只能放弃战争压力较小的遥远的西方，将注意力转回来。波斯帝国在东面边境向帝国频频施压，而奴役了保加利亚人和斯拉夫人的阿瓦尔人则已夺取巴尔干的绝大部分地区。在 7 世纪初，波斯军队占领了叙利亚、巴勒斯坦和埃及；在公元 626 年，波斯人和阿瓦尔人联合猛攻君士坦丁堡，帝国之都险些陷落。

在这一系列战争进行之时，一位伟大的皇帝挺身而出，保卫了帝国边境。7 世纪 20 年代，希拉克略大帝（Emperor Heraclius，610—641 年在位）收复了巴尔

63

干地区，并且沉重地打击了波斯军队，进而收复所有的国土。他甚至从波斯人手中夺过基督教圣器中最有价值的一件——被疑为基督受刑时使用的真十字架（True Cross）。如果时间止于那时，希拉克略就是拜占庭历史上最伟大的英雄。

　　希拉克略刚击败波斯人，阿拉伯军队就统一在伊斯兰教的号召之下，从中东横扫而至，从拜占庭人手中夺取了叙利亚、巴勒斯坦和埃及。他们在 7—8 世纪给了拜占庭当头一棒，甚至直接威胁到君士坦丁堡。君士坦丁堡几次受到穆斯林的围攻，公元 717—718 年的形势更可谓千钧一发。若非拜占庭人誓死抵抗，整个拜占庭帝国，甚至东欧和中欧的大部分地区都会被纳入伊斯兰教和伍麦耶帝国（Umayyad Empire）。君士坦丁堡城墙所提供的防护甚至帮助了西方的其他基督教国家对抗伊斯兰军队。尽管君士坦丁堡最终挡住了伊斯兰军队的北上，但拜占庭帝国的势力也被大大削弱了。到了公元 800 年，拜占庭仍旧保有的只包括君士坦丁堡、小亚细亚，以及对巴尔干和意大利半岛部分地区不稳定的统治（见地图 3.1）。

　　简言之，拜占庭的存活可谓九死一生。随着国土的缩小，国家的气质也发生了改变。7—8 世纪时，小亚细亚和巴尔干的许多城市都衰落甚至消失了。由于军队四处作战，城市的安全和贸易受到严重威胁，因此许多城市或被遗弃，或转化成加强防御的村落。甚至在雅典，居民们也撤退到建有防御工事的卫城（acropolis）里——简单地说，卫城就是"山城"。其他主要的城市中心——比如大马士革、亚历山大、安提俄克和迦太基——都沦陷为阿拉伯人的国土，不再属于拜占庭。公元 800 年，拜占庭帝国成了贫穷的小国，但全国各地的形态却更同一，在宗教和文化上也更一致，君士坦丁堡的中心地位也更突出。伟大的君士坦丁堡依然挺立，但它率领的拜占庭却已沦为农业文明。

马其顿王朝的复兴，约 850—1050

　　拜占庭文明的高潮还未到来。在 9 世纪中叶，一个农家小子从一个小小的马夫成长为一代帝王（途中顺便谋杀了先王），他被称为巴西尔一世（867—886 年在位）。在他统治期间，拜占庭的国土再次得到扩张；并且，城市再度繁荣，文艺得到复兴，许多斯拉夫人改信东正教。巴西尔的王朝之所以被误称为"马其顿人的"（Macedonian），是因为他童年时曾被关在多瑙河北岸的一间被误称为"马其顿"的监狱里；这座监狱之所以有这个错误的名称，则是因为里面关押的人中有很多马其顿人。错误形成连环，这个名称也就将错就错地沿用下来。巴西尔其实是亚美尼亚人（Armenian），完全没有马其顿血统。

　　马其顿王朝的皇帝们暂时重新占领了叙利亚地区，并在小亚细亚扩张了国土的东北边境。但从长期的角度看，他们最重要的军事成就是在巴尔干地区牢固地建立起对斯拉夫人和保加利亚人的统治（见地图 3.1）。其中最著名的一位——巴西尔二世（976—1025 年在位）——年复一年地征战于巴尔干地区，在 1014 年彻底摧毁了一支保加利亚军队，最终消灭了所有与拜占庭帝国对抗的势力。

　　然而，马其顿王朝复兴时期的最伟大成就，当数基督教广纳信徒一事。9 世纪中叶，拜占庭的传教团不辞辛劳地向西部和南部的斯拉夫人传教，特别是圣西里尔（St. Cyril，约 826—869）和其兄圣默多狄（St. Methodius，约 815—884）——他们被称为“斯拉夫人的使徒”。传教团让许多巴尔干人皈依东正教。（恰在那时，由于西欧传教团的影响，巴尔干和东欧地区的其他民族——匈牙利人和波兰人，都改信了天主教。）在 9 世纪晚期，为了创编斯拉夫语的《圣经》和圣餐礼，拜占庭传教团发明了第一版斯拉夫字母，据说这正是西里尔和默多狄的智慧结晶。斯拉夫书面语和斯拉夫基督教派同时诞生了。

　　接下来，俄罗斯诸国也皈依基督教。10 世纪，基辅（Kiev，今乌克兰的首都）成为基辅罗斯（Kievan Rus）公国的核心城市，马其顿王朝的皇帝们就开始小心翼翼地与之建立友好的外交关系，不仅仅是为了贸易与和平，也是为了进一步推广东正教。推广东正教并不难。根据一份编年报告，弗拉基米尔一世（Vladimir I，980—1015 年在位）想找到一种单一神教以统一他治下的各个部族。他拒绝伊斯兰教，原因之一是伊斯兰教禁止饮酒。他拒绝犹太教，因为他无法理解为什么上帝的选民会没有自己的国家。他也拒绝天主教，因为其教堂单调乏味、死气沉沉。后来，他派往君士坦丁堡的使者们回国报告说，在他们进入索菲亚大教堂的时候，他们“不知道自己到底是在天堂里还是在地上”。于是，弗拉基米尔知道，这种宗教正适合他的年轻的国家。他自己是通过婚姻来完成改教的。不过，此次的基督新娘却是一个不情愿的“家庭传教士”。“保加利亚屠夫”巴西尔二世提议将自己的妹妹安娜（Anna）许配给基辅的王公弗拉基米尔，她不愿，说宁可去死也不愿这样结婚。但最后，她被迫屈从。作为交易的一部分，弗拉基米尔接纳了基督教。很快，他的臣民也跟着做了。弗拉基米尔一世和他的继任者从来没有在政治上臣服于拜占庭皇帝，但在宗教上，他们和他们的人民确实成了东正教的臣民。作为交易的另一部分，巴西尔得到了 6 000 名精兵用以征服保加利亚人。

　　马其顿王朝的传教最终使得巴尔干和东欧的许多地区都皈依东正教会，并因此纳入拜占庭的势力范围。这个过程具有重大的历史影响，一个明显的例子就是,巴尔干半岛的部分地区和整个俄罗斯、乌克兰至今仍使用圣西里尔发明的字母表。这种字母表被称为"西里尔字母"。

拜占庭文明对中世纪西方有非凡贡献:罗马法、希腊典籍、基督教同盟(有时也存在不和);海上贸易也刺激了西方经济中心的复苏,如威尼斯(Venice)、热那亚(Genoa)和比萨(Pisa)。对中世纪的西欧而言,拜占庭不仅是个军事堡垒、文化宝库,也是个挺可靠的盟友。不过,拜占庭文化留下的最深印迹,还是在东欧各斯拉夫民族身上。在斯拉夫国家,东正教至今非常昌盛,拜占庭的记忆——不论好坏——仍然留在人们脑海里。

伊斯兰文明的崛起

伊斯兰文明惊人扩张的源起是 7 世纪出现在阿拉伯世界的一种强有力的宗教。这种宗教以惊人的速度传播,它给地中海地区带来的,不仅是一种新的宗教,也有独特的阿拉伯文化。在诞生之后的第一个世纪,伊斯兰信仰摧垮了基督教在地中海盆地的势力,伊斯兰军队吞并了波斯帝国,接着踏上南亚,占有了拜占庭最富足的省份,又征服了西哥特人统治之下的伊比利亚。伊斯兰军队不仅在当年罗马帝国的土地上东征西战,也打到了罗马士兵曾经觊觎过但从未征服过的地方。伊斯兰文明在今天的影响,就和基督教一样,是世界性的。其影响力最大的地区,从北非、巴尔干的部分地区穿过中东、西南亚、巴基斯坦,直到印度尼西亚和菲律宾。

对中世纪的西欧而言,伊斯兰教征服伊比利亚半岛具有特别的意义,因为这就把伊斯兰教带到了西欧门口。公元 711 年,穆斯林将军塔里克(Tariq)从非洲穿过海峡来到伊比利亚,用自己的名字,将欧洲和非洲之间海峡里的大片山石命名为"直布罗陀"(Gibraltar),即"Gib al-Tariq",意为"塔里克山"。并且开始在欧洲建起一座伊斯兰王国,此后三个世纪,安达卢斯(Andalus)在西哥特人统治的土地上盛极一时。

和拜占庭一样,穆斯林也拥有完全独立于中世纪西欧的丰富历史(见年表 3.3)。而在这里,我们要着重关注他们对中世纪西欧的影响。在某些方面,伊斯兰文化和西方的接触与拜占庭和西方的接触非常相似,都有战争和外交、宗教竞争、贸易以及保存典籍的活动。不过,伊斯兰文明给西欧带去的远不止这些,而且他们对拜占庭的贡献也不小。除了坚定信仰和强大的军事力量,穆斯林还带来了新的科学技术、新的农作物以及新产品和新思想。伊斯兰文化遗产,在现在通行于英语中的许多阿拉伯语词汇里也有充分反映,比如 tariff(关税)、check [(棋类术语)将军]、sugar(糖)、bazaar(集市)、arsenal(军火库)、orange(橘子)、apricot(杏)、artichoke(洋蓟)、zero(零)和 algebra(代数)。伊斯兰文明对 11 世纪后中世纪西欧文明的成形具有决定性的作用,甚至可以将它称为"唤醒"欧洲的唯一力量——"一位说着阿拉伯语的王子,倾情一吻,将欧洲带出几世纪的沉睡"。我们不会扯得这么远,不过,伊斯兰文明一方面对中世纪欧洲形成挑战,另一方面又极大地丰富了它的文化。

年表 3.3　公元 1000 年以前的伊斯兰世界

66

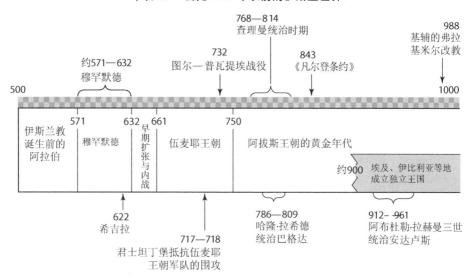

阿拉伯世界和穆罕默德(约 571—632)

阿拉伯人在地中海地区算不上一支新兴力量。在古代近东史上,有许多帝国缔造者都来自阿拉伯半岛,如亚摩利人(Amorite)、迦勒底人(Chaldean)、迦南人(Canaanite),甚至希伯来人。阿拉伯半岛是欧亚之间的交通枢纽,一直是商队通行和联结城市的必经之路。在穆罕默德(Muhammad)出生前夕,阿拉伯半岛北部的一些部落已经成为罗马或波斯的盟友。

在穆罕默德所处的时代,阿拉伯世界的多数居民是过着游牧生活的贝都因人(Bedouin),也有少数居住在城市里,靠小工业和经商为生。尽管这些城市挑战了传统的生活,但城市居民和游牧民都是多神论者,供奉着自己部族的神祇。当时,最繁忙的经商之路就是连接地中海和阿拉伯半岛南部的,最昌盛的城市——麦加（Mecca）——也在这条路线上。麦加是个生机勃勃的商业中心；它派出无数商队南征北战，并从中收取盈利。伊斯兰教的先知穆罕默德（约 571—632）就于公元 571 年左右出生在麦加。

穆罕默德出身于麦加的一个主要家族的旁支，因此从小就生活在阿拉伯文化的中心。在他的北方横躺着地中海，其东方仍笼罩在罗马的影响下，而西方在西罗马灭亡之后也已经开始复苏。公元 571 年，查士丁尼大帝已经去世 6 年；未来的教皇格里高历一世即将跨入而立之年；爱尔兰的圣高隆庞尚未跨过门槛边母亲的尸体。

穆罕默德年轻时管理着一位名叫卡迪雅（Khadija，详见"人物传略"）的富孀的骆驼商队。他在旅行中，也可能是居住在麦加的时候，就与犹太教和基督教社群打过交道，因此，他接触过当时最重要的三种宗教：犹太教、基督教和琐罗亚斯德教（Zoroastrianism）。琐罗亚斯德教是波斯的一种复杂的二元论宗教，强调全宇宙中善与恶的斗争。穆罕默德具有非凡的人格魅力，颇受景仰。最终，他和卡迪雅结了婚。穆罕默德在 40 岁不到时经历了一段先知的历程，在这个历程中，卡迪雅一直给予他坚定的支持。

67

人物传略

卡迪雅（555—619）和阿伊莎（614—678）

穆罕默德一生至少和十二个女人结过婚，其中有两位对伊斯兰教的早期发展有重要影响。

卡迪雅是穆罕默德的第一任妻子。她是麦加一位富有的孀妇，在当地人事通达，当时显然乐于独身的状态。因为身为女性，她无法亲自经营骆驼商队，于是她招进穆罕默德，代表她在麦加和叙利亚之间开展贸易。这桩生意安排让他们彼此都得益。在卡迪雅 40 岁、穆罕默德 25 岁的那年，她向他求婚。穆罕默德接受了。他们婚姻幸福，直到 25 年后卡迪雅去世为止，她一直是他唯一的妻子。卡迪雅给予穆罕默德经济、社会和感情等方面的坚定支持，在他成为宗教领袖的路上起到了重要作用。在经历第一次神启之后，穆罕默德眩晕地走回家，而卡迪雅用毯子把他裹起来，安慰他说他没有发疯，还安排了一些人来听穆罕默德说自己碰到的事情。卡迪雅是穆罕默德的第一个信徒，在极少有人支持他的时候，她的立场依然非常坚定。因为她出身麦加尊贵、显赫的氏族，她可以保护自己的丈夫和他初生的宗教，这一切是其他后来的妻子难以做到的。公元 619 年，卡迪雅逝世。穆罕默德在麦加的地位因此急剧下跌，最终不得不流亡麦地那（Medina）。

阿伊莎（Aisha）通常被认为是穆罕默德最心爱的妻子。她出身于一个已经皈依伊斯兰教的家庭，大约在 10 岁时，嫁给了穆罕默德，和他的其他几个妻子生活在一起。此时，她们所处的环境已经使得她们"和其他女人不同"。作为"信众之母"，她们被要求格外虔诚，必须守在自己的房间，接见别人时必须"隐身于幕帘之后"。出于年龄的原因，阿伊莎直到婚后几年才圆房。没过几年，阿伊莎 18 岁时，穆罕默德就去世了。她的父亲阿布·贝克尔（Abu Bakr）继任穆罕默德成为第一位穆斯林哈里发，即领袖，但他的统治时间很短。阿伊莎积极地投身于公元 655—661 年的内战。在卡迈勒之战［Battle of Camel，靠近现今伊拉克的巴士拉城（city of Basra）］中甚至亲自上阵，为了激励将士奋勇前进，她攀上骆驼背进行指挥。虽然她被阿里擒获，但却得到善待，并得以回到麦地那。她从未再婚，此后 40 余年一直守寡生活。

应该怎么来看待卡迪雅、阿伊莎以及其他女性在伊斯兰教早期的生活，历史学家一直有争议。对一些人而言，卡迪雅在守寡后主动求婚，这是伊斯兰时代之前阿拉伯妇女具有较强势力的表现；而阿伊莎在年龄还小时结婚，此后一直隐僻地带着面纱生活，则是伊斯兰教兴起使得女性地位急剧下降的表现。另一些人则持相反观点。他们认为，卡迪雅成长于一个男权社会，而阿伊莎却有伊斯兰教新法的保护。（比如，一个男人必须平等地对待自己的妻子们才能实行一夫多妻制，并且只能娶四个妻子。）还有一些人则有所妥协，他们强调说，在穆罕默德创立伊斯兰教之前和之后，都有证据证明男女地位的不平等。在其他宗教的历史上，也有类似的争论，比如讨论基督教早期和新教徒宗教改革时期女性的话题时。这些争论，尽管不见得会得出多权威的结论，却大大地推动了历史研究的进展；在这里就是早期伊斯兰法律、早期编年史及最早的伊斯兰传记里的性别问题。

与此同时，卡迪雅、阿伊莎和法蒂玛——穆罕默德唯一有子嗣的孩子——站在了伊斯兰历史的起点。她们并不孤立无援。据史料记载，有 1 200 多位女性认识穆罕默德并积极投身于传教事业。这些女性后来被称为"先知的同行者"。

68　　　穆罕默德的第一次先知经历发生于他在乡间静修的时候,此后便不断有启示降临。在这些幻象中,天使加百列(Gabriel)向他传达了唯一的、全能的上帝,即阿拉伯人的真主安拉(Allah)的真言。穆罕默德教导说,这些真言揭示了神圣的、终极的真理,与先圣摩西和耶稣接到的真言一起,合成最为完整的启示。阿拉伯语里,"伊斯兰"一词意为"顺服"或"听从"。穆罕默德如此称呼这种新的信仰,是因为他教导信徒们必须顺服真主的旨意。伊斯兰教信徒后来被称为"穆斯林",意思就是"顺服的人"。

　　穆罕默德传道之初,只有极少人支持他,除了他的妻子、亲人和几个谦卑的信徒之外,就没有别人了。麦加最有势力的商人都无视他,或者反对他的教诲。这一方面是因为伊斯兰教的平等主义倾向,另一方面是因为他们害怕这种新的宗教会让麦加的主教堂——天房(Kaaba)失去权威,继而减少朝圣者带来的贡奉。历史已经证明,后面一种担心是完全多余的。不过,在当时,商人们的强烈反对还是迫使穆罕默德和他的支持者在公元 622 年离开麦加,转而在麦加以北280 英里①处商道上的麦地那定居。

　　这次迁移被称为"希吉拉"(Hijra),是伊斯兰教历史上的一个重要转折点。它标志着穆斯林纪元的开始。穆罕默德成功地让麦地那居民皈依伊斯兰教,因此也成为麦地那的政治领袖,从而成功地使得政教合一;这一点后来成为伊斯兰教的基础。至少从两个方面看,这个过程非常合理。首先,因为伊斯兰教不仅规定了宗教信仰,也阐述了公平社会的本质,因此宗教和政府就不可能分立。其次,顺服真主即要顺服真主的使者,这也使得穆罕默德同时成为宗教和政治两方面的领袖。于是,穆罕默德将宗教权力和市民权力合而为一,在麦地那建起一个神圣的国家。他也建立起一个宗教统治的模式,后世的许多伊斯兰国家也都沿用这种模式。

　　在穆罕默德领导之下,麦地那向麦加宣战。他们突袭麦加商队,并进行贸易封锁,直到公元 630 年麦加皈依伊斯兰教为止。在生命的最后两年里,穆罕默德几乎成了阿拉伯世界的一个神话人物。半岛上的各个部族纷纷自愿成为他的臣民。公元 632 年,穆罕默德去世,阿拉伯世界已经获得了史上空前的统一;在强有力的单一神教的鼓舞下,阿拉伯地区形成完整的社会结构,拥有强大的军队,成了一个和谐的政教合一的世界。

伊斯兰教

　　伊斯兰教是穆罕默德用来浇筑阿拉伯世界的水泥,是一种有文字经书为强

---

① 1 英里约等于 1.61 千米。——译者注

大支持的信仰。穆斯林对犹太人和基督徒比较宽容。穆罕默德和他的信徒们把他们称为"书卷之民"（peoples of the book）。穆斯林有自己的经书——《古兰经》（Quran）。《古兰经》代替了犹太教义和《圣经》，穆斯林认为这部经书里囊括了神的所有启示的本质。《古兰经》包括了穆罕默德得到的神启，它是伊斯兰教的基石。穆斯林认为它就是上帝的真言，是天使加百列在天堂听到之后原模原样地传达给穆罕默德的。因此，穆罕默德得到的神启，不仅在概念和教义上具有至高无上的权威，而且每一个字符都不能改动（一共有 323 621 个字符）。最严格的意义上说，《古兰经》甚至不允许翻译。于是，随着伊斯兰教的传播，阿拉伯语也传播开去。

　　《古兰经》不仅在宗教上，而且在法律、科学和人文等各方面都是至高无上的权威。它是穆斯林学校所有可能开设的课程的标准课本，也是非阿拉伯世界的穆斯林们习得阿拉伯语的途径。不久之后，《圣训》（hadiths）——穆罕默德的言行录——也成为典籍之一。关于穆罕默德的言行事迹，最先通过口耳相授流传开来，后来被收集成几部集子，总称为《圣训录》（Hadith）。《圣训录》并不具有《古兰经》那样的绝对权威。说到底，穆罕默德自己只是先知，不是神明。不过，《圣训录》对《古兰经》是个非常重要的补充。

　　对那些过着正直、清醒的生活和严格履行"五功"（five pillars of Islam）的信徒，伊斯兰教直接保证他们能得到永久的救赎。所谓"五功"，就是指：一、表明自己相信"只有唯一的上帝，穆罕默德是他的信使"；二、每天祈祷五次；三、斋月（Ramadan）期间，白天恪守斋戒；四、救济有需要的人；五、如果可能的话，去麦加朝圣。信徒也被要求为教区的福利和扩张而辛勤工作，有责任进行"大圣战"（greater jihad）和"小圣战"（lesser jihad）。前者指的是努力成为一个更好的穆斯林而进行的内心斗争，后者指的是和异教徒之间进行的刀剑之争。"小圣战"有时候会导致西方人称为"圣战"（holy wars）的战争；在信仰伊斯兰教之前，阿拉伯世界的部落掠夺也是"圣战"的源起之一。

　　自从穆罕默德在麦地那建起政教合一的传统之后，在阿拉伯世界，法律的权威就有了宗教上的保障，宗教和政治的融合也成为伊斯兰教的基础。在实践中，宗教权威通常必须依靠穆斯林学者以及他们共同建立的传统。而在理论上，世俗和宗教的权威没有分别，穆罕默德作为政治领袖的继承人——**哈里发**（caliph，阿拉伯语"继承人"的意思）——就必须同时保卫信仰和信徒。在中世纪的西欧，教会和国家之间的紧张关系既产生了不少麻烦，又赋予一个国家某种生机，而这在伊斯兰世界里——和在拜占庭一样——就不存在了。

69

70 ## 伊斯兰帝国

早期的扩张：632—655

长期的部族内部战争使得穆斯林军队拥有不俗的战斗力,再加上先知穆罕默德的谆谆教诲,因此穆罕默德于公元632年去世时,阿拉伯的军事力量几乎马上就让地中海地区臣服了(见地图3.2)。他们之所以能够获得卓绝的战绩,一方面是因为伊斯兰世界的年轻活力,另一方面是因为对手实在太弱。当阿拉伯军队开到边境时,波斯帝国和拜占庭帝国刚刚打完一场持久的战争,两国均已疲弱不堪。另外,由于拜占庭政府残酷迫害叙利亚和埃及的基督一性论者,这些基督徒非常欢迎更为宽容的阿拉伯统治者。

阿拉伯军队进入这片疲惫不堪、伤痕累累的土地时,几乎是靠着惯性在前进,缺乏规划。许多早期的战斗,其目的都是掠夺拜占庭和波斯的财富,但是随着战斗的进行,他们的脚步越来越快。阿拉伯军队进军叙利亚之后(当时,这片名为"叙利亚"的土地比现在的同名国家要大许多),于公元636年歼灭了一支庞大的敌军,占领了大马士革和耶路撒冷;在公元640年又使得这片土地更加远离拜占庭的控制。公元637年,他们彻底击败波斯军队,打进都城泰西封(Ctesiphon);他们望着这座奢华的城市,几乎不知所措。之后十年内,阿拉伯军队征服了所有波斯的土地。最终,绝大多数的波斯人改信新教,抛弃了琐罗亚斯德(Zoroaster,即琐罗亚斯德教的先知),改投穆罕默德门下;同时,基本上保留了自己的语言和文化传统。再后来,阿拉伯军队继续进军至印度次大陆,为那里的几个现在仍然信仰伊斯兰教的国家——比如巴基斯坦(Pakistan)、孟加拉(Bangladesh)——奠定了宗教基础。

与此同时,其他几支阿拉伯军队向西进攻埃及。在7世纪40年代,他们占领了亚历山大。这座伟大的城市许多个世纪以来一直是希腊科学及后来犹太教、基督教神学的中心。占领了埃及和叙利亚之后,阿拉伯人就开始转向地中海内部。事实证明,他们也是很好的水手。他们占领了塞浦路斯(Cyprus),抢劫了古老的罗德岛(Rhodes);后来在公元655年,阿拉伯人在一次海战中大败拜占庭海军。拜占庭皇帝不得不和手下换了衣服才得以逃生。

内战：655—661

同年,疆土扩张却因为内部的王位之争而暂时停止。王位的继承权在两个

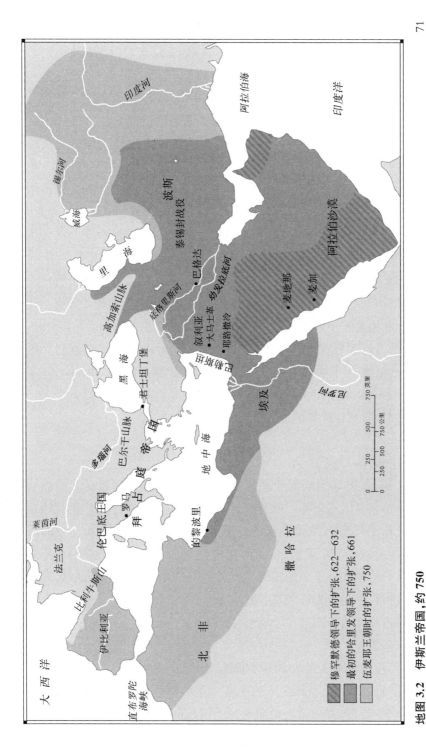

地图 3.2　伊斯兰帝国，约 750

在仅百余年时间里，伊斯兰就占领了西班牙的大部分地区，整个北非，整个阿拉伯和近东的一大块。公元 750 年时，在曾经被西哥特人、汪达尔人、拜占庭人和波斯人统治的土地上，伍麦叶哈里发以大马士革为都城都享受着他们的统治。

家族之间展开竞争：伍麦耶家族是旧时麦加的商界富豪，而阿里（Ali，卒于 661）则是穆罕默德的表亲和女婿。阿里的支持者认为，王位必须由先知本人的后代来继承。

72　　　而穆罕默德唯一的子嗣——女儿法蒂玛（Fatima，卒于 633）就是嫁给了阿里。但伍麦耶家族有穆罕默德的遗孀阿伊莎坐镇。阿伊莎（详见“人物传略”）在公元 656 年骑着骆驼，亲自上阵与阿里的军队作战。这场战役因此被称为“骆驼之战”。

　　公元 661 年，阿里寡不敌众，终被刺杀。伍麦耶王朝终于可以毫无障碍地建立起来。伍麦耶的哈里发们将首都迁往大马士革，在那里统治了将近一个世纪。当初支持阿里的教派虽然已成少数，但依然忠心耿耿，全力支持阿里和法蒂玛的后代。随着时间流逝，他们发展成一个独立的伊斯兰教派，被称为什叶派（Shi'ism）。他们认为，真正的哈里发——穆罕默德通过法蒂玛和阿里所传的子孙后代——是没有原罪、没有错误的，还拥有《古兰经》里潜藏的神秘知识。什叶派穆斯林由此和主要的伊斯兰教派——逊尼派（Sunni）区别开来。后者则以《古兰经》和先知的言行为教义之本。为了反抗逊尼派，什叶派偶尔会发起反叛行动。10 世纪，他们控制了埃及地区，建立起法蒂玛王朝（Fatimid dynasty），以开罗（Cairo）为都城进行统治。不同形式的什叶派伊斯兰教一直活动到今天。比如，大部分伊朗人就是什叶派信徒。

伍麦耶王朝：661—750

　　公元 661 年，伍麦耶家族战胜了阿里，由此在阿拉伯地区建立起稳固的统治。他们的新都城是大马士革。他们的下一个目标是君士坦丁堡。但是这座拜占庭首都抵抗住了公元 670—680 年的一连串有力的进攻。君士坦丁堡的防御体系里用到了一种被称为“希腊之火”的秘密武器。这是一种含有生石灰的液体，遇水即燃，只有醋和沙子才能扑灭。公元 717—718 年，阿拉伯人联合海陆两军，再度发起进攻，但仍以失败收场。此后，伍麦耶王朝就放弃了占领君士坦丁堡的野心。拜占庭作为一座东正教城市，接着持续了七个世纪，一直有效地阻止穆斯林进入东南欧。

　　与此同时，穆斯林军队在北非则势如破竹。他们占领了曾经归汪达尔人所有、当时属于遥远的拜占庭统治之下的土地。公元 711 年，他们越过直布罗陀海峡，进入伊比利亚半岛，并一举击败西哥特王国，进而将那里的犹太人和基督徒收归自己的统治，并把基督教贵族赶到比利牛斯山脉附近的藏身之地。最后，他们甚至建起一个伊斯兰王国——安达卢斯。接下来，他们举兵威胁墨洛温王朝统治下的法兰克王国。然而他们北上的步伐却突然中止了。那时正是公元 732 年，先知穆罕默德刚好去世 100 周年。一支阿拉伯侵略军在图尔和普瓦提埃 (Poitiers)之间的一场战役中被法兰克领袖查理·马特(Charles Martel，714—741 年在位)率领的基督教军队击败。这支阿拉伯军队本意是要洗劫图尔的圣马丁圣堂。但是和公元 717—718 年围攻君士坦丁堡的那支军队相比，这一支不仅人数少得多，而且是临时集结起来的。不过，普瓦提埃战役和公元 717 年围攻君士坦丁堡的失败终止了阿拉伯人继续向前罗马帝国腹地进军的步伐。公元 750 年，穆斯林占领了前罗马帝国疆域内超过一半的土地，但是他们的扩张停止了。

宗教扩张与"低民"

尽管穆斯林大举扩张国土，在某种程度上是因为宗教热忱，但是他们并不强迫非穆斯林接受他们的信仰。最早的几代穆斯林甚至认为只有阿拉伯人才可信仰伊斯兰教，其他单一神教的信徒可以不受伤害地继续自己的宗教信仰，特别是基督徒和犹太教徒。然而，在叙利亚、埃及和北非，虽然基督教会成立得很早，而且组织得井然有序，许多人仍然在被阿拉伯人征服之后的几代人时间里改信了伊斯兰教。安达卢斯的情况也大致如此。诚然，一部分人改变信仰是为了逃避非穆斯林必须缴纳的苛捐重税，或者是为了获得更好的社会地位，不过，大部分都是虔诚地投到伊斯兰教直截了当的教义和义务之下。

73

几个哈里发政权和哈里发

伍麦耶王朝，661—750(位于大马士革)

阿拔斯王朝，750—1258(位于巴格达)

　　哈隆·拉希德(Harun al-Rashid)，786—809 年在位

法蒂玛王朝，909—1171(位于开罗)

安达卢斯的伍麦耶王朝，约 756—1031

　　阿布杜勒·拉赫曼一世(Abd al-Rahman I)，756—788 年在位

　　阿布杜勒·拉赫曼三世(Abd al-Rahman III)，912—961 年在位

　　曼苏尔(al-Mansur)，976—1002 年在位

　　其他人则不愿改教，继续敬拜他们自己的神。这些非穆斯林被称为"低民"（*dhimmis*），在伊斯兰国家有自己的社会地位。只要他们接受伊斯兰教的统治，缴纳特别的赋税，不在穆斯林中传教，他们的宗教团体就可以在伊斯兰国家生活。有的地方，非穆斯林的人数甚至比穆斯林还要多。安达卢斯就是如此。那里的基督徒被称为"莫扎勒布"（*Mozarabs*），因为他们采用了阿拉伯征服者的服饰、饮食习惯和语言，在 11 世纪人数极多。安达卢斯也有许多犹太人，而且在公元 700—1000 年间，他们的人数增长了大约三倍。在安达卢斯，统治者是穆斯林，然而他们和基督徒、犹太人比较和谐地生活在一起。

阿拔斯王朝的黄金年代：750—约 950

　　公元 750 年，即图尔—普瓦提埃战役之后的 18 年，伍麦耶王朝被推翻了。他们的继任者建立了阿拔斯王朝（Abbasids，750—1258）。虽然同为阿拉伯人后裔，但是他们对亚洲比对阿拉伯地区更有兴趣。他们的政府要员多是波斯贵族，甚至把哈里发政权的都城从大马士革迁到位于原波斯帝国境内、底格里斯河（Tigris River）边的巴格达（Baghdad）。这次迁都导致伊斯兰政权开始对东方感兴趣，从而减轻了对君士坦丁堡和法兰克的压力。公元 751 年，伊斯兰军队在中亚怛罗斯（Talas）的一场重要战役中击败了中国唐朝军队。再后来，伊斯兰人扩张到印度次大陆深处，并打到了印度尼西亚诸岛。

　　阿拔斯王朝的兴起标志着阿拉伯贵族对伊斯兰政权的垄断结束。巴格达的新政府包括了各个民族的成员。尽管所有人都说阿拉伯语，但权力由阿拉伯人和波斯人、叙利亚人和其他民族共享。由于国家的政治兴趣转向东方，政府的行政管理方式主要遵循波斯传统和一小部分的拜占庭传统。都城巴格达的政府机构复杂而完善，它通过税收官、法官、情报员及间谍和地方政府保持联系。宫廷礼仪依然存在，继续塑造着具有令人敬畏的力量的哈里发形象；这一点和早先其他几个东方的帝国比较相似。由于阿拔斯王朝拥有多种文化传统，其内部两性角色的变化也逐渐受到波斯和拜占庭传统的影响，例如妇女被要求单处静室，必须用面纱和衣物遮住身体等。这些习俗在当时还不是伊斯兰教固有的做法。阿拉伯传统和波斯传统的融合在文学作品中也有所反映（见图 3.4）。

　　在阿拔斯王朝，农民和缺乏技能的劳动者地位一直很低，因为有大量奴隶和他们竞争。奴隶中很多是来自非洲的亚撒哈拉（sub-Sahara）地区。虽说阿拔斯政府不见得比当时的其他统治者更注重社会公正，但他们还是会尽量多开垦些

图 3.4　《一千零一夜》
这部故事集成书于阿拔斯王朝时期，融合了阿拉伯和波斯的口授传统。这幅画表现
了舍赫拉查达（Scheherazade）在晚上给国王讲故事的情景。

土地给普通人耕种。他们不仅抽干湿地以增加土地面积，还广泛兴建灌溉系统。
有时候，他们也允许出身卑微的个人去投身地位更高的事业。有一位歌曲创作
者就因此而非常不悦，他抱怨道："我们这行竟然有这么多婊妇的子女。哦，上帝
啊，把我带到没有私生子的地方去吧。"

　　在阿拔斯王朝最早的几任哈里发的统治之下，巴格达发展成世界上最大的
城市之一。巴格达是连接欧、亚、非三大洲的商路的中心。丝绸、辣椒和香木从
印度、中国和印度尼西亚源源涌入巴格达的港口；皮毛、蜂蜜和奴隶从遥远的斯
堪的纳维亚运输过来；黄金、奴隶和象牙则来自非洲亚撒哈拉地区。巴格达也是

75

金融中心,其银行系统遍布伊斯兰世界,在各大城市设有分支机构。从巴格达发出的一张支票,可以在往西4 000英里的摩洛哥(Morocco)提取现金。阿拔斯的皇宫占了巴格达整整三分之一的面积,内有无数宫室和公共房间,以及一个无比辉煌的接待室。它被称为"金木大厅"(hall of the tree),因为里面有一棵用金银打造的树,枝条上有许多机械鸟啁啾鸣唱(君士坦丁堡的拜占庭皇宫大殿内也有类似的装置)。

巴格达文化在哈隆·拉希德(Harun al-Rashid,786—809年在位)任哈里发时达到鼎盛。那时,巴格达的财富丰饶,势力强盛,几乎成为传奇。哈隆早已习惯从拜占庭帝国收取贡赋;因此,拜占庭在某一年突然中止进贡时,他向君士坦丁堡的尼塞弗鲁斯皇帝(Emperor Nicephorus,802—811年在位)发去一封极为专横的口信:

> 以仁慈、怜悯的真主安拉之名
> 忠诚的穆斯林之主宰哈隆致
> 罗马人的走狗尼塞弗鲁斯:
> 我已阅读过您这奸妇之子的来信。
> 至于我的回复,我会让你亲眼看到,而不会让您亲耳所闻。
> 再见。

尼塞弗鲁斯最后见到的是一支穆斯林军队,于是他很快就恢复向巴格达进贡。

哈隆·拉希德时代的另一个重要的特点是丰富的学术生活。众多学者研习经文,综合并超过了古希腊、古罗马、波斯和印度的学术传统。哈隆的儿子和继承者在巴格达建起"智慧之屋"(House of Wisdom)。这是一座学术机构,自建成起,就成了一个图书馆、一个高等学术研究机构和一个翻译中心。众多拥有不同宗教信仰的学者——穆斯林、基督徒、犹太教徒,甚至异教徒——汇集在那里,将学术推向新的、更有活力的方向。在查理大帝费尽心思地教化他那文盲云集的法兰克人民的时候,哈隆在巴格达的统治却异彩纷呈。

在这几个世纪,一种被称为苏菲派(*Sufism*)的神秘主义运动在伊斯兰世界渐渐拥有很强的势力。苏菲派信徒虽然没有很好的组织,但是几个世纪以来,他们成功地让非洲、印度、印度尼西亚、中亚和中国的数百万人皈依了真主安拉。并且,在灾难横行的几个时代,正是苏菲派,而不是逊尼派伊斯兰教学者和法官给了穆斯林们继续生活的希望。尽管逊尼派和什叶派穆斯林往往势不两立，互相排斥，但是苏菲派却超越了他们的分歧。也就是说，苏菲派信徒可以同时是逊尼派或什叶派信徒。苏菲派信奉新柏拉图主义"只有神明才是真实"的理念，他们寻求和上帝的神秘结合，因此他们更强调上帝的爱，而不是像逊尼派那样强调上帝的权威。一部分逊尼派学者也受到他们的影响，但许多人强烈反对苏菲派。10世纪时，苏菲派成为伊斯兰世界里最强盛的宗教力量。

约公元 950 年以后的分裂

阿拔斯王朝自公元750年建立之后，没过几代人，其松散的政治结构就因为王朝战争、宗教纷争、经济低迷和持续的地方自治而开始分裂。甚至在哈隆统治的繁荣时期，西方诸省——安达卢斯、摩洛哥和突尼斯（Tunisia）——仍然由自己的王朝来统治。到了9世纪末，分裂倾向出现加速的征兆，因为埃及、叙利亚和东波斯[伊朗（Iran）]宣布中断与巴格达政府的关系。随着一个个省份挣脱帝国，阿拔斯王朝的中央集权便只体现在名义上了。

在成为独立国家的诸省之中，对中世纪西方影响最大的是埃及和安达卢斯的哈里发政权。法蒂玛王朝（909—1171）在10世纪成立，他们以什叶派为信仰。从王朝的名称可以看出，他们认为穆罕默德的女儿法蒂玛是先知的真正继承人。他们建都开罗，其鼎盛时期的控制范围远远超过埃及，到达了北非大部分地区和西西里岛，甚至大马士革。在伊比利亚，穆斯林占领之后的第一个世纪局势混乱，但到了8世纪50年代，阿布杜勒·拉赫曼（Abd al-Rahman，756—788年在位）建立起稳固的统治。阿布杜勒·拉赫曼是失势的伍麦耶王朝的王子，他几年后就正式宣布和阿拔斯哈里发政权断绝任何关系。公元929年，他的后人自称"哈里发"（法蒂玛王朝的统治者也于几年前给自己戴上这顶王冠）。以前只有一个哈里发统治着伊斯兰世界，而现在有好几个。安达卢斯的社会成分格外复杂，有来自世界各地的穆斯林移民[特别是来自北非的柏柏尔人、也门人（Yemeni）和叙利亚人]，也有本土的基督徒和少数犹太教徒，甚至还有10世纪时被当作奴隶来扩充军队的斯拉夫人。在精明干练的阿布杜勒·拉赫曼三世（Abd al-Rahman III，912—961年在位）的长期统治之下，安达卢斯异常繁荣昌盛，成为当时西欧最强大的国家。他将科尔多瓦建成学术中

76

图 3.5　科尔多瓦清真寺

这座极其美丽的建筑建成于 10 世纪,丝毫不亚于索菲亚大教堂(见图 3.1)。

77　　心(见图 3.5)。他的辉煌统治很快由同样耀眼的曼苏尔(976—1002 年在位)接替,他南征北讨拓展哈里发政权的疆域。然而在他去世后不久,安达卢斯就分裂为几个小的王国,哈里发政权在 1031 年被正式废黜。我们会在第九章看到,在此后的几个世纪里,穆斯林的统治权渐渐地被基督教征服者给夺去。

> ## 中 世 纪 传 说
>
> ## 地 平 说
>
> 　　几乎所有人都听说过,中世纪的人们认为大地是一个平面;他们预言,1492 年,哥伦布的船队穿越大西洋时,可能会从世界的边缘掉下去。其实不然。古代科学家们已经建立起地圆说,甚至估算了地球的圆周长。阿拉伯天文学家则更进了一步。艾哈麦德·法尔甘尼(Ahmad al-Farghani,生活于约公元 850 年)估算出地球直径约为 6 500 英里,他甚至直截了当地指出,每一次看到船帆渐渐消失于地平线下,就相当于看到地球是圆的这一事实。中世纪西方研究大自然的"自然哲学家们"接受了这些结论和计算结

果。《圣经》的某些段落却不是这么写的，反而认为地球不是圆的（比如《诗篇》104）。不过，早在4世纪时，圣奥古斯丁就认为《圣经》里关于这个问题的论述并不是最准确的。而且，大地的形状和人类的救赎没什么特别重大的关系，在许多场合下似乎可以下结论说大地是球形的。圣比德（673—735）将大地描述为一个球体；罗杰·培根（1220—1292）①和托马斯·阿奎那（1225—1274）②也做了相同的描述。到了中世纪末期，有的自然哲学家甚至假设球形的大地是围绕一个轴心旋转的。他们的想法并不局限于抽象的科学领域。中世纪的君主手持"宝球"，以示他们凌驾于基督教世界的权威（比如在图4.1里）。这个"宝球"就是饰有十字的地球仪，十字有时候画在球体上，有时加在球顶上。那么，为什么到现在仍然可以在一些历史书上读到中世纪的人们认为地球是平面的说法？华盛顿·欧文③应该负一些责任，因为他在19世纪使得"地平传说"更为流行。而且，我们也喜欢目中无人地认为中世纪——或者过去的任何时代——都比现在要无知许多，现在理所应当是更开明的时代。如果要了解更多，可以读一下杰弗里·伯顿·罗素（Jeffrey Burton Russell）于1991年所写的著作《虚构的地平说：哥伦布与现代史学家》（*Inventing the Flat Earth: Columbus and Modern Historians*）。这部简短小巧的研究著作非常吸引人。

至于阿拔斯王朝，他们在公元945年之后就徒有虚名，甚至在巴格达城也是如此。他们保留有哈里发的头衔，但其他人却以"埃米尔"（*amir*）的名号统治国家的剩余部分。他们的未来则在塞尔柱土耳其人（Seljuk Turk）手里。塞尔柱土耳其人是一支游牧部族，在10世纪初皈依伊斯兰教。他们于1055年征服了巴格达，自封为"苏丹"（*sultan*），统治着前阿拔斯王朝的心腹要地。

伊斯兰文化

尽管伊斯兰世界不论从宗教角度还是从政治角度讲，都只统一了很短暂的时间，伊斯兰教还给欧、亚、非三大洲的许多民族提供了一种共同的宗教和文化，

---

① 罗杰·培根（Roger Bacon），英国自然哲学家，著有《著作全篇》（*Opus Majus*）。——译者注
② 托马斯·阿奎那（Thomas Aquinas），中世纪神学家。——译者注
③ 华盛顿·欧文（Washington Irving，1783—1859），美国早期著名作家之一。——译者注

78

并以此统一了这些民族,包括哥特人、柏柏尔人、埃及人、叙利亚人、波斯人、阿拉伯人、土耳其人,还有许许多多其他民族。到最后,欧洲人经常用"阿拉伯人"一个词,就把所有的穆斯林都概括进去了,也不管他们是伊比利亚人还是伊拉克人,到底是哪一个民族。阿拉伯语也和拉丁语一样,成为在几个大陆上都通行过的语言。

穆斯林学者极善于从被他们征服的文化所留下的遗产中汲取有用的东西,而且可以将其综合成一种完全属于他们自己的文化。从科尔多瓦到巴格达,再到更远的东方,整个伊斯兰世界的学者和艺术家们借用了各地原有的文化,但都不是囫囵吞枣。建筑师将古希腊—罗马的建筑形式改造成一种优雅而独特的创新风格;哲学家进一步发展了柏拉图和亚里士多德的思想,甚至克服了传统伊斯兰教神学家的反对;医学家们以加伦(Galen)和他的古希腊先辈的古代医学经验为本,进一步发展了医学,描述了新的病症,识别出新的有治疗作用的药物;天文学家们使托勒密(Ptolemy)的地心说更为严密,计算出行星运动表,并用阿拉伯语给许多星星命了名。有些星星的名字沿用至今,比如"Altair"(牵牛星)、"Deneb"(天津四)、"Albireo"①(辇道增七)、"Aldebaran"(毕宿五)以及"Zubenelgenubi"(氐宿一)和"Zubeneschamali"(氐宿四)。数学家向古希腊人学习几何学和三角学(trigonometry),在印度数学的基础上发展出代数(algebra),并从中提取出所谓的"阿拉伯数字"——一套包括 9 个数字和 0 的数字标记。"阿拉伯数字"最终改革了欧洲的数学。文学家在散文和诗歌两个领域都创作出不朽佳作,最著名的恐怕要数欧玛尔·海亚姆(Omar Khayyam,约 1048—1123)收集在《鲁拜集》(Rubaiyat)②里的四行诗。

在这几个世纪的伊斯兰世界里,城市作为汇聚灿烂文化的中心地带,发展得空前繁盛。例如,在 10 世纪,安达卢斯的首都科尔多瓦,无论人口、财富还是市政组织,都遥遥领先于西欧的其他城市。科尔多瓦是那个时代的奇迹,高楼大厦、雄伟的清真寺、高架引水渠和公共澡堂遍布四处;集市和商店门庭兴旺;警力和公共卫生服务效率极高;街灯闪耀,点缀市井;宫殿辉煌雄伟,柱石高瓦色彩斑斓,周围则尖塔林立,装点着喷泉。

有这样一个传说,法兰克修士奥里亚克的格伯特(Gerbert of Aurillac,约945—1003)在 10 世纪来到科尔多瓦,向穆斯林学者学习数学和天文学。他

---

① 原文拼写为 Alberio,应为作者之误。——译者注
② "Rubaiyat"一词来自阿拉伯语的(经音译)"al-Rubayyar",是波斯的传统"四行诗"。每首诗由四行组成,表达单一的主题或思想,一、二、四行押韵,或全部押韵。——译者注

是第一个前来向穆斯林学者学习的基督教学者；此后便有一大批学者来到伊斯兰世界。对这些学者来说，科尔多瓦和其他伊斯兰城市——用一句 10 世纪修女的话来说——在学术方面是一颗颗"闪亮的宝石"。尽管派出这些基督教学者的修院学校极力否认类似于"沉睡中的欧洲因阿拉伯王子的一吻而苏醒"的说法，但是中世纪欧洲学术界的发展却依赖伊斯兰世界，其藏书丰富的伊斯兰图书馆和学识渊博的学者实实在在地激励了基督教世界的学者们。当格伯特回到法兰西时，他的同侪认为他拥有的知识多得让人恐惧，几乎认为他具有超自然力。因此，很多人跟随他的脚步前往伊斯兰世界也就不足为奇了。他们不仅从那里带回伊斯兰图书馆里收藏的古籍，也带来了许多伊斯兰学者撰写的著作。伊斯兰医学家伊本·西纳（Ibn Sina，980—1037）在西方被称为阿维森那（Avicenna），他的医学著作成为中世纪欧洲最权威的医书。哲学家伊本·路什德（Ibn Rushd，1126—1198）在西方被称为阿维罗伊（Averroes），他的理性主义哲学为 13 世纪巴黎的一个学术派别的出现奠定了基础。不过，这已经超越了我们现在要讲述的世界；我们将会在第十一章回到这段学术交流史。

结语

到了 8 世纪中叶，伊斯兰、拜占庭和西方的基督教世界将前罗马帝国的土地一分为三。尽管 8 世纪时有过不少动乱、战争甚至领土交换，但三足鼎立之势一直保持了几个世纪。我们在后面几章会看到，十字军（Crusades）成为以上结语中的一个例外，不过它们的影响也不甚了了；更有历史意义的还是基督教重占伊比利亚和塞尔柱人在小亚细亚攻下拜占庭这两件事。一直要等到 14 世纪，奥斯曼帝国冲进巴尔干时，这种均势才被完全打破。在这段时间里，罗马土地上的三支力量虽然都不断地进行扩张，但却没有互相侵犯，而是向更远的地方进军。拜占庭进入巴尔干地区和俄罗斯，穆斯林军队直入南亚，中世纪的西方则开发了现在的德国、斯堪的纳维亚、匈牙利和波兰等地。

在这种均势形成的早期，中世纪西方的各个继承国在东方和南方面对的是更为强大、更为成熟的文明。和历史上的其他近邻一样，西方人、拜占庭人和穆斯林有时候会有合作（特别是在贸易方面），有时候会有争执（特别是在宗教事务上）。不过西方人一直是三者中最弱小的，通常引起别人的鄙视而不是尊敬。10世纪时，有一位阿拉伯地理学家就这样形容他见到的欧洲人：

　　他们体形较大,内心鄙陋,举止粗野,愚笨不堪,口拙舌重。他们的肤色白得夸张,几乎通体泛青……因为成天经受潮湿的雾气,他们的头发很直,而且是红色的。住在越北边的人,就越是愚笨、粗俗,越是野蛮。

第四章
加洛林王朝,约 700—850

引言

公元 700 年时,拜占庭皇帝以君士坦丁堡为中心,控制着一大片土地:向南直至撒丁岛(Sardinia),向东越过巴尔干半岛南部,到达小亚细亚。那时的拜占庭,和 100 年前比起来,面积已经要小一些,国势也不甚强大,不过其政治和文化力量总的说来仍然不可小视。公元 700 年,伍麦耶王朝正享受着两年前攻占迦太基的胜利果实。穆斯林士兵正在快速向西进军,他们穿过北非的西部,很快就会对伊比利亚半岛形成压力。那时的伊斯兰世界,其政治和文化力量虽然不比100 年后,但是已经足够让北非的柏柏尔人对他们留下深刻印象了。

拜占庭和阿拉伯人在公元 700 年的实力,使得法兰克及其他继承国黯然失色。君士坦丁堡和大马士革都是大都市。它们是方圆百里的商业中心,拥有藏书无数的图书馆,还是两国君主坐镇的都城。在那个通信极不发达、地方自治现象严重的时代,皇帝们在都城里实行中央集权,所有能掌握的权力都牢牢地握在他们手中。法兰克人在当时还是农业民族,他们没有可以与上述两个城市相媲美的大城市;至于图书馆,他们也只在修道院里还拥有几座,而这些图书馆的建成,也得大部分归功于爱尔兰人和盎格鲁-撒克逊人,而不是他们自己。法兰克人的领土,在当时被分割成几个小的墨洛温王国,没有任何形式的中央政府。

然而,在 8 世纪的进程中,法兰克将再次统一成一个单一的国家,历史学家们称之为"加洛林帝国"(Carolingian Empire)。加洛林帝国由法兰克国王查理曼(Charlemagne,768—814 年在位)一手统一,其国土包括了西欧的一大片土地。查理曼的祖父精明干练,他的父亲老谋深算;他的丰功伟绩正是建立在祖先的基础之上的。他所做的事情远远不止侵略和征服,正是在他的统治之下,西欧的各个文化成分——高卢—罗马文化、基督教文化和蛮族文化——开始混合成为一个新的整体。查理曼本人也是这种融合的体现。他穿着法兰克人的裤子,却给自己加上罗马皇帝的头衔。他懂得拉丁语和希腊语,却不会书写。他的祈祷虔诚而热情,却随意休弃妻子,还允许他的女儿们公开地与她们的情人厮混。高卢—罗马文化、基督教文化和蛮族传统混合在一起,渐渐地形成了一种新的"欧洲"文化。公元 800 年的法兰克,尽管和拜占庭及伊斯兰帝国比起来仍不过尔尔,但在这 100 年里已经进步了许多(见年表 4.1)。

81

年表 4.1　加洛林时代的欧洲,约 680—850

在查理曼的年代,"欧洲"和"基督教世界"是两个热议的话题。学者们开始用"欧罗巴"(Europa)这个名称,他们称查理曼的帝国为"欧洲帝国"(*Regnum Europae*,即 realm of Europe)。许多历史学家一致同意将查理曼的成就定性为建立了"第一个欧洲"。有的地理学家可能会反对说欧洲一直就在那里——欧洲大陆早就在地图上画得一清二楚了,近千年来也没有什么地震、火山爆发和海洋侵蚀导致地形、地貌发生很大变化。这也许是对的。但是,在 8 世纪时,"欧罗巴"这个概念确实才形成没多久。"欧罗巴"一词来源于古希腊和罗马神话。欧罗巴是推罗(Tyre,大致在今天的黎巴嫩)国王的女儿,形容秀美,却被宙斯诱骗失身。不过,直到中世纪早期,欧洲才区别于东方的亚洲及南方的非洲,作为一个独立的地理概念被提出来。

在今天,我们将欧洲定义为一个地理上的大洲,但在查理曼和他的同时代人眼里,欧洲是一个宗教实体,是一个"基督教世界";字面上说,就是基督教徒的国度。塞维利亚的伊西多尔(560—636)的《词源》一书,使得诺亚(Noah)三子三分世界的说法更为流行——诺亚的三个儿子将世界做了如下分割：雅弗（Japheth）得到欧洲（基督徒的土地），闪（Shem）得到亚洲［闪米特人（Semite）的土地］，含（Ham）得到非洲（仆从的土地）。这种将地理概念和宗教及人种认同联系在一起的说法一直持续了非常长的时间。甚至直到 19 世纪时，美国的奴隶主们为了给他们虐待非洲人的行为正名，仍以《圣经》里含将作为其兄长的仆从一说为凭据。然而，欧洲和基督教世界的区别和它们之间的联系一样重要。如以地理为标准，伊比利亚半岛当属欧洲；但以宗教为标准，伊比利亚在公元 711 年被阿拉伯占领之后就不再属于基督教世界了。同样地，犹太人在中世纪时和他们的基督教邻居们同属欧洲人，但就宗教而言，他们在基督教世界最多只占到毫不起眼的一角。

　　不论加洛林帝国到底是属于欧洲还是属于基督教世界（更准确的说法应该是"西方"基督教世界，因为东方的拜占庭是另一个基督教王国），它和早已作古的西罗马帝国已经有根本上的不同了。加洛林帝国的经济形式主要依靠农业，它的文化中心则是修道院、大教堂和贵族宫廷，而不是城市里的贸易市场。而且，虽然查理曼把他的威权扩大到意大利半岛，但他的活动中心和政治兴趣依然在法兰克的北部。换言之，他的帝国不像罗马那样面朝地中海，其中心在北面的莱茵河畔。

82

加洛林王朝早期

公元 700 年的法兰克

　　简单地说，在公元 700 年的法兰克，生活是艰难的，甚至是非常艰难的。几个世纪以来，当地的气候有所变冷，雨水也渐渐增多。尽管天气没过多久就好转了，但公元 700 年的人怎么料得到呢。人口非常稀少。每一个村庄都是大片森林里的一个孤单的据点，除了仍在使用古罗马时修建的道路的地方以外，互相之间鲜有大道相通。庞大的氏族系统仍在发挥重要作用；氏族之间仍然通过世仇和赎杀金等方式互相报仇；婚姻和奸情的区别并不明显；社会结构里最基本的单元仍然是"家庭"（household）。农业收成很不好，种下去 1 蒲式耳①的东西，只能收回来 2 蒲式耳。由于每户人家都得存一些谷子留到第二年种，这就意味着每

① 蒲式耳（bushel），容积单位，用于度量固体。英制 1 蒲式耳相当于 36.37 升，美制 1 蒲式耳相当于 35.24 升。——译者注

一次收成都只是原地踏步，没有逐年增产的可能。即便要保持原地踏步，对当时的农民来说也非常困难，一来农具实在粗陋，二来他们可能欠了地主很多债。有的人沦为奴隶，在地主的土地上终日不停地劳作；有的成为农奴，一部分时间耕作地主的土地，一部分时间耕作自己家里的地；极少数人仍然是**自由农**（free peasants），拥有完全属于自己的土地，对贵族阶层没有债务关系或服役义务，可能需要付租金。比方说，一个农妇既可能是奴隶，不得不每天厕身于工作间里纺线织布；她也有可能是个农奴，每周两次去地主的田里耕作，其余时间打理自己的土地；她也有可能完全自由，照料着一小块地，而不用向任何人付田租——也没有任何人保护她。

　　孤立的小村庄、辛勤劳作的农民和几乎为零的通信，组成了这片土地的主要景象，而这种景象的主宰则是地主，包括国王和王后、贵族、修道院及其主教们。和农民一样，这些"出身高贵"的人同样依赖氏族宗亲关系；而且由于一夫多妻制（也只有他们才养得起几个妻子）和非正式婚姻的存在，他们的氏族更庞大、宗亲关系也更复杂。他们希望通过家庭拥有的土地、掠夺和别人的赠予来变得更为富足。对贵族而言，赠送厚礼是摆平对手和提高威信的手段之一，也能使追随者更忠诚于自己。在最高层次的关系，即国王和他的追随者之间，从战场上掠夺而来的"王家贵礼"使得贵族和君主更紧密地团结在一起。

83　　　战争和征服是贵族们的日常事务。战争使得贵族之间有机会互表忠义；战争使得男人有机会在战场上展现自己的英雄气概；战争让妇女有机会通过鼓舞士气、筹划战局、管理家产来增加家庭利益；战争更导致大批男性死亡，产生大量遗孀和女继承人。战争也赐予贵族家族大量物质利益：有新的领地、丰富的战利品，对贵族而言，分发赠品可以警示对手，提升威严。贵族以精良的装备和高贵的出身统治着自己的地盘，并给予日常的军事保护，而在外人看来，这正是他们拥有的实际力量。

　　7世纪时，法兰克的贵族家族逐渐拥有更多的权力。他们的兴起是以墨洛温王朝为代价的。从理论上讲，他们应当与王室家族结盟。而墨洛温王朝的国王和王后们，和先前的其他中世纪早期的君主一样，在几代人之后，就不得不将国土赠予地方贵族，以吸引他们继续效忠自己。公元700年，王室自身日渐式微，而他们手下的贵族却富甲一方。墨洛温王朝最后也分裂在各个贵族手上，形成割据之势。之后，墨洛温王国已经去世的国王们留下众多遗孀、子孙和兄弟们你争我夺，最终将法兰克分成三大部分：最重要的一块是纽斯特里亚（Neustria，包括巴黎和法兰西西北部），另外两块是奥斯特拉西亚［Austrasia，高度日耳曼化的东北部,包括莱茵兰(Rheinland)]和东南部的勃艮第(Burgundy)(见本章地图4.1)。

正当墨洛温家庭势衰力薄之时,另一个氏族却兴旺起来。历史学家们后来把他们叫作"加洛林"。加洛林家族的老家在奥斯特拉西亚,他们依靠古老的蛮族扈从军(comitatus)传统,聚集起一大批训练有素的战士。这些战士将自己置于加洛林家族的保护之下,发誓忠诚于他们,同时获得食宿和支持。明智的婚姻关系也是重要手段之一,因为妻子们会给王朝带来更多的土地和忠心。同时,加洛林家族号称自己具有先圣的血统,声称他们的祖先是尼凡拉的圣日多达(Gertrude of Nivelles,卒于7世纪50年代)和梅斯主教圣阿尔诺夫(Arnulf, bishop of Metz,约582—641)。后来,加洛林家族成为奥斯特拉西亚王室的"宫相"(mayor of the palace,即行政长官)的时候,他们把这个职位定为世袭制,从而又进一步增加了自己的力量。当时,墨洛温王朝的土地渐渐荒芜,贵族也不再听从他们,这使他们失去了实权;而加洛林家族却成了奥斯特拉西亚真正的统治者。

公元687年,赫斯塔尔的丕平(Pepin of Heristal,680—714年在位)在特尔垂(Tertry)的一场关键战役中大败纽斯特里亚军队,此后加洛林人就控制了奥斯特拉西亚和纽斯特里亚两个地区。既然已经占领了纽斯特里亚,那么进而统治勃艮第也就不难了。法兰克从此再次统一。在墨洛温的傀儡国王身后,是握有实权的加洛林的宫相。仆从越到主人头上,做起主来。

查理·马特(714—741年在位)

赫斯塔尔的丕平的儿子查理·马特绰号"铁锤"(The Hammer),是一个精明能干且铁面无情的领袖。8世纪40年代,穆斯林进攻法兰克;正是查理·马特的领导将法兰克统一起来予以反击。公元732年,他在图尔—普瓦提埃战役中将阿拉伯人打回老家。除此之外,他还在许多别的战争中战胜了穆斯林和基督教军队,从而不仅在法兰克人中间建立起足够的威信,还扩张了法兰克王国的领土。查理·马特把征服来的土地和其他从教会搜刮来的大量财产奖赏给有功的军事部下。尽管教会大声抱怨,但他们对这位普瓦提埃一役中的英雄、法兰克国王毫无办法。

加洛林家族也在自己的男性子嗣中瓜分国土,正是这一举措导致了墨洛温王朝的衰败。不过,几代人下来,加洛林统治者却始终只有一位继承人存活。因此,加洛林王朝的统一不是因为政策如此,而是因为运气好。公元741年,查

84

理·马特去世。他的国土和统治权分给了两个儿子——卡洛曼（Carloman）和"矮子"丕平（Pepin the Short）。卡洛曼只统治了 6 年，就于公元 747 年（自愿，至少看起来是这样）归隐卡西诺山修道院，把自己所得的土地交给兄弟丕平。

"矮子"丕平（741—768 年在位）与法兰克—教会同盟

　　卡洛曼的虔诚使得他的兄弟丕平在法兰克拥有至高无上的权威。但是"矮子"丕平还有个问题没有解决：就事实而言，他是国王；但就名义而言，他还不是。墨洛温王朝的国王们不过是傀儡而已，可是贸然地把他们那声望颇高的王朝换成新的王朝，又太过冒险。丕平最终找到了解决方法，与教会结盟。丕平派信使前往罗马，捎去一封很不正式的口信，询问一个没有权力的领袖是否还能被称为"国王"。教皇扎加利一世（Pope Zacharius I，741—752 年在位）回答说，丕平应该成为法兰克人的国王，并且应该先由一位教会代表施涂油礼再行登基。涂油礼[①]于公元 751 年在苏瓦松（Soissons）举行，从此，一个新的王朝就得到了最强大的宗教支持。加洛林人的统治从此不仅可以依靠武力，还可以依靠上帝的喜爱。墨洛温王朝的末代子孙被剃去象征王权的长发，送往修道院。几年后，新教皇斯德望二世（Stephen II，752—757 年在位）北上法兰克，亲自在圣丹尼修道院给丕平施以涂油礼，并为他加冕，从而在加洛林王朝势力上升之时，为它提供了教皇所能提供的一切宗教保障。

　　扎加利一世和斯德望二世如此支持丕平，是有非常合理的实际原因的：他们需要一个强有力的同盟以保障自己在意大利半岛的地位。他们给加洛林王朝以宗教保障，作为交换，他们寻求加洛林王朝的军事援助。许多年来，教皇一直努力在意大利半岛建立一个自治国家。为达到这个目的，此前的教皇通常是向拜占庭寻求保护，以抵抗伦巴底人的进攻。伦巴底人虽同为基督徒，却始终威胁到教皇的独立。正当"矮子"丕平需要为他的统治正名之时，有两方面的新形势使得教皇踢开拜占庭而转投法兰克人。

　　第一，拜占庭皇帝最近正在宣扬圣像破坏，而罗马教皇是反对这种举动的。我们在第三章已经看到，他们的争论主要集中在圣像——基督与圣徒的画像或雕像——的功能上。有些人认为圣像是激起沉思的好工具，另一些则认为膜拜圣像是不合理的。当拜占庭皇帝开始禁止使用任何圣像时，教皇大受震撼，他们

---

① 　涂油礼（anointment）是一种宗教仪式。被施以涂油礼也就是被神圣化或者被授以圣职的象征。——译者注

认为圣像破坏是异端邪举，与基督教传统背道而驰。只要圣像破坏的争论不停，教皇就很难再依靠一支归属于异端皇帝的军队来保护他们。

第二，即便没有圣像破坏的争端，拜占庭究竟能否再为教皇提供他所需要的军事支持也很难说。拜占庭人自己也受到几乎濒临家门口的威胁，特别是巴尔干地区的阿瓦尔人和中东的阿拉伯人；另外，他们也无力起身与伦巴底人较量。公元 750 年，伦巴底人再一次掀起军事侵略狂潮，不仅威胁到拜占庭地区，也威胁到教皇的领地。公元 751 年，他们占领了拉文纳。这座城市向来是拜占庭在西部的首府，向来被认为是不可攻破的。拉文纳的沦陷使得教皇的地位岌岌可危。

因此，当斯德望二世在圣丹尼修道院为丕平加冕时，他同时要求丕平能够在军事上保护教皇不受伦巴底人的威胁。丕平同意了，领军前往意大利半岛，击败伦巴底人，把战争得来的土地分了一部分给教皇。教皇终于从伦巴底人的压力下脱身而出，可以长舒一口气了。与此同时，他获得了一件更为长久的礼物——"王赐恩地"，一块由丕平亲自认可、由教皇管理的土地。这块地方后来渐渐发展为教皇国（Papal States），由教皇统治。教皇国直到 19 世纪晚期为止，一直在意大利的政治上发挥重要作用。甚至在今天，教皇国的残余——梵蒂冈（Vatican）仍然是意大利境内的一个独立自治的政治实体。教皇为加洛林新势力提供宗教保护的时候，他们也得到军事保护作为回报，不仅赶走了伦巴底人，还在意大利半岛的中心地带建立起世俗政权。

与此同时，教皇开始寻求更大的世俗权力。8 世纪 40 年代，教皇法庭凭空制造出一个文件，叫作《君士坦丁御赐文》（Donation of Constantine），声称第一位基督教皇帝将皇冠赐给教皇，并让他统治罗马、意大利半岛，乃至整个西方。而教皇据称将皇冠归还给了皇帝，却保留着实权。这样，教皇就可以将加洛林人看作他们的部下，看作受教皇代表派遣行事的"管家"。《君士坦丁御赐文》可以说是历史上最著名的伪造文书。造出这份文书的天才修士可能会辩解说，他的这份伪造文书并没有重写历史，只是制作出一个已经发生的历史事实的证据而已（而原有的证据只是不幸地丢失了）。当然有许多人会强烈反对他的说法，因为这份伪造文书直接为教皇国在西方基督教世界的权力提供了有力的支持。这份文书在整个中世纪一直遭到怀疑和反对，它的权威性也时起时落。不过，直到 15 世纪，人们才确信无疑地证明它是伪造的。

"矮子"丕平和中世纪的其他成功的国王一样，也是个功勋卓著的战争领袖；他继承了父亲查理·马特的军国主义传统。除了在意大利半岛打败伦巴底人之外，他还把阿拉伯人从阿基坦（Aquitaine）赶了出去，从而保证了法兰克的和平。

他死于公元768年,身后的法兰克比他登基时国土更广阔、力量更强大、社会结构更合理。不过,他最大的贡献恐怕就是与教会的结盟,这一举措影响了此后的许多中世纪王权。

圣卜尼法斯(约675—754)与盎格鲁-撒克逊传教团

86

正当查理·马特和"矮子"丕平着手巩固加洛林王朝的统治之时,另一种统一正在法兰克边境之外进行着:基督教世界的范围正在通过传教团的行动而逐渐扩大。盎格鲁-撒克逊人的修道院结合了爱尔兰和罗马的两种传统,是当时西方最有活力的修道院。从他们的修道院里走出了7—8世纪时的福音传教士,多数是修士,有时也有修女。他们撒播的不仅仅是基督教,更是一套完整有序的教规和宗教精神。

几位加洛林王朝国王

赫斯塔尔的丕平(Pepin of Heristal),680—714年在位

查理·马特(Charles Martel),714—741年在位

"矮子"丕平(Pepin the Short),741—768年在位

查理曼(Charlemagne),768—814年在位

"虔诚者"路易(Louis the Pious),814—840年在位

在这些盎格鲁-撒克逊传教士里,最重要的一位是本笃会修士圣卜尼法斯(St. Boniface)。卜尼法斯成长于不列颠南部的修道院里。他于公元716年离开了出生地韦塞克斯(Wessex),开始在弗里西亚人中间传播福音。此后,直到公元754年去世为止,他一直投身于向弗里西亚、图灵根、黑森(Hesse)和巴伐利亚的异教徒们传播基督教。他身高超过6英尺①(即便在今天也算高个子),在异教徒中以砍下一棵象征神灵的橡树而出名。他赢得众多新信徒的拥戴,在一片荒野之中建起本笃会修道院,还在莱茵河东部建立起戒律森严的教会组织。他也有不被支持的时候,比如有一次,他写信给一位盎格鲁-撒克逊修道院院长说:"可怜可怜我这个被日耳曼海上的风暴折磨得疲惫不堪的老人吧!"不过,他建造

---

① 超过1.80米。——译者注

的修道院——特别是黑森地区富尔达（Fulda）大修道院——后来成为学术和宗教中心。终其一生，圣卜尼法斯都是盎格鲁-撒克逊教会、本笃会会规和教皇的忠心代表。他在一封给教皇的信里写道："现在，在所有事情中，我都将展现出对您和您的教会事业的完全忠诚。"

卜尼法斯得到了查理·马特和他的儿子卡洛曼和"矮子"丕平的支持。不过，查理·马特虽然支持他在法里逊人和其他蛮族中间传教，却不允许他干涉法兰克教会，可能也不允许他过问自己掠夺教会土地一事。公元 741 年查理·马特去世后，卜尼法斯就能够把他的注意力转向法兰克内部了。早在卜尼法斯来之前，法兰克就掀起了一阵修院改革，不过全国上下的修道院仍是非常需要进一步改革的。许多地区连一个神父都没有；许多农民的宗教信仰比起蛮族时代仍旧没有多少进步；甚至有些神父自己都骑墙两立，向异教的神祇献祭。由于卡洛曼和"矮子"丕平的支持，卜尼法斯召开了一系列宗教会议以改革法兰克教会。他和教皇通力合作，按照盎格鲁-撒克逊的主教制和教皇制度改进了法兰克的宗教组织结构。他按照本笃会会规改革了法兰克人的修道院，并负责建立**修院学校**（monastic school），同时鼓励聘用虔笃的主教和修院院长，还进一步发展地方**教区**、建造地方教堂。在这种努力之下，卜尼法斯为莱茵河东部（现在德国的一部分）新教堂的建立以及在法兰克进行教会改革奠定了基础。在这个过程之中，卜尼法斯也成为加洛林文化复兴的领袖人物。而且，由于教会改革后的主教、修院院长等人在加洛林王朝中都身居要职，我们也可以说卜尼法斯在加洛林政府革新中发挥了重要作用。

卜尼法斯事业结束之时，和他的事业开始之时非常相似。公元 754 年，他回到法里逊，也就是大概 40 年前他开始传教的地方，那里的异教徒们也依旧保留着他们的信仰。然而公元 754 年未完，他就成了殉道士。

采邑分封制

在加洛林家族的统治和卜尼法斯领导之下，8 世纪对法兰克王国来说是政治和宗教都得到巩固的时期。此外，又一种新的巩固国力的方式也在这些年渐渐成形：一种在现在被称为**"采邑制"**（manorialism）的农业制度在那时出现了。采邑制的源起至今不明，而且颇有争论，不过，其基本特征形成于 8 世纪的法兰克。村庄、森林和荒地都被强行分成大大小小的地块。有时候地主的采邑（manor）的边界刚好和村庄的边界相吻合，有时则不是这样。从本质上说，采邑制将拥有土地的地主们和农民以社会责任的形式联系起来。一块采邑只有一个主人——男女领主、主教或是修道院；而在这块土地上劳动的依然是农业耕作者——有些是奴隶，有些是农奴，有些则是自由农。大多数采邑都由两部分组成：一是**"领地"**（demesne），从领地出产的农产品直接送进领主的粮仓；二是租地（tenement），租给农民耕种。理想地说，每块租地都包括足够供养一个家庭的土地（manse，租地的具体大小在不同地区都有所不同）。奴隶的衣食住行全都由采邑提供，而他们的所有劳动也都归采邑所有。农奴在自己的租地上耕种，同时也要在领地上劳作，以代交赋役。自由农一般来说不必在领地上劳动，但是他们得以现金或货物的形式缴纳租税。有意思的是，这三个农民阶层里，女性和男性并不是平均分配的。女性奴隶比男性要多，她们全日制地为领主劳作；而男性里有更多的农奴和自由农。导致这种不平等的，究竟是采邑制，还是两性的劳动分工，或者甚至是杀女婴的习俗，至今不得而知。

在这些男女老少、奴隶、农奴和自由农之上的是采邑领主的权威。领主可以是一个人，也可以是一个机构；但不论是人还是机构，都从他们的劳动中得利，并控制着他们的命脉。大多数采邑都附有司法权，因此，领主可以发布规章制度、裁决争端、惩罚罪行，或以别的方式行使公共权威。同时，领主也必须保护领地上的居民，这在一个充满暴力的时代是很有吸引力的。

随着领主的经济和司法权力的发展，中世纪早期欧洲的割据倾向终于达到了巅峰。对许多农民来说，"政府"实际上就是他们的领主，因为他们的生命只是在"当地"才受到保护和制约的。对许多贵族来说，他们作为领主会带来财富、权威和步兵以及有时候对整个区域的控制。对像查理曼这样的君主来说，采邑是在割据形式下可以保持中央集权的一种制度。比如，他后来要求每四片租地里必须出一个步兵来充实他的军队。

88   查理曼（768—814 年在位）

查理·马特和"矮子"丕平都是相当成功的政治家，但是他们的后代查理曼要更胜一筹。查理曼是一个具有非凡才能的军事统帅和卓越才干的国家领袖，也是教会的同盟及学术的挚友（见图 4.1）。

查理曼在形象和才华这两方面都超出同时代人不少。他有 6.35 英尺①高，脖子粗壮，挺着将军肚（在充满饥饿的时代，这是件好事）。幸亏有一位非常好的

---

① 约合 1.90 米。——译者注

图 4.1 查理曼

这尊查理曼塑像装饰在意大利的圣路易斯大教堂。

传记作家艾因哈德(Einhard，约 770—840)在查理曼死后约十年时为他作了一本《查理大帝传》(*Life of Charlemagne*)，后世才得以看到一个鲜活的大帝形象。艾因哈德身材矮小，对他笔下的英雄往往赞誉有加。尽管他从苏埃托尼乌斯(Suetonius)为奥古斯都大帝作的传里抄袭了不少东西，但这本《查理大帝传》里仍然有不少是艾因哈德自己对查理曼的事迹和为人所作的评价。艾因哈德成长于圣卜尼法斯在富尔达建造的修道院里，他在查理曼的宫廷里做过许多年的侍臣，因此对皇帝本人的生活有不少直接的了解。艾因哈德对查理曼的景仰之情充溢于字里行间，但他也能够同时看到他的优点和缺点：

　　在吃喝方面，他要求不高；不过在饮酒方面他要更为节制一点，因为他很讨厌任何人喝醉,特别是他自己和他的手下。但是他做不到戒食,经常抱怨说斋戒毁了他的健康……他对饮酒有相当的控制,在用餐时,任何酒类,他从不喝超过三杯。

加洛林时代的酒杯,一杯的容量大概相当于现在的一品脱①,而不是现在的一杯,因此,查理曼在饮酒上只是相对于别人来说要节制一些。

查理曼有时候很热心,爱说话;有时候却铁石心肠,近乎残忍,因此,他的臣民对他敬畏有加。然而,艾因哈德的传记里最令人着迷的段落,是他对查理曼的生活方式和个人特性的描写;这些段落显示查理曼是一个活生生的人,而不是一个传说中的英雄形象:

> 他认为,他的孩子们——包括儿子和女儿——接受教育都应该从人文学科开始。他自己也研习过人文学科。接着,在儿子到了合适的年龄时,他就训练他们以法兰克人的方式骑马,训练他们作战、打猎。但是他要他的女儿们学会处理羊毛,学会如何纺线、如何编织,这样她们就会知道劳动的价值,而不会因缺乏活动而变得懒洋洋的。

艾因哈德笔下的查理曼说得一口流利的拉丁语,也学过希腊语,同时也是个卓越的演说家,热衷于人文学科。他还特别学过天文学,能够计算天体的运行规律。不过,艾因哈德也提到,尽管查理曼非常努力,但他仍然不会写字。因为他开始接受教育时已经太晚了,无法训练他的手写字了。

查理曼非常虔诚,因此他致力于建造教堂,收集先圣遗骨,在法兰克推动了一次基督教文化的复兴。为了迎合教皇同盟的观念,他颁布法律禁止一夫多妻。由于他坚持一夫一妻制,当时繁复的继承关系一下子大幅度地变得简单明了,并且使得合法出生的(有继承权的)孩子和(通常没有继承权的)私生子之间重要的法律界限变得非常分明。但是,尽管他为支持教会的政策而颁布了这些法律,他自己却依然随意休弃不想要的妻子并频繁与情妇交往。在某四年里,他甚至离了两次婚,又结了两次婚。甚至他的女儿们,在父亲不允许她们结婚的情况下,也在宫里和情人随意地公开交往,给他生下了许多没有合法权益的外孙。艾因哈德告诉我们说,查理曼对此的反应是"装作这样根本没什么错"。

---

① 一品脱(pint)的容量在英美计量不同,不过大致相当于 0.50 升。——译者注

帝国的扩张

查理曼的首要身份还是个武将。带军队上战场是他每年的例行公事。每年春天(战争也是讲究天气的活动)，他的众多**权贵**(magnate)就带着扈从军集中在他身边，他们要解决的问题不是去不去打仗，而是去打谁。不过，查理曼直到后来才渐渐发展出以统一和扩张西方基督教世界为目的的战争计划。在教皇的要求下，他跟从父亲的脚步，率军进入意大利半岛，在公元 774 年彻底征服了伦巴底人，将伦巴底归入自己扩张中的帝国，并亲自戴上伦巴底的王冠。此后，他自称为"法兰克人和伦巴底人的国王"。

几位早期教皇

利奥一世(Leo I, the Great)，440—461 年在位

"大教皇"格里高历一世(Gregory I, the Great)，590—604 年在位

扎加利(Zacharias)，741—752 年在位

斯德望二世(Stephen II)，752—757 年在位

利奥三世(Leo III)，795—816 年在位

公元 778 年，查理曼领军攻击安达卢斯，虽然他成功地在比利牛斯山脉以南建立起他称为"西班牙边境区"(Spanish March，此处的"march"即"frontier"，意为"边境")的国境，但总的来说鲜有成功。在后来几代人的时间里，查理曼的"西班牙国境"演化为巴塞罗那(Barcelona)郡。直到今天，相对于西班牙的其他地区，巴塞罗那仍然更容易受到法国的制度和习俗的影响。查理曼在安达卢斯的短暂停留被记入史诗《罗兰之歌》(Song of Roland)，当然里面还掺进了一些虚构的成分。作于史实之后大概 300 多年的《罗兰之歌》，讲述的故事是查理曼的军队在撤退到比利牛斯山脉后面、进入法兰克时，受到了背后偷袭，遭受惨重损失。史诗将查理曼描述成一个上帝般的征服者，高龄二百；另外还将查理曼在公元 778 年时遇到的对手——信基督教的巴斯克人——换成了穆斯林，把这场战役说成了对立的宗教间的英雄之战。不过，作为一部激动人心的史诗，《罗兰之歌》不仅讲述了无畏的勇士，歌颂了真正的友情，赞扬了忠诚的武士，也反映出查理曼时代，以及后来 11 世纪史诗成形时的贵族精神。

查理曼花了大量精力扩张东部国境。公元 787 年，他征服了巴伐利亚，将它

收入国土,并且将它的最东部地区组织成抵抗斯拉夫人的前沿防线。这片"东部边境区"(East March),即"东部省"(*Ostmark*,奥斯特马克),后来成为一个新的国家的核心地区。这个国家后来发展为奥地利(Austria)。8 世纪 90 年代,查理曼继续向东南进军,摧毁了富饶的阿瓦尔王国。阿瓦尔王国一直在东欧为非作歹,不是四处抢掠就是强征重税。查理曼运气不错,实实在在地获得了阿瓦尔王国的部分财宝;据传,他一共动用了 15 辆用四头公牛来拉的货车才将这些金银财宝运回法兰克。从阿瓦尔人那里得来的战利品极大地丰富了查理曼的国库,也使他能够扩大后来的建筑工程,顺便还能赞助更多人。

查理曼针对东北部的萨克森(Saxon)异教徒进行了他最为持久的军事行动。他此举有两个目的,一是保卫法兰克王国的莱茵兰地区,二是为教会争取更多的信徒。这一战争持续了整整 32 年,他们一次次地征服萨克森人并强迫他们受洗,但只要他们一撤军,萨克森人就起身反抗。公元 782 年的一次盛怒之下,查理曼在一天之内下令屠杀 4 000 多萨克森人。最后,萨克森屈服于查理曼残酷无情的士兵以及随后而来的传教团。公元 804 年,法兰克人牢牢控制了萨克森,此后几十年里,基督教也渐渐渗透入萨克森社会。到了 10 世纪中叶,萨克森已经成为欧洲基督教势力最强大的地区。

91 ## 公元 800 年加冕为帝

查理曼将莱茵河以东的广大地区收归在自己的版图之下,从而完成了古罗马将军们没能完成的大业。公元 800 年时,查理曼已不仅仅是法兰克的国王,还是整个西欧的君主。仍有一些基督教国家未在他的控制之下:最重要的有意大利半岛南端的一些公国和盎格鲁-撒克逊诸王国。但是查理曼的政治权力已经扩展到整个西方的基督教世界(见地图 4.1)。公元 800 年圣诞节,教皇利奥三世(795—816年在位)正式承认查理曼的卓越功勋,将皇冠戴在他头上,称他为"罗马人的皇帝"。

这一颇具戏剧性的举动有几层意义:第一,从法律理论的角度讲,此举是对君士坦丁堡的艾琳女皇(Empress Irene,797—802 年在位)的无礼攻击,因为这暗示了她所占的皇位其实空无意义。利奥三世争论说,艾琳作为女人,是没有统治男人的资格的,因此,查理曼只是填补空缺而已。不过查理曼已经承认了艾琳女皇的权力。当艾琳过问圣诞节加冕一事时,查理曼以求婚作答,因为这样就能够合法地统一拜占庭帝国和法兰克帝国了。不过这个想法吓坏了艾琳的支持者,最后他们不得不强迫她隐退进修道院。第二,从实际效应的角度讲,此举在长达 324 年的中断后重续了西罗马帝国的香火:查理曼的帝国现在正处于相应

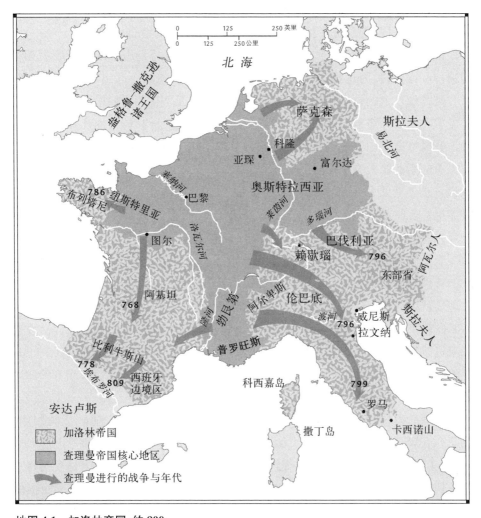

地图 4.1　加洛林帝国，约 800

历史学家通常将查理曼的帝国称为"第一个欧洲"，这张地图就能告诉我们这是为什么。尽管查理曼的力量没有深入到西班牙大部分地区和不列颠群岛，但包括了今天的意大利、奥地利、德国的大部分地区和现在的法国、比利时、荷兰、卢森堡和瑞士的全部地区。

的位置上。第三，从外交史的角度说，这是自公元 751 年"矮子"丕平向教皇扎加 **92**
利一世提出疑问以来，法兰克—教会同盟的最终圆满结局。

　　根据艾因哈德的传记，利奥三世在那个圣诞节让查理曼大大吃了一惊。查理曼不想接受教皇赐予的高位，甚至"哪怕他预料到教皇的举动，并且尽管这一天是盛宴之日，他也不愿意踏进教堂一步"。今天，有许多历史学家质疑这个说法；他们认为查理曼牢牢掌控着所有的事情，如果他不愿意，他不会允许加冕仪式就这样发生。另外,查理曼在公元 800 年的加冕和"矮子"丕平在公元 751 年接受涂油礼一样,都象征了加洛林王朝和教皇间利益的结合。

说到查理曼的利益,他长久以来就希望能够拥有与拜占庭统治者旗鼓相当的地位。比如说,为达到这个目的,他改进了经常与朝臣一起出游的传统礼仪,吃完某片地产上的剩余食物就去吃下一家的。公元 794 年,他在亚琛永久建都,并希望在那里缔造自己的君士坦丁堡。亚琛被称为"新罗马";他还在那里模仿拜占庭风格造了一座极为抢眼的宫殿和教堂的混合建筑——几乎可以说是一个穷人版的索菲亚大教堂(见图 4.2)。尽管和查士丁尼的杰作比起来,亚琛教堂可以说只是小巫见大巫,但就那个时代和那个地点而言,已经非常值得惊叹了。这座建筑是查理曼的一项大工程,他不仅要造出一座气势不凡的教堂,也多少是为了和拜占庭比拼一下。公元 800 年的加冕仪式也可以认为是一个类似的模仿举动。

至于教皇的利益,利奥三世也许是将加冕仪式视作一个机会,可以让过于强大的查理曼重新看清他四处征战的最初动因。利奥三世在圣诞节的举动当然将查理曼从国王"升官"至皇帝,但从此查理曼的帝国就带上了"罗马制造"的印迹。后来的教皇坚持说,既然利奥三世能够给予,他们也能收回——也就是说,教皇如果可以加冕皇帝,那也就可以废黜皇帝。《君士坦丁御赐文》在这里起到了重要的支持作用:如果西欧属于教皇,那当然只有教皇才能做统治者,或者任命别的统治者。

查理曼当然对此持有别的观点。尽管他尊敬教皇,但他不愿意成为附庸。公元 800 年之后,除了皇帝的头衔之外,他一直保留着"法兰克人和伦巴底人之王"的头衔。后来立子为帝时,查理曼没有让教皇参与加冕仪式,而是自己将皇冠戴到儿子头上。查理曼和利奥三世之间发生的这些事情,成为教皇和帝国之间的一场关于二者合理关系的长久而痛苦的争论的序幕。双方的争议将在 11、12、13 世纪时加剧。

不过,在当时,查理曼的势力无人能撼,利奥三世和其他教皇也抵挡不了。实际上,教皇几乎被查理曼过于热情的信奉给扼杀了,因为查理曼对加洛林教会施加了过于强大的影响。教皇对他施以涂油礼,其效果和对他的父亲施涂油礼一样,几乎赐予他神性。查理曼认为,一方面必须系统化教会规程,另一方面必须在加洛林政府结构里使用受过良好教育的神职人员。在这两方面责任感的驱使之下,他利用自己至高无上的权力,不仅管理着政治事务,也干涉着教会。在公元 794 年的法兰克福宗教大会上,他甚至提出修改基督教教义。查理曼将教会视作国家的不可或缺的支柱之一,因此也对它做出相应的调整。

图 4.2　查理曼在亚琛建造的教堂

这座建筑堪称气宇非凡，不过跟君士坦丁堡（见图 3.1）和科尔多瓦（见图 3.5）的建筑比起来只能算一般而已。

查理曼帝国

　　查理曼四处拓展疆域，不过他的国境之内，经济发展水平一直比较低。城镇面积很小，分散在四处，而且几乎没有工业和贸易。不过，国内确实发展起一些手工业产品生产基地，特别是陶罐和玻璃制品，穷人之间也有一些铁、盐、酒业的贸易，富人之间则有奢侈品交易。由于道路状态很不好，大多数贸易都转向河边进行，特别是莱茵河畔。查理曼努力推动经济发展：他坚持制造质量上乘的银币，但是许多一般的交易还是以物物交换的形式进行；他和盎格鲁-撒克逊国王达成协议，保证商人的安全；他鼓励修路造桥、建造灯塔，甚至还想过挖一条运河把莱茵河和多瑙河连接起来。

　　查理曼也有可能主张进一步鼓励犹太人在法兰克定居，以刺激法兰克经济一跃而起。不幸的是，如今只有很少的证据能证明这一点；不过，后来的犹太人有过这样的记忆，即查理曼非常欢迎他们来到莱茵河畔和其他地方。如果查理曼真的鼓励过犹太人入境定居，他应该会特别欢迎犹太商人的迁居。后来，查理曼的儿子"虔诚者"路易（814—840 年在位）颁布法令，保护犹太社区；他特别给予犹太人在**通行税**(toll)以及贸易和商业法律上的优惠。犹太人参与到多个行业中,包括医药、农业和制造业。不过,在以农业为主的加洛林王朝,当犹太人离开地中海沿岸繁荣的城市、向北来到法兰克东部和西部的贫穷小镇时,他们作为商人的本事才是法兰克人最看重的。

　　对政府遇到的问题,查理曼也花了很大力气试图解决;然而,尽管他做了很多革新,帝国仍然没能得到很妥善的治理。查理曼颁布了一系列法律和规定,试图在全国范围内实行。这些法令被合称为《**法令集**》(capitularies)。另外,他也派出**监察使**(missi dominici)四处巡察他的法律是否得到很好的执行以及国家税收是否依法缴纳。但是,这些革新不能取代地方贵族的忠诚。和他的先人一样,查理曼不得不依靠拥有土地的地方官员,以期他们能够效忠国家。这些官员包括公爵、边境区的领主和帝国近 300 个郡的伯爵们。所有这些人都宣誓效忠、服从于国王和皇帝。可是誓言无形,伯爵们发现效忠于己无利时,就会自行其是。这些人里有许多必然出身法兰克贵族家庭,因此,他们拥有自己的土地和自己的跟随者。由于无力支付薪酬,查理曼只能把土地的使用权交给他们;所以,这些官员就可以长期居住在国家的土地上,他们在地方的权力也因此得到加强。而且由于国土辽阔,通信太不发达,国家必须给予他们比较宽泛的权力以控制皇家法庭、税收系统和当地的军队招募。由于拥有家族势力、国家土地和宽泛的权力,许多伯爵实际上就是他所管辖的区域的统治者。

　　查理曼手中的无边大权甚至不能消灭帝国境内四处爆发的地方性和地区性流血事件。贵族家族之间的世仇、土地纠纷引起的私人战争、抢劫行为和拦路打劫等暴力行为屡见不鲜。帝国政府无力应付占地为王的地方贵族,如果他们没有公然从中攫取私利,帝国政府更是毫无办法。查理曼通常在每个地方只派去一位监察使,这个人可能是神职人员,也可能只是世俗平民。他们对地方贵族只能稍加监管,后世君主没有查理曼那样的奖惩大权,因而监察使能做的事变得更少了。伯爵和其他地方官员之所以服从皇帝、遵守法律,并非出于对加洛林王朝的热爱,而只是出于对查理曼本人的忠诚。正是武君和他的贵族之间共同利益的存在,才保证了地方贵族的忠诚。

学术复兴

查理曼和阿尔昆

　　作为提升帝国学术水平的新举措的一部分,查理曼将欧洲各地的学者汇集到亚琛：他从法兰克东部召来了他的传记作者艾因哈德；从卡西诺山召来诗人、历史学家"执事"保罗（Paul the Deacon，约 720—799）。保罗编汇了一本布道集，这样忙碌的神职人员们就能够知道在哪一个圣日应该说哪些话。从伊比利亚招来了狄奥多夫（Theodulf，约 768—821）；他是个才华出众的诗人，后来担任奥尔良（Orléan）主教和弗勒里（Fleury）修院院长。从英格兰的约克郡召来的是所有学者中最伟大的一位——阿尔昆（Alcuin，732—804）。正如之前的卜尼法斯，阿尔昆从不列颠岛带来的思想和技艺直接刺激了加洛林王朝统治下的法兰克的学术发展。所有这些学者在查理曼雄心勃勃的指导下，齐心协力地振兴基督教社会。

他们从最基础的步骤开始，给尽可能多的儿童提供教育，而且没有男女偏见。阿尔昆引进了波伊提乌的"七艺"论，将课程分为两部分，一部分用来学会交际（"三学"），另一部分用来研究客观世界（"四艺"）。法兰克本地的教会和非教会里都没有专业的老师，因此只有靠教会的力量来实行教育改革。"识字"——那时的定义是能够阅读拉丁文——只有在教会里才算得上普遍。因此，查理曼让国土内的教堂和修道院来掌管学校。公元 789 年颁布的《法令集》要求，"必须建立学校，以便儿童学会阅读"，而且还进一步规定了每一所学校都必须有诗篇、日历、语法学和其他有用的书的精确的复本。不用说，学校的教学使用的都是拉丁语；尽管孩子们日常使用的语言都是最后演化为法语、德语、意大利语的地方语言，他们在学校里用来阅读和写作的都是拉丁语。这些学校给那些不愿以宗教为职业的学生提供了教育。

许多加洛林修道院和教堂其实达不到查理曼的一般要求，不过大多数学校都实实在在地提高了就学率和教学质量。说到底，学术最发达的地方还是修道院，特别是在富尔达、图尔、赖歇瑙（Reichenau）等地的修道院。那些修道院里训练出来的学生，后来有不少从事教职或者涉足行政。比如，赖歇瑙和富尔达的学校就教出了瓦拉弗里·史特拉博（Walafrid Strabo，详见"人物传略"），他是圣徒传作者、诗人和外交家，同时也是"太子太傅"。贵妇人多达（Dhuoda）给 16 岁的儿子威廉写的忠告手册则是另一个例子。尽管她是个贵族的妻子，而且她的儿子必然要在宫里度过一生，但两人都因基督教信仰而珍视读写拉丁语的能力，因为正是拉丁语养育了基督教。多达简洁地说道："只有通过读书，才能更接近上帝。"多达的拉丁语能力自然来自修院学校，作为儿子的第一任老师，她又将这项技能传授给他。查理曼的子民，只有很少一部分可以算识字，但是这些人都非常好地利用了所学的知识。

96

人物传略

瓦拉弗里·史特拉博(约808—849)

　　瓦拉弗里·史特拉博还是孩子时,被父母献给宗教事业,当了一辈子修士。他刚8岁就来到赖歇瑙的本笃会修道院。这是个建于康斯坦茨湖(Lake Constance)上一座岛屿的一个加洛林学术中心。瓦拉弗里学习勤奋,很快就掌握了拉丁语,接着掌握了《圣经》、拉丁教父们的著作及其他人文学科。他特别擅长诗歌创作,在15岁时就怀着本笃会修士所特有的谦逊,频频将诗作呈给主教看。有一次他将自己的一首诗称作"献给巨人的幼鼠",对他自己则如此评价:"天父啊,这就是作诗给您的一个目光畸斜的男孩。"

　　瓦拉弗里长大后,宣誓恪守戒规,因为他早已发展出强烈的信仰,并决定把一生奉献给修行生活。他的一个朋友哥特沙尔克(Gottschalk)就没有这么幸运了。哥特沙尔克出身于萨克森伯爵家庭,被父亲献给教会。但他在修道院过得并不快乐,最后提出要撤回誓言,结果导致激烈的争论。以上帝为名的誓言可否撤回? 孩子是否可以被强迫过上宗教生活? 哥特沙尔克最后被应允撤回了誓言,但声名俱毁。瓦拉弗里心地善良,富有爱心,在哥特沙尔克遭遇麻烦的过程中一直给予支持。后来,他对哥特沙尔克写道:"与我为友吧,正如我会忠心地做你的朋友。"

　　同样的修院文化,在哥特沙尔克看来压抑窒息,在瓦拉弗里却正是合适的养料。18岁时,瓦拉弗里被送到拉班瑙斯·莫鲁斯(Rabanus Maurus)门下学习,他是圣卜尼法斯于一个世纪前建立的富尔达修道院的院长。瓦拉弗里怀着极大的热情加入他正在进行的《圣经》注疏工作之中。两人结下终身友谊。

　　瓦拉弗里在富尔达只待了3年。随后他应召入宫,去了亚琛。他在宫里教育"虔诚者"路易与第二任妻子尤迪丝皇后(Empress Judith,约800—843)所生的儿子:查理。那时查理才5岁,还没获得"秃头"的称号。瓦拉弗里陶醉于尤迪丝皇后所创建的知识世界。在这期间,他再次证明自己是个真正的朋友。当"虔诚者"路易与前妻的儿子们短暂废除她时,瓦拉弗里坚定地站在了她这边。正是瓦拉弗里始终如一的教导,将"秃头"查理教育成了加洛林王朝最有文化的皇帝。

　　公元838年,瓦拉弗里刚过而立之年,就被任命为赖歇瑙修道院院长。

他在那里度过了一生中最快乐的一段时间，研习经卷、写信写诗、摆弄园艺。"虔诚者"路易的三个儿子洛泰尔（Lothar）、"日耳曼人"路易（Louis the German）和"秃头"查理在公元 843 年签订《凡尔登条约》（Treaty of Verdun），将帝国一分为三；瓦拉弗里对此深感惋惜，但三人都非常信任他。他在代表他们出使途中，渡过卢瓦尔河（Loire）时遭遇船难，不幸丧生。他的遗体被运回赖歇瑙，安葬在他心爱的小岛上。

　　瓦拉弗里·史特拉博极完美地生活在他所处的那个紧张多变的世界里。他在儿童时期被献给赖歇瑙修道院，完全可能因父母的选择而受苦受难，但他反而因此得到了良好的发展。他把修道院所在的小岛称为"欢乐岛"，对修行生活极为满足。同时，他在宫廷为皇帝效力多年。他被加洛林王朝所特有的编撰活动深深吸引，从而创作出了那个年代最好的诗作。他出生于查理大帝的鼎盛时期，不仅见证了和平，也看到了学术的衰败——如他所言，"对研究的热情正在从高潮滑向低潮"。不论时局如何变化、任务多么艰难，瓦拉弗里始终保持乐观的态度，始终对别人怀着爱心。实际上，胜过一切的是，他确实是个好朋友。

　　除了加强基础教育之外，阿尔昆和其他学者还试图保留和整理古典基督教文化传统的伟大典籍。为了这个目的，他们准确无误地抄写了过去的重要著作；阿尔昆本人就准备了拉丁文《圣经》的新抄本。由于抄写员都免不了要犯些错误，拉丁文《圣经》从圣哲罗姆的时代传承到阿尔昆的时代时，已经错误百出了。作为查理曼宫廷学校的首席学者，阿尔昆一方面发展新的学术，另一方面则非常崇敬过去的学者，致力于保存他们的成就。他曾写道："对我们来说，没有什么能比遵循使徒和福音的教导更好的了。我们必须服从他们创建的规则，而不要建立新的规则或提出新的教义，更不能以扩大自己的名声为目的来编造出一些新的思想。"在今天看来，他的目标有些局限性。不过，我们应该感谢阿尔昆和他的同事们：我们今天所能读到的罗马诗歌、史诗、散文和其他作品，有 90％是通过加洛林时代的整理和抄写才保存下来的。

　　加洛林王朝的学者也发明了一种新的、更清晰的书写体，这也是今天通用的西文字体的前身（见图 4.3），它被称为"加洛林手写字体"（Caroline script）。这种字体，一部分取自早期的爱尔兰的经卷，另一部分出自法兰克人自己的修道院，特别是女修道院，比如著名的谢勒（Chelles）修道院。从那里出土的手稿就明显地带有字体上的变化。加洛林人对书写体的改进使阅读更为便利,主要体现在以下几个方面:用了更多的标点,单词之间加了空格(相对于传统的把单词连成一片的做法来说,是个极大的进步),相邻的字母之间也完全断开,并不用连笔,最后还同时使用大小写字母。这项改进的结果就是,所有的书籍和文件都更易阅读,更多的学生可以更容易地学会书写。加洛林的修士修女们以空前的规模抄写经卷,因此这种新的书写体也传播得很快。

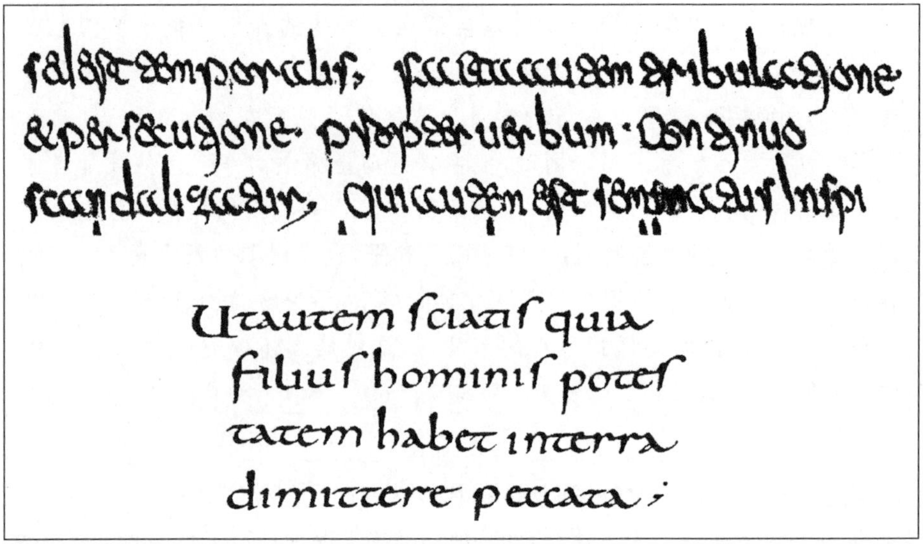

图 4.3　加洛林手写字体

上面的三行是一幅典型的墨洛温手稿,其字体歪扭而不易辨认。前三个单词是"sed est temporalis",你如果认得出来,就可以考虑从事中世纪研究了。底下四行是典型的由谢勒修道院和其他地方引入的清晰字体,开头几个单词是"Ut autem sciatis quia filius hominis"。除了字母"s"以外,这份加洛林手稿和现代字体已经非常接近。

98　　　　阿尔昆和查理曼也试图继续卜尼法斯的法兰克教会改革。他们把一部分注意力转向乡间。在他们看来,神职人员是"教会的士兵",是把"上帝的子民引向永恒的田园生活的人"。为了帮助神职人员完成这个"任务",他们将圣餐礼规范化,为搜肠刮肚准备布道的神父提供现成的布道词,要求男人女人在星期天都放下手头的劳动,为教士创作手册,将修改过的拉丁文《圣经》散发各处。修院制度改革是他们日程上的另一项重要内容。为了完成修院改革,他们把从卡西诺山得来的完整无误的全本本笃会会规散发到各修道院,要求他们认真遵守。这些努力并没有完全取得成功,不过至少使农村地区的宗教生活更有规律,也使修道生活更有标准可循。

查理曼时代之后的学术发展

尽管这些成就的完成,多半是因为皇帝而不是教皇在后面鼓劲;不过查理曼死后,加洛林王朝慢慢衰落之时,学术复兴仍在继续进行。在9—10世纪的欧洲,修道院里仍然进行着抄写经卷的活动,学校也仍然继续教学,对前人经典的著述评说仍然不停地出现(见图4.4)。学术复兴的成就可谓非常显赫:据一项估计,仅在9世纪,修士修女们在修道院的文书房里一共制造出5万册的图书。其中三个倾向特别值得注意:

第一,为了与保存了过去传统的加洛林时代的学术规划相一致,后来的学者们致力于将现存的知识编纂成百科全书的形式。例如,富尔达修道院院长拉班瑙斯·莫鲁斯(780—856)就以塞维利亚的伊西多尔的《词源》为榜样,编写出一部浩瀚的集子,里面收录了他所能收集到的各个学科的所有知识。

图4.4　《艾伯福音书》(约825)中的圣路加 99

第二,修院改革仍在继续,但是在阿尼亚纳的圣本笃(St. Benedict of Aniane,约750—821)的领导下,在阿基坦掀起的改革运动则为修院改革加入了一些更深层的精神元素。[请不要把阿尼亚纳的圣本笃和努西亚的圣本笃(约480—约550)混淆。]查理曼的儿子"虔诚者"路易赋予阿尼亚纳的圣本笃一些权力,让他放手规范他所到之处的修道院制度,这让许多企图维护一己私利的修院院长们恼怒不已。公元817年,"虔诚者"路易以阿尼亚纳的圣本笃制定的修院规则为基础,向帝国全境的修道院颁布了一份经过大量补充的本笃会会规。这一会规改革把修院改革推向更注重以基督为中心的修行生活。公元840年"虔诚者"路易去世之后,这套繁复的会规也失去了作为皇家法令的地位,但在后来几个世纪里,仍然为教会改革提供了非常重要的参考。

第三,在当时最具创见的思想家约翰·斯各图·爱留根纳(John Scottus Eriugena,约810—877)的推动下,新柏拉图思想再次成为基督教哲学中的重要成分。爱留根纳是爱尔兰人(当时苏格兰人除了在苏格兰,在爱尔兰也有所分布),他为查理曼的孙子"秃头"查理效力。如果爱留根纳和"秃头"查理之间的传说可信的话,那我们就可以认为爱留根纳是个非常足智多谋的哲学家。传说是这样的:两人在饭桌前相对而坐,"秃头"查理为了揶揄他的宫廷学者,就问他是否有什么东西能(区)分开一个苏格兰人和一个醉汉;爱留根纳回答道:"一张桌子就行。"

　　爱留根纳接受过希腊语和拉丁语的教育,他把一篇重要的希腊文哲学论文《论天使阶层》(*On the Celestial Hierarchy*)翻译成拉丁文。这篇论文的作者是一位不知名的 5 世纪晚期基督教新柏拉图主义者,被称为"假冒的"丢尼修(Pseudo-Dionysius)。其身份可以说是历史上最使人困惑的议题。先前,人们认为他是 1 世纪的雅典哲学家亚略巴古的丢尼修(Dionysius the Areopagite);据《使徒行传》[①]记载,他在圣保罗的规劝下皈依了基督教。但这个"丢尼修"又和高卢传教士、第一任巴黎主教圣丹尼有点联系(圣丹尼王室修道院即以此人为名而建),两人似乎是同一个人——在法语里"Denis"就是"Dionysius"。这两种推断都是错误的,但却使这位"假冒的"丢尼修拥有三种权威身份:早期基督教作家、由圣保罗劝皈的信徒和将基督教播撒到高卢的殉道传教士;同时也极大地帮助了他的学说的传播:他认为基督教的上帝和新柏拉图主义不可知、不可描述的上帝是同一个神;这个上帝只能用神秘的体验来接近,因此新柏拉图主义就成为后世基督教神秘主义的思想之源,这一点正如苏菲派神秘主义和伊斯兰教的关系。受"假冒的"丢尼修的启发,爱留根纳写了一部极具原创性的论著——《论自然的区分》(*On the Divisions of Nature*),书中模糊化了上帝和自然的区别,因此带有泛神论倾向。这部论著在当时引起争议,在后世则更是众说纷纭。

结语

　　加洛林帝国十分短暂。它诞生于一片混乱之中,又瓦解成新的风云变幻。加洛林王朝早期的成功,不仅仅依赖于强大的领导力量,也依赖于他们控制之下的丰富的土地资源以及靠这些资源吸引住的忠诚的武装贵族。加洛林王朝有效地利用了骑兵,因此,它的军队比周边的势力组织得更好、纪律也更严明。国土扩张一旦开始,便不可遏制。不停的征服不断地带来新的战利品和土地,加洛林

①　《使徒行传》(*Acts of the Apostles*),《圣经·新约》的第五卷,是早期基督教会的珍贵史料,为福音书作者路加所撰。——译者注

王朝以此充实自己的财富并回馈支持者。实际上，将法兰克支持者立为新征服土地的公爵和伯爵的行为后来成了加洛林王朝的政策。相应地，拥有土地的法兰克贵族的利益也渐渐地和国王的政治和军事力量有了更紧密的联系。只要加洛林王朝能够从军事扩张中获得利益，他们就可以要求纪律严明的追随者们热情地服从于他们。

简而言之，加洛林的扩张像雪球一样越滚越大。对法兰克地主来说，如果战争意味着阿瓦尔人的一小部分财富或者萨克森的爵位，他们完全乐得追随查理大帝。但是公元 804 年萨克森完全臣服于加洛林王朝之后，可以征服和掠夺的土地就耗尽了。很快，贵族们的忠诚度就下降了。贵族们的不满和反抗笼罩着查理大帝生命的最后十年，并给他的儿子"虔诚者"路易的统治带来很大的麻烦和混乱。雪球一旦不滚，就开始融化。

加洛林王朝的家族政治最终给他们自己带来弊端。因为加洛林王朝继承了传统上法兰克人将父亲的遗产分割给儿子们的做法，每一代男性子嗣都面临着分权［正如公元 843 年查理曼的孙子在凡尔登（Verdun）三分帝国］或互相敌对。在除去可能的王位继承人这一方面，加洛林人的手段非常有效——通常不是谋杀就是送进修道院。凡此种种屡见不鲜，以至于查理曼不得不明令儿子们"不许杀戮、不许刺瞎、不许残害甥侄，也不许违反他们的意愿强行为他们削发"。他应该知道自己在说什么；他的亲兄弟卡洛曼的儿子们就在公元 771 年无影无踪地消失了。

加洛林王朝的婚姻政策也导致好坏不一的结果。加洛林王朝的男子非常聪明地利用婚姻来丰富遗产并提高社会地位。赫斯塔尔的丕平与普莱克特鲁德（Plectrude，约 670—720）结了婚，因此取得了默兹河（Meuse）和摩泽尔河（Moselle）之间富饶的土地。"矮子"丕平和贝特拉达（Bertrada，726—783）的婚姻也给他带来一笔宝贵的遗产。查理曼自己错综复杂的同盟关系（他的妻子和情妇至少有 11 人）则巩固了他在所征服地区的统治，或者至少加强了结盟关系。然而，他们却不允许可能成为女婿的人与他们的女儿结婚并分走一杯羹，因此，他们通常不允许女儿们结婚，其中许多被迫加入修道院。这样的婚姻政策以及谋杀、残害、强迫修行等行为巩固了加洛林王朝的最早几位国王的统治，但到了 9 世纪，继承人数量急剧减少。

另一方面，我们也必须记住，在地区利益和强大的地方自治的基础之上，查理曼的中央集权只不过是一层薄纸。查理曼依靠武力和手下士兵的不稳定的忠诚，只手撑起大伞，但是伞下却是习俗、文化、语言、宗教迥异的诸多民族。为了

101

让东法兰克的路易统率的军队能够听懂,"秃头"查理用日耳曼地方语言起誓;而"日耳曼人"路易(840—876 年在位)则用现代法语的前身向西法兰克国王宣誓效忠。多文化不一定会导致国力衰弱(20 世纪的美国就是一个极佳的例子),但是加洛林的统治者们从来没能用共同的、统一的力量来平衡帝国内部的诸多势力。

不过,尽管查理曼的"罗马帝国"非常短命,他的统治仍然是事半功倍。查理曼是个人人敬畏的征服者,同时他也知道他为什么要征服:他希望让更多的异教徒皈依基督教,并让已经是信徒的人更好地信奉上帝。他对于基督教国家——基督教世界——的设想激励了后来的统治者们。后世的统治者为了仿效他的统治,将自己的领土命名为"神圣"罗马帝国。加洛林王朝把欧洲作为一个基督教帝国的设想在后来一直主宰着中世纪的政治理论和政治实践。

第五章
分裂、侵略和新的政治格局，约 800—1000

引言

　　查理曼的帝国虽然伟大，但从来就没有达到能和拜占庭的皇帝及阿拔斯的哈里发一较高下的地步。公元 800—1000 年间，查理曼的帝国分裂了，而它的邻居们仍然繁荣富强。对拜占庭来说，这几个世纪是荣耀的世纪，"保加利亚屠夫"巴西尔四处征战，西里尔和默多迪使斯拉夫人皈依基督教，拜占庭的影响因此扩大到俄罗斯。对巴格达来说，阿拔斯王朝统治着地域广阔的帝国，其宫殿金碧辉煌，学术和艺术也让人叹为观止。没错，10 世纪时阿拔斯王朝确实分裂成几个哈里发政权，但这些独立的伊斯兰国家以加洛林王朝的标准衡量也还是治理得相当好的。

　　西欧就不那么幸运了。年迈的查理曼在公元 814 年去世时，帝国的内在弊端已经显露无遗。然而在此之上，新的威胁接踵而来：内部分裂和外来侵略导致帝国岌岌可危。公元 843 年，查理曼的帝国已经被他的几个孙子瓜分了，后来的继承人又将帝国分成更多更小，也更虚弱的国家。与此同时，西欧在三面遭到重击：马扎尔人从东部袭来，穆斯林从南边，维京人从北面。查理曼的梦想——统一的基督教欧洲——仍然会实现，但是，如年表 5.1 所示，帝国的分裂和外敌的入侵将带来新的政治格局：英格兰成为一个统一的国家，西法兰克都是自治的公国和伯爵领地，东法兰克成了**神圣罗马帝国**（Holy Roman Empire），意大利半岛则有不少强有力的城市。

加洛林王朝晚期的分裂

　　查理曼（768—814 年在位）和其他正统的法兰克人一样，也安排把帝国分给了自己的几个儿子。但事与愿违，最后只有一个合法继承人"虔诚者"路易（814—

年表 **5.1**　分裂与侵略，800—1000

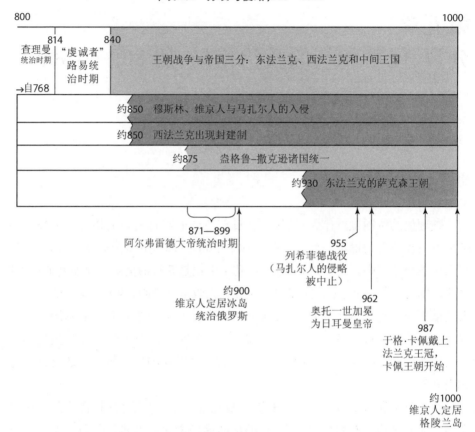

840 年在位)比他死得晚。因此，查理曼死后帝国没有分裂，实在是天意而非人为。

"虔诚者"路易这个外号起得确实不错。他把查理曼的情妇们都逐出皇宫；他全心全意支持阿尼亚纳的圣本笃主持的修院改革；他比强硬的父亲更热心地投入到缔造一个统一的基督教帝国的梦想之中，试图建起一个实实在在的"上帝之城"。然而，比起父亲查理曼、祖父"矮子"丕平(741—768 年在位)和曾祖父查理·马特(714—741 年在位)，路易缺乏将庞大的帝国凝聚起来的资源和手段。他在政治上不够聪明，军事上也不够成功。另外，当对外侵略变成防御外侵时，他就几乎没有土地和财宝来馈赠贵族追随者了。王家赠礼渐渐流空，先王扶植起来的大地主们就开始背弃帝国，转而经营自己的地盘。

但是，路易受到的最大的威胁来自自己家里，就是他那些争来斗去的儿子们。早在当政早期，他就准备将帝位传给长子，再给另外两个儿子每人一块小一点的土地。两个小儿子对哥哥会取得更多的遗产颇为不满，而后来第四个儿子又不合时宜地出生了；这第四个儿子当然也得从中分一杯羹，从而加剧了他们的怨恨。最后，四个儿子公然对抗父亲，把帝国变成内战的疆场。路易最后被俘，被迫退位。

104

　　路易的儿子们相互之间的敌对情绪越积越深，这种敌对情绪后来和帝国各族人民之间长久以来不可调和的语言、文化分裂接上了轨。公元 842 年，他的一个儿子在斯特拉斯堡（Strasbourg）宣誓用的语言是现代德语的前身，另一个儿子用的是现代法语的前身，因为他们不得不考虑自己手下的士兵说的是哪种方言。在今天看来，斯特拉斯堡宣誓既有象征意义又有实际意义，因为它们显示了帝国的政治统一所永远无法消除的文化分野。次年，内战终于结束，《凡尔登条约》（843）不仅要调和几个儿子之间的矛盾，也不得不调和几个地区之间的矛盾。

　　如地图 5.1 所示，这个关键的条约将加洛林王朝分为三个国家（有一个儿子死了，因此最后只有三个继承人）。这三个国家的边境线，既后顾历史，也前瞻未来，不仅维护了旧加洛林帝国内在的区域性，也大致勾勒出后来成为法、德国界的边境线。

　　长子洛泰尔（Lothar，823—855 年在位）保有帝国的名号，但他实际上只统治着旧帝国的三分之一——一片南至罗马、北含亚琛，从意大利半岛中部伸展至北海的长条形"中间王国"（Middle Kingdom）。在洛泰尔于公元 855 年去世后，他的王国就渐渐消失了。但他统治的这块"中间王国"却塑造了欧洲历史。15 世纪时勃艮第对尼德兰（Netherlands）的影响，法国和德国在 19 世纪和 20 世纪的疆土之争，以及法语和德语在像斯特拉斯堡这样的城市通行无碍，就是这段历史的缩影。洛泰尔的两个兄弟们继承的土地则更持久一些。"日耳曼人"路易（840—876 年在位）继承了东法兰克，即当代德国的核心地区，"秃头"查理（840—877 年在位）继承了西法兰克，即当代法国的前身。

　　然而，最初的时候，这三个国家看起来都不会长命，因为它们都对 9 世纪的军事纷争无能为力。公元 843 年，穆斯林海盗和维京强盗们已经分别在地中海沿岸和大西洋沿岸造成了严重的破坏，马扎尔骑兵也马上就要参与到对查理曼帝国东部的掠夺之中。查理曼的后人们面对他们的攻击和侵占，显得毫无办法。内忧外患之下，加洛林王朝在 9 世纪晚期和 10 世纪时就消亡了。

穆斯林、马扎尔人和维京人的侵略

　　9 世纪和 10 世纪的侵略对其受害者来说可谓闻所未闻，然而，中世纪的生活里，侵略战争可谓家常便饭。9—10 世纪的穆斯林掠夺者让人远远地想起 8

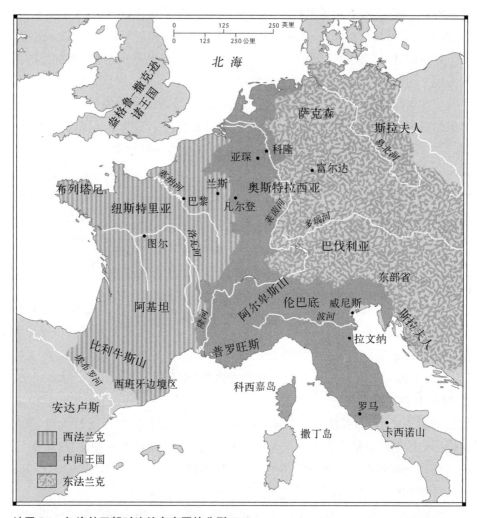

地图 5.1   加洛林王朝时法兰克帝国的分裂,843

查理曼的孙子们三分帝国。"秃头"查理取得西法兰克,这块地方后来形成中世纪时的法国。"日耳曼人"路易取得东法兰克,10世纪时这块地方成为神圣罗马帝国。长孙洛泰尔获得帝国名号,同时获得一块不可能治理好的国土,被称为"中间王国"。

世纪早期从西哥特人手中抢过伊比利亚、纪律严明的伍麦耶军队;马扎尔人在9世纪晚期开始从东边骚扰欧洲边境,让人想起曾经从亚洲西侵的匈奴人阿提拉(433—453年在位)的脚步;而维京人从北面入侵,和先前的法兰克人、撒克逊人等蛮族人的侵略也有些相似。实际上,让人感到奇怪的是,从公元300—1000年里,欧洲竟然在公元750—850年之间享受过一些自由。这一世纪的和平促成了加洛林王朝缔造帝国的事业,公元1000年以后的和平对生活在中世纪中期的欧

105

洲人来说，也是一种恩赐。

　　不过，这样宏观地看问题，对 8 世纪末和 9 世纪的欧洲人来说无济于事。正如地图 5.2 所示，西方基督教世界在这段时间里四面楚歌。在查理曼旧帝国的南部，人们祈求神明保佑，免受穆斯林的屠戮："永恒的圣三一啊，将您的子民从异教徒的手中解救出来吧。"在北部，他们如此祈祷："哦，上帝啊，把我们从正在涂炭我们家园的野蛮人手中解救出来吧。"在意大利半岛的北部，人们哀求道："保护我们吧，让我们不再被马扎尔人的箭射中。"和 4—5 世纪侵犯了罗马又重

106

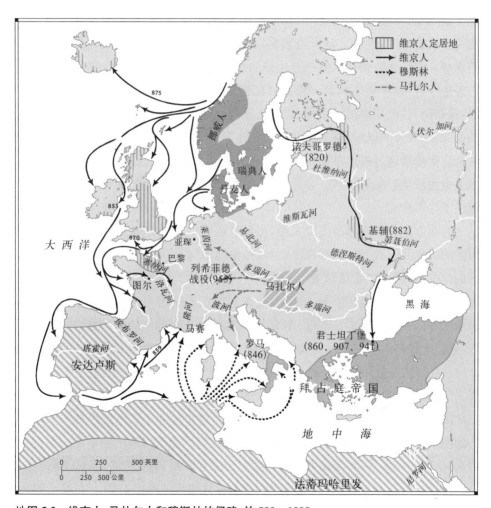

地图 5.2　维京人、马扎尔人和穆斯林的侵略，约 800—1000

9 世纪时，欧洲三面受敌。东面有马扎尔人直捣神圣罗马帝国并深入意大利半岛。南面有穆斯林入侵者在法、意海岸及中间的岛上到处作乱。北面和西面有维京战船；丹麦人和挪威人骚扰着西面的海岸；而瑞典则横扫中欧，沿第聂伯河深入黑海和君士坦丁堡。

新振兴它的侵略者一样,9—10 世纪的侵略者们最终给西欧带来的,有好处也有坏处。但在与他们接触的初期,穆斯林海盗、维京掠夺者和马扎尔骑兵带来的只有痛苦和恐惧。

107　## 穆斯林海盗和马扎尔骑兵

　　我们已经看到,在 7—8 世纪时,阿拉伯军队已经想要在欧洲定居下来;他们在把西哥特人赶出伊比利亚之后,建立了兴旺繁荣的安达卢斯。查理曼在自己的帝国和安达卢斯之间建立了一块"西班牙边境区",此后两个国家就在紧张的均势下共存下来,互相之间既有贸易,又有小规模战争,在宗教上还有非常严重的误解。穆斯林海盗在 9 世纪开始威胁地中海沿岸。和他们的祖先不一样,他们是掠夺者,而不是定居者。穆斯林海盗从北非、伊比利亚和西西里的老家出发,抢劫船只,洗掠沿海城市,沿着河道开进内地继续掠夺。他们还在西法兰克的南海岸[今天的里维埃拉(Riviera)]驻扎下来,接着开始在农村地区烧杀抢掠,甚至绑架抢劫越过阿尔卑斯山的朝圣者。查理曼从来就没有什么海军,他的继承人也无法建起海防体系。公元 846 年,穆斯林甚至抢劫了罗马,破坏了教堂,掠走了许多珍宝。

　　对西方基督教世界的人民来说,穆斯林强盗的为非作歹让他们更加讨厌伊斯兰的文化和宗教。他们鄙视穆斯林,称他们为**"萨拉森人"**(Saracens,意为"异教的游牧民族")或**"无信仰者"**(Infidel)。基督徒们直到公元 1000 年左右都不得不忍气吞声。甚至在公元 982 年,还有一支日耳曼国王的军队在意大利半岛被穆斯林打得溃不成军。不过,在那时,南欧的地方军阀已经建起强大的防御系统,他们已经知道如何进行自我防卫,甚至开始挑衅地中海西部穆斯林的领地。

　　马扎尔人是亚洲草原上凶悍的游牧骑兵的后裔。他们在 10 世纪上半叶骚扰了东法兰克、意大利半岛北部以及西法兰克的东部和中部地区。他们在喀尔巴阡山脉(Carpathian mountains)下定居之后,派出掠夺小队到处抢劫一些不设防的小地方,而避开防御得当的城镇,击败了任何试图抵抗他们的军队。不过在后来,他们却极少活动,而是以农业为生。公元 955 年,奥托大帝(King Otto the Great,936—973 年在位)在列希菲德(Lechfeld)战役中彻底打败一支强大的马扎尔军队,终于终止了他们的侵略。此后半个世纪之内,马扎尔人建起自己的王国,皈依基督教。在第一个千年结束之际,匈牙利人(Hungarians,这一名称来自马扎尔人的一支)已经成为西方基督教世界的一部分。

维京人的抢劫

　　斯堪的纳维亚（Scandinavia）的维京人［或称"北方人"（Northman）］是所有侵略者中最让人害怕的。他们的斯堪的纳维亚老家由一个个小国组成，居住着拥有土地的贵族、自由农和奴隶。和其他地方一样，女性受男性的制约，也有过一个领袖娶几个妻子的先例（和查理曼颁布禁令前的法兰克贵族一样）。斯堪的纳维亚的经济主要靠谷物种植、渔业和畜牧业，但由于地方太小，财产纷争和私人战争接连不断。尽管只有很少几个城市，斯堪的纳维亚的航海商人在欧洲的几个港口却很有名，因为他们大老远地运来很多货物。在他们的世界里，名声和口碑是最重要的。10 世纪的维京人有这样一句警句："亲亡畜死，苦短吾生；一物不灭：亡者之名。"维京人的名声和独特个性的许多方面，从他们的绰号里就看得出来。有些绰号很有意思（其中不乏后人杜撰的），比如"蓝牙"哈罗德（Harold Bluetooth）[1]、"叉形胡子"斯韦恩（Swen Forkbeard）[2]、"血斧"爱里克（Eric Bloodaxe）[3]、"无骨人"伊瓦尔（Ivar the Boneless）[4]、"老人"哥尔姆（Gorm the Old）[5]、"光腿"玛格努斯（Magnus Bare-Legs）[6]，还有"臭屁"爱斯泰因（Eystein Fart）[7]。

　　公元 800 年，诸多因素结合起来，使得这股躁动不安的力量不得不向外扩张了。第一，人口激增导致没有土地的子嗣们不得不另谋生路。第二，有一些国王开始专权统治，使得一些反对者被迫到国外去谋求发展。第三，上述两种人外出的交通工具一直是非常适合航海的船只。这些船用帆和桨驱动，能容纳 40—100 人，速度可达 10 节[8]（见图 5.1），既能作海上航行，又轻盈得足能在浅水中自如行进，因此也能在河道中航行，还可以被拉上岸停泊。这些船一直以来都是旅

---

①　"Harold Bluetooth"是"Harald Blatand"的英译。"蓝牙"哈罗德是丹麦国王，935—985 年在位，在公元 960 年统一了丹麦和挪威。后来用于手机和电脑的"蓝牙"技术开发小组，一则是来自丹麦，二则是他们希望此技术能够"统一"各种仪器和不同的公司，故以"蓝牙"命名。——译者注

②　"Swen Forkbeard"，即斯韦恩一世（Sweyn I），丹麦国王，约 987—1014 年在位，曾在 1013 年征服英格兰。

③　"血斧"爱里克，挪威国王，后被驱逐至盎格鲁-撒克逊的诺森比亚。——译者注

④　"无骨人"伊瓦尔，原名伊瓦尔·拉格纳森（Ivar Ragnarsson，约 794—872），维京领袖，曾率军侵略东盎格利亚（East Anglia）。关于这个绰号的来源说法不一。一个说法是伊瓦尔生来在腿部只有软骨，无法站立；另一说法是他报复杀父仇人时残忍地断其肋骨、挖出心肺。——译者注

⑤　"老人"哥尔姆（约 910—958），丹麦国王。——译者注

⑥　"光腿"玛格努斯，即挪威国王玛格努斯三世（Magnus III，1073—1103）。"光腿"的称号应该是来源于他爱穿盖尔人（Gaelic）的衣服这一习惯。这种服饰通常将膝盖以下的小腿露出来。——译者注

⑦　"臭屁"爱斯泰因，根据挪威传说，他是哈德兰（Hadeland）的国王哈夫旦·海威特滨（Halfdun Hritbeinn）的儿子，继承了鲁默里克（Romerike）这一北欧小国的王位。阿里·特格森（Ari Thorgilssm）曾在自己的书中以"臭屁"的绰号称呼他，但并未解释原因。——译者注

⑧　1 节等于 1 海里/小时，相当于 1.85 千米/小时。——译者注

109　行、打鱼、打仗、贸易甚至丧葬的工具。到了公元800年,它们也成为抢劫的重要武器。维京武士们不仅在北欧各口岸打劫,还深入内河,在城镇、修道院里抢劫,并俘虏了大量当地居民,把他们当作奴隶卖到安达卢斯、俄罗斯诸国和地中海地区。他们有时候也离开船只,偷出马匹,成为骑兵,以便在更多陆地上到处作乱。

图5.1　维京船只

这艘船出土于挪威,大约是公元800年用于埋葬两名妇女及她们的衣服和家庭用品的。船体雕刻精美雅致,船本身可用于贸易和战争。这种船由桨和帆驱动,在海上航行时可以达到非常快的速度;同时也可以在内河航行,并可以很轻松地拖上岸。

　　维京人特别喜欢抢劫修道院,因为那里一来不设防,二来囤积着大量金银财宝、法衣和经卷。他们的攻击凶狠、残忍、令人恐惧,有的修女不得不以"舍身守贞"(heroics of virginity)的方式来阻止维京人侵犯她们。有一位编年史家告诉我们说,科尔丁厄姆(Coldingham)的女修院院长艾巴(Ebba,卒于874)得知维京人要来洗劫她的修道院,就用剃刀割下自己的鼻子和上唇。所有的修女都这么做了。维京人最终来到修道院时,被这些自残得鲜血淋漓的修女吓得转身就走——不过在走之前,他们还是放火烧毁了修道院,所有修女都同归于尽。虽然结局很惨,但她们自残的目的达到了——她们死时仍是童贞女。现在,且让我们希望这样的极端行为能够少一点。不过,也许正是从这样的行为——或者讲述这些行为的故事,派生出"割了鼻子破了脸"(cut off your nose to spite your face)①这个说法。

维京人每次抢劫之前都会搜集很多情报。因此，他们几乎每次在出发行动之前就能保证胜利。他们似乎有种嗅觉，能嗅到哪个地域的国王庸碌无能，或者哪个城镇正因为内讧而削弱了实力，或者哪个修道院腰缠万贯。他们的贸易网很强大，因此能了解到哪个地方在什么时候适合攻击。而掠夺也促进了贸易，因为维京人会把从一处抢来的东西卖到另一处。比如说，他们就通过这种方式把一些英格兰的福音书卖回给他们的受害者，其中一本还题有下面这句话："我——郡长阿尔弗雷德（Ealdorman Alfred）和妻子韦尔布赫（Waerburh）以我们纯净的货币——也就是纯金——从异教军队那里买下这些书。我们这么做，是因为我们爱上帝，我们想以此润泽灵魂，更因为我们不想让这些神圣的书籍再落入异教徒之手。"[郡长（ealdorman）是一个大领主，在盎格鲁-撒克逊相当于西法兰克的伯爵（count）。]维京人做生意很聪明，掠夺起来则毫不留情。

同属于维京人的各民族间共享了很多东西，因为它们之间的区别并不明显。但是大致地看，在 9—10 世纪维京人扩张期间，丹麦人主要盯着西法兰克和盎格鲁-撒克逊各王国，而挪威人则前往苏格兰、爱尔兰和北大西洋地区掠夺和定居，瑞典人转向东面，集中进攻波罗的海沿岸、俄罗斯诸国和拜占庭帝国。这样的大致区分还可以说出许多，不过我们可以把维京人的掠夺、扩张和贸易行为看作一次整体的运动。在这次运动中，参与掠夺的主体是男人，定居的则既有男人又有女人。西至雷克雅未克（Reykjavik），东至基辅（Kiev）的广阔地区里，女人跟随着男人，一同建立殖民地，一同巩固新的战果。简而言之，维京人对欧洲的冲击具有全新的意义，既令人恐惧，又具有持久的效力。

维京人在英格兰和欧洲大陆

对于像维京人这样的水手来说，英吉利海峡是一条林荫大道，而绝不是什么障碍。他们的抢劫团伙攻击不列颠和攻击欧洲大陆海岸线一样轻松。盎格鲁-撒克逊诸王国成了第一批受害者。公元 793 年，诺森比亚的林迪斯法内（Lindisfarne）修道院被夷为平地，很快，附近的修道院也遭到同样的厄运。公元 842 年，丹麦人洗劫了伦敦，很快他们就将抢劫升级为大规模的占领和永久定居。盎格鲁-撒克逊的小王国们一个接一个地沦陷，到了 9 世纪 70 年代，只有韦塞克斯（Wessex）免受丹麦人的控制。在欧洲大陆，维京掠夺者们在各大河口建立了永久基地，并

---

① 这个成语的意思是，过激的行为最后会伤害到自己。——译者注

从这些基地出发沿河冲击各修道院、攻陷一座座城镇。安特卫普(Antwerp)在公元 837 年被洗劫,鲁昂(Rouen)在公元 841 年,汉堡和巴黎在公元 845 年,查理曼的旧都亚琛在公元 881 年也先后被劫掠。

维京人一路上所向披靡。他们有时候会接受贿赂,放过一次抢劫的机会,但很少因为军事抵抗而放弃。不过,渐渐地,还是有一些国王成功地保卫了自己的土地。韦塞克斯的阿尔弗雷德大帝(King Alfred the Great,871—899 年在位)在公元 878 年赢得了一场关键的战役,把他的国家从丹麦人手中救了出来。后来,他还渐渐把丹麦人从英格兰赶了出去。东法兰克的阿尔努夫国王(King Arnulf,887—899 年在位)在公元 891 年取得决定性的胜利,让维京人对边境的压力小了一点(不过他只喘息一小会儿,马扎尔人很快就开始在东部边境大肆劫掠)。西法兰克国王"傻子"查理(Charles the Simple,898—922 年在位)于公元 911 年和一位名叫罗尔夫(Rolf)的挪威统帅签订条约,在北部建起一个相对而言比较友好的维京"缓冲国"(buffer state)。罗尔夫的人马此前已在塞纳河口建立根据地;查理则没有他的外号这么傻,他推论道,如果他能让罗尔夫成为自己的盟友,那么,他们在塞纳河口的定居地就会成为抵挡更多侵略的屏障。罗尔夫后来和"傻子"查理的女儿结了婚,还皈依了基督教,认查理为自己的领主。在罗尔夫及其后人的努力下,这块"北方人"的土地——诺曼底(Normandy)——渐渐扩大,在 11 世纪涌现出了欧洲最好的武将、十字军战士、行政官和修士。

维京人在北大西洋和俄罗斯诸国

对维京人来说,北大西洋和英吉利海峡具有同等的吸引力。他们很快就占领了苏格兰诸岛和苏格兰西海岸大部分地区。到了 9 世纪中叶,他们控制了爱尔兰的大部分地区,把都柏林变成一个维京人的重镇。公元 875—930 年间,他们在遥远的荒岛冰岛(Iceland)上定居,不仅在那里发展出独特的挪威(Norse)文化,而且向更远的地方探索。维京人辉煌的口授文化在冰岛的萨迦史诗[①]里得以保存。这些传奇故事讲述勇敢的武士和强健的女性,点亮了冰岛寒冷黑暗的冬夜。航海队从冰岛出发,在 10 世纪晚期来到格陵兰岛(Greenland),之后一直到 1944 年,格陵兰岛一直归挪威国王统治。他们后来还在北美大陆的东北海岸[纽芬兰(Newfoundland)]定居,比哥伦布早了 500 年。

瑞典人向东出发,征服了今天属于芬兰的土地,并沿河南下,和君士坦丁堡

---

① 萨迦史诗(sagas),尤指古代挪威或冰岛讲述冒险经历和英雄业绩的长篇故事。——译者注

及巴格达进行贸易往来。瑞典人在公元 860 年、907 年和 941 年攻击了君士坦丁堡，虽然没有攻下城池，但也赢取了非常优惠的贸易特权。瑞典人的高大体形和勇武精神给拜占庭留下深刻印象，他们后来甚至让瑞典人加入帝国守卫军。

　　在俄罗斯诸国，瑞典人于 9 世纪晚期在诺夫哥罗德(Novgorod)建起一个国家，统治着本地的斯拉夫人。10 世纪，诺夫哥罗德**王子**(prince)占领了基辅城。后来，基辅成了强大有序的国家——基辅罗斯(Kievan Rus)——的首都[现在则是乌克兰(Ukraine)的首都]。瑞典人被其臣民的文化深深折服，到最后，基辅王朝在文化上变得更有斯拉夫特色而不是更有斯堪的纳维亚特点。在千年之交时，基辅的弗拉基米尔(980—1015 年在位)选择东正教作为其国教，因为和伊斯兰教的禁欲、犹太教没有国家这一事实以及天主教的单调乏味比起来，他更欣赏东正教盛大的宗教仪式。弗拉基米尔就这样把自己置身于君士坦丁堡的宗教权威之下，打开国门，让刚具雏形的国家接受拜占庭文化的影响。

维京时代的黎明

　　8 世纪时，丹麦、挪威和瑞典君主制雏形初具，迫使许多维京冒险家去别处谋生，但最终使得斯堪的纳维亚半岛内部安宁了不少。国王们势力逐渐扩张，他们鼓励用和平的方式解决争端，打击四处游走的武装小团体，开始推行一种相对来说更为单调的生活。他们的努力也得到基督教的帮助。到公元 1000 年时，基督教已经在全斯堪的纳维亚半岛范围内赢得了非常多的信徒。冰岛、俄罗斯诸国，甚至斯堪的纳维亚半岛的各王国都开始采用曾是他们铁蹄下的牺牲者的宗教。维京人仍然对世界构成威胁，但是换了种形式。英格兰仍然时不时受到来自北方的攻击，但是这些攻击者不再是抢劫队，而是由斯堪的纳维亚国王们领导的军队。新的千年已经来临，斯堪的纳维亚人和匈牙利人一样，正逐渐成为西方基督教世界的一部分。

新政治格局的形成

　　9—10 世纪的侵略给西欧的政治格局带来了很大的变化。在西法兰克，加洛林王朝和随后的卡佩王朝无法抵抗维京侵略者，因此王室威信逐渐式微，而地方贵族的势力则不断强大。在意大利半岛，王室权力同样在减弱，尽管如此，城市的防卫还是更多依靠地方权力，而非贵族。在其他地方，维京人的入侵反而更巩固了王室统治。东法兰克在一段时间的相对弱势之后，于 10 世纪奇迹般地强

111

大起来。在英格兰,丹麦人的铁锤最后使得盎格鲁-撒克逊诸国统一成一个王国。简单地说,就是欧洲人纷纷投靠能有效抵抗侵略的主子——不论他们是国王、地方的领主,还是(比如在北意大利半岛)主教。

英格兰的统一

8 世纪晚期、维京人入侵的前夕,不列颠岛南部在政治上还处于分裂的状态。自从盎格鲁-撒克逊人占领该岛之后,岛上就一直四分五裂。不过它已不像以前那样遍地诸侯,几个小王国最终渐归四个较大的王国统治。这四个大国是:北方的诺森比亚、中部的麦西亚(Mercia)、东南部的东盎格利亚和南部的韦塞克斯。丹麦人在 9 世纪摧毁了韦塞克斯的敌对势力,把那片土地一扫而空,这样韦塞克斯就可以进一步巩固自身。不过,就算说丹麦人这样做是帮了韦塞克斯一个大忙,在战乱纷纷的 9 世纪晚期,双方也没有意识到此点。从那时的局势看,连韦塞克斯自身似乎都会被丹麦人征服。

112

中 世 纪 传 说

戈黛娃夫人

戈黛娃夫人(Lady Godiva)为什么会和巧克力联系在一起,目前还不清楚。然而,她已经出名了几百年,因为她曾裸身骑马走遍英国的考文垂(Coventry)全市。第一次出现她的故事,是在 13 世纪的一位编年史家的作品里。戈黛娃向其丈夫,也就是考文垂领主利奥弗里克(Leofric)请求减少向市民征收的高通行税。他回答说,除非她裸身骑马走遍全市,不然他不会考虑她的请求。戈黛娃夫人当即"松开发辫,让头发披下,遮住她全身……接着一丝不挂地骑马穿过了市中心"。利奥弗里克于是颁布特许令,考文垂市从此免税。这个故事颇受欢迎,人们后来也在其中增添了许多细节。17 世纪的一出相关戏剧里加进了偷窥者汤姆①这个角色;18 世纪时,戈黛娃游行是考文垂的年度庆典之一;19 世纪时,戈黛娃夫人骑马游街的塑像和画作层出不穷;在 20 世纪中期,修斯博士(Dr. Seuss)写过一个有七位戈黛娃夫

---

① 关于偷窥者汤姆(Peeping Tom)的故事是这样的:戈黛娃夫人游街之前要求市民待在家里,不要观看,但是汤姆没有忍住,在纸窗户上挖了一个洞偷看。后来汤姆就瞎了。——译者注

人的家庭的童话。这个故事确实有其真实的部分。11 世纪中叶有一个叫戈黛芙（Godifu）的女地主，势力很强。而且她的丈夫确实叫利奥弗里克，是麦西亚伯爵。但是其他情节就和事实对不上了。戈黛芙本人就是考文垂的领主，她若想降低税费，不需要征得丈夫的同意。那份 11 世纪的特许令也没能让考文垂成为自治市；考文垂直到 14 世纪中叶才完全自治。最关键的一点也许是，尽管我们有许多当时的档案，讲述利奥弗里克和戈黛娃的事迹，但是史上最早的一次裸体游街出现在戈黛芙去世 150 年后。总的来说，戈黛娃游街是个不错的故事，但并不是史实。不过，这个故事仍有其历史意义；因为从它可以看出，中世纪人们更愿意相信女性能够通过非直接的方式发挥自己的力量：在故事里，戈黛娃虽然没有亲自解决问题，但她最终让丈夫信服，让他去解决问题。中世纪最受敬仰的调解人是马利亚，我们在下一章会谈到。如想了解更多关于戈黛娃夫人的事情，可以读大卫·多诺古写于 2003 年的著作《戈黛娃传说的文艺史》（*Lady Godiva: A Literary History of the Legend*）。

阿尔弗雷德大帝（871—899 年在位）

在战局最坏的时候，一位伟大的领袖继承了韦塞克斯的王位，这就是阿尔弗雷德大帝。和其他盎格鲁-撒克逊国王一样，阿尔弗雷德有时候通过向维京人行贿的手段，把他们请出自己的国土，有时候则在战场上与他们激战。公元 877—878 年的冬天，丹麦人发动突然袭击，阿尔弗雷德不得不只带着少数随从逃亡到阿塞尔内岛（Isle of Athelney）的一处偏远湿地中〔如果你从布里斯托（Bristol）开车到埃克塞特（Exeter），就会经过这个地方〕。阿塞尔内成了阿尔弗雷德的福奇谷[①]。次年春，他重整旗鼓，在艾丁顿（Edington）大败丹麦军队。这次胜利成为战争的转折点。丹麦人的领袖接受了基督教，从韦塞克斯撤退，并同意维持永久和平。

然而还是有其他丹麦人拒绝言和。在与他们战斗的过程中，阿尔弗雷德将自己的权威扩展到北部和东部。公元 886 年，他占领了伦敦。伦敦在那时就是

[①]　福奇谷（Valley Forge），美国独立战争期间，华盛顿的军队在 1777 年被迫撤到福奇谷过冬修整，靠攻击敌军孤立支队的战术来摆脱困境。——译者注

不列颠最重要的一个城市。之后不久,他签订了新的和约,不列颠的南部以及西南部的大部分地区从此收归他的统治。为了进一步扩张自己的影响,他将女儿埃塞尔弗列德(Ethelfled,约869—918)嫁给北部的麦西亚国王,从此与麦西亚结盟。"施行丹麦法律的地区"(Danelaw)仍然在丹麦人的控制之下;除此之外,基本上整个南部都在一个国王的统治之下了(见地图5.3)。

地图 5.3　阿尔弗雷德大帝统治之下的英格兰

在和丹麦人打了几场硬仗之后,阿尔弗雷德大帝拯救了伦敦和韦塞克斯的南海岸。接着,他把女儿嫁给麦西亚国王,从此与麦西亚结盟。不列颠岛的东部是丹麦人领地,仍然处在丹麦人控制之下,但他们和英格兰签订合约,不再进攻阿尔弗雷德的土地。

　　阿尔弗雷德和那个时代所有成功的领袖一样，也是个智勇双全的武将。此外，他还是个非常富有想象力和前瞻力的领袖。据阿尔弗雷德自己说，他是个会在树林里收集木料并考查其建筑性能的人。其他的革新政策包括颁布了一部涵盖面非常广的法律、系统化军队招募的过程、组建了一支海军，以及在全国境内建立防御堡垒。许多建有堡垒的攻防要塞（或者说是有围墙的城市）后来成为商业中心和战略重地，因为城墙的存在保障了工匠的生产和商人的安全。阿尔弗雷德和查理曼一样，也有自己的传记作者。阿塞尔（Asser）所作的《阿尔弗雷德大帝生平》(*Life of Alfred*)衍生出许多具有传奇色彩的故事，使得阿尔弗雷德成为民族英雄一样的人物。在许多英格兰村庄和小镇（包括阿塞尔内），至今仍留有许多阿尔弗雷德的塑像，大部分是 19 世纪立起来的。维多利亚时代的人，对他们中世纪的领袖有着超乎寻常的沉迷。

114

　　阿尔弗雷德自己也是个学者，非常支持学术事业。然而，比德（673—735）、卜尼法斯（约 675—754）和阿尔昆（735—804）的时代早已过去。维京人将英国的修道院破坏殆尽，在当时，拉丁语这种通向古典文化的语言几乎没人会说。对此，阿尔弗雷德决定在宗教界和俗世都要大幅度提高识字率，同时把拉丁文著作翻译成盎格鲁-撒克逊语。阿尔弗雷德聚集起一群学识渊博的学者，自己也参与其中，翻译了不少著作，包括波伊提乌的《哲学的慰藉》、教皇格里高历的《教牧关怀》和比德的《英吉利教会史》。在为《教牧关怀》所作的前言里，他不无怀旧地写道"在一切被破坏殆尽、被烧毁之前，英格兰的教堂里堆满了财富和书籍"。阿尔弗雷德可能也主持编写了《盎格鲁-撒克逊编年史》(*Anglo-Saxon Chronicle*)，以史无前例的规模记载了远至公元 450 年的大事（甚至有可能更早，因为书中还对基督降生一事发表了评述）。这部编年史一直由后人续编至1154 年。

　　阿尔弗雷德收复故土的工作在 10 世纪上半叶由他才智卓越的继承人继续进行。他的两个孩子——韦塞克斯国王爱德华（Edward，899—924 年在位）和麦西亚夫人埃塞尔弗列德（Ethelfled，900—918 年在位）合作无间，保卫国土免受维京人的侵害。并且在此过程中，他们进一步巩固了由父王阿尔弗雷德开始的丰功伟业：将盎格鲁-撒克逊的各个地区统一为一个王国。在 10 世纪 50 年代，甚至连丹麦人控制区也收归韦塞克斯统治。丹麦定居者被限制在英格兰的北部和东部，而且受韦塞克斯的统治（他们留下不少印迹，其中一方面就是许多以"-by"和"-thorpe"结尾的地名）。10 世纪 90 年代，不列颠岛福斯河湾（Firth of Forth）以南的土地都由阿尔弗雷德的继任者们统治，同时，韦塞克斯国王成了全英格兰的国王。在遭受侵略的痛苦之中,英国的君主政体诞生了。

丹麦再度侵略:埃塞尔雷德和克努特

韦塞克斯国王征服丹麦人领地之后,英格兰享受了大约一代人时间的和平与繁荣。英格兰舰队在港口巡航;城镇渐渐在阿尔弗雷德建造的要塞附近兴起;新的国王在贤人会议(Witan)上从阿尔弗雷德的后代中选出,所谓"贤人会议"就是聚集了高官、地主和教士的会议;另外,格拉斯顿伯里(Glastonbury)修道院院长,也就是后来成为坎特伯雷大主教的圣邓斯坦(St. Dunstan,约909—988)在全国范围内发起修院复苏活动。但是,英格兰境内北部和东部的丹麦人只是半心半意地接受英国人的领导。因此,当还是个孩子的"无策王"埃塞尔雷德(Ethelred the Unready,978—1016 年在位)即位时,丹麦人重新开始侵略。这次由丹麦君主亲自统率。

埃塞尔雷德被唤作"the Unred",在盎格鲁-撒克逊语中的意思是,他的策臣很差劲,他得不到好的忠告,但当代历史学家们乐于将此错译成"the Unready",这巧妙地暗含了他对丹麦再次入侵的无计可施和惊慌失措。很快,他就不得不绝望地接受丹麦人的条件,每年向他们支付赔款。这项赔款后来被称为"丹麦金"(danegeld),英格兰政府以税收的方式向全国征收。从丹麦金可以看出盎格鲁-撒克逊管理(征收赋税)的效率,在丹麦人离开英格兰之后很久,丹麦金仍是英格兰政府的一大财源。但是在埃塞尔雷德的时代,这是个代价沉重的巨大尴尬。

115

几位盎格鲁-撒克逊君主

阿尔弗雷德大帝(Alfred),871—899 年在位

"长者"爱德华(Edward the Elder),899—924 年在位

麦西亚夫人埃塞尔弗列德(Ethelfled, lady of the Mercians),900—918 年在位

"无策王"埃塞尔雷德(Ethelred the Unready),978—1016 年在位

克努特(Canute),1016—1035 年在位

"忏悔者"爱德华(Edward the Confessor),1042—1066 年在位

1016年，埃塞尔雷德去世。很快，他的位置就由丹麦人克努特（1016—1035年统治英国）接任。克努特的统治时间长久，卓有成效。除英格兰之外，他还征服了挪威，把这两块土地收归丹麦所有，于是就成了坐拥英伦财富的"北海帝国"之主。11世纪，斯堪的纳维亚正处在文明化进程之中，克努特就是受此影响长大的。他不再是个为所欲为的野蛮的维京人。他颁布法律，推行基督教，保卫和平。他将大量时间投入到英格兰，以旧韦塞克斯传统自称国王；他非常尊重当地的传统，对修道院也给予慷慨的支持。有民歌如此唱道："沿河驶来克努特王，伊利的修士们欢腾歌唱。"

然而，克努特的丹麦—挪威—英格兰帝国没能坚持到1035年他去世的时候。部分原因是他扑朔迷离的婚姻史。登上英格兰王位之后，他向埃塞尔雷德的遗孀爱玛（Emma，约985—1052）求婚。爱玛是诺曼公爵的女儿。她在1002年与埃塞尔雷德成婚，是为了结成诺曼—英格兰同盟，以共同抵抗丹麦侵略者。但到了1017年，她发现自己又和一个侵略者结婚了。她的这次（第二次）婚姻使得克努特作为英格兰国王成了名正言顺的事，同时也让他名正言顺地改信基督教。但是情况有一点不太妙，因为克努特已和北安普敦的艾尔夫吉福（Aelfgifu of Northampton）结了婚，还生了两个儿子。克努特一直没有和艾尔夫吉福断绝关系，但只有爱玛受封为王后。爱玛认定克努特和艾尔夫吉福所生的儿子为私生子，但克努特两边的儿子们在克努特死后出现了继承问题。爱玛自己的婚史也让问题更复杂化。她和埃塞尔雷德育有二子，和克努特育有一子，这三个儿子都声称有权继位为王。克努特死后，时局有过一阵混乱。克努特的两个儿子——前一个和艾尔夫吉福所生，后一个和爱玛所生——先后短暂地当过国王。之后，王位就落到爱玛和埃塞尔雷德的一个儿子爱德华手中。"忏悔者"爱德华（1042—1066年在位）自小在诺曼底长大，和母亲这边的亲戚一起生活，但他不喜欢自己的母亲，继位之后将她驱逐出宫。但是，在那个时代，宫廷内部的多重婚姻错综复杂，每个王室母亲只会顾及自己的利益，而爱德华之所以能登上王位，多半还是依靠他的母亲。

爱德华的统治相对比较平静。但他膝下无子，这引发了他死后的又一次王位争夺。一阵混乱之后，诺曼公爵"征服者"威廉（William the Conqueror）在1066年登上历史舞台。威廉将继承一个非常昌盛的王国。当时，英格兰的政治和法律传统都已经比较成熟，虽然各地习俗有异，但都十分敬重君权。当年阿尔弗雷德林中拾木，如今他的继任者们已经能够以此为基础建起高楼大厦了。

116

西法兰克的分裂

在英格兰,维京人的侵略助长了君主的势力。但在西法兰克,侵略军却使得统治者彻底倒台,地方贵族一拥而上。维京掠夺者通常突然行动,大肆洗劫之后又消失得无影无踪,这让加洛林王朝的统治者们毫无还手之力:国土实在太大,通信实在落后,而王室军队又太无力。因此,在这种权力真空之下,公爵、伯爵和其他地方贵族作为比国王更有能力保卫他们领土的武将,就登上了权位。

由于君王遥不可及、事不关己,地方贵族们实际上已经从“君赋地权”的状态升级为自己拥有实权的地方君主。先前由国王赋予的那些权力——监管土地、收受贡赋、征募士兵——如今都成为世袭的权力。先前为国王所用的土地和权力,现在都为自己所用了。查理曼帝国的腹地,如今已演变成一幅由数百个独立的公国拼贴而成的镶嵌画。

加洛林家族气数已尽。公元987年时,他们不得不将王位永久地传到一个新的王朝——卡佩王朝[Capetians,得名于家族创始人于格·卡佩(Hugh Capet)]手中。卡佩王朝将于12—13世纪产生法国史上最有名的几个国王,不过在成立之初,卡佩王朝并不比加洛林王朝强大。于格·卡佩的根据地是巴黎周围的法兰西岛(Ile de France),如地图5.4所示,这块地方并不比别的公国大,其财富也不比它们多。卡佩在理论上是全法兰克人的国王,但在实际上只是诸多国王中的一个。

在10—11世纪,有的法国贵族家族通过联姻或者战争将几个独立的郡县合并在一起,形成更大的领地联盟,在势力上格外强劲。这一过程最后扭转了自《凡尔登条约》以来的政治分裂。不过,就领导人而言,这一过程没有带来伟大的国王,只涌现出几个伟大的公爵。11世纪时,阿基坦和诺曼底的公爵以及佛兰德斯(Flanders)、安茹(Anjou)、布卢瓦(Blois)、香槟(Champagne)和勃艮第的伯爵掌握的实权和法国国王不相上下。他们控制了先前属于加洛林王朝管制的土地、贡赋、税收和公共事业,以此为基础建起自己的权力。他们的统治比加洛林国王们效率更高。他们的优势在于统治着紧凑而面积较小的领地单位,他们的统治相当有效率。有的君主仍然通过宣誓效忠的更小地区的地主们来统治,另有一些则足够富有,能够聘用可以随意升职或罢用的官员。他们还鼓励经商,并从其中的高额税收中得利。

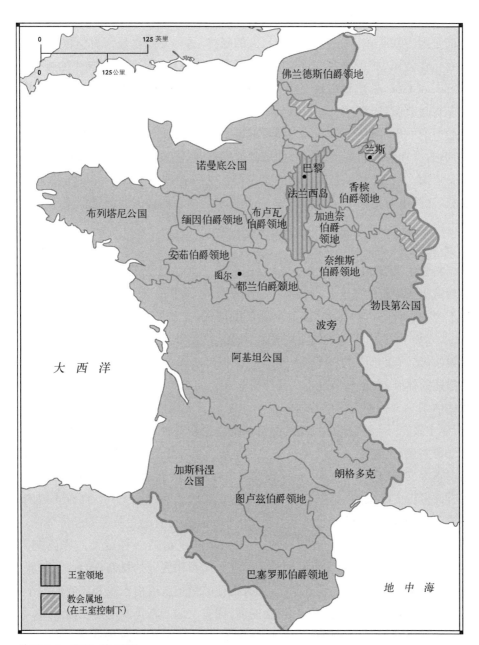

地图 5.4　法国，约 1000

公元 1000 年，卡佩王朝"宣称"对法国全境拥有控制权，但大多数伯爵和公爵并不理睬这些坐拥法兰西岛的王室领主们。卡佩王朝的王室领主们直接控制的土地——法兰西岛——面积很小、路途遥远，对于像图卢兹伯爵等其他大领主来说，他们完全可以对卡佩王朝置之不理。

　　当然,和平与繁荣不会一直保佑这块多事之地。私人间的战事连续不断,一方面是因为穆斯林、马扎尔人和维京人的骚扰,另一方面也是因为小君主之间的敌对。在公元 1000 年左右,战事极度混乱,教会不得不强制宣布"神赐和平"(Peace of God,禁止攻击教士和穷人的禁令)和"神谕休战"(Truce of God,禁止在基督教节假日时发生暴力行为的禁令)。这些"维和运动"在一定程度上制止了暴力的发生,但是收效不大。随着财富的增加、行政效率的提高和军队战斗力的加强,早期法国的各个公国和伯爵领地的高效统治越来越让人联想到罗马,而不是亚琛。与此同时,卡佩王朝的国王们依然只在理论上执掌大权而并无些许实权,法国也不是一个真正的王国,而是许多公国和伯爵领地的拼合体。

封建主义

　　封建主义(Feudalism)在 9、10 世纪诞生于西法兰克的政治分裂,却最终成为建筑中央集权的基石。"封建主义"是史学名词中被误用最多,也最易混淆的词汇之一。首先,"封建主义"是个现代的词语,中世纪人可能会用"封臣制度"(*vassalage*)一词。更糟的是,对于这个词的意义和用法,历史学家们意见不一,众说纷纭。有的历史学家认为,我们应该不再使用这个词;在他们看来,这个词所描述的体制,在更多情况下只是历史学家们的臆想,而不是在中世纪确实存在过的体制。另一些历史学家则遵从自卡尔·马克思以降被广泛采用的理论,用"封建主义"一词来指代中世纪的经济。对一位在这种观点影响下成长起来的历史学家来说,封建主义是人类经济发展过程中的一个历史时期,前承奴隶制,后启资本主义;在这个历史时期里,农奴被迫在地主的封地上替他们不停地劳作。另有许多历史学家用"封建主义"一词指代一种政治和社会结构:拥有土地的精英阶层统治着普通百姓;他们不用这个词来指代支持着地主阶层的经济体制,而使用"采邑制"(manorialism)一词。本书采用的是最后一种定义:"采邑制"和"封建主义"是中世纪时实行的两种互相联系又互相区分的机制;前者(正如我们在上一章中看到)指的是经济制度,拥有土地的精英阶层由农民和农奴们的辛勤劳作支持着;后者指的是政治和社会制度,拥有土地的精英阶层是统治者。

　　封建主义作为一种政治和社会制度之所以能在法国发展起来,是因为侵略者的铁蹄和晚期加洛林王朝的无能。从根本上讲,封建主义扎根于不同骑兵阶层之间的关系,即领主和**封臣**(vassal)之间的关系。和许多别的中世纪制度一样,这种关系也来源于罗马和蛮族传统。罗马人发展出"保护人"制度,一个人可以"保护"许多其他人;法兰克人和其他蛮族则以扈从军的形式将一些人统一在一位武将之下。到了 8 世纪，一项技术上的进步——马镫的使用——使得这种古老的体制重新发挥出重要作用。马镫让人能够更好地在马上作战，这就带来两个结果：第一，骑兵取代步兵成为战略重心；第二，产生了一种新的"全职"士兵阶层。在马镫出现之前，所有的自由民都既是农民又是士兵；马镫出现之后，骑兵需要大量装备和前期训练，就成了一种职业。职业骑兵[或称**"骑士"**（knights）]不仅需要食物和住房，还需要马匹、武器、防护用具，也需要大量训练。封臣制度回应了这种需要。需要士兵的富人（领主）答应支持并保护他们的手下（封臣）。

图 5.2 中世纪的骑士比武

领主和封臣之间的关系很快就和土地挂上了钩。法国北部的许多骑士和贵族为领主服务（通常是军事方面的），以此换来土地。这种以某些"条件"换来的土地被称作**"封地"**（fief）。当骑士和贵族不再为领主服务时，领主就可以把封地收回。领主和其封臣之间的这种关系至关重要，以至于从"fief"一词的拉丁文 "*feudum*"里派生出"feudalism"（封建主义）一词来。一般来说，封地的拥有者就成为领主的封臣，在肃穆的誓言中效忠领主，为他服务。对领主来说，授封土地是拥有武装保卫的快捷途径，因为在那个年代里，金钱很少，土地很多。

查理曼曾经把土地封给公爵和伯爵们，换得他们为自己服役。他依赖封臣个人的誓言来保证帝国统一。所以，从这方面说，封建主义在 9 世纪晚期其实并不是新事物。但另外两方面则是全新的：中央集权政府的虚弱和私人能够行使公众权力。这两方面都在 9 世纪末的政局动荡中凸显出来，当时地方政府是唯一比较有效力的政府。查理曼的后人(以及卡佩王朝的国王们)仍然"宣称"对整个国家拥有权威,但他们的话其实很空洞。在中央集权政府面临崩溃、维京人和其他外族肆意侵略之时,地方领主承担起了原属中央政府的职责。领主有时候支持监管当地的公爵和伯爵,有时候则根本不理睬。他们很少过问王室的后人。这些领主和公爵、伯爵一起,组成一个拥有土地、支配封臣的**"贵族"**(nobles)阶层。正是这些贵族——不论地位高低——开始做查理曼的政府曾经做过的事:派出军队抵抗外敌;处死小偷和谋杀犯;铸造新币;发布命令和法律。中央政府已经不在,地方地主们就把公共权力揽在自己手中。

到公元 900 年,法国的一些地区开始出现封建政权。地方贵族派出军队,不仅抵抗外族侵略,也和其他贵族作战。他们头上确实还有加洛林王朝的最后几个国王,但他们置之不理。他们依靠军事力量获得统治权,他们虽然都是暴徒,但其统治也颇为有效。如果你住在法国西部一条大河边的小镇里,当维京人入侵时,你就会对你的领主和他的封臣们感激不尽。

加洛林王朝之后的法国,大大小小的武士贵族都是封臣制的组成成分。一个势力强大的公爵或伯爵通常至少在理论上是国王的封臣;比他们低等的贵族通常是这些公爵和伯爵的封臣,有自己的封地;而这些低等的贵族又会有自己的封臣,又要再给他们一些封地。因此,同一个人可能既是大领主的封臣,又是小封臣们的领主。不过,并不是所有的骑士都是贵族。贵族和所有骑士一样,在骑马作战方面都训练有素;除此之外,他们或拥有高贵的出身,或持有大片土地,或者二者都有。这种贵族之下的那些骑士,虽然也经历过差不多的军事训练,但是却没有这么高的社会地位;他们的地位处在贵族和农民之间。他们是骑士,但没有爵位。贵族和骑士就军事职业来说其实差不多,都配备有武器、装甲、战马,当然都不用干农活。他们的区别在于,贵族拥有大片地产,而许多骑士只有很少一点土地,或者根本没有土地;另外,在作战时,贵族是统帅,骑士则必须服从命令。在封建主义之初,这两个阶层之间有时候会出现人事上的上下变动,但它们之间的区别则一直存在。要了解更多关于封建主义早期的贵族生活,可以看后面所附的切斯特伯爵于格(Hugh, Earl of Chester)的传略。

到 10 世纪时,一种新的军事革新出现了,其重要性超过其他任何新事物,成为封建制的基本组成部分,这就是城堡。最初的城堡和中世纪晚期威严的塔楼碉堡一点儿都不像,只不过是一些小型的方塔,通常还是木制,建在小山顶或人工堆起的土坡上,周围还围着木栅栏。不过,如果防卫得当,这些小城堡是非常有效的防御重地,能够控制整块土地。许多城堡为贵族所建,另一些则由雄心勃勃的低等骑士所建(或占有)。城堡的拥有者最终被称为"城主"(castellans)，他们有自己的骑士随从队，控制着周围的土地，最后都会成为贵族。

人物传略

切斯特伯爵于格(约 1048—1101)

切斯特伯爵于格是当时当地一位典型的贵族。这意味着，他的人生充满着表面上的矛盾，却也相当丰富。他的人生既受眷顾，又大权在握。

于格出生在诺曼底，祖上是维京人，后来渐渐成为使用法语的贵族。十几岁时，他就继承了父亲的地产和爵位，同时也继承了作为诺曼公爵威廉的封臣所应尽的义务。随后，1066 年，他跟随威廉西征英格兰，从而飞黄腾达。得胜的新国王给了于格大量财产，赐予大片封地，还将他升为切斯特伯爵。威廉要求于格巩固诺曼人在威尔士边境的统治，并将诺曼底的势力扩张至北部的处女地。为了这些远大的愿景，威廉赋予他在切斯特郡(Cheshire)几乎与国王相当的权力。因此，于格就可以自主召集切斯特郡的骑士、自主收税、自己任命郡长和其他官员。作为切斯特伯爵，于格自主统治这块土地，名义上却是在为威廉效劳。

和当时的其他贵族一样，于格的体形就颇具王相。他身材高大，为人慷慨，足以震慑敌人，并让追随者们信服不已。他被称作"胖子"于格(Hugh the Fat)，在今天听来好像不那么令人敬佩，但在 11 世纪可是腰缠万贯、为人大方的象征啊。不过，不是所有人都认为于格非常了得，有一位冷面修士就这样形容他：

> 他是个恶俗的人……打仗的时候总是冲在前面，到处挥霍浪费，喜欢猎物和奢侈品，喜欢演员、马、狗，还有类似的虚荣的东西。他屁股后面总是跟着一大群人，都是各种出身的男孩子，吵吵闹闹。他的随从里面还有不少值得尊敬的人，包括教士和骑士。他也和他们分享自己的财富……他每天都打猎，让他的土地上的生灵涂炭。他很看重猎鹰的人和其他猎手，却瞧不起农民和修士……他性欲旺盛，和一群情妇生下了一堆私生子。

总的来说，于格是个很典型的贵族：战场上非常英勇，在家里非常慷慨，总是被象征着他的大权的事物——不管是人还是东西所环绕着。

　　于格对他人意见置之不理,性行为又非常随意,从中可以看出他并不是遵守基督教道德的典范。另外,他对威尔士人的野蛮行为也可以看出这点,他曾大量杀戮威尔士人。但他却是教会的好朋友。他建立并支持了两个非常大的修道院,其中一个是和他的妻子,也就是一个法国伯爵的女儿厄门特鲁德(Ermentrude)一起建立的。他和安塞伦(Anselm)结下深厚友谊,此人是坎特伯雷大主教(1093—1109 年在位),是中世纪非常圣洁的人之一。于格身患重病,临终之时,又做了一件其他临死的贵族也会做的事:他在他建立的修道院里起誓为僧。他在时间上卡得不能再准了:享了半个世纪的荣华富贵之后,他只过了四天修士生活就死了。

　　虽然于格祖上是维京人,但他在很大程度上已经是法国贵族的一分子。虽然出身高贵,但他的财富和名声是靠自己在战场和政治上坚定地效忠于国王才换来的。他在自己的伯爵领地上行使着至高无上的权力,但仍然依靠国王来赋予他这些权力。他的妻子忠诚于他,但他却不愿被她束缚。他违反了作为基督徒的最基本的行事规范,但却热爱教会事业。这些看起来自相矛盾的事情,对于格这样的人来说,并不难理解。对 10—11 世纪的贵族来说,他这样的生活才是值得艳羡的,因为他不仅有好的出身,还有强健的体格、封臣的忠心和坚定的信仰。

122　　　城堡的出现改变了贵族阶层的特点。现在,贵族家族不论有多久的历史,都拥有一个特定的权力中心所在地。很快,贵族们开始以自己的城堡所在地称呼自己,因为这也是他们的"家族所在地"(family seat)。很多先前只用名字称呼的贵族——比如"杰弗里"或者"罗杰",现在成了"杰弗里·德·曼德维尔"(Geoffrey de Mandeville,意为"曼德维尔的杰弗里")和"罗杰·德·博蒙特"(Roger de Beaumont),意思是,他们是曼德维尔或博蒙特的世袭贵族。

　　城堡让贵族们有了家族感。封地也逐渐出现世袭制的倾向。很快,封臣的后代们就期待着能够继承封地,同时继承父辈的职责。城堡和世袭封地促成了**"长子继承制"**(primogeniture)的出现。同时,由于封地、城堡和领主身份是由父亲传给长子的,"家庭"的意义也渐渐产生了变化。以前,"家庭"包括没有特定组织的一群亲戚,所有的兄弟地位都一样,所有的亲属都有一定的重要性,不论父系还是母系。现在,贵族及其封臣越来越注重家庭的一支,即男性世系(male lineage)。对中世纪欧洲的武士阶层来说，世系（lineage，通常是一条由父到子传承的家族谱系主线）渐渐地比亲属关系（kinship，包括姻亲、表亲、叔伯姑姨及其他远亲的家族关系网）更重要了。

在早期封建社会，女儿与妻子是积极的参与者，但却地位尴尬。男人们忙着打仗，就不得不把许多其他职责——主要是看管家政——留给女人来做。同时，因为有太多的男人葬身战场，许多丧夫或丧父的女性就成了富有的寡妇或女继承人。然而，在一个非常重视军事上的成就和忠心的社会里，女性只处在边缘位置。她们做了许多事情，却不受重视。另外，女性继承人也是个麻烦——一个女儿怎么可能做出与她死去的父亲受封土地的价值相当的军事贡献呢？答案是：她们的丈夫可以代替她们完成任务。因此，领主就特别注意控制其封臣的女儿的婚姻。如果不控制，他们就可能会凭空多出几个封臣来。婚姻在地主阶层向来是结盟和推进基督教的手段，现在又控制了领主及其封臣之间的关系。

封建主义作为应对艰难时世的体系应运而生，其实远比这个词本身的含义复杂。当时其实根本没有什么不可撼动的规则和法律，每个地方的封建关系都不尽相同：领主拥有土地，却不必承担义务；没有土地的骑士吃住都在贵族家里（这在当时很普遍）；政治权力的基础是公众威信而不是个人地位；忠诚的基础是血缘关系、友谊与酬劳，而不是封地。即使在这些关系是"封建"式的情况下，它们也没有形成一定的体系。封建制度后来由法国传遍欧洲，在历史进程中不断发展，为适应不同地区的需要而做出变化，因此其形式就变得越来越多样，到最后要准确地表述"封建主义"成了件很难的事。公元 900 年左右的法国，封建主义还处在其最初的形式，只是种野蛮、原始的政府形式。但在当时，封建主义是一个用来应对时局的很有创意的策略；更重要的是，它成功了。维京侵略者退了回去，偷盗行为得到惩治，贸易所需的钱币也铸造出来了。

日耳曼诸国的分裂与统一

123

维京人的侵略巩固了英格兰的君权，摧毁了法国的君权。在东法兰克，情况与这两者又有所不同：起先，出现了几个地广势强的半独立公国；之后，君权得到复苏。

日耳曼人深受维京人侵害的同时，还面临着更大的威胁，那就是东南方的马扎尔骑兵。加洛林王朝晚期的东法兰克国王们无法应对马扎尔人的闪电式进攻，威望大减，因而和西法兰克一样，他们的权力就落到地方贵族手中，他们先前只是作为国王特使分块统治着各个地区。9 世纪时局混乱，这些部族公国（之所以有这个称呼，是因为他们的土地基本上是根据当地部族势力划分的）几乎就成了自治领导人。公国的公爵们不仅直接拥有土地和权力,还控制着地区内的主教管区和修道院。

10 世纪早期,东法兰克由五个公国统治:萨克森、施瓦本(Swabia)、巴伐利亚、法兰克尼亚(Franconia)和洛林(Lorraine)。其中前三个只在不久之前才被并入加洛林王朝统治下的法兰克,而位于西部的后两个公国在形式上更具法兰克特色。这五个部族公国的公爵自然愿意由自己统治自己的领地,但是他们无法抵抗马扎尔人的侵略,因此最终还是落入重整旗鼓的日耳曼君主的控制下。至公元 919 年,加洛林家族气数已尽,萨克森公爵"捕鸟人"亨利(Henry the Fowler,919—936 年在位)夺得王位。由此开始了一个著名的日耳曼人王朝,其国王都来自北方,他们直到最近才皈依基督教,他们的土地也直到最近才进入法兰克的版图。日耳曼的国王的权力不仅来自武力和出身,也依靠其他公爵的选举,因为他们当上国王,必须征得东法兰克地区其他统治者的首肯。

萨克森国王

"捕鸟人"亨利投入大量精力,把萨克森建成他的权力基地。他无法对东法兰克的其他公爵实施很有力的统治。直到他的儿子、萨克森诸国王中最贤能者——奥托一世,人称"奥托大帝"(936—973 年在位)——才建立起了全面的日耳曼君主政体。

奥托大帝将自己的才华主要用于实现三个目标,而且最终都实现了:一是保卫日耳曼诸国,击退马扎尔人;二是收复落到各公爵手上的土地和权力;三是对崩溃之中的中间王国——公元 843 年《凡尔登条约》分配给洛泰尔的土地——实施统治。奥托当权时期,中间王国在政治上已是一盘散沙,许多地方已被并入两边的法兰克诸王国和日耳曼诸王国,剩下的南部地区——勃艮第和意大利半岛——也是两块独立的是非之地。施瓦本和巴伐利亚公爵都宣布要占领这两个还独立着的地区。为了防止在南方出现不可抵挡的敌对力量,奥托领军于公元 951 年进入意大利半岛,自封为"意大利国王"。

此后,奥托势如破竹。首先,奥托在自己的国土上击溃了一支敌对力量,从而巩固了自己的地位。接下来,他于公元 955 年在列希菲德击败了一支马扎尔大军,从而终结了他们的掠夺行为。奥托的胜利成为他握有君权的例证,同时也证明了他自己的宣言:只有他——而不是那些公爵——才是日耳曼土地的真正捍卫者。东部边境得到稳固,日耳曼—基督教文化渐渐渗透过去;部族公国相形见绌,君权至高无上。奥托大帝打败同时代的其他人,成为自查理曼以来最伟大的国王。

萨克森王朝

萨克森公爵"捕鸟人"亨利（Henry the Fowler, Duke of Saxony），919—936 年在位

奥托一世（Otto I, the Great），936—973 年在位（962 年后称神圣罗马帝国皇帝）

奥托二世（Otto II），973—983 年在位

奥托三世（Otto III），983—1002 年在位

亨利二世（Henry II），1002—1024 年在位

击败马扎尔人之后不久，奥托把注意力转向了意大利半岛。当时，一个伦巴底巨头控制了意大利半岛，不停地骚扰教皇。教皇请求奥托出兵干涉，这正合奥托之意。奥托打败了伦巴底人；教皇在公元 962 年称奥托为"罗马皇帝"并为其加冕。正是这次加冕，而不是公元 800 年封查理曼为罗马皇帝的那次，才标志着神圣罗马帝国的成立（不过"神圣罗马帝国"这一名称直到 12 世纪才出现）。地图 5.5 就是当时神圣罗马帝国的版图，其中包括有君主选举权的五个部族公国。

后世有些愤世嫉俗的家伙会说，"神圣罗马帝国"既不神圣，也不是罗马，更不是什么帝国；但在当时，这个重新振兴的帝国将罗马和基督教会联系在一起，这一事实本身就成了日耳曼历史的强大推动力。尽管奥托声称执有整个基督教世界的大权，但他和他的继任者实际上对意大利半岛只有非常松散的控制，对法兰克和西方基督教界的其他地方也没有任何权力。神圣罗马帝国扎根于日耳曼土地，其大部分统治者都让帝国的利益顺应日耳曼君权的需要。从公元 962 年成立起，直到 19 世纪晚期灭亡为止，神圣罗马帝国基本上可以说是个日耳曼国家。

正如对待公元 800 年的那次加冕那样，拜占庭皇帝对奥托称帝一事不以为然。他们认为只有自己才是罗马人真正的后裔。奥托对此做出补救，让自己的儿子，也就是未来的奥托二世（973—983 年在位）和拜占庭公主西奥法诺（Theophano，956—991）结婚。她把拜占庭在意大利半岛的土地作为嫁妆送给奥托。（其实这个嫁妆基本上空无一物，因为拜占庭在那里的统治本来就很薄弱；不过，这使得奥托控制了意大利半岛更多的地方。）西奥法诺还促进了奥托统治之下的文化复兴。作为丈夫的顾问和儿子奥托三世（983—1002 年在位）统治

125

地图 5.5　神圣罗马帝国，962

公元 962 年奥托一世加冕为帝时，他不仅统治着东法兰克的五个部族公国，还统治着一群边境国家和几个附属国，如勃艮第王国。他去世之前还一直在扩张他的领土，伸入意大利半岛，直到罗马和更远的地方。

时期的摄政者，她让 10 世纪末的萨克森王朝在意大利半岛和东部边境的利益更为稳固。图 5.3 就是奥托三世的画像，这幅画像颇具拜占庭艺术的特色。

　　在奥托加冕之后的一个多世纪里，他及其后人们的权力如此之大，使得封建关系在日耳曼诸国已经不再重要了。权贵们都成了奥托的封臣，而他们之下通常却没有封臣。奥托和他的继任者不再依靠贵族和骑士作为政府派遣到地方的特使，而是依靠教会，特别是主教和修道院院长。在把权力扩展到其他几个部族公国时，他让当地的教士们成为他的支持者。这些人都有比较好的出身，又受过良好的教育；他们一般来说会比其他世俗的贵族更无私一些，因为世俗的贵族还有自己孩子和利益及遗产要考虑；他们能够得到任命通常也是由于奥托的影响；他们从奥托那里承封地产，并必须为此进行军事服役。简而言之，他们是很理想的皇家官员：既忠诚，又能干，一心向往皇帝事业的成功。

126

图 5.3　奥托三世
奥托三世是拜占庭公主西奥法诺之子。他对日耳曼宫廷的影响可以在这幅画像中看出来。这幅画像借用了拜占庭宫廷艺术的手法（可以比较图 3.3）。奥托手持象征王权的权球和权杖。另外，这个权球也说明，和现在流行的认为地圆说是哥伦布证明的观点相反，中世纪的地理学家们已经知道大地是圆的。

　　100 年后，由奥托开始的政教合一传统导致了一场皇帝和教皇之间规模空前的争论。争论的焦点是，在日耳曼诸国范围内，究竟谁才能任命主教和修道院院长，他们又应该效忠于谁？不过，这一政策最初得以实行却是有道理的。奥托和查理曼一样，也被施以涂油礼，因此，他自然就成了教会的领导。和查理曼一样,他不仅想要控制教会,更想改造它。他确实控制了教会主要职位的任命(有时候甚至包括主教),但他也做了许多别的事。他重新划分并建立了新的主教管区,保护修道院和主教辖区不受虎视眈眈的丹麦人和斯拉夫人的侵害,还鼓励日耳曼的教士及群众向东迁至斯拉夫人的土地,以此将日耳曼和基督教的影响推广到今天波兰的边界。

127

奥托对宗教事务的介入只是在更大规模上做了许多贵族在其封地上做的事情,这可能是奥托的政教合一政策最重要的影响。因为这种政策,许多修道院和教堂都被当作**"家族教堂"**(family churches)来看待,也就是被看作建造它们、扶持它们的家族的私人财产。奥托作为日耳曼诸国境内许多宗教机构的建立者,也和其他人一样,宣称建立和支持宗教机构的世俗人士应该占有最高的利益。实际上,我们直到今天仍然可以看到这种理念,只不过换了一种形式而已。在当代美国大学中,赞助体育活动的大老板们不仅可以拿到观众席最好的位置和最好的停车位,而且能对学校的其他政策产生影响。

奥托时代的文化

奥托在两方面效仿了查理曼,一是在宗教和世俗两方面很好地利用了基督教,二是积极鼓励学术发展。日耳曼诸国的文化复兴在他的继任者奥托二世和奥托三世统治时达到了巅峰。这两个国王都为西奥法诺带来的拜占庭文化所深深地折服。奥托时代的复兴产生了许多非常能干的行政官和学者,其中不少为宫廷效力。修道院——特别是女修道院——得到大量赠予,成为学术和文艺创作的中心。甘德斯海姆修道院(Abbey of Gandersheim)就是这样一所由皇帝建立的修道院,由许多皇族和贵族的女儿领导。从那里诞生了许多著名的学者,包括作家赫罗斯维塔(Hroswitha,约 935—1003)。这位女作家的传奇故事、诗歌和历史学著作都很有名,不过最著名的还是她依照古代戏剧形式写成的六出喜剧。她的剧作基本上是写给修女看的,因为修女是她的主要观众。剧本既发人深省,又寓教于乐。其中最好的一部是《达尔西提乌》(*Dulcitius*),讲述三个基督教贞女如何成功地抵挡住一个好色的罗马执政官的诱拐。在剧中某个时刻,这位执政官在意乱情迷之下,把锅子和罐子当作自己正在寻找的女人,抱着它们亲吻起来。赫罗斯维塔的修女观众们看到这样的情节当然乐不可支,另外,她们也可能受到剧中人物的鼓舞,变得更坚定和贞洁。赫罗斯维塔是中世纪第一位剧作家,也是当时最好的拉丁语学者。

奥托时代的修道院教学传统还培养出当时最伟大的科学思想家,他就是奥里亚克的格伯特(Gerbert of Aurillac，约 945—1003)。格伯特热爱旅游，是第一个去安达卢斯学习的西方基督教世界的学者。他在那里学到了在西方学不到的知识，很快就有其他人跟随他的脚步，去伊斯兰教的图书馆里获得新知。格伯特全方位发展了古典知识，包括文学、逻辑、科学和数学等，甚至有传言认为他和恶魔有过勾结。不过，在升为教皇切尔维斯特二世(Pope Sylvester II，999—1003年在位)之后，这些传言都不攻自破了。可以说，格伯特是 12 世纪欧洲学术复兴的先行者。他的思想以及 12 世纪的学术复兴，都深受伊斯兰学者和学术的影响。

1024 年，萨克森王朝寿终正寝，萨利尔王朝(Salian dynasty，1024—1125)兴起。萨利尔皇帝和日耳曼教会亲密合作，加强了皇室的行政能力，到最后，萨利尔皇帝们掌握的权力比奥托一世还大。11 世纪中叶，萨利尔王朝最伟大的皇帝亨利三世(Henry III，1039—1056 年在位)在日耳曼诸国任命教皇就好像挑选他自己的主教一样容易。1050 年时，法国君主制还在沉睡之中，德皇亨利三世掌控着整个中欧的政治和宗教。

128

意大利半岛的自治城邦

查理曼在公元 774 年占领伦巴底时，他面对的这个王国和加洛林时代的法兰克王国很不一样。一方面，意大利半岛北部的城市生活比法兰克繁荣得多；另一方面，伦巴底国王对半岛北部的统治相当严密。这个地区土地富饶，有波河的滋润，其主要城市是米兰。另外，他们对东北部威尼斯附近的弗留利公爵(Duke of Friuli)以及南部的斯波莱托公爵(Duke of Spoleto)的控制则弱得多，对罗马则一点影响都没有。许多小的势力不停地互相作战，包括一些独立的公国、沿海城镇、穆斯林军团，还有一小块查士丁尼占领时期留下来的拜占庭领土。

查理曼从来没有把他的权力扩展到罗马以南，他的继任者们更是放弃了北部。洛泰尔的中间王国分裂之后，意大利半岛的控制权成了几大野心家之间残酷争夺的对象，弗留利公爵和斯波莱托公爵都参与其中。历史在这里几乎和加洛林王朝完全断裂，而且因为王朝战争渐渐使得王公贵族们精力分散、实力减弱，他们统治的城市也渐渐脱离了他们的管制。

穆斯林和马扎尔人在 9 世纪开始骚扰这一地区时，抵抗他们的主要是各个城市以及它们的主教们。在世事混乱之际，主教们对城市的管理是非常有效的，他们组织的城市防卫也同样有效(有时候他们也依靠封建关系，把地分给骑士，换取他们的军事力量)。由于他们才是各城市事实上的管理者，主教们渐渐使得当地的权贵做出种种让步，特别是税收的权力，最后连司法权也归主教所有。到了10世纪早期,主教们和他们的城市已经从地方贵族那里获得了完全的自治权。伯爵和公爵们主宰着乡村,而主教们掌握着城市。

在一群伦巴底主教的请求下,奥托大帝在10世纪中叶率军开往伦巴底,结束了贵族之间的王朝战争,摧毁了许多穆斯林海盗根据地,把意大利半岛北部划入自己的领土(见地图5.6)。奥托的胜利不仅使半岛北部复归和平,更加强了主教们

地图5.6　意大利,约1000

在第一个千年结束之时,"意大利"还犹如一块诸多小国拼贴而成的花毯。半岛北部几乎所有的土地都处在意大利王国(Kingdom of Italy)的统治之下。意大利王国自身虽是神圣罗马帝国的一部分,但其中许多城市的日常管理都由当地的主教完成。意大利中部有几个小国家,包括由罗马主教,也就是教皇控制的罗马周边地区。半岛南端仍由拜占庭若即若离地统治着,而西西里岛则是一个穆斯林酋长国。

及其城市的势力。首先，所谓"天高皇帝远"，奥托和他的继任者们必须依靠主教来维持当地的秩序。其次，在大环境安稳下来之后，奥托非常鼓励城市的发展和经济的复兴。到 10 世纪晚期，北部的热那亚和比萨正在发展生机勃勃、联系着地中海各地的贸易网；商人阶层也开始发展起来，到了下一个世纪，商人们就开始逮捕并驱逐不安分的穆斯林，把他们赶出具有重要意义的撒丁岛和科西嘉岛（Corsica），甚至还前去掠夺伊比利亚和北非的穆斯林港口。其他日耳曼皇帝控制之外的意大利沿海城市也开始发展航海事业，包括南方的阿玛尔菲（Amalfi）、萨勒诺（Salerno）和那不勒斯，当然还有亚得里亚海北岸的威尼斯共和国。

　　威尼斯长久以来就是拜占庭的附属地。到 9 世纪时，他们基本上获得了独立，不过仍然不时需要派出舰队支援拜占庭。威尼斯小心翼翼地和君士坦丁堡及伊斯兰统治下的北非都搞好关系，最终发展成西方基督教世界最强盛的商业中心。他们靠出口盐和玻璃致富，通过商业利益把西方基督教世界、伊斯兰文明和拜占庭联系在一起。威尼斯人只靠商业就足以过活。在大部分地区还是农业文化的欧洲，威尼斯人往往让访客们大吃一惊，因为他们真的不需要种植谷物，全靠购买别处生产的食物。

　　在这方面，威尼斯是很独特的。不过其他意大利港口城市——热那亚、比萨和阿玛尔菲——也参与到分抢地中海贸易这块大蛋糕的行动中来了。发达的商业很快就刺激了内地城市的发展，包括米兰、博洛尼亚（Bologna）和佛罗伦萨。公元 1000 年时，米兰的人口虽然还不到 2 万，但足以使它成为伦巴底最大的城市，同时也是西方基督教世界人口最多的几个城市之一。外族侵略时代结束时，意大利半岛在两方面扭转了形势：一方面，城市开始发展；另一方面，其武装精良的舰队终于开始挑战拜占庭权威和穆斯林的地中海贸易控制权。

130

结语

　　公元 1000 年时，西方基督教世界仍是拜占庭和伊斯兰的穷邻居；甚至和查理曼短暂的强权统一时期相比，实力也下降了。不过，当时的西方正处在缓慢发展之中，一部分基础也是查理曼打下的。公元 1000 年时，查理曼的帝国已经被强势的英格兰国王、法国的封建主、日耳曼各部族公国合成的帝国和意大利半岛北部的城邦所取代。尽管查理曼的帝国不复存在，那时的遗产却保存下来。公元 962 年奥托一世加冕时，人们对查理曼加冕的记忆更为深刻了；教会和国家的合作也是参照了查理曼帝国与阿尔昆及教皇利奥三世的合作；

后世致力于将维京人、马扎尔人和斯拉夫人归入西方基督教世界,和查理曼时代对宗教工作的热情也分不开;中世纪的政府形式也沿袭了仰赖地方行政官个人效忠国家的这种模式;后来阿尔弗雷德大帝和奥托一世对学术的热忱也颇受他的影响。

新千年的最初几十年里,强势的国家依然强势。相对来说,英格兰和神圣罗马帝国的政局更稳定,社会结构也更好。法兰克的君权仍然非常虚弱,但几个公国——比如香槟、佛兰德斯、诺曼底和安茹——却处在渐渐走向和谐的路上。中央集权在意大利半岛也还只是个梦想,但那里的城邦政府却非常有力,城市非常繁荣。不过,要说最重要的事情,恐怕还是侵略停止了。公元 1000 年时,维京人、穆斯林、马扎尔人或被击败、不再出兵侵袭,或已定居下来。欧洲终于能有个机会实现自己的发展,过去千年里不断困扰他们的兵荒马乱已不复存在。简而言之,欧洲已处在爆发性发展的临界点。

第六章
经济腾飞与社会变迁，约 1000—1300

中世纪中期

关于欧洲人当时是如何迎接公元 1000 年的到来的，历史学家们意见不一。末世论在中世纪的欧洲显然非常流行，至少对某几个人群来说，耶稣诞生的第 1000 年意味着世界末日即将来临。有一个修士非常确信地预言："一千年已经逝去，撒旦就要被释放出来了。"不过，很多中世纪的人只是安安静静地度过了这一年。"主历"纪年当时才刚被采用没多久，因此，许多普通百姓可能完全不知道有这样一个纪年。他们用的纪年系统通常是从最近的大事件开始算起，因此，他们不会说"公元 1000 年"，而是说"奥托三世第 17 年"。其他一些人虽然开始使用主历纪年，但他们预测世界末日会在其他年份，而不是在公元 1000 年来到（比如公元 1033 年这个年份，因为正好是耶稣受难 1000 周年，所以很受那些预言家的欢迎）。教会当然坚决反对这些说法，他们认为，上帝的时间岂是凡人能够计算的。即便如此，公元 1000 年对一些中世纪人来说也是至关重要的一年；当年九月，天边划过一颗流星，他们就认为这"无疑是神秘的可怕事件的前兆"。

公元 1000 年对于学生来说是个很方便记忆的时间，但这不是因为那时流行的末世论，而是因为公元 1000 年左右是一段通常被称为"中世纪中期"（Central Middle Ages）或"中世纪盛期"（High Middle Ages）的历史时期的开端（见地图 6.1）。我们已经看到，此时的欧洲已经汇集着许多新的可能性：贵族、主教、某些地区的国王英明地统治着他们的土地；外族的侵略已渐渐退去；商业开始复兴，特别是在意大利。另外还需加上一些我们马上就要探讨的其他因素：农业技术革新导致欧洲的粮食产量比原先提高了一倍多；教育正在慢慢普及，识字率也在缓慢提高。修院改革重振了教会雄风，并加强了教皇的领导。以上变化都不是一夜之间发生的，有的甚至耗费了几代人的努力，因此公元 1000 年这个分界线一方面具有一定合理性，另一方面也值得商榷。有的历史学家喜欢把中世

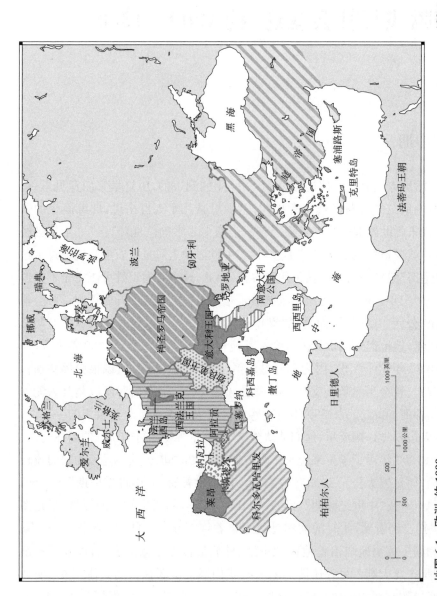

地图 6.1　欧洲，约 1000

在公元 1000 年，罗马时代和查理曼时代的庞大帝国已经是久远的记忆了。当时，诸多小国在欧洲星罗棋布。最大、最强盛的是神圣罗马帝国，然而它也是由许多更小的政治实体组成的。

纪中期的开端提前到公元 950 年，有的喜欢推后一点，到 1050 年或 1100 年。这　133些不同的观点，其实都说明这个过程是一个渐进的过程：发端于 10 世纪，兴于 11 世纪，盛于 12 世纪（见年表 6.1）。

年表 6.1　中世纪中期，1000—1300

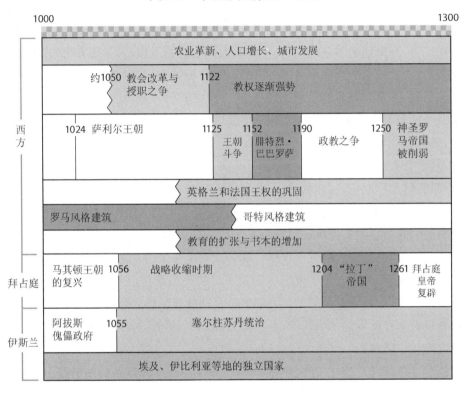

另一个共识是，在这几个世纪中，西欧迎来了良辰吉日。欧洲的人口稳步增长，公元 1300 年时，人口已增长到公元 1000 年的两倍。虽然人口增长带来了压力，但由于欧洲农业部门的繁盛，也就能生产足够的粮食。1300 年时，欧洲人比公元 1000 年时住在更好的屋子里，吃着更好的食物（特别是富含蛋白质的豌豆和大豆，另外还有奶酪、蛋、鱼和肉），穿着更好的衣服。此外，也有许多人住在城市和城镇里。尽管农业村庄依然占多数，但到公元 1300 年时，城市已经是欧洲人生活中的一个重要组成部分。米兰的人口从大约 2 万涨到了 10 万左右；威尼斯、佛罗伦萨和热那亚也发展成颇为可观的大城市。阿尔卑斯山以北的城市人口相对来说要少一些，不过到了公元 1300 年，人口在 2.5 万到 5 万之间的城市也不少见。巴黎的人口数则逼近 20 万。这些农业文化和商业生活的发展，

134   其根源主要在于欧洲内部,而非任何外部刺激。正如历史学家罗伯特·S.洛佩兹(Robert S. Lopez)所说:"一个不发达的社会通过自己的努力发展起来了,这在人类历史上是第一次。"

这几个世纪也见证了政府中央集权的过程,不论是在世俗政权(特别是英国和法国)还是在教会政权(教皇国的高远理念已经基本实现),情况都是如此。简单地说,国王和教皇都比以前拥有更大的权力。另外,基督教神学也发展得更为清晰完善;到处建起教堂,并有许多神职人员为它们工作;大学培养出人才(但是仅限男性)为教会和国家服务;新的建筑风格(哥特式)开始在欧洲大地上诞生。

另外,一系列微小的发展逐渐形成非常大的变化,欧洲在这几个世纪里变成了一个比较有文化的社会。曾经只能以口授的方式或通过记忆留传下来的东西,现在都在羊皮纸上有了文字记录。大多数人在公元1300年时仍然不能阅读,其中女人的比例远远高于男人,但欧洲人已经开始依赖文字记录来明确自己的权利、财产和地位,这样的文字记录包括契约、书信和政府记录等。当时,甚至不识字的农民也能理解文字的力量。他们发动起义时,会知道去烧毁各种文件,因为他们相信这些文件里记载着令人生厌的传统和习俗;还有的农民会去寻找另一种文件,也就是他们觉得里面记载着让农民自由的古老传统的那些文件。

对历史学家们而言,中世纪中期文字记载突然大量出现也让历史格外丰富起来。例如,一些历史学家如果对中世纪早期的教皇感兴趣,他们能找到的原始资料只有非常珍贵的很少几份;甚至在公元1100年时,每年也只有大约35封教皇的信件可供参考。但想要研究后来的教皇的历史学家们则有大约几百倍的原始档案可以研究。公元1300年时,每年大约有3 600封教皇书信留存下来。财政的记录也逐渐普遍化和系统化。文字记载的国家收入年鉴大约于公元1100年出现在英格兰,公元1200年出现在法国。

书信、记录和其他资料的激增使得欧洲社会发生了深刻变化。在全欧洲范围内,像阅读、书写和数学计算这样的技能对政府的运作和城市商人甚至大型农业生产来说是至关重要的。掌握这些技能的人——抄写员、教士、律师和计账员——都升到拥有相当权力的地位;欧洲第一批专业的"知识分子"——教授、学者和教师——也有了差不多的待遇。现在,如果一个无名小辈足够聪明,也能求个一官半职或者进入教会工作。因此,社会的流动性增加了,同时,社会的复杂性也增加了。大多数子女仍然走着父辈的老路,但有些人就抓住机会打破了旧传统。教会学校和稍后的大学开始使查理曼曾经引以为傲的修院学校的那些不太大的目标黯然失色。新的改革和新的宗教教团为想从事宗教事业的人提供了更多的选择。对不安分的农奴和穷困的小封建主来说，也有城市和城镇在召唤他们。

　　这几个世纪欧洲社会的活力带动了社会阶层的迁移，带来了机遇，但也随之带来了一些焦虑感。有的人面对一个动态的、不确定的社会，开始觉得惶惶不安，甚至惊恐不已。这样的焦虑感导致仇外情绪和大迫害的发生——其实，这两者和大教堂、大学一样，也是中世纪中期不可或缺的一部分。另外，焦虑感还导致一套 11 世纪的基督教理想社会体系迅猛发展。这套体系试图为每个人都安排好一个合适的社会角色，放在一个合适的位置。这个体系首先由教士阶层提出来，接着便在布道中广为流传；这一"三等级"理想把基督教界的所有人分为"三等级"（three orders）："祈祷的人"（*oratores*），他们的祷词泽被众生；"战斗的人"（*bellatores*），他们的军事力量保卫着所有人的安全；还有"劳动的人"（*laboratores*），他们的辛勤汗水维持着所有人的生存（见图 6.1）。这个理想体系

135

图 6.1　"战争之树"
这幅插图象征着社会阶级之间存在的不和。

并不公平(农民辛勤劳作的价值要远远低于僧侣的祈祷辞),但值得注意的是,这个体系强调了一个阶级社会里所能实现的"共同"生存、互相依存。在实际情况下,这套体系也只不过是个理想而已,因为有几个社会群体无法纳入其中:① 女性里显然三种人都有,但是当时却有人提出将女性归为"第四等级";② 城市居民,他们虽然人数较少,但也在逐渐增加之中,而且很难被划入"劳动的人"这一群;③ 犹太人,作为中世纪西方部分地区主要的少数民族,却不能被纳入基督教的体系。不过,这个体系虽然从社会学角度说很不合理,但却是个非常有效力的思想,因为它助长了试图控制社会变迁的思潮。这套体系的逻辑就是,每个人生来就拥有某个特定的社会地位,并已被赋予某些特定的义务。

中世纪中期的活力也提高了人们的自我意识。大量私人信件得到收集和保存,以及自奥古斯丁的《忏悔录》以来的第一批自传的产生,都说明了这一点。中世纪中期,人们对宇宙的观念也趋于理性。中世纪早期的人认为世界是一个上演着诸多神迹的剧院,风暴被当作对罪孽的惩罚,而战争的胜利则显然是上帝的恩惠。但是在中世纪中期最伟大的哲学家之一的彼得·阿伯拉尔(1079—1142)和他的众多追随者眼里,上帝造物只是一个自然现象,有其自身的规律,并非万事皆由神明操纵。奇迹当然有可能发生,但实际上很少发生。这种理性主义不仅出现在哲学家的研讨之中,更渗入了寻常百姓的日常生活。例如,人们渐渐开始怀疑"神明裁判",即用上帝是否显现神迹来判断嫌疑人是否有罪的判决方式。1215 年,教皇会议禁止教士们参与神明裁判,此后,由上帝来完成的审判就交给证人和陪审团来完成。

这些在人生观、世界观等方面深刻而重要的变化,以及随之而来的经济和社会方面的变迁,使得中世纪中期这三个世纪和公元 1000 年以前的半个千年在形态上有非常大的区别。本书的第一部分大致是按时间顺序,沿着欧洲的历史变迁一路走来——从古代晚期到蛮族入侵,到加洛林文明的复兴,到 9—10 世纪的动荡与调整。而第二部分将换一种方式——因为这一部分"仅仅"写 300 年的历史,以专题的方式来处理会更好些。下面,我们会从几个角度来研究中世纪中期:经济和社会变化、教皇国的兴起、宗教生活的深化与广化、疆域扩张、国家衰亡(神圣罗马帝国)和统一(法国和英国),以及这一时期的文化、艺术、思想等方面的发展。

随着西方的繁荣,地中海沿岸的三种文明——拜占庭、伊斯兰和西欧——也开始发生变化。西方开始兴盛,拜占庭和伊斯兰则开始衰落。出现这样"跷跷板"式的变化,一方面是因为欧洲中世纪聚集了大量财富,因为西方的骑士们在公元 1000 年后重新征服了安达卢斯的大部分地区,并在中东暂时建立起几个王国，甚至还抢劫了君士坦丁堡。尽管拜占庭和伊斯兰不如先前繁荣和安全，但那里的人民依然擅长和欧洲人开展贸易，挑战着他们的成见和高傲，同时给他们学术和艺术的灵感。

中世纪中期的拜占庭

公元 1000 年时，拜占庭仍然实力强盛，政局稳定。拜占庭马其顿王朝最成功的统治者"保加利亚屠夫"巴西尔二世（976—1025 年在位）不遗余力地在巴尔干地区征战，他很快就让保加利亚人归顺自己的政府，并让他们接受了东正教。几年前，他不顾亲妹妹的意愿，把她嫁给了很快就要受洗的弗拉基米尔一世（980—1015 年在位），从此把基辅罗斯划入拜占庭的控制。

但是，这些光辉的历史并没有持续多久。巴西尔死后没有留下子嗣，马其顿王朝很快就结束了（1056）。更大的问题则是一支从亚洲迁入中东地区的新生力量——塞尔柱土耳其人。这是一个骑马的游牧民族，正稳步向西方迁移。最近他们皈依逊尼派伊斯兰教；他们的名称来自一位早期的领袖。他们先是成为阿拔斯王朝实际上的统治者。接下来在 1065 年，他们从拜占庭手中夺过亚美尼亚（Armenia），拜占庭派出军队，试图把他们赶出小亚细亚，结果于 1071 年在曼济科特战役（Battle of Manzikert）中全军覆没。

曼济科特成为拜占庭历史上的一个转折点，摧毁了拜占庭对小亚细亚长达几世纪的控制；而且，一旦失去了小亚细亚，拜占庭的面积就大为减小，财富也萎缩了不少。更糟的是，随着东部边境的失陷，西部也面临着一些损失。1071 年可谓祸不单行，拜占庭还把意大利半岛南部的巴里（Bari）港输给了诺曼人。随着巴里的陷落，拜占庭在西欧实际上已经没有土地了。

此后不久，西方开始渐渐占据拜占庭的土地。皇帝阿列克修斯·科穆宁（Emperor Alexius Comnenus，1078—1118 年在位）期望借力抵抗塞尔柱人。几百年来，拜占庭人将中世纪的欧洲看作蛮荒之地；如今，那里已经势大力强了。阿列克修斯企求当时西方基督教世界的领袖教皇乌尔班二世（Pope Urban II，1088—1099 年在位）伸出援手。乌尔班二世的回答是让西方的骑士们出兵东征——名义上帮助拜占庭，实际上则是援助"圣地"（Holy Land）。曼济科特的世纪在第一次十字军东征（First Crusade，1096—1099）中终结，十字军占领了耶路撒冷——基督教史上的这项丰功伟绩最终由西方十字军完成，而不是由拜占庭的将士们。

对拜占庭人来说，十字军东征是一场灾难，和阿列克修斯期望的"援助"几乎完全相反。最初一批十字军战士的热情和混乱已经让拜占庭人惊恐不已;后来第四次东征(1202—1204)时,十字军把拜占庭的首都和整个帝国都毁了。1204年,第四次十字军战士干涉拜占庭内政未果,一怒之下洗劫君士坦丁堡长达三天三夜,杀人放火,抢夺珍宝,还建立起一个新的"拉丁"帝国("Latin" Empire),仅仅统治着君士坦丁堡及其周围的农村地区。拜占庭人在帝国各地建起几个流放在外的朝廷,最终在 1261 年,由帕里奥洛加斯王朝的米哈伊尔八世(Michael VIII Palaeologus,1259—1282 年在位)把朝廷迁回君士坦丁堡,重建拜占庭帝国。重建的帝国和先前的比起来,可谓只是败影残存了。财富已被劫走,各省区也各自为政。对拜占庭来说,公元 1000—1300 年这三个世纪真是灾祸连连。

中世纪中期的伊斯兰诸国

公元 1000 年时,阿拔斯帝国的幅员已不如原先辽阔,因为在其西边建立了独立的哈里发政权:埃及(包括北非)和安达卢斯。阿拔斯王朝的哈里发们在巴格达统治着剩下的国土,但 1055 年塞尔柱人征服了这座城市,于是哈里发沦为了傀儡。他们过着骄奢淫逸的生活,却把国家大事交给塞尔柱统治者处理。这些统治者自封为"苏丹"(sultan)。整个中世纪中期,塞尔柱苏丹颇有成效地统治着阿拔斯帝国的中心地带。1065 年,他们在曼济科特战胜拜占庭帝国后,塞尔柱人还统治着罗姆(Rum,为"罗马"的讹音),这是从拜占庭人手中夺来的安纳托利亚的一部分。

而 13 世纪中期时,塞尔柱人自己也面临着外族的威胁。这次是蒙古人(Mongols),他们和几百年前的塞尔柱人一样,是来自亚洲草原的游牧民族。1258 年,蒙古人占领了巴格达,不仅大肆屠杀居民(据说达到 80 万人),还杀害了阿拔斯王朝最后的傀儡皇帝(故事版本不同,一说把他卷在毯子里踢死,另一说把他关在堆满宝藏的塔楼里饿死)。此后不久,塞尔柱人就重新夺回统治权,但只继续了几十年,奥斯曼土耳其人在 14 世纪早期永久废黜了塞尔柱人。

两个自治的伊斯兰国家——埃及和安达卢斯——也在中世纪中期面临着类似的挑战。新千年伊始,法蒂玛王朝(909—1171)正处于鼎盛时期;其国土最辽阔的时候,统治着西起西西里岛、东至大马士革的广阔土地。法蒂玛王朝的扩张和萎缩也是第一次十字军东征的原因之一。法蒂玛人把耶路撒冷输给塞尔柱人之后,基督教朝圣者就不像以前那么受欢迎了,因此,教皇乌尔班二世收到皇帝阿列克修斯的请求后,想的并不是拯救君士坦丁堡,而是去拯救耶路撒冷。无论如何,法蒂玛王朝最后是被库尔德人(Kurd)的后裔阿尤布王朝

(Ayyubid,1169—1260)取代了。阿尤布王朝的缔造者萨拉丁·尤素夫［Salah al-din Yusuf,或称萨拉丁(Saladin,1137—1193)］后来闻名西方，因为他在 1187 年重新夺回耶路撒冷，导致第二次十字军东征的发生。1250 年，曾是奴隶阶层的马木路克人(Mamluks)占领了埃及，从 1250 年统治到 1517 年。他们在埃及发动了文化复兴，另外还将领土扩张到巴勒斯坦(Palestine)。1291 年，他们攻下了最后一座十字军城堡。

公元 1000 年时，安达卢斯的国势也欣欣向荣。国王曼苏尔(al-Mansur, 976—1002 年在位)欣喜地看到国家繁荣，不仅建筑林立，学术也非常发达。他的城市地位显赫，在科尔多瓦、瓦伦西亚(Valencia)和塞维利亚等城市，犹太人、基督徒和穆斯林和平共处。他的军队也非常强大。他焚毁了巴塞罗那、攻陷了里昂，甚至占领了(西班牙的)圣地亚哥(Santiago de Compostela)，在此过程中，基督教的君主们毫无抵抗能力，阿拉伯人几乎不战而胜。他还向南进军，进攻到北非的柏柏尔王国。997 年起，他建新都于菲斯(Fez)，派行政官在那里统治摩洛哥北部。

然而，威严的曼苏尔一死，他的帝国就分裂了。1031 年，帝国正式结束，取而代之的是许多小型穆斯林公国(taifas)。对半岛北部的基督教小国来说，这些穆斯林小国家的威胁就小得多了。因此，11 世纪还没结束，他们就开始"收复"半岛。1085 年，他们攻下第一座重要的城市托雷多(Toledo)。穆斯林王子们向北非的柏柏尔人求救，结果西班牙境内残存的穆斯林相继为两支来自北非的热衷于改革的和原教旨主义的(fundamentalist)穆斯林所统治。先是阿尔摩拉维德人(Almoravids)，他们统治到 1148 年；再是阿尔摩哈德人(Almorads)，他们统治到 1223 年。西班牙本土的穆斯林对这两支北非穆斯林都没有多少好感。这两支北非穆斯林和十字军有一个相似的地方：一开始都是为了救助同一宗教的兄弟民族，结果却在对方的土地上逗留过久。与此同时，基督教军队正在奋力南进；到 13 世纪中叶时，先前的庞大帝国安达卢斯在伊比利亚半岛只剩下南端的格拉纳达(Granada)。

邻居

在中世纪中期，中世纪的基督教徒和犹太人所生活的世界并不是密不透风的，相反，其边境地区充满着各种互动，有些是针锋相对的，有些则是友好的。这些交流让中世纪的欧洲人和穆斯林及拜占庭人融合在一起。在边境地区，中世纪欧洲人学会很多东西，甚至可以说像大学这样的典型中世纪机构，以及"典雅

139　爱情"(courtly love)都可以找到部分的伊斯兰文化先例。中世纪欧洲人还收获了许多东西,尤其是异域的香料,在中世纪的医学和饮食中都至关重要;精细的丝绸,在中世纪的宫廷中可是抢手货;还有当时已失传的亚里士多德及其他古代作家的著作(在西方已失传),这些都将改变中世纪的学术成就。在这几个世纪中,中世纪的欧洲茁壮成长,其邻居们依然聪慧、富有而强大,有时很乐意分享,有时则不。从灌溉技术到爱情诗歌和哲学思考,这些分享而来的遗产让中世纪欧洲更加充满活力。

农业革命

　　在中世纪中期,欧洲的气候格外宜人,特别是在北方。大约公元 800—1300年间,欧洲的气温比之前和之后都要高上几度,雨水也更少。万物生长的夏季变得更长,当时能种植葡萄的地方比现在要往北 300 英里左右。湿地和沼泽渐渐退去,北大西洋的航海家们遭遇的冰和暴风雨也更少。

年表 6.2　经济发展和社会变化, 1000—1300

第四次拉特兰
宗教大会(1215)

安达卢斯的　　天主教与
分裂　　　　东正教的　　第一次　　　　　　　　　　　　　　　　　　神圣罗马帝国
(约1000—1031)　分裂　　　十字军东征　　　君士坦丁堡　《大宪章》　皇位空缺时期
　　　　　　　(1054)　　(1096—1099)　被攻陷(1204)　(1215)　(1254—1273)

1000　　　　　　　　　　　　　　　　　　　　　　　　　　　　　　1300

农业革新、人口增长、城市发展

约1200　　耕地扩张减慢

约1100　　城市的自治运动

约1150　骑士抒情诗与骑士传奇的发展

1096　　　　　　　　　　　约1175
许多欧洲城市爆发　　　　　威廉·费兹史蒂芬
对犹太人的攻击　　　　　　对伦敦的描述

　　是什么引起了气候的改善,历史学家们无法确定;但是这样的天气产生了怎样的结果,我们却很清楚:公元 1000—1300 年间欧洲经济发展,气候变好是几个原因之一（见年表 6.2）。在这几个世纪里，粮食亩产量大幅度增长，因此，农民们开始在每周或每月的集市上贩卖多余的粮食，购买工具、布匹和其他货物，而本来这些东西都是要他们自己生产的。随着贸易和工业的增长，城镇人口和城镇的数量都不断增长。贵族和骑士们的品位和风格也出现戏剧性的变化；骑士们原先都脏乱不堪地畏缩在阴暗的方塔里，现在都住在结构复杂、装饰豪华的城堡里，还伴有游吟诗人的歌声。村庄更加兴旺，城市更加繁盛，城堡更有生气；在这华丽的表面之下发生的，是一次重要的经济转型；这次经济转型为中世纪中期的宗教、政治、文化上的卓越成就奠定了基础。

整个中世纪（和此后的几个世纪），大多数欧洲人都住在农村里；他们自给自足，生产出的谷物、蔬菜、肉类、禽蛋、羊毛等农作物就是欧洲的经济命脉。各地的农村也具有不同的生态环境：英国、法国北部和日耳曼诸国气候多雨、土壤肥沃，而意大利半岛和伊比利亚半岛则土地较疏松，气候也更干燥一些。每个地区都有适宜耕种的平原和适宜放牧的山地。南区地中海沿岸的人们种植葡萄和橄榄，酒是他们的主要饮料，橄榄油是主要用油。面向大西洋、波罗的海和北海的地区则主要是谷物和畜牧业，那里的人喝的主要是啤酒，用的主要是黄油而不是液体的油。这些区别自古就有，在整个中世纪，甚至直到今天，也一直存在。不过，在欧洲所有的地区，只要农民开始增产增收，经济就开始增长。10 世纪和 11 世纪就是这样。当时，欧洲——特别是北欧——正处在一系列小的变化发展之中，聚集起来就有了非常大的效果。

第一，用于耕种的土地比原来多了许多。人们抽干了湿地，清除了森林，还修筑了海堤以防止海水冲走土地。有的耕地扩张只是小范围的，比如村子里的村民砍掉一小片树林，或者填上一小块湿地，就这样多了一两亩耕地。有的扩张直接来自贵族们的殖民行为；他们把整个村庄"移植"到未开垦的土地上，同时给他们一些优厚的补偿。不论是大刀阔斧的行动还是小规模的行为，欧洲的耕地面积大大增加了。

第二，有些农民不仅增加了耕地面积，而且还提高了种植效率，其方法就是**"在耕地"**与**"休耕地"**（fallow）轮流使用。中世纪的欧洲基本上肥料稀缺（人们为了施肥的权力，甚至闹上法庭），因此保持土壤肥性的最佳方法就是把它空着不耕作。早先的轮耕制度只用两块地：农民耕种其中的一块，把另一块留空。自 8 世纪始，更有效率的**三地轮耕制**（three-field system）就出现了，并渐渐普及。三块轮耕地以三年为一个循环单元：一块春天种植、秋天收成，一块秋天种植、次年初夏收成，一块留空。这样，任何时间里都有三分之二的土地处在耕种状态,相比先前只用一半土地的轮耕方式是进步了许多。不是所有的农村都可以实行三地轮耕制,因为有的地方的土地肥度不足以支持这种方式,还有的地方夏天太热,不能实行春耕。但也有些农村甚至在此基础之上更进了一步,实行利用四块地,甚至五块地的更复杂的轮耕制度。

第三,农业生产技术的进步也提高了产量。新型的挽具和轭具(先前的轭会勒住耕马的脖子)投入使用,马蹄铁的使用也使得耕马和耕牛更有力量。另外,马车上开始使用轮轴;其他金属工具也越来越多。但最重要的一项新型工具则是一种新的犁。古罗马的"刮犁"适合在南欧地区干燥且疏松的土地上耕作,但到了土地厚实的北方就不行了。新型的轮犁则具有三方面的优势:① 其重量足以切入很深的土壤;② 装了轮子,因此操作方便;③ 尖端装有非常耐用的金属刀片。这种犁由一群耕牛或耕马来拉。另一项重要的革新是水磨的使用,后来还发明了用于研磨谷物的风车。风力和水力代替了人类肌肉的力量,使得原先不得不和手工研磨这项重活打交道的女性们可以腾出手来做别的事情。风车对抽干湿地也有很大作用。

这两个发明后来都被开发成工业用具,比如用来带动加工布料的纺锤。农业革命产生了一系列很容易理解的结果。食物的增多刺激了人口的增长,也提高了生活水平,更鼓励了生产分工的细化和贸易的发展。但是在我看来,这些现象有三个值得注意的特点:第一,农作物产量加倍。在查理曼时代,一户农民每种下 1 蒲式耳的东西,大约的收成是 2 蒲式耳;但到了 12 世纪,通常情况下收成可达 4 蒲式耳。1 比 4 这个比例在今天看来几乎低得不可想象,但对中世纪的农民来说,这就是奇迹了。

第二,饥荒减轻了。公元 1000—1300 年间,有些村庄、有的地区有时仍然会出现食物短缺的情况,但是大范围的饥荒没有出现过。相反,人们比以前能够吃上更多的富含蛋白质和铁的食物:豌豆和大豆(都是三块地轮耕制的作物)、奶酪和鸡蛋,还有鱼和肉。猪肉越来越多地出现在农民的餐桌上;从伊比利亚引进的兔肉也在加洛林王朝晚期进入法国,在 12 世纪进入英国。在中世纪中期的整个过程中,欧洲人成了世界上最喜欢吃肉的人。

第三,饮食的进步改变了男性和女性的相对平均寿命。在古代和中世纪早期,男性的平均寿命比女性长,但到了中世纪中期,女性的寿命开始超过男性。为什么呢? 由于中世纪中期的饮食里铁的成分比以前多了不少,这就有效地改善了女性的贫血状况,因此也提高了女性的寿命。每个人都比以前活得更久,但新的饮食结构给女性(她们比男性更需要铁)带来的好处是惊人的。这一结果一直持续到现在。在今天的美国,女性的平均预期寿命超过 80 岁,而男性只有 75

岁。这一现象的根源就是中世纪中期欧洲的农业革命。

农村社会

农业革新是个日积月累的过程。有时候,修道院发明出什么新的技术,就会传给农民;有时候领主会鼓励大家清理土地或者使用新的耕种技术。但大多数新技术都来自劳动者,农民们试验着新的工具和新的方法,有效的就继续使用,无效的就被抛弃。因此,生产率的增长植根于农业社会,也就是大多数中世纪人生活的地方。欧洲——特别是北欧——的农业社会主要分为三种形态:一是村庄(village),由一群农民组成;二是采邑,由地主和佃农共同组成;三是教区,由神父和教区居民组成(见图 6.2)。

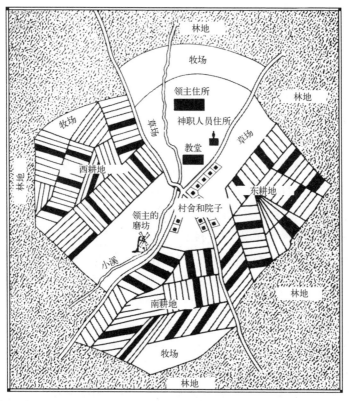

图 6.2 农村社会

在这幅村落布局图中,村庄、采邑和教区有相同的边界。每块地上黑色的条地显示出一个家庭——在这里是一个还算富裕的家庭——的土地是如何分布在整个村庄各处的。随着农民把越来越多的地改造成耕地或用来放牧,村庄周围广阔的林地会在中世纪中期渐渐萎缩。

　　当然,大多数农民一般来说,既是村民,又是佃农,同时也是某一个教区的居民。这三种形态各有各的功能:村庄具有社会和农业功能;采邑具有法律功能;教区具有宗教功能。村庄、采邑和教区的组成者通常会不一样,因为三者的边界通常是不重合的。有的采邑包括两三个村庄,有的教区也差不多有这么大;在这样的情况下,几个不同村庄的村民会共享一个法庭和一个教区教堂。但也有时候一个采邑或教区只包括一个村庄的一部分,那么同一个村庄的人就会对不同的领主欠下地租、对不同的教堂欠下**什一税**(tithe)。这种混乱反映出这三者具有不同的起源和不同的功能。对一个农民来说,村庄管着农业生产,采邑意味着当地的精英们享有哪些权力,教区则提供宗教的慰藉并规定了宗教义务。

143　　由于情况是这么复杂,我们不可能用研究典型的美国农场的方法来研究"典型"的中世纪农场是什么样的。既然如此,那我们就以土地肥沃、人口众多的西北欧为例,来讨论一下农业社会。

村庄

　　今天,在欧洲的农村地区,你仍然可以看到中世纪村庄遗留下来的痕迹:房屋紧密地排在一起,周围则是大块田地,还有一块绿地、一口公用的井或是一个鱼塘。这样的村子有时被称为"原子村庄",因为农田围着房屋,就好像原子的内部结构一样。在新千年到来之际,它们已经构成北欧农村的主要形态。9世纪至12世纪之间,这样的村子不是新生事物,而是越来越普遍,渐渐取代了许多中世纪早期农民居住过的更分散、更不安定的居所。有时候,一个已经有一小群农户的地方会吸引新的定居者;有时候领主打算开辟一块新的土地,并事先规划好;有时候教堂或城堡会成为一个村子的"锚点",使得整个村子都在它的荫庇下。在土地贫瘠的地方,或者在连绵不断的山区,农民家庭一直居住在分离的农场或小村子里,但是在法国北部的低地、英国和日耳曼诸国等土地肥沃的地方,村庄渐渐成为最常见的农业社会形态。

　　村庄周围的可耕地通常被称为"**开放式土地**"(open field,或称"**敞地**");因为其中每一块"**条地**"(strip)都不用篱笆围起来,而用石界或其他低矮的标记作为分界。每块条地约有220码①长,形状较窄(可能只有几十码宽)。为什么是长条形?这些长条形的土地上用的通常是那种重量很大的轮犁,而转弯是很困难的事。耕种者通常让耕牛一直往前走,直到它们需要休息为止;在短暂的休息

---

① 1码约合0.91米。——译者注

之后，他们会把犁转一个方向，再沿着与原来平行的路犁回来。一般情况下，一个家庭拥有几块条地，这几块条地分散在各处；他们在上面种植用于自给、贩卖或付租的粮食。每个家庭成员的各种劳作——耕地、下种、除草、收获——都是为了他们自己的利益，但他们不管做什么，都必须与其他佃农配合。犁具和耕牛都很贵，通常为几个家庭所公有。另外，因为所有的条地都必须种植同样的作物，不同的家庭必须商量好哪块地要秋种、哪块地要春耕、哪块地留空。这种合作关系可能有习俗、惯例作为指导，但仍会有新问题出现；这些问题就会在村庄会议上解决，或者由几个家庭的家长出面达成协议。农民们如果出现条地边界和耕种权方面的纷争，他们会迫于强大的实际压力而试图和平解决问题，并尽量不惊动采邑里的官员们。出于当地地形和土壤肥度等原因，每块敞地的形状、轮廓和耕种方式都有所不同。

　　敞地制度对北欧的农业经济来说非常重要。但是村庄里除了小屋和周围的田地以外，还有许多别的东西。农民们通常在屋子周围留有小庭院，可以种蔬菜、果树，也可以养些家禽。他们不仅在收割之后、只剩残梗的田里，也会在村子里的草地上放放牛羊，或者在附近的草地里打些干草以备过冬。除了用作劳力的耕牛和马以外，大多数农民还养些绵羊或者奶牛，用来做奶酪、挤牛奶、制皮或者剪羊毛。有些地方的人，特别是佛兰德斯和北英格兰，甚至开始大规模养羊，连谷物都很少种了。

　　村庄里也有林地，从那里可以获得燃料和建筑材料，还可以在那里喂猪。通常还有一条小溪或一个小池塘用来供水、养鱼，有可能还会有一个水磨用来研磨谷物。有的村子甚至会有公用的炉子和榨汁机。几乎所有的村子都会有几个工匠和商人，一边干农活，一边从事其他职业。有的人是车轮匠、铁匠和木匠，他们可以维修房屋、修理工具；有的则是屠夫、面包师和酿酒师，可以加工、出售食物和饮料。许多这样的"工业副业"都是男人的职业，但酿酒只有女性能做。在中世纪的英国，表示属性的"brewer"[（男性）酿酒师]一词被"brewster"（女性酿酒师）给代替（中世纪英语里"-ster"是表示女性或阴性的词尾），因为所有干这行的人都是女性。许多村子另外还容纳着一种劳动者：仅有少量或没有土地、只能依靠被人雇用来干些无需技能的活计才能过活的人（包括男人、女人和小孩）。女性的薪资一般是男性的一半到三分之二。有些精明的雇主会利用这种差异，正如 13 世纪晚期的一位作者所建议的，雇女人来完成某些工作是很值得的，因为她"比雇一个男人花的钱要少得多"。

　　村庄里有田地、树林、溪流、磨坊、工匠、供应食物的人和雇工，确实是一个包

144

含多种驱动因素的复杂的经济机器。但是,在经济上,村庄通常不能自给自足;12 世纪,商业复苏风起云涌之时,这种情况就特别明显。那时候的农民,经常把剩余的粮食带到附近的市场或城镇里卖掉,换来的钱可以拿来购买他们自己生产不出来的东西(比如盐)或者不愿意生产的东西(比如布匹和瓦罐)。随着城镇的增长和贸易的发展,农村经济渐渐地融入一个地区的贸易网络之中,一些有商业头脑的农民甚至靠销售粮食和羊毛致了富。

采邑

与村庄相比,采邑是一种人为痕迹更重的形态。一个采邑的领主从农民的劳动中获益,同时对他们享有权威。我们在第四章里看到,采邑制早在 8 世纪西法兰克的部分地区就已成形;后来,类似的采邑就越来越多地出现在北欧的农村地区。这一过程进行得非常缓慢,而且没有完成。11 世纪时,斯堪的纳维亚、意大利半岛、北部的日耳曼地区及法国南部还几乎见不到采邑制,但是在法国北部、后来在英国却很牢固地建立起来。采邑的主人可能是国王或王后,也可能是高贵的贵族,或者是主教和修道院,甚至有可能只是个骑士和他的夫人而已。对这些享有特权的阶层来说,采邑制是种行之有效的制度,既可以从土地上获利,又可以免去劳动之苦。享有特权的修士修女可能会用共同的责任和中世纪社会的"三等级"说来为采邑制正名:正是通过采邑制,"劳动的人"才能够支撑起"祈祷的人"和"战斗的人"。

中世纪中期的大多数采邑里,农民(见图 6.3)可能是自由农,也可能是农奴。自由农只欠地租,可以用现金或货品来偿还,此外就不再欠什么东西了。农奴也欠地租,也可以用现金或货品来偿还,但除此之外,他们还必须每周有几天(通常是三天)为领主无条件效力,做任何领主要他们做的事情。农奴通常一辈子都被拴在土地上,不允许离开他们出生的采邑。到了 11 世纪,农奴的数量大幅度上升,先前的奴隶和自由农都加入这行列。对奴隶来说,成为农奴是一种进步;对奴隶主来说也是好事,因为这样他们就免去了提供食宿的义务。对自由农来说,如果在战乱时期成为农奴,倒也不是坏事;当维京人和其他武装侵略者袭来之时,顺从庄园制度就可以获得领主的保护。失去生命还是失去自由? 在这样的情况下,成为农奴甚至可以说是个更好的选择。

领主可以在以下几个方面从采邑上获利。第一,领地上的收成直接归领主所有。通常,领地占到整个采邑的四分之一到三分之一;但它也以条地的形式被分散在敞地的各个地方。领地由奴隶(如果他们还是奴隶的话)、付薪的劳动者,

图 6.3　农民

特别是农奴来耕种。第二，领主可以从佃农缴付的地租里获利。付租的形式可以是现金、货品（有时候是收成的一部分，或者一定数量的鸡蛋、母鸡或者其他商品），也可以是劳动。自由农只用现金和货物付租；农奴则还要付出劳动。第三，领主可以征收草地、林地、水磨、榨汁机和炉子的使用费。使用费通常会很高，因此，有的农民不得不找别处放养家禽家畜，或者使用手推磨。如果不幸被抓，那就不得不使用领主提供的设备，当然还得付钱。这些费用里，有的是所有佃农都要付的，但有一些只有农奴需要支付，比如说，当土地传承给下一代时或年轻女性结婚的时候征收的费用。第四，采邑内的司法权也可以带来利益。采邑内的法庭起到解决纠纷、惩罚违法行为和强行执行的功能；当然，几乎所有业务都得付费。采邑内的司法机构和中世纪的其他司法机构一样，都是很赚钱的。

　　有的领主或贵妇只拥有一块采邑。在这种情况下，他们通常就住在领主的房子或者城堡里。但是，有的领主——特别是"集体领主"，比如修道院——通常需要好几块采邑才能维持生存。在这种情况下，就需要有"**执行官**"（bailiff）或"**督事**"（steward）来监管采邑法庭、监督领地的耕种情况、征收赋税和地租。

　　不管是在领主房子的阴影之下，还是在执行官的监督之下，中世纪农民都处在一种设计得很聪明的制度之下劳作，无论怎样都会以不同的方式受到剥削。不过，剥削也是有限度的。因为一直以来的习惯就是，领主或贵妇不能从佃农手中要求比以前更多的东西。有些领主无视这一规矩，没有止境地利用他们的农奴。还有些领主不得不收回新花招，安分地守着规矩。总的来说，农奴的日子不值得羡慕，但他们比古时候的奴隶好过多了。农奴不是财产，一般来说，不会被

146

人从自己的土地和家庭里卖掉;而且在交完各种费用之后,剩下来的粮食就是他们自己的了。

教区

9—10世纪时,欧洲的大部分地区都出现了教区,也就是一个由当地教堂和神父完成宗教事务的地区。有的教区是由致力于扩展农村宗教事务、发展农村宗教社区的主教们建立起来的;有的则是由修道院先建起教堂,再发展为一个教区;更多的则是从原来的家族教堂发展而来。所谓家族教堂,就是由当地贵族建造起来的教堂;到那时,贵族的子嗣们已经有权聘用神父处理宗教事务。

在中世纪中期,教区制度渐渐由主教掌控,他们有权指定神父并监督他们的工作。因为中世纪的欧洲还没有神学院,教区神父虽然通常能够读写,但其实并未受过很好的教育。神父的生活通常由"圣职躬耕地"(*glebe* land)、"什一税"和"贡物"或"贡金"(oblations)来保障。圣职躬耕地是一块归神父使用的土地;什一税指教区居民必须奉献出总收成的十分之一来支持教会;贡金指的是付给神父主持婚礼或葬礼的钱。在11世纪的教会改革之前(关于教会改革,我们下一章会讨论更多),神父没有被要求必须单身。因此,许多神父和妻子儿女住在一起,看起来和农民也差不多。但是,即便神父可以结婚,他们仍然是一个特殊的人群,拥有天主教主持圣礼的权力。他们在主持弥撒、婚礼或葬礼的时候,就把上帝和教会的荣光带给了普通百姓。

教区教堂如有可能,就用石料建成,因此,教区教堂是农村地区最大、最牢固的建筑,只有城堡和修道院可以与之媲美。许多教堂内部都饰有宗教题材的油画和塑像,这些艺术品提供了针对不识字人群的宗教指导的一种最基本的方式。很少有教堂拥有长椅,礼拜者在仪式期间只能站着或者蹲着,而且男性和女性分在两边。教堂虽是为神圣的目的设计建造,但也是当地群众的集会地。会议在教堂的大厅里召开,谷子堆在教堂最干燥的角落,集市在教堂前的院子里举行。每逢节日,教堂及其院子都会有人跳舞饮酒,而主教再怎么反对也没有用。简单地说,教区教堂和主管它们的神父一样,都成为农村生活的一部分,而且还因为其宗教功能而显得与众不同。

基督教历的几个节日也融入了农村生活。这些节日包括圣诞节、复活节和许多并不太重要的"神圣的日子"[holydays,"节日"(holiday)一词即来源于此]。这些日子都是虔诚的节日,但同时也为辛勤劳作的人民提供了可以纵情休息的机会。圣诞节之前,会有几个星期的斋戒,但圣诞节一到,长达12天的盛宴和庆祝就开始了。一个月之后是圣烛节（Candlemas，2 月 2 日），人们手持蜡烛，排成行列，以示庆祝，之后通常会有烤饼吃。圣烛节庆祝的是耶稣诞生之后第六周圣母的净化，因此这个节日对母亲来说特别重要。她们在生完孩子之后也要举行类似的庆祝仪式。其实，每个人都特别享受黑暗的寒冬里这个节日带来的宽慰。[现在在美国还有"土拨鼠日"（Groundhog Day，也是 2 月 2 日），每年都会举行仪式来预测春天会早来还是晚来，也给人们带来了类似的安慰。]复活节前也有 40 天的斋戒，称为"四旬斋"（Lent），但复活节一到，就有七天的盛宴与游戏。到了仲夏，"施洗者"约翰节又会带来篝火和舞会。不论什么时候，节日就意味着舞会、酒会和不正式的体育比赛——摔跤、箭术、斗鸡甚至是原始的足球。

乡间生活

中世纪农民的生活是我们所无法想象的。季节轮回，年复一年，还很容易受到天气条件的影响：干旱、洪灾、人或动物的流行病，还有寒冬酷暑……今天，高科技像一层保护屏，把我们和恶劣的自然条件隔离开：中央暖气、冷却设备、空调、稳定的食物供给、完善的管道输送、除臭剂、现代医药等。我们享受着公安和消防队的保护，用高速公路和飞机克服了路途的遥远和崇山峻岭的阻挡。我们已经习惯于这些现代文明的成果，但所有这些东西只是最近时代的产物。中世纪的人对这些高科技成果根本无法想象。

在一个当代美国中产阶级人士眼里，中世纪农民的生活是无法形容的脏乱、贫穷。一座典型的中世纪中期房屋要比更早些时候的房屋高级许多，木头框架上搭着一个茅草屋顶，框架间隙则用树枝堆成网状填充进去，外面再覆盖上泥土和稻草。较富裕的农民会有两间屋子，屋里有长凳、桌子，可能还有个柜子。但大多数农民都住在单间的草屋里，没有什么家具。

人们睡在爬满害虫的草堆上。汗味和排泄物的味道一直飘逸在空气里，因而也不怎么感觉得到。到处都有苍蝇嗡嗡乱飞。草屋里不仅住着人，还住着家禽家畜，比如鸡、狗、鹅等，偶尔还会有牛。这些动物在冬季会给屋子里带来一些热气；为了保暖，很多人会睡在同一张草垫上。房间里如果有窗，也没几扇，还非常小，当然也没有玻璃。"地板"通常就是土地了，在冬天会结冰，春天一到，地面就化成一摊泥。关节炎和风湿病司空见惯，还有其他无数种在当时还不能治愈的疾病。人们会在屋里生火，用来取暖或做饭，但是因为没有烟囱，所以在烟通过屋顶上的缝隙飘走之前，整个屋子就会烟雾缭绕。蜡烛是奢侈品，农民们不得不将就着用火炬,它是用在脂肪里泡过的灯芯草作为燃料的,烧起来恶臭难闻。飞散的火星随时随地都有可能把屋顶点着。大多数人都尽可能待在室外,宁可坐在屋外的长凳上。

　　一家农民的"家庭"真的就是"同一屋檐下的一户人家"。有许多屋子除了一个核心家庭(夫妻二人和孩子)外,还住着寄宿者和仆人。今天,只有富有的家庭才雇得起住在家里的仆人。但在中世纪,即便是最一般的家庭也都有一两个仆人。中世纪的仆人不是现在所谓的女仆和管家,他们其实就是雇来的帮手,哪里有需要就得去帮忙——无论是在田里、林子里、院子里还是在家里。对一户有太多孩子的家庭来说,送一个孩子出去当仆人减少了家庭开支;对一个人手不够的家庭来说,雇一个年轻的仆人是个不错的解决方法。大多数情况下,仆人待的时间都不长,他们只在童年到结婚之间的一段年龄才给人当仆人。有的家庭要小一些,可能只有兄弟俩,或者一个寡妇和她的孩子,甚至可能只有一个人。有的家庭会很大,甚至会出现三代同屋的局面。

　　劳动的分配根据性别、年龄和能力来决定。男性分担了大多数农活,比如耕地、下种和除草。如果田里有需要,女性也会帮忙,特别是收成的时候。另外,女性还在屋子周围的田地和附近的树林、草地上劳动。女性的任务包括打扫、做饭、挤奶、喂养家禽家畜、照看菜园、打水、做奶酪和黄油、纺线、织布、酿酒等,还要从树林里采集坚果和掉落的树枝。幼童、老人和病人都不用工作。孩子长到足够强壮时,儿子们就开始帮助父亲在田里劳作,女儿们就开始帮助母亲在家里、院子里和树林里干活。有时候,甚至老人和病人也会帮忙做些事情,比如照看孩子、纺毛线或给院子除草。冬季天寒地冻之时,所有人都待在屋子周围,修理工具、缝补衣服、纺线或者用手推磨磨谷子。晚餐通常包括一罐菜汤、非常粗的面包、麦芽酒,可能还有个蛋。接下去大家就早早地睡觉了,因为第二天还要辛勤劳动。

　　甚至连上面描绘的这幅画面也有些理想化的色彩了。通常,一户人家总有一两个人会因病致残,因为那时候很少有疗效好的药物;即使没有残废,也会有人常年受伤病和疼痛的折磨(那时没有阿司匹林,只有麦芽酒止痛)。但是,因为能控制生育的只有营养不良这一个因素,其他的节育措施和堕胎行为又不是非常有效,所以妻子们只得忍受许多分娩之苦。生孩子对母亲和新生儿来说都是致命的危险,新生儿夭折率非常高。父母通常会给孩子特别多的照料,但即使这样,孩子们身处的世界仍然非常危险:屋子里的火炉是敞开式的,屋外的沟渠里积满了水,疾病和感染也四处横行。大约有三分之一的婴儿出生不到一岁就夭折了，另有三分之一在十岁之前死去。换句话说，一个妇女可能生了六次孩子，但只能看到两个孩子长大成人。对孩子来说，童年也很短，因为孩子们只要长到能够干活，就会去干活。有的孩子到了 12 岁左右，就会离开家庭，去别处做仆人，或者另谋生路。

洪水和旱灾是困扰农民的两大因素，但再怎么样也比不上战争带来的威胁。封建主的军队们从来不管哪里是农村、哪里是农田，肆意放火将整个村子烧掉，或者直接把村子变成战场。有一首约 1200 年的法语诗讲了这样一个让人心寒的故事：

> 他们开始进军。走在前面的是侦察员和放火队。在他们之后是抢劫分子，一路上把烧剩下的东西捡起来装进货车里。骚乱开始了。刚刚走到田里的农民开始往回走，大声叫喊着。牧人把牲畜群赶到一起，再把它们赶到邻近的树林里，希望能保住它们。放火队点燃了整个村子，抢劫分子冲到农户家里抢东西。来不及逃走的人或被烧死，或被双手反绑，抓去做人质交换赎金。每个角落都警铃大作。恐慌的情绪从一边传到另一边，接着就笼罩了整个村子。到处都有头盔在闪光，到处都是战旗，到处都是践踏着田地的骑兵。有的人家被抢了钱，有的人家被抢了牛和驴子，还有的人家被抢了羊群。烟雾弥漫，火光四射；惊恐的农民和牧民四处逃窜。

虽然有的村子从没受过这样的灾祸，但没有人生活在绝对的安全里。有的人遭受的是另一种掠夺：强迫交出粮食、畜禽和其他物资以支持"友好"力量。一旦田地和粮仓里的粮食全被充公，农民们别无他法，只能重建仓库、重新种地并祈祷能在寒冷和饥饿中安然度过严冬。

有的好莱坞电影把中世纪农民的生活描绘得像天堂一样，比如《伏魔神剑》（*Camelot*）；也有的电影把中世纪描绘得压抑无比，比如《勇敢的心》（*Braveheart*）。真实情况大概处在两者之间。中世纪的农民既没有"天人合一"（接近自然，生活节奏与四季同步，没有城市人的焦虑，等等），也不至于受尽折磨。有的农民比别人多一些土地，因此就能住上好一些的房子，吃好一点的食物，甚至养出更健康一点的孩子来。到 13 世纪时，大多数村庄都有大型佃农（拥有 30 英亩①地）、中

149

---

① 　1 英亩约合 0.40 公顷。——译者注

型佃农(拥有 15 英亩地)和小佃民(拥有 5 或少于 5 英亩地)。

甚至连农奴也算不得很惨。农奴的地租一般有个固定的额度,而自由农的地租却可以无限制地上涨,因此,农奴所付的租金往往比自由农要少,特别是在 13 世纪土地渐渐减少之时。另外,因为采邑制不允许农奴将土地作为遗产传给子女,而自由农则允许这样做,于是到最后,农奴的人均土地会比自由农的人均土地还要多。到 1300 年时,一个租了 30 英亩土地、付着固定地租的农奴,日子过得比一个只拥有 5 英亩土地、付着浮动地租的自由农要好得多。

好时光与坏年景

总的来说,在 11—12 世纪时,随着机遇的增多,农民的日子过得不错,但之后就不行了(见图 6.4)。公元 1000 年左右开发出来的一些农业革新技术基本上给所有人带来了好处。农作物产量在增加,人口也在增加,因此劳动力也在增加。那时除了每个人都有足够的土地之外,还有多余的地。农民的需求量很大,甚至有些有创新意识的地主把树林和湿地转化成可耕地来吸引佃户。另有些地主得防止

图 6.4　农民节

自己的农奴跑到别人的地上去。有时候他们会降低租金，有时候他们让一些农奴升为自由农，有时候地主的领地也会被租给农民，农奴被允许支付货币地租以替代他们在领地上的传统劳作。有的地主甚至允许农村**自治体**（commune）的发展。所谓"农村自治体"，是指领主授予**特许令**（charter）允许农民自治的社群，这样，农民就从采邑制日常的苛捐杂税中解放出来了。

到 13 世纪时，情况渐渐出现逆转。人口的增长已经超过可耕地可以支持的程度，导致地价的上升和劳动力价值的下跌。由于土地和劳力的比例渐渐下滑，领主们开始注重经营自己的领地，通常会低价雇用没有土地的农民来耕作，或者强行让留守的农奴更多地劳动。同时，法律上的变化导致阶级界限更为分明，因此农奴很难获得自由，反而是自由农一不小心就会降为农奴。比如说，有的地方甚至规定，自由农一旦和农奴结婚，就丧失自由状态。在另一些地区，土地资源过于稀缺，有的自由农为了获得一块耕地，不得不降身为农奴。除了法律上的不利因素之外，13 世纪的农民已经失去了先前地广人稀时代的优势，只能任由领主剥削。地租越来越高，罚款越来越重，连使用领主的磨坊、榨汁机和炉子都要花更多的钱。有的佃户会申辩说这样的做法不符合传统，但是这样就面临着失去土地的危险，如果他们不服从领主，领主完全可以把他们的土地拿去给别人。

商业革命

农业发展在 13 世纪陷入停滞，不过在此之前，已经强烈刺激了贸易和工业的发展。随着农作物产量的提高，人口渐增，分工日细，人们的需求更大，因此贸易也发达起来。甚至在查理曼的帝国灭亡之后的动荡岁月里，欧洲的一些城市贸易也没有中断过，特别是在几条大河——莱茵河、塞纳河、波河、卢瓦尔河、多瑙河与泰晤士河——的沿岸地带。实际上，也正是这些富裕的河谷区域才会吸引维京人、马扎尔人和穆斯林掠夺者。维京人在不进行掠夺的时候，也参与到经商活动中，把毛皮、琥珀、海象牙和其他波罗的海的产品运到欧洲的城镇与市场上，同时也和伊斯兰、拜占庭商人做生意。犹太商人也在 9—10 世纪时把欧洲跟更富裕的伊斯兰和拜占庭通过贸易连接在一起，不光是在地中海地区，也在更远的地方，因为在所有地方都有犹太人社区。如果说维京人有独特的船队可供贸易之用，那犹太人就拥有广泛的关系网。另外，欧洲的贸易靠的不单单是维京人和犹太人。在欧洲全境，有不少勇于创新的年轻人都积极利用这些新的机遇,买来一个地方的货物,运到另一个地方,再以高价卖掉以从中获利。后面"人物传略"里讲到的芬克尔的哥德里基(Godric of Finchale)就是靠这种途径发家致富的。

151

人物传略

芬克尔的哥德里基(约 1069—1170)

　　在 11—12 世纪的经济繁荣时期,芬克尔的哥德里基通过货物贸易发家致富。白手起家致富的故事结尾,他放弃了自己的财富,成了一个隐修圣人。在这第二段生涯中,他依然出类拔萃。因为对他的这种崇敬,至少有三位仰慕者为他写过传记。

　　哥德里基就出生在诺曼人征服英格兰之后不久,他的双亲都是盎格鲁-撒克逊人。16 岁时,他成了游历四处的小贩,在路上收捡掉落的或被扔弃的货物,再把它们卖掉。四年之后,他攒够了钱,旅行前往罗马。不过他此行更像是游客,而不是朝圣者。之后,他成了一名航海商人,定期往返于英格兰、佛兰德斯、丹麦、苏格兰之间。很快,他就买下了一艘商船的一半股份以及另一艘商船四分之一的股份。他成为一名经验丰富的航海船长,驾着船穿梭于各个港口,有时候也通过精准的天气预测能力使商船免受天灾。在这些年里,哥德里基还远远没有成为后来的圣人,他欺瞒纵欲,犯下不少罪过,后来他都痛苦地忏悔了。他是个富有魅力的小伙:他是个个子矮小、行动敏捷、身体结实的人,有着宽大的额头和炯炯有神的灰色双眼,他的双眉很浓,中间几乎连在一起。他长着鹅蛋脸,鼻子很长,胡子浓密,头发是黑色的,到晚年就变得全白了。

　　刚满 30 岁的哥德里基驶到圣地,此行又像是朝圣。他的动机是虔诚的;不过,他在路上可能也做了些买卖,甚至大概还抢劫了一些地方。十字军编年史家描述道,1102 年,有一个叫哥德里基的英国海盗曾在耶路撒冷的伊斯兰军队大败十字军时救出了国王鲍德温一世。或许此人就是哥德里基。

　　哥德里基回到英格兰时,在继续过世俗生活还是一心向着上帝之间做着艰难的抉择。他很快开始一次又一次朝圣——去了罗马和法国南部圣吉尔(St. Gilles)的祭坛,接着又回到罗马。几年后,哥德里基放弃了商业,一心向圣。他放弃了自己所有的财产，成了一位隐士，在英格兰北部的丛林里游走。最终，他在最后一次前往耶路撒冷的忏悔性朝圣之后，在杜勒姆(Durham)北边威尔河(River Wear)边一个风景秀丽的地方定居下来，这个地方就是芬克尔。

哥德里基在芬克尔苦修生活六十多年，但他却并没有被人遗忘。虽然他过着远离尘嚣的隐士生活，但却成了整个欧洲都闻名的一位圣人。据说他很爱动物，曾在寒冬腊月把兔子和田鼠带到自己的小屋，同享火炉的温暖。作为诗人，哥德里基将自己虔诚的诗作写成音乐(由此产生现存最早的中古英语诗作)，也同样受到钦佩。他还是令人敬仰的先知，是修道院院长、主教，甚至是教皇的智囊。

哥德里基至少活了 100 岁。在他卧病不起的最后岁月里，杜勒姆大教堂的修士们过来照顾他。在他死后，修士们在芬克尔他的小屋边建起一座小教堂，其遗址仍在河谷边。他的一生对上帝无比虔诚，他的生平因此被记录下来，即便在今天，也值得我们仰慕。不过，对历史学家来说，他的一生最独特的方面是他在年轻时经商、航海的经历。哥德里基对这段经历里犯下的罪过很后悔，但是在今天，这段经历却是关于中世纪商业革命早期商人发家致富的不可多得的描绘与记录。

随着 10 世纪晚期外族侵略的渐渐平息，欧洲的商业得到迅猛的发展。法国的公爵们、英格兰的国王们和日耳曼皇帝们等都鼓励离各村庄最近的地方发展每周一次的集市，以及每年一次的大市，这些集市云集了各国的商贩和货品(见图 6.5)。所有集市里面最大的当数香槟的集市。12 世纪时，香槟伯爵大力发展集市，使得香槟的集市上不仅有法国和佛兰德斯的商人，还吸引了欧洲其他地方的商人，包括英格兰、伊比利亚、意大利和日耳曼等地。许多统治者还想通过将货币系统化来增强势力、增加财富，同时提供更稳定的物品交换媒介。意大利半岛上的城镇在奥托家族及其后人的统治之下繁荣起来。10 世纪 70 年代，奥托大帝在拉莫斯堡(Rammelsberg)开了一座银矿，一时间开发珍稀矿藏之风吹遍欧洲。

152

城镇与商业

城市是古罗马政府的命脉所在。中世纪早期以教堂为中心的城镇就是从古

图6.5　繁荣的集市

153　　罗马的城市发展而来的。10—11世纪时,随着商业的兴起(参见地图6.2),旧的
城镇重新注入活力,新的城镇也一个个兴起。有的城市是具有开拓思维的贵族
们"种"出来的,他们在平地上建起一个城市以加强贸易的发展,或希望从中收
税。有的城市就傍着修道院的外墙建起来,有的则围绕着城堡或其他堡垒发展
起来。这些城堡被称为"burg"("堡"),到最后就出现在城市的名字里,因为12
世纪时,"borough"("设防的镇")实际上是一个镇或一个城市,住在其中的人被
称为"burgher"(指男性)或"burgess"(指女性)(译为"**市民**")。[①]　直到现在,在城
市名称中还可以见到"爱丁'**堡**'"(Edinburgh)、"汉'**堡**'"(Hamburg)、"匹兹

---

① "borough"一词现在多指享有一定自治权的市、镇、区等。bourgeoisie、borough和burgher、burgess的
　　词源都是现在在城市名中被译为"堡"的burg。——译者注

'堡'"(Pittsburgh)这样的名称。中世纪的城市非常忠实于照管他们的神明及市内的宗教机构，同时积极扩张商贸区域并发展行政和法律机构。宗教、商业与城市政府并存在城墙以内，但是把城市改变为欧洲的经济中心，并让城市第一次只依靠商人和工匠的活动生存下来的，则是其商业活动。

最早、最大的商业城镇位于意大利半岛北部。我们已经看到，威尼斯的商人们已经在那里与君士坦丁堡、亚历山大、突尼斯城（Tunis）和北非的其他市场早早地建立起联系。意大利的其他港口城市，如热那亚、比萨和那不勒斯，也很快效法着发展起来。10 世纪时，穆斯林终于被赶了出去；于是意大利的商人们就占领了地中海地区，把伊斯兰世界和拜占庭的物品运到意大利的城市里，并越过阿尔卑斯山运到法国和日耳曼诸国。贸易网的扩大还带动了米兰和佛罗伦萨等内地城市的发展。到了中世纪中期，意大利半岛的城市生活已经非常发达，有好几个城市的人口数达到了 10 万。

1095 年之后，虽然十字军东征初看起来是破坏了地中海的贸易，但从长期看，实际上刺激了经济的增长，特别是对比萨、热那亚和威尼斯等城市来说；因为这几个地方的商人通过帮助十字军而发了战争财。最终，有许多阿拉伯城市还专门为意大利的商人设立了特别区域，而这些城市也发展得非常繁荣。在突尼斯城，仅在 1289 年的七个月里就有超过 300 位欧洲商人前来经商。他们带来了皮毛、奴隶、金属、木材、银器和布匹，回家的时候带走了染料、辣油、丝绸、棉花与金子。当时贸易往来的区域有多大，有出土文物为证：在欧洲的许多地方——甚至远达英格兰、波兰和斯堪的纳维亚半岛——都有阿拉伯硬币出土。当时的贸易带来的不仅有物质利益，还有技术上的进步。欧洲人从阿拉伯人那里学到橘子、甘蔗和稻谷等农作物的种植方法，学到了更好的灌溉技术，引进了造纸术、指南针以及能让船逆风而行的三角帆。

在北方，佛兰德斯的城市也通过商业富裕起来。佛兰德斯人在法国北部、不列颠诸岛、莱茵河地区和波罗的海沿岸都有生意可做。制造业也给佛兰德斯带来了财富。另外，那里长久以来就是一个养羊的地方，布鲁日（Bruges）、伊普尔（Ypres）和根特（Ghent）等几个城市迅速成为羊毛纺织业的中心。后来，全世界对佛兰德斯羊毛的需求量增长极快，当地商人不得不从英国进口羊毛以补充当地的产量。那时，佛兰德斯已是北欧的工业中心，其中纺织业更是代表了当时最先进的制造工业。

早期的商业所涉及的商品基本上都是以下几类：奢侈品（如丝绸和辣油）、奴隶和上好的布料。随着经济的增长，各地都开始专营最适合当地生产的物品。

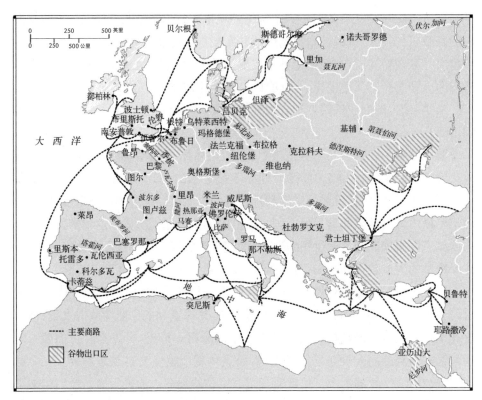

154   **地图 6.2 中世纪贸易**

这张地图显示海路是如何把中世纪的城市互相之间以及和北非、中东的城市连接起来的。这些城市的商人也通过内河和陆路运送物资。其中内河已在这张地图上标注出来;而陆路数量太多,不把这张地图弄得一团糟大概是标不清楚的。有许多陆路都通到位于巴黎东侧的香槟的集市上。这个广阔的贸易网里交易着许多物资,我们用其中最重要的一种——谷物——来显示商人和货物行走得有多远。

155   当地人把这些特产卖到很远的地方,接着就能进口其他生活必需品。于是,巴黎盆地出口谷物,斯堪的纳维亚出口木材,波兰出口盐,日耳曼北部国家出口盐和鱼类,英国出口羊毛,佛兰德斯出口布料,勃艮第则出口酒类。一位 13 世纪参观勃艮第的修道院的游客记载道,那里的修士把所有的农田都奉献给了葡萄园;因为他们的酒在巴黎能够卖出很好的价钱,所以他们完全可以专产酒类,用卖酒所得的收入来进口食物、布匹和其他必需的东西。

　　中世纪早期时贸易还不发达,有的基本物资只能沿着能够支持这等贸易的城市流动。到了中世纪中期,不仅流动的物资比以前丰富许多,能够运送这些物资的途径也比以前多许多,从当地到地区的,及跨越国境线的贸易网络都发展起来。"集市村"专门负责农村地区的贸易,每周组织集市以方便农民出售鸡蛋和粮食，并换来布匹和瓦罐等货物。"地区大镇"是这些小型市场的补血站，把货物卖到小市场的同时也收回其他东西。比如，一个名叫布里格斯托克的英格兰乡村里的一位农妇可以在周四赶到 8 英里以外的科比镇去卖她的羊毛。接下来，她的羊毛可能会被卖到离布里格斯托克 60 英里的林肯镇，接着穿过海峡到达佛兰德斯的一家纺织厂。这位妇女可以用卖羊毛得来的钱在科比镇上买布鲁日织成的布、尼德兰产的腌鲱鱼，或者只买一个当地铁匠制成的犁头。她一生都没有去过林肯镇，但通过林肯镇和科比镇，她卖出了她生产的物品，买进了她需要的物品。布里格斯托克产的东西也通过林肯镇来到了这个中世纪市场链的最高点——城市。城市是当时国际贸易、金融和工业的中心地带。在英格兰，当时能算城市的，恐怕只有伦敦；其人口数在 12 世纪末达到 4 万，一个世纪后就翻了一倍。

许多贸易网络都是非常规的，比如连接佛兰德斯和意大利半岛、穿过莱茵河与隆河谷地（Rhône Valley）的轴线。其他贸易线路则是常规线路。举例来说，香槟的年市到最后就发展成一年六次的固定市集，全欧洲的商贩都会来交易。另外一个例子，来自不同镇上的商人有时候会结队而行，一方面确保货物运输的安全，另一方面也希望能争取更多的优惠。最大的商人集团——汉萨同盟（Hanseatic League）——是专做波罗的海生意的。这个同盟形成于 12 世纪中期，到公元 1500 年时已拥有超过 150 个成员和同盟城市，而且一直活动到 17 世纪。

无论小集市还是大城市，无论单独行动还是结盟而出，商业的发展加速了中世纪中期经济的发展，推动了资金的流动。正是这些资金建造起大教堂，支援了十字军，资助了王公贵族们的慈善事业，也给 13 世纪非常发达的宗教文化注入了实质——金钱和坚定的信仰。国王们终于可以不再以物品而是以货币的形式收税；他们可以供养领薪的官员，可以雇佣军队对外作战。贵族们终于可以纵情享乐，享受到各种进口的奢侈品。有经济头脑的农民可以用赚来的钱盖更好的房子，买更多的土地。市民们——新经济的最大受益人——可以用钱来建造装饰奢华的大型教堂，以此敬拜神祇。他们也经常造些复杂的市政大厅来抬高自己的身份，甚至造起石屋，这样就可以住得更舒适些。

156

城市社会

城市居民主要都是从富裕的农民阶层走来的，但也包括流浪者、逃跑的农奴，还有小贵族们那些雄心勃勃的子女；总之，就是快速增长的人口中多余的人全都聚集到城市里。11 世纪时,城镇正在不断产生和发展之中,需要有人迁入;之后,由于卫生条件的不足,死亡率很高,因此也需要不断地有新人加入。妇女是入迁人口的重要组成部分,到 13 世纪时,城镇里女性居民的数量通常高于男性。女性喜欢往城里跑,原因可能是城里有更适合女性发展的职业(比如纺纱),也可能是因为农村的资源实在有限,比如遗产传男不传女的不利规则。无论如何,如果你走上中世纪城镇的马路,可能会发现城市原住民和从农村迁来的人数相差不了多少,女性和男性的比例至少也接近。

城镇最初也受其地区内的贵族、主教或修道院的管制,这一点很符合逻辑。因此,地主可以向城市居民征收各种税费,也可以维持城镇的秩序。但是,城市里最富有的居民——商人们,早早地就开始反对这样的操作。他们强烈希望能够拥有更适合商业人士的特权:免付一些费用、行动上的自由、免费过路(过桥费和过堡费)、拥有城镇财产而无须履行封建主或领主的职责,以及自治的自由。到 12 世纪时,地主们已经开始赋予商人们上述权力的一部分,甚至全部;这些规矩被写进"自由特许令"里,或称**城市特许令**(urban charters)。有的贵族是迫于城市暴动和反抗的压力,才发布这些法令的;有的认识到他们辖地内这些繁荣的商业中心能带来的经济利益,而自愿发布这些法令;还有的贵族则主动在新城镇发布特许令,他们规划街道的划分,建起城墙,另外通过给予优惠条件的形式吸引商人们的到来。

要求城市自治的呼声如此之高,有的历史学家甚至写到,在 12 世纪发生过一次"**自治运动**"(communal movement)。实际上,每一个城市特许令都造就了一个半自治的政法实体,在欧洲的许多地方被称为"市自治体"(commune)。市自治体有自己的政府、法庭、税务机构和关口。早先的自治令彼此之间差别非常大,但没过多久,就开始按一些著名的模式颁布。英王亨利一世(Henry I,1100—1135 年在位)赐予泰恩河畔的纽卡斯尔(Newcastle-on-Tyne)市民的特权和法王路易六世(Louis VI,1108—1137 年在位)颁布给洛尔里(Lorris)的特许令成为后世城市特许令的模本。市自治体的居民为了获得特权,要付出很大一笔财富,之后每年还必须付一笔钱给领主以维持效力。但他们不是以个人为单位支付这些钱,而是通过城市政府集体付清,这一点也很重要。城市居民通过他们自己的法庭来实施他们自己的法律,有自己的税收方式,把所有的账都收齐之后,一次性付给领主。简单地说,他们有了处理自己事务的权力,这才是最有意义的。聪明的贵族们当然也乐得收取这样的年金,因为他们不用花力气管理他们。

虽然城市特许令的获得是集体行动的结果，它能够得到延续也是集体的责任，但这并不意味着中世纪的城镇保障了民主与平等。有许多因素都会导致不平等，其中社会经济地位、性别、宗教信仰是最重要的。富裕的商人从特许令里获益最多，因为他们控制着城镇政府，统治着地位比他们卑微的男性和所有的女性；在许多城镇，商业寡头权倾一方，几代人之后，他们就自视比所有人都高贵。粮商和鞋匠虽然同居一城，但他们的经济利益常常很不一致。粮商会希望抬高粮价，这样他就能多赚点钱；但鞋匠会希望粮价低一点，面包也相应地便宜一点。对中世纪城镇里的商人来说，经济特权和政治特权一样重要。

女性从事着各种各样的职业，有时候甚至能从事税收、金融、财务等方面的工作，或者当上药剂师和理发师。但是，在这些行业里，除了最不体面、最不赚钱的行业，比如为死者葬礼所做的准备工作，或者把羊毛纺成纱线等，女性从来没有取得过主导地位。寡妇有时候会去经商，但是在这种情况下，她们只是替过世的丈夫打理家业而已，并不是独立的"女老板"。她们一旦改嫁，就可能会失去原来的事业。有时候，妻子从事的行业和丈夫的行业互补。比如，屠夫的妻子就可能以制作香肠为业。和男孩子比起来，女孩子从事高技术含量行业的可能性要小得多。大多数年轻女性都在父母身边工作，直到结婚或者找到可以服侍的人家去做女仆。

我们已经看到，犹太人对中世纪早期城市的发展起到了重要的作用。在伊比利亚，逃过西哥特人强行改变信仰的政策之后，犹太人社区在穆斯林的宽容政策下发展起来。在意大利的城市里，犹太社区生活之久、扎根之深，也不亚于在伊比利亚的情况。9 世纪以来，越来越多的犹太人定居在北欧。加洛林王朝在其帝国境内鼓励犹太人定居，在 1066 年诺曼人征服英格兰之后，他们也鼓励犹太人往英格兰发展。由于基督教的统治使得犹太人很难拥有土地，他们只能在城市里谋求生存。由于犹太人分散在全世界各地，不同犹太群体之间保持联系成了一件重要的事情，因此经商便成为非常合适的职业——他们对世界各地都非常熟悉，能说很多种语言，在许多城市都有值得依赖的联系人。

犹太人还提供一项重要的金融服务，在 2008 年的金融危机后，我们对这项服务尤其理解。中世纪基督教会禁止所谓的**高利贷**（usury），即有息借贷（信用卡制度与中世纪神学家的理念格格不入）。但古往今来，放贷对商业经济的健康发展都不可或缺。后来的商人们——比如芬克尔的哥德里基——不得不通过借钱的途径来扩大自己的贸易。只有通过这种方式，他才能获得足够的现金维持周转（低价买进，高价卖出），甚至在他的钱还冻结在航路上时。有的基督徒堂而皇之地无视教会的规定;在这方面特别有名的是伦巴底和法国卡奥尔(Cahors)的放贷者。还有的基督徒发明出非常隐蔽的放高利贷的方式,利用不同货币间的汇率膨胀来赚钱是一个很受欢迎的途径。还有些人直接找放高利贷的犹太人,因为他们不受基督教教条的约束。这项金融服务并没有为犹太人引来褒奖,而且放贷有时还成为基督教徒非议犹太人的又一理由。实际上,做放高利贷的犹太人虽然显眼,但人数很少;大多数犹太人赖以维生的职业和他们的基督徒邻居们差不多——屠夫、面包师、裁缝、教师等。

然而,犹太人一直是中世纪城镇里的一群独特的人。他们和其他人的区别,一部分是出于法律原因,因为犹太人社区通常可以从领主、贵族和国王那里获得特别的特许令,给予他们额外的保护,甚至司法豁免权。这样一来,犹太人社区从某种意义上讲,其实是他们所处的城镇里的一个独立的组织。另一方面,犹太人在中世纪城镇的独特位置,也是因为基督教一直以来就对犹太人既接受又排挤——我们在第一章就已经看到了。犹太人不能参与市民政治,也不能加入大多数**行会**(guild),他们还被和基督徒隔离开,安置在"犹太人居住区"[Jewry,或在德语和法语里被称为"犹太街"(*Jüdengasse* 或者 *rue des Juifs*)],甚至被要求穿上特别的衣服。这些限制在中世纪中期得到了加强。

11 世纪晚期,欧洲掀起了一阵反犹太人热潮,首倡者便是基督徒。1096年,部分是由于第一次十字军东征的余热,反犹更激烈了,基督徒屠杀了美因茨(Mainz)、沃尔姆斯(Worms)和科隆的所有犹太人。其他城镇的迫害也持续进行;而且他们很快就给犹太人安上了莫须有的指控——**仪式谋杀**(ritual murder)。关于仪式谋杀的诽谤首先出现在英国的诺里奇镇(Norwich)。1144年,那里有传闻说犹太人以模仿基督十字架刑的方式杀害了一个基督教男孩。被害的男孩被封为圣人,他的坟墓成为朝拜的目的地,而诺里奇的犹太人九死一生才得以活命。这种荒谬的指控一方面表现出基督徒对基督受刑的愤怒,另一方面表现出他们对现状的担忧。这种指控在中世纪和现代欧洲早期的城镇里也一次次出现,经常会带来致命的结局。我们会在第九章更详细地讨论中世纪基督徒迫害犹太人的根源与影响;在这里,我们只需点明犹太人在中世纪城市里的地位。

行会与家庭

无论是因为十字军东征的余热,还是因为莫须有的罪名,对犹太人迫害之惨烈使得其他事情相形之下都是小事一桩了。其中之一就是犹太人不能参加行会。行会对中世纪城镇来说起着很重要的作用。一些商人组织起来从贵族手中争取特权时，一些最早的行会就诞生了。之后，这些行会就一直具有一定的政治功能。换句话说，如果要加入城市政府，就需要加入某个或某些有影响力的行会。其他的行会也很快发展起来，特别是工匠行会（见图6.6）。这些行会都具备许多功能——社会交际、慈善事业和执行教规，其中在经济方面的功能才是最主要的。

　　为了限制竞争，保证质量，行会——其实是各行会的**师傅**（master）们——提出了很高的入会条件以及对价格、薪资、品质与操作规范等方面的严格要求。师傅们经营着自己的行当，同时监督着其他两种工匠。年轻人在师傅开的店铺里，通常要先当**学徒**（apprentice）。学徒期可长可短，最长的有时候要七年；结束之后，才可能出师开店，另外还要靠运气和父母的财力。一般来说，出师的年轻工匠在开店之前，还得花几年时间受雇于人，打打零工，一方面磨炼技艺，一方面筹集资金。这些人被称为**熟练工**（journeyman，即"短日工"。"journeyman"一词来自法语的"*journée*"，即"日、天"之意）。有许多人一辈子都没有机会当上师傅、开自己的店；在13世纪经济开始萎缩之后，这种情况就更为普遍了。之后，许多工匠不得不一辈子靠受雇于别人过活。

　　一位工匠要经历三个阶段——学徒期、为人打工、当上师傅，这只是许多男性工匠所要面临的生活，很少有女性也要经历这些。偶尔会有女性进入一个男人的行当当学徒，但是一般来说，她最后会和一个师傅结婚，而不是自己当上**女师傅**（mistress）。有些女性行业（比如刺绣和纺织等）虽然也形成了行会，也有女师傅、熟练工和女学徒，但这些行会通常全部或部分由男性管理；而且，女性行会数量本来就很少，只在少数几个中世纪城市里出现过。

　　对大多数商人和工匠来说，店铺就是自己的家。换句话说，制造、出售货物的地方也就是他们过日子的地方，吃

159

图6.6　铁匠

160 饭、睡觉、家庭生活全都在一起。城市里的这种"家庭"和农村家庭有几分相似，都是一个屋子里装着一整户人家；除了有血缘关系的亲属之外，工匠的店铺里通常还住着学徒、仆人和寄宿者。中世纪的店铺里，事业和家庭生活界线非常模糊，有时候对女性有好处。一个师傅的妻子和女儿通过观察、练习和实际操作，也可以学到学徒们学到的技术。当然，学徒学来的技术是得到正式承认的，而师傅的女儿从父亲那里学到的东西却得不到正式承认。不过，家和工作间合而为一为中世纪女性解决了一个现代女性颇为头痛的问题：照看孩子；因为孩子的摇篮就放在工作和生活的地方，要照顾起来很方便。

和农村孩子一样，城里孩子也很小就开始工作了：只要他能跑跑小差，在工作椅上做点小活，或者帮忙看店，他就开始工作了。从小工作虽然辛苦，但好处不少。孩子们跟在父母身边干活，能学到很多工作技巧。到了十几岁时，很多孩子就到别处做学徒或者当仆人；也有些人在家干活，或者当熟练工。孩子长大之后，通常会继承父母的事业。本来，男孩子学父亲的手艺就是常事，女孩子的婚姻也会有相似的方式来安排。家庭关系就这样通过贸易关系和行业关系得到加强。

12 世纪伦敦人的生活

我们可以通过 12 世纪末的伦敦来了解中世纪城市生活的大致面貌。当时，伦敦的人口有 4 万左右，是不列颠诸岛最大的城市和整个西北欧的首要商业中心。英格兰有许多主教、修道院院长和公爵都在城市里有房子，国王也在威斯敏斯特(Westminster)西区的宫殿里处理他的大部分事情(王宫建于 1099 年，一直屹立到现在)。12 世纪末的伦敦有 139 座教堂，每小时都能听到钟声。

伦敦的街道非常窄小，大部分都未铺上石板，整天都挤满了人、狗、马和猪。(半个世纪前，有个法国王子在巴黎因为坐骑被一头猪绊倒而摔死在街头。)街道两旁排满房屋和店铺，大多数都是木结构的，在缝隙处填着稻草。火一直是个安全隐患。但在一个 12 世纪居民看来，伦敦是一座极其繁华、日新月异的大都市。泰晤士河上的木桥正在被替换成一座全用石块砌成的桥；街上有清洁工每天清除垃圾；城里还有英国唯一的排水系统，街道中心有排水沟。12 世纪早期，城里甚至还造了一个公共厕所。

就今天的标准而言，当时的伦敦是个又小又脏又臭的火灾高危地。但 12 世纪的伦敦人却以他们的城市为骄傲。其中一位叫威廉·费兹史蒂芬(William fitz Stephen)的市民在 1175 年这样赞叹道：

伦敦享受着新鲜的空气，笃行着基督的教诲；它拥有坚固的城防以及自然优美的环境；市民以它为荣耀，女人含蓄有礼。伦敦是座幸福的城市，不仅百业俱兴，还是养育高贵人物的摇篮。

中世纪所有的城市都设有城防，而伦敦的城防系统比别的城市更坚固些。城东有座伦敦塔（Tower of London），城西有几座坚固的城堡，另有一段很长的城墙，每隔一段距离就设有塔楼和城门。城墙之内，各地的货物琳琅满目：俄罗斯诸国出产的毛皮、阿拉伯的黄金、中东的香料、埃及的宝石、中国的丝绸，当然还有法国的酒。城里另外还生产、出售许多廉价的商品，包括中世纪"快餐"——街边酒铺出售的麦芽酒、从法国归来的商船上直接卖出的酒、小贩出售的糕饼，另外还有沿河一带的食品店。威廉·弗兹史蒂芬写道："你可以在那里根据不同季节来寻找美食：各种做法不同的肉，有烤的、煎的、煮的；大大小小的鱼；穷人吃的更粗糙的肉；富人吃的更精细的肉，比如鹿肉和大大小小的禽类。"

威廉·费兹史蒂芬还描述了伦敦人的闲暇生活：奇迹剧、狂欢节、体育比赛（差不多相当于中世纪的奥林匹克了，有"箭术、跑步、跳高、跳远、摔跤、投石块、掷标枪和角斗"）。弗兹史蒂芬还说道，人们在寒冬腊月天就跑到结冰的泰晤士河上：

> 有的人在冰上越跑越快，最后两腿分开，斜着身子也能滑行很远很远。有的人在大块的冰里挖出个座位来，接着另一个人拉着他的手，把他连人带座椅拉着跑。他们的速度实在太快了，有时候脚一滑就会摔个"嘴啃冰"。另一些人要更协调些，他们把动物的胫骨垫在脚下，牢牢地绑在脚踝，手持末端装有铁皮的手杖时不时敲击着冰面，这样，他们的速度就像鸟儿飞一样……

关于女性，威廉·费兹史蒂芬只写了一句含糊的话："这座城市的女性都非常像萨宾人（Sabine）。"在罗马神话里，萨宾族女性是罗马男性的受害者。罗马的男人找不到女人，就强行抓住萨宾族的女性并与之发生关系，导致她们怀孕。可贵的是，这些女性最终处理好了她们愤怒的父亲和实际上的丈夫（罗马人）之间的关系。费兹史蒂芬所要表达的可能是最高程度的褒奖，他大概指的是伦敦的女性对丈夫和父亲都无比忠诚。

作为一个骄傲的伦敦人，威廉·费兹史蒂芬强调了伦敦的优点，粉饰了它的缺点。他说伦敦的空气无比新鲜，但实际上，我们知道，伦敦早在 12 世纪就有烟雾的问题。也并不是所有人都欣赏威廉·费兹史蒂芬那种热情。有一位 12 世纪的法国犹太商人对一位即将前往英格兰的朋友如此警告说：

> 你到英格兰之后，如果要经过伦敦，就赶快穿过去……世界上任何地方的污秽邪恶的东西在那里都找得到。注意别碰上皮条客，也不要和餐馆里的人混在一起，不要赌博，不要看戏，不要进酒馆。你在伦敦听到的牛皮会比在整个法国听到的都多……如果你不想和作恶的人住在一起的话，就别住伦敦。

也正是这个商人，对英格兰的其他城市也颇有微词。在埃克塞特（Exeter），人和野兽吃同样的食物。在巴斯（Bath），躺在"污浊的空气和硫黄烟雾之中，好像到了地狱之门"。在布里斯托（Bristol），"所有人都是——或曾经是——做肥皂的"。伊利"周围的沼泽地导致这座城市无论何时都散发着臭味"。约克则"满是苏格兰人，他们无比脏乱，心计险恶，几乎不是人"。

162 地主贵族

随着农业的发展和城市的成长，北欧的贵族生活也发生了变化。金钱已经开始腐蚀领主与封臣的关系，个人的效忠换来的是现金。贵族与国王对封臣的依赖越来越少，对商队和领薪官员的依赖越来越大；这一趋势首先出现在英格兰，接下来便波及欧洲大陆。12 世纪开始，英国国王要求封臣支付一种"免兵役税"（scutage，意为"保护费"）来免除他们的兵役。很快，法国等地也相继效仿。

另外，金钱和商业给贵族家庭带来新的奢侈品：厨房里多了胡椒、姜和桂皮；衣服的质量比以前好，颜色也更丰富，另外还缀有珠宝，冬天能穿上皮衣；城堡内部比以前多了地毯、墙饰和更复杂更华丽的家具。有许多贵族为了追求奢侈的生活而背上债务；然而，在一个崇尚挥霍无度、以能花钱象征慷慨大方的社会，负债比勤俭节约更有面子。

专职武士

中世纪的贵族，不管怎么说，都是军事阶层。男人从小就接受骑马作战的训练，而女人则从小被要求崇敬男性的勇武之力。我们在上一章看到，封建贵族本来就分成两个阶层，一是领主（拥有大量土地的地主），二是骑士（领主的追随者）。在中世纪中期，地主和骑士之间的分界就不那么明显了。一方面，地主被传说中的英雄骑士所感动——如特里斯坦①和兰斯洛特②，也愿意把自己当成"骑士"，只是一不小心有了财富和权力而已。另一方面，普通的骑士也开始拥有更多的土地和一些先前只限于地主的特权和司法权。到 13 世纪，骑士和地主，以及他们的妻子、姐妹和女儿，已经混合为一个贵族阶层。这两群人虽然在财富和权力方面依然有很大的差别，但都遵守着一种共同的行为规范——骑士精神（chivalry，源自法语的"马"——*cheval*）。

虽然今天流传着许多关于中世纪骑士的浪漫形象，但实际上，中世纪的骑士不过是个武装暴徒而已。他们骑着战马，穿戴着头盔和锁子甲，就成了中世纪的坦克（见图 6.7）。作战是他训练的目的，也是他的存在理由。现在，通过抢劫物品、敲诈与地主的赠予，他们逐渐致富。他们宣称保护着教会和社会，有时候也是这么做的。但他们其实非常暴力，最根本的兴趣只是保卫与扩张他们自己的土地。对一些骑士来说，战斗才是最大的快乐。一位 12 世纪的法国贵族如此写道：

> 我告诉你，对我来说，吃喝和睡觉都算不上什么乐子。打仗的两方都高喊"杀了他们"的时候，没有人的战马在一片阴影之中倒下的时候，人们喊着"救命！救命！"的时候，我看到他们——不管是谁——掉到长满野草的山沟里去的时候，我看到拿着断矛、披着战旗的人死在地上的时候，这才是真正的乐子！

这位法国骑士过着很开心也很残暴的日子，因为在中世纪中期，到处都是战争。君主和亲王们设法阻止地方领主之间的私斗，但这个过程非常缓慢，问题一直持续到 13 世纪之后。

战争对位于行军路线上的村庄和城市来说是惨重的灾难，但对骑士自己来说却没什么损失。大多数中世纪战争都由两部分组成：一是围攻城堡，二是抢

163

---

① 特里斯坦（Tristan）是亚瑟王传奇中的一个骑士。他是康沃尔的马克王（King Mark of Cornwall）的外甥。马克和爱尔兰公主伊索尔德（Isolde）订了婚，他派特里斯坦去爱尔兰接伊索尔德回来。结果两人在路上相爱了。接着便发生了一段凄惨的爱情故事。——译者注

② 兰斯洛特（Lancelot）是亚瑟王传奇中最勇敢、最著名的骑士。他爱上了亚瑟王的王后桂妮薇（Guinevere），导致一些悲剧的产生。——译者注

图 6.7　骑士
画面中的骑士已做好作战准备。由于用了马鞍、马镫和缰绳,他的
"座位"非常牢固。他全副武装,武器精良。他的战马也是特别喂
养,并经过特别训练的,马蹄上都有钉掌保护。

走敌军的土地和农民。大型战争很少,即便发生了,也伤不了骑士自己。他们的
盔甲非常坚固,一般来说,被俘的可能性远远大于被杀的可能性。而且,作战双
方一般也希望能活捉对方的人,因为这样就能要到一大笔赎金。

封建社会

在和平时期,马上比武(tournament)取代战争,成为崇尚勇武的活动。教会
试图立法反对比武,但几乎没有成效。不过他们这么做,是有原因的。因为马上
比武是一种通常会有百余骑士参与的模拟战争,会导致参与者被害或致残。贵
族男人则非常喜欢这种"格斗",因为这是展示武技、收受赎金的机会。女人也很
喜欢观战,一边支持着她们欣赏的男人,一边下注赌谁猜中了结局。小贩、酒商、
糕点商、妓女和扒手也很喜欢马上比武,因为也会给他们带来商机。总的来说,
马上比武和今天的篮球联赛有些相似之处。都只有少量的暴力,大量的观众,
在比赛后台有大量钱财流动,女性以组织啦啦队等形式为男人助威。但是和
篮球联赛不同的是,骑士们举办比武会有实际的用途,那就是要为上真正的战

场做准备。

骑士喜欢打仗,不管是真打还是假打。但他们也有更无聊但必需的职责,而且这些职责从 11 世纪开始就越来越重要了。他们必须出席采邑法庭,给领主做参谋;他们必须管好自己的土地(或者让妻子干这活)。作为娱乐活动,领主可以在私家树林里打猎或猎鹰。除了享受闲暇之外,打猎还减少了树林里害人的猛兽,比如狼和野猪,另外还可以打来鲜美的鹿肉饱餐一顿。当然,娱乐还是很重要的,甚至于农民被禁止设陷阱猎捕鹿和其他动物,因为它们都是为"更高阶层"的人准备的。如果天气不好,下棋或军事游戏就是上好的选择。另外,喝酒、设宴、听游吟诗人唱歌、听说书人讲故事,都是不错的娱乐活动。

经历了中世纪中期之后,贵族们的生活得到了很大的改善。中世纪早期时,大部分城堡不过是个建在山岗上的四四方方的小木塔,外围有战壕或栅栏(或两者皆有),方塔周围是军火库、仓库、马厩、工匠铺子、菜园和肥料堆,或者还有座小礼拜堂。塔楼或者主楼(keep),通常空气污浊、屋顶漏雨、光线阴暗、没有保暖设备。因为是设计作防护用的,塔楼住起来一点都不舒服,窗子又小又窄,只供向外射箭用。而少数几个房间要住下领主、他的家人和仆人、家臣与宾客。这是个将所有人强行安排在一起的小世界,只有最富有的贵族才能享受到独居一室的好处。

但是到了 13 世纪,贵族们住的房子就大得多了,而且通常用石材和灰泥建成。12 世纪时,烟囱代替了火盆,因此每个房间都可以得到加热,从而使得更多的私人空间成为可能。私人卧室出现了,仆人专用的区域也划分出来。实际上,私生活还是比较少见的,因为大贵族现在要求有更多的随从。但是公元 1000 年时满是汗味、虚张声势的贵族生活,到 1300 年时已经发展出一种新的、宫廷式的风格:人们举止文雅,听着游吟诗人的歌。武士贵族现在已经变成"上流社会",渐渐地意识到自己和别的阶层是有区别的。他们与低层社会的区别在于更好的出身和更好的品位,渐渐地就比原来更具有鲜明的身份特点。

然而,封建社会仍然是一个武士的世界,容不下贵族女性。敏锐的读者可能已经发现,前文述及的 12 世纪骑士的生活中,虽然吃喝睡眠一样不少,但是缺少和女性的关系。其时,有些人已经开始吟唱游吟诗人的诗句,歌颂男女之爱,并从中发现女性带来的乐趣。这种爱情后来被称为**"典雅爱情"**(Courtly love),更多情况下只是个理想而已,真正实践的人不多。典雅爱情将女性形象理想化到荒唐的境地,把女性放在高高在上、遥不可及的地位。但这种爱情观确实表现出男性对女性的另一种态度,与旧时代将女性视作邪恶的诱惑者、可被骑士随意凌辱、被粗暴丈夫肆意殴打的对象这种观念形成鲜明对比。

尽管女性不被要求上战场作战,但有的女人还是参与到战争里,有可能是战斗所需,也有可能是她们自愿。这样的女性表现出的男人的勇气,通常不会遭到批判,反而会被赞扬。公元1100年左右,贡切的伊莎贝尔夫人(Lady Isabel of Conches)"佩上武装,骑上战马,像一个骑士那样和骑士一起作战",人们把她描述为一位慷慨、勇敢、精神抖擞的战士。尽管继承遗产的习俗偏好男性,女性有时候也会持有土地;她们可以是女继承人,也可以是寡妇,有权继承丈夫拥有土地的三分之一。另外,尽管女性通常不会凌驾到男性之上,但有些女性统治了很久,而且政绩颇佳。法王路易九世(King Louis IX,1226—1270年在位)的母亲、卡斯提尔的布兰奇(Blanche of Castile,1188—1252)就多次替子执政,先是在他年幼之时,后是在他参与十字军东征之时。布兰奇足智多谋,坚决果断,有一位现代的法国史学家认为,"无论如何,卡斯提尔的布兰奇应该被算作法国国王之一"。其他女性则不那么幸运。在英国,英王亨利一世之女玛蒂尔达(Matilda,约1102—1167)统治期间,国人对女性的统治焦虑万分,在12世纪中叶终于形成反叛。耶路撒冷女王梅丽森德(Queen Melisende of Jerusalem,约1102—1161)的统治也招致一些麻烦,而且尽管她继承了统治权,她的丈夫和儿子都对此提出质疑。

贵族女性有时候上场打仗,有时候坐拥封地,有时候统治着男人,但她们最主要的事情还是结婚生子。尽管教会坚持一桩婚姻必须征得夫妻双方的同意才算有效婚姻,但是复杂的封建同盟关系导致夫妻双方除了自己之外,对领主、父母和朋友等各方面的照顾也许更重要。有时候,女继承人和寡妇不得不和领主指定的男人结婚,这种做法成为王室税收的重要来源。在亨利一世的财政报告中就有这样的记录:

- 罗伯特·德·维努伊兹(Robert de Venuiz)娶内务大臣赫伯特(Herbert the Chamberlain)之女为妻,当付国王16先令8便士。
- 汉普郡(Hampshire)郡长娶已逝的罗伯特·梅勒多图斯(Robert Maledoctus)之女并获其职位,当付国王1000银币。

有一位女性大地主、三度守寡的切斯特伯爵夫人露西(Lucy)曾经为争取五年内不结婚的权力而支付了大量钱财。

由于男性世系在中世纪贵族阶层越来越重要,合法婚姻所生的孩子也拥有越来越重要的地位。阿基坦的埃莉诺（Eleanor of Aquitaine，约 1122—1204）出身富裕，嫁了户好人家，握有大权，还生了 11 个孩子。这在贵族妇女里其实不少见。大多数贵族女性很早就结了婚（埃莉诺是在 15 岁），饮食也更好些，而且生了一大群孩子以完成传递香火的职责。由于男性世系越来越受重视，一种古老的双重价值观也重新抬头：一个爵爷可以在乡间野外留下野种，但却希望自己妻子所生的孩子都是自己的孩子。贵族的孩子与平民的孩子一样，许多都死在幼年或童年时期。而且，因为贵族的孩子（特别是男孩）通常很小就被送去别的贵族家庭接受教育，他们受自己父母监护的时间其实很短。

然而，尽管家庭十分庞大，夭折率非常高，亲子之间还有地理上的距离，父母对孩子的爱却像平常一样，不会减少。这有一部分实际原因，因为如果子女对父母忠诚，那他们就会找合适的人结婚，或在教会出人头地，这样就延续了家族的荣耀。而在过去，父母对孩子的爱只是人类固有的情感。甚至在中世纪早期，图尔的格里高历就这样描述过一次害死了许多孩子的瘟疫："就这样，我们失去了这些幼小的生命。他们对我们是那么亲，那么甜蜜。我们曾经把他们抱在胸口，把他们揽在怀里，逗他们玩；我们曾经喂养过他们，因为爱他们而小心翼翼。我一边这样写，一边抹着眼泪。"

166

结语

不论是农民、城市居民还是贵族，中世纪中期都充满了发展和机遇——衣食住等各方面都得到很大改善，同时还有了许多别的选择。这些进步的基础只是一系列很微小，但稳定持续了几个世纪的变化。从 10 世纪到 13 世纪，欧洲的耕地比以前肥沃，耕种技术与面积都比以往有很大的提高。农业增产导致经济增长，并带来更多的人口、更发达的贸易和更富有的贵族阶层。这种状态一直持续到 13 世纪。在人口增长超过土地的生产力之前，中世纪人的生活一直向前发展，充满更多的可能性和更多的机遇。

第七章
教皇和教皇政权,约 1000—1300

引言

人口增长、经济扩张以及城市的兴起,这些因素都推动着中世纪中期的社会转变,使其在其他方面也产生了根本性的变化。欧洲开始突破自己的边界,夺取了一些地区,并向另一些地区发起了十字军东征;学者们跨越了新的学术视野,建立起欧洲最早的大学;艺术家和作家们为西方的文化增添着新的维度;国王和贵族推动着统治的科学。我们会一一检视以上的改变,不过这一章,我们先来看看影响最广的一方面:教皇政权在西欧的发展。在这几个世纪中,教皇政权一开始韬光养晦,最后强大起来。公元 1000 年时,教皇政权只是意大利核心以外一个弱小的机构,而到 1300 年时,教皇领导着欧洲最强大的政府,其至高无上的权力影响着全体人民和所有机构。

教皇政权的强大如今很难得见。在当代,对天主教教徒而言,教皇依然是其教会的领导者,是信仰和道德方面的权威。但即便是对天主教教徒来说,教皇的控制权也大多仅限于宗教方面;而对非天主教教徒而言,教皇可能只是一个令人好奇的人物,有时会出现在圣诞节和复活节的新闻中,总是穿着神秘的教皇袍(似乎教皇没有周五便装日,也不会拍节日快照)。曾经庞大的教皇国遗留下的梵蒂冈,依然是虔诚教徒的朝圣地,同时也是主要的旅游景点,吸引着游客们竞相涌来欣赏其艺术收藏,再买些邮票收集。梵蒂冈是一个主权国家,但也仅止于此,其国民不到 1 000 人,在联合国也没有投票权。

在中世纪,教皇政权则是一个相当不可小觑的实体。教皇统治着他的王国:教皇国。虽然教皇国的大小不断变化,但最鼎盛时覆盖了意大利中部的大部分地区。在对教皇国施行统治时,教皇就是一个世俗统治者,和其他国王或公爵没什么两样。但教皇却享有另一种不同的权力,因为他是西欧全体基督教教徒的教牧领袖。身为西方基督教世界的领袖,教皇不仅掌管着救赎,而且还会干涉其他国王或王国的事物。

教权、神职人员和俗世教友，约 1000—1122

中世纪中期伊始，教皇的势力还相当虚弱。教会的现实情况混乱不堪，而关于教皇领导的一些重要理论又非常脱离实际。教会的教士、修士和修女沾亲带故，更多受地方政府的保护，而不是远在天边的罗马教皇的庇佑。

在罗马时代的晚期，倡导教皇政权的人就构想出一个神性的基督教王国。在这个王国里，贵族和国王们都接受教皇的精神领导，而教皇通过忠诚的神父和主教行使权力。教皇都是圣彼得的继任者；圣彼得于公元 65 年在罗马去世，被认为是罗马的第一位主教，后世的教皇都是代表他的。教皇统治认为，由于圣彼得是基督十二门徒之首，因此教皇也就是使徒教会的君主。而且，正像灵魂比身体重要，永恒的救赎比尘世的繁荣重要得多，因此，教皇的权力应该位列贵族、国王、皇帝把持的俗世权力之上。一个阶层合理的社会、一个真正的基督教社会，应该是由教会领导的，而教会则是由教皇领导的。在中世纪中期的学术环境里，这种观点也给教皇的君权正了名，而且还赢得了许多有思想的人的支持。

11 世纪早期的社会，现实情况是非常不同的。几乎全欧洲各地的教会都受当地贵族而非教皇的控制。神父由领主们任命来掌管教区的教堂；当地主教、修道院院长则由公爵和国王任命。而且，这些凡夫俗子不仅掌握着宗教官员的任免权，还规定了他们的职责。他们要为任命自己的人工作，参与行政事务（特别是奥托时代的日耳曼帝国）、抽调人马充入军队、充当侍臣。教会在中世纪早期社会里还具有显赫的地位，但到了公元 1000 年时，已几乎沦为"作战的人"的附属品。

俗世的影响并不总是不好的。查理曼带领法兰克的教会发起改革；亨利三世（Henry III，1039—1056 年在位）在 11 世纪中期也推动教权的改革。不过，俗世的介入常常带来不利的结果，甚至是腐化作用。许多贵族已经习惯将主教职位、修道院院长职位卖给庸碌无能的利己主义者，而这些人上任之后，既是糟糕的精神领袖，又是贪婪的行政官，这在某种程度上是因为他们不得不收回买官的成本。对许多国王来说，出卖教会官职完全合理，只是要求接任位置的新官为一份轻松好赚的工作在经济上表达一下感激。对有的以追求升官为目的的教士来说，买官卖官的方式还真不错，他们可以从中获利。但对 11 世纪的改革派来说，这种买卖教会官职的商业行为是一种耻辱的腐败。他们称此罪行为"simony"，即"**贩卖圣事**"。这项罪名来自行邪术的西门（Simon the Magician）；据《新约》记载,此人试图购买圣灵,但未获成功。他们害怕有买卖圣职的教士和兰斯的大主教马拿西（Archbishop Manasses of Reims,1070—1077 年在位）一样,他当初斥巨资购得此官,接着又靠它敛财致富,他曾嘲弄道:"如果不用唱弥撒,那当兰斯大主教就真是太好了。"

教皇之位自身也免不了世俗的影响,因为它已经沦落入罗马贵族手中,成为几个贵族家族争来夺去的奖品。1032 年,这项"大奖"落入一个年轻的贵族,他自称"本笃九世"（Benedict IX,1032—1048 年在位）,他一点都不虔诚,而且做出的事情即使放到今天来看也可以说是不堪入目。更出格的是,他当腻了教皇之后,就把它卖给一个想当教皇的人,但后来居然反悔了,又想获教皇一职。仅1046 年,就有三个人声称自己才是真正的教皇。

教会改革

每一次教会改革的目的都是很明确的：提升教士的道德水准,让教会免受俗世的影响。关于第一点,除了招致一致反对以外,一般都没有异议,因为所谓"道德水准"必然会对性生活做出控制。理论上讲,所有的教士都必须完全禁欲,但在实际上,大多数教士都结了婚,只有少数位居要职的才不会公开与妻子同居。对 11 世纪的改革者来说,教士的婚姻是个值得注意的重要问题,甚至有人宣称,结了婚的神父无法很好地主持圣礼。教士的婚姻除了道德问题以外,也会带来实际问题,因为教士可以用教会的土地来养育妻子儿女,如果这些土地以遗产的形式传给他的孩子,那就再也不属于教会公有。而教士们听说要这样改革,要抛弃自己的女人,就都吓坏了;因为女人不仅能够满足他们的性和感情方面的需求,在很多情况下,更是他们不可缺少的贤内助。神父们抱怨说他们不可能像天使一样生活,甚至有人认为这是俗世的恶人强加给他们的要求。1072 年,鲁昂大主教在训诫已婚教士时甚至遭到石击。他差点没能逃出来。

关于改革的第二个目的——减少俗世的影响——就更难达成一致意见了。温和派主张清除贩卖圣事,但并不阻止长久以来教会与国王合作的传统。长久以来,政治领导人都通过赐予教会土地和特权的方式来巩固与教会的合作。激进派则要求摒除教会受世俗控制的传统、重新建立一个由教皇君权统治的基督教界。他们希望能够建起一个理想的基督教共和国,在这个共和国里,世俗人士不再有任命教士的权力,王公贵族也受制于主教,主教则受制于教皇。温和派希望改良社会形态,而激进派决心要将整个社会转型为以教皇为中心的宗教国。

接下来的争论通常会被冠上"政教之争"的标题,但这样是会产生误导的。

许多主教和修道院院长对不论是温和派还是激进派提出的改革日程都一概反对,因为不管怎么改革都会让他们受制于教皇的权力。说到底,他们已经习惯和当地的统治者和贵族们建立合作关系,而且两者之间通常有亲缘、利益和人情上的牵连。他们可不愿意给权倾一方的教皇当爪牙。一位德国的大主教就对教皇惊呼道:"这人是个威胁! 他想随意使唤主教们,好像他们是他的管家似的。"相反,有许多贵族都非常支持教会改革,至少赞同以温和的方式进行改革。11 世纪欧洲最积极的改革家里就有一位是神圣罗马帝国的皇帝亨利三世。他利用自己的权力,决定性地改变了罗马教廷的一些政策。亨利三世看到本笃九世的滑稽行径和三人争当教皇的丑剧,大为吃惊,终于在 1046 年率军开进罗马。他废黜了本笃和他的两个对手,任命了第一个日耳曼血统的改革派教皇。

170

格里高历的改革

亨利任命的一系列教皇中,最有才干的是利奥九世(Pope Leo IX,1049—1054 年在位)。他以一种极富戏剧性的方式开始了他的**教皇任期**(pontificate)。上任几个月后的一次宗教大会上,他谴责苏特里(Sutri)主教贩卖圣事,这位主教当即倒毙。利奥九世没有被吓倒,反而大受鼓舞,开始大刀阔斧地掀起反教会腐败的运动。他每年在罗马召开宗教大会,派出**教廷使节**(legate)——也就是教皇派出的拥有决定权的特使——到处监管命令的执行情况,他本人也四处巡察,监督地方宗教会议,亲自罢免有罪的教士。利奥九世在宗教改革的所有方面都做了努力:消灭买卖圣事的行为,禁止教士婚姻,强调教皇的绝对权威。最后一项工作使天主教与东正教的关系发生恶化,因为东正教从来就没有承认过罗马教皇对全体基督教教徒的权威。1054 年,利奥九世将君士坦丁堡大主教开除出教会,天主教和东正教从此势不两立,至今仍未完全恢复关系。

尽管利奥九世的改革在广度和力度上都达到了前所未有的高度,但仍有人认为他做得不够多。这些激进派认为,真正的罪恶来自俗世掌权。对他们来说,亨利三世在 1046 年对教皇职位的掌控——不管其结果是好是坏——就是罪恶之极。亨利三世确实任命了利奥九世为教皇,而且还支持他的改革,但是在他们看来,一位俗世皇帝在处理教会事务时所拥有的权威就是一个诅咒。这些激进派改革者在几十年后主宰教会改革,他们多数来自修道院,希望给教皇政府带来修院改革所实施过的那种纯粹的虔敬,这成为 11 世纪欧洲的潮流。我们在下一章中会讲到。

这些改革家中的一位是彼得·达弥益(Peter Damian,1007—1072)。在利奥九世将他带到罗马,提拔他为**红衣主教**(cardinal)之前,他是一个隐修运动的领导人。彼得·达弥盎是一位刚强有力的讲道者和作家，专注于如何根除原罪这个话题。他用来描述原罪的语言非常形象，让一位 16 世纪的编辑觉得无从下手改编他的原话。达弥盎为教会改革鞠躬尽瘁，四处游走，加强禁止圣事买卖的力度，彻底清除教士婚姻，改革教士制度。但他也认为，如果那些过于激进的同事们要挑战教会和国家间久经考验的合作关系，就有些不负责了。在激进派里，有两位特别出名：锡尔瓦坎迪达的洪贝尔（Humbert of Silva Candida，约1000—1061）和希尔德布兰特（Hildebrand，1020—1085）。他们和彼得·达弥盎一样，也离开修道院，加入教廷，但他们在俗世介入教会一事上与达弥盎有分歧。锡尔瓦坎迪达的洪贝尔凭着细致缜密的思维，支持教皇拥有至高无上的权力。1054 年，他亲自将罗马教廷驱逐君士坦丁堡大主教的文件放到索菲亚大教堂的祭坛上。对于俗世对教会的控制，他也同样坚定地反对。他写了一本措辞犀利、论述充分的著作陈述这一点，这就是《反贩卖圣事三论》（*Three Books against the Simoniacs*）。在书里，他将贩卖圣事的定义扩大到俗世对任命教会官员的任何干涉，不仅仅限于贩卖神职。洪贝尔想要建立一个完全不受俗世影响的教会，一个凌驾于俗世之上、享有至高无上地位的教会。

171   希尔德布兰特缺乏洪贝尔的思想深度，但他在行动上坚定地支持朋友的思想。他是那个时代最受争议的人。他是一个矮小丑陋、挺着啤酒肚的人，但也是个极具魅力的领导人，是各种事件有力的推动者；而且他体内的宗教热情几乎燃烧起来。有的人甚至认为他有看穿他人所思所想的特异功能，而且他自己可能也是这么认为的。希尔德布兰特全心投入建设一个由教皇统治教会、由教会统治全欧的理想社会，不留余力、大刀阔斧、旗帜鲜明地为教皇利奥九世及其继任者效力。当他自己当上了教皇，成为格里高历七世（Gregory VII，1073—1085 年在位）时，他的任期成为中世纪最动荡、最令人难忘的时期。他死于流放，被一些人咒骂为"神圣的撒旦"和"伪道士"，但他逝世时，教会改革——现在被称为"格里高历改革"或"希尔德布兰特改革"——在欧洲已成定局。

中 世 纪 传 说

女教皇若安

几年前，我在一次跨大西洋的飞行中随便捡了本小说看，结果此书引人入胜，我兴奋了整整一路。这本书讲了一个中世纪女孩及其戏剧化的一生。

她对知识具有强烈的渴望，导致她女扮男装，当上了修士，最后甚至被选为教皇！小说里的每一句话我都读得津津有味，直到最后，作者告诉我们说，小说的主人公是一位真实的历史人物——一位 9 世纪时的女教皇。实际上，关于女教皇若安（Pope Joan）的传说由来已久，不过，她并不是 9 世纪的产物；400 多年后，在 1250 年左右，她的故事才诞生。而且，尽管这部小说里把若安描绘成富有同情心和决断能力的一位女性，甚至还有点儿女权主义，但 13 世纪的传说里，这位女教皇却是一个令人生厌的恐怖制造者。她意志薄弱，甚至不能遵守独身主义；更糟的是她还怀了孕；最匪夷所思的是，她在罗马的大街上、在教皇的游行过程中生了孩子！换句话说，在那些中世纪作家的笔下，若安身上汇集了女性的道德和生理上的缺陷。这个故事可怕得超出人们的想象，以至于后来的教皇都执意避开那唯一一次"教皇生子"之处，教皇的座椅也都换成了新的，椅面上挖一个洞，以便检查新任教皇是否具有男性生殖器。1300 年，女教皇若安的故事已广为人知；1500 年之后的反天主教宣传中又拿她作攻击对象。然而历史事实是：若安自始至终不过是个编造出来的故事，一个吓坏了中世纪人、满足了新教徒、逗乐了当代读者的虚构人物而已。如果你也想找点这样的乐子，不妨把唐娜·伍尔福克·克罗斯（Donna Woolfolk Cross）于 1997 年所写的《女教皇若安》拿来一读；不过读完之后请再接着读阿兰·布若（Alain Boureau）写于 1993 年的《女教皇若安的神话》（*The Myth of Pope Joan*），这是本基于历史真实的学术专著。若安这个人物想象起来确实很有意思，不过她只是个虚构的人物而已。

第一，格里高历改革规范了教皇的选举过程，坚定地排除皇帝的影响——或者说是其他任何俗世的影响。到 11 世纪 50 年代末，因为两个人的意外离世——亨利三世去世，留下年仅 6 岁的继承人和虚弱的摄政政府统治神圣罗马帝国，随后亨利三世生前任命的最后一位教皇也在第二年去世——改革者们就开始自行选举教皇。1059 年，在洪贝尔和希尔德布兰特的影响下，他们大胆地颁布了一份"独立宣言"，即"教皇选举令"（Papal Election Decree），规定从今以后，教皇都由特别的教会职员，即红衣主教来选举。之后几年，这项革命性的宣言引起神圣罗马帝国和罗马贵族两方面的抗议，但改革派最终胜利了。皇帝和神圣罗马帝国的官员们只能在形式上赞同红衣主教的选择，但做决定的是教士而非俗世人员。教皇职位从此不受俗世干扰；红衣主教选举教皇，教皇任命红衣主教。因此,1059 年的教皇选举令在教会等级制度的顶点缔造了一个唯我独尊的改革派寡头集团。

第二,禁欲主义被写进新的教会法规。这成为一项重大的改变。公元 1000 年时,教士娶妻还很常见,他们的妻子也是他们所在地区很受尊敬的成员。到 1125 年,这些妻子都消失了,至少是从正式意义上,下令总是比施行容易。在很多情况下,原来的妻子都成了姘妇(从而大大降低了她们的社会地位);在另一些情况下,教士虽然独身生活,却经常光顾妓院和其他发泄性欲的场所。但真正的变化还是来临了。禁欲生活先前只是被"鼓励",现在却是"必须"。在格里高历七世的有力统治下,教士们不得不过着贞洁的生活,不可因娶妻生子而分散了原本应投入宗教事业的精力,或者甚至将教会财产划为己有。许多教士无法达到这么高的标准,但这个标准一直没有松动。

第三,教皇渐渐控制了整个教会体系的所有阶层。亨利三世在 1056 年早逝,给激进派改革者带来一个再好不过的机会,可以清除俗世对教会的控制并让主教和大主教臣服于教皇。米兰是改革的第一个城市。一边是守旧分子:皇帝、地方贵族和伦巴底主教。另一边则是改革派教皇,背后有商人、工匠的支持。他们被守旧派嘲笑为"patarene"(意为"捡破布的""**拾荒者**"),但随着商业的发展,他们才是真正有力的新兴势力。罗马的改革者对米兰大主教一点都不同情。一方面,米兰大主教是皇帝派遣的特使,另一方面,他姑息手下买卖圣职,正可谓浓缩了传统教会的几大罪恶。1059 年,彼得·达弥盎来到米兰,逼迫米兰大主教及其手下教士公开供陈所犯之罪孽并发誓从此从良。就这样,米兰教会就算与帝国交好并一直享受独立自治的传统,也不得不归顺教皇的力量。1072 年,年轻的皇帝亨利四世(Henry IV,1056—1106 年在位)想任命自己的人为米兰大主教时,同样的事情也发生了。教皇将亨利的大臣逐出教会,让他不得不后退一步。由此,一场关于**俗世授职**(lay investiture)的、空前浩大的斗争开始了。

格里高历七世、亨利四世和俗世授职

1075 年,希尔德布兰特已升任教皇格里高历七世。他发布公告,禁止俗世授职。关于俗世任命教会官员的斗争再度紧张起来(见年表 7.1)。按传统,新任主教在被授予职位时,会从任命他的俗世人士手上接过两样东西:一个象征着与教会结成婚姻的指环和一个象征牧羊人职责的权杖。格里高历认为,俗世授职这项传统是俗世权居教会之上的一个重要象征。于是他决意禁止一切俗世人士参与主教、修道院院长或其他教会职员的选择。他对俗世授职的攻击对西方基督教世界的每个统治者都是一种威胁，而最受威胁的莫过于神圣罗马帝国皇帝，因为他的统治基本上靠的是日耳曼主教和伦巴底主教的支持。

年表 7.1　俗世授职之争期间的教权与神圣罗马帝国，1075—1125

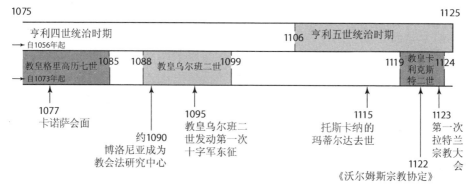

173

1075 年，亨利四世即将成长为一个和他的父亲一样强势的统治者。几年前，他在米兰不得不退避三舍，但现在他已经不会让步了。格里高历七世中止了一批日耳曼主教的上任，因为他们都是由皇帝任命的。亨利四世回应以一封措辞激烈的抗议信。有那些主教的坚定支持，亨利四世便强调说，作为由上帝任命的君主，他有权不受教皇的干涉，独立领导日耳曼教会；他甚至质疑格里高历是否有资格当选教皇。亨利四世在收信人名字里写的是格里高历的本名，还加了侮辱性字眼："致希尔德布兰特，一个不是教皇的伪道士。"信的结尾是极为严厉的咒骂："我——亨利——受上帝恩惠的国王，和我的主教们一起，现在跟您说：'倒台吧你，倒台吧你，你万劫不复，你永世不得翻身！'"

亨利的信有史为据，捍卫的是传统社会秩序：国王直接由神钦定，通过加冕时的涂油礼被神圣化，以上帝的代理人身份统治俗世人民及半自治的主教们。查理曼也一定会完全赞同。格里高历的观点很不一样。他否认国王和皇帝的神圣性，认为大多数俗世统治者不过是谋杀犯和无赖，都应该下地狱。对于国王或皇帝可以质疑教皇的合法性及其法令的观点，格里高历也一一加以批判。他认为，皇帝没有权力任命主教，更没有权力罢黜教皇。而教皇作为西方基督教世界至高无上的统治者，不仅有权力任免主教，也有权力废除国王和皇帝。格里高历因此给予亨利四世最为严厉的回击：将亨利四世逐出教会，还将他赶下皇位。能决定一个国王、皇帝是否能够安坐宝座的只能是教皇，而格里高历就做了这样的决定。

废除令尽管非常激进，但还是非常有效的。因为在神圣罗马帝国相对平静的中央集权统治之下，亨利四世面前是一群愈发难以掌控的贵族。地方上的王公贵族在亨利三世统治时期被他削弱了不少,在他儿子漫长的摄政时期总算能喘一口气了。因此,亨利四世长大成熟时,整个国家已经不如他父亲在位时那么稳定了。1075 年,他成功地平息了萨克森地区的持续叛乱,一切迹象都表明他将要重振父亲的雄风与皇帝的威权。但是,接下来就发生了与罗马教皇的争论。格里高历七世将亨利四世逐出教会并废除了他的皇位,对 11 世纪的基督徒来说是件惊天动地的大事,同时也将日耳曼诸国对亨利四世及先王的中央集权郁积已久的敌视也彻底释放了出来。许多日耳曼人——包括教士和世俗贵族——都拒绝为一个被逐出教会的君主效力。日耳曼贵族甚至试图革命性地新立一帝,取代亨利四世,以冲击由来已久的世袭选举制。

174

　　亨利四世为保住皇位,越过阿尔卑斯山请求教皇的原谅。1077 年 1 月,在意大利半岛北部的卡诺萨(Canossa)城堡,两人见面了。这可能是中世纪史上最富戏剧性的会面。亨利四世神情卑贱,赤着脚站在雪地里,穿着粗糙破烂的忏悔衣;而格里高历七世,一方面出于神父的职责,必须原谅忏悔者,另一方面他又确信亨利的忏悔只是为了他的政治目的而已。最后,格里高历收回了绝罚令,亨利四世发誓更顺从教皇政权,回到日耳曼,开始重建威信(见图 7.1)。

图 7.1　卡诺萨会面

这幅插图显示亨利四世(中央单膝跪地者)正在请求托斯卡纳的玛蒂尔达代表他向教皇格里高历七世说情。两人的这次重要会面就是在玛蒂尔达的城堡里发生的。在清除俗世授职方面,玛蒂尔达是教权的坚定支持者。

改革后的教皇制度及其教会

　　亨利四世和格里高历七世的斗争并没有在卡诺萨结束。亨利后来再次侵犯教皇的权力，还任命了另一个教皇。格里高历七世便再次把他逐出教会，但他自己惨遭流放，死于萨勒诺(Salerno)，他死前不无苦楚地说道："我热爱公正，憎恶不公，因此我才会死于流放。"两人在俗世授职上的分歧困扰了数代人，直到这两个位置随着时间的推移变得不再那么烫手为止。不过，格里高历七世建立的教皇君主制却留存了下来，教皇权威也渐渐越来越强。

　　有关授职的矛盾终于在 1122 年正式终结，此时教皇的力量空前强大。双方各退一步，达成《沃尔姆斯宗教协定》(Concordat of Worms)：皇帝［当时已是亨利五世(Henry V，1106—1125 年在位)］同意放弃俗世授职，而教皇［卡利克斯特二世(Calixtus II，1119—1124 年在位)］允许皇帝拥有向主教赐授地域管辖权和行政管辖权的象征物(这样就和教皇赐予的象征精神权威的指环和权杖区分开来了)。此后，主教和其他神职人员的任命所依据的，只有教会法典，而皇帝则有权出席选举，如有争议则由他做出最后的决定。这个协定和早先在法国(1104)和英国(1107)达成的协定有些相似之处。法国和英国的政教斗争不那么激烈。国王和皇帝在任命教会高级官员时，实际上还是有相当大的影响力的。例如，温彻斯特修道院(Winchester Abbey)的修士们要选举一位新的院长时，英王亨利二世(King Henry II of England，1154—1189 年在位)对他们说："我命令你们举行一次自由选举。不过，我仍然禁止你们选举我的手下理查德(Richard)以外的人。"这在教皇控制神职人员任命方面也许只是一次很小的胜利，但教皇却在原则上取得了胜利，这也使得他们在其他方面的权力大大增强。

　　教皇权力的巩固很大程度上源于教皇乌尔班二世(Pope Urban II，1088—1099 年在位)的努力。乌尔班是格里高历七世手下最忠实、最有能力的红衣主教之一。乌尔班开始重建在格里高历死前几年出现分裂的教皇政权，把它建设为一个运转良好的机构——很适合需要定期与各地主教、修道院院长联系的、中央集权的教皇政权。教会内部的联系加强了，经济状况有所好转，教廷越来越有力而高效。因此，渐渐地，教皇对教会各阶层——从大主教到主教再到更下层的神父——的控制都紧了许多。格里高历在改革中坚持教士必须独身生活，因此，成婚的神父在数量上逐年减少，他们面临的形势也逐年严峻起来。格里高历也坚持教会必须控制教职的任命，而现在，教皇已经得到承认，成了全欧洲的教会之长。格里高历的改革试图让基督教界内的每一位信徒都能感受到教皇的存在：现在，教皇的使节们不停地游走，将教皇的旨意传达给各地的人们。

十字军东征为教皇统治又添上一把火，从而将教会改革运动与基督徒的军事狂热结合起来。我们在第九章会更详细地看到，十字军东征运动的一开始是因为拜占庭皇帝阿列克修斯·科穆宁不堪塞尔柱人对小亚细亚的侵扰而前来求援。作为回应，乌尔班二世发动了第一次十字军东征：他所发动的人力、动用的资源远远超过他所直接控制着的那部分。早期的十字军东征都是由教皇发动的，这也说明教会在改革之后拥有非常强大的道德和宗教权威。

在签署《沃尔姆斯宗教协定》的第二年，教皇对教会各级的控制就更明显了。那是几个世纪以来全教会范围内召开的第一次大会，由卡利克斯特二世(Calixtus II)召集。教会大会在 4—5 世纪时非常普遍。如今教皇恢复了这一传统，虽然也有所变化：不再邀请女修道院院长参与商议。卡利克斯特像昔日的君士坦丁大帝一样，监督了第一次拉特兰宗教大会，主导了新法律和规章的制定。与会的主教和修道院院长们达成的一项教规就禁止教士结婚，此前零零散散的规定这次终于成为正式的禁令。在接下去的几个世纪里，连第一次在内，一共召开过五次拉特兰宗教大会(分别在 1123、1139、1179、1215、1517 年)、两次在里昂(1245、1274 年)、一次在隆河河畔的维也纳(1311—1312)召开的宗教会议。

在卡利克斯特二世的统治下，教皇还在扩张自己的领土主权。教皇一直以来就牢牢控制着罗马周围的土地；教皇还长期声称控制着整个意大利半岛，主要是依据《君士坦丁御赐文》。这份伪造于 8 世纪的文件当时被认为是真品。12 世纪早期，一块由托斯卡纳的玛蒂尔达(Matilda of Tuscany，1046—1115)赠予的土地颇有争议。这让教皇政权有机会加以利用。玛蒂尔达生于权贵之家，两次婚姻也非常成功。30 多岁时，就已是托斯卡纳的女伯爵，在阿尔卑斯山两侧都拥有广阔的土地。她的一生，有差不多 50 年时间都坚定支持教皇，反对皇帝权威。实际上，1077 年亨利四世卑躬屈膝地向格里高历寻求谅解的地点——卡诺萨城堡——正是她的城堡。她拥有的土地超过意大利半岛的四分之一。早在她去世前很久，她就安排好将自己的土地遗赠给教会。但是在去世之前，她却向日耳曼皇帝亨利五世做了妥协，任命他为自己的继承人。然而，因为她从来没有撤回先前向教会遗赠的意愿，所以在她死后几年，教皇和皇帝就开始争夺她丰厚的遗产。12 世纪时，教皇国渐渐成形，其中一部分土地就是玛蒂尔达生前所拥有的。

缺少合法性，任何权力都不安全。到 1122 年时，教皇权威所得到的支持，不仅体现在思想上,也体现在行动上。关于教会授职的争论本身就激起了相当多关于教会和国家之间的关系的讨论——或者,换一种说法,就是关于政治理论的讨论。其中,"教皇至上"(papalist)赢得了最多人的支持。教皇至上的观念扎根于更早些的理论与公文。这种观念通过锡尔瓦坎迪达的洪贝尔及其他激进派改革家的努力,广为流行。他们声称,教皇当然应该既是教会的领导又是整个基督教世界的领导。换言之,教皇既是俗世的领导人又是宗教上的领导人;他是上帝派遣到人间、有权处理所有事情的代理人。这种说法并没有抹去国王、公爵和其他世俗贵族的领导权,但是把他们都放到教皇的下面,并认为他们该为教皇效劳。格里高历七世在著名的"两剑论"(Two Swords Theory)里非常直白地表述了这一观点:① 上帝将精神之剑和俗世之剑都交到了教皇手里;② 教皇可以将俗世之剑交给国王或其他俗世领导人,以这种方式委派他掌管世俗事务;③ 教皇可以随时收回俗世之剑以及随剑的权力。这种观点在 11 世纪晚期和 12 世纪备受争议,在 13 世纪教皇英诺森三世在位期间发展到了顶点。

不过这并不是唯一的观点。皇帝亨利四世及其支持者坚持一种"帝权至上"(imperialist)的理想,认为皇帝是受过涂油礼、被神圣化的统治者,那么他就有权力管理世俗事务和宗教事务。他的这一理想导致基督教会发生了许多很好的变化。我们已经知道查理曼和阿尔昆在 8—9 世纪努力改进修行生活、明确教士职责;而且最早致力教廷改革的几个教皇都是由亨利三世任命的;此外,我们还要知道,最早而且可能也是最伟大的一场教会改革运动是 10 世纪早期,由阿基坦公爵和公爵夫人,也就是威廉及安吉尔伯加在克鲁尼(Cluny)发起的。然而,到了 1122 年,这一立场终于走到了尽头。在此之后,直到中世纪结束,没有哪位皇帝能够宣称自己统治着俗世和宗教两界——也就是说,没有哪位皇帝能够自称为上帝派遣至人世间的代理人。

第三种立场——"教权至上"(clericalist)的说法在当时支持者最少。这种说法认为,教会与国家应当共同存在,各自做着自己分内的事情,互相尊重对方的工作。教皇和其他教士让信徒更虔诚;国王和其他统治者提供和平、稳定的生活环境;双方共同努力,便能长治久安。不过,这种立场还有一个重要的附加条款:在遇到牵涉到宗教和道德问题时,教会的意见就应位居上风。如有必要,教会可以干涉世俗事务并对不道德的统治者进行谴责。教会是国家的良心所在,除此以外,双方各干各的,独立行事。这种理论和其他两种一样,其根源也是在加洛林时代。和其他两者的另一个共同点是,它也没有抹杀任何一方的作用,而是为双方找到一个最佳的合作平衡。尽管在 11 世纪末和 12 世纪这一教皇权力高涨的时代里,教权至上的理论很少被接受,但它从来没有消亡过。我们在第十二章再回来讨论其在 14—15 世纪的复兴。

教会法的发展

教皇对 12 世纪教会的完全控制也体现在一个具有重要意义的新趋势中,这就是教会法典的系统化。对于中世纪中期的一个统治者来说,法律是一种力量,是权威、财富和地位的来源。在俗世授职争论不断的年代和后面的政教之争里,教皇让教会法学家用严密的理论和翔实有据的档案来维护教会的至上权威。教皇也认为,如果教会法庭的职员都是教会法学家,其背后有教会法典作后盾,那么教皇的权威很快就会扩展到整个教会,再延伸到世俗世界。

11 世纪晚期,教会法典还只是一套套规定的集合。这些规定来自《圣经》、早期基督教神学家的著作、宗教大会的公告以及教皇下达的命令。第一次把这些规定整合起来的尝试出现在中世纪早期,但是,直到 11 世纪的博洛尼亚复兴时期,才有一定的学术标准来指导这项工作。博洛尼亚复兴,在某种程度上是由对罗马法的研究,特别是对查士丁尼《民法大全》的研究所促进。查士丁尼的法典在西方不为人所知;直到 11 世纪的最后 25 年,它才在博洛尼亚"重新出现"。对它的研究从此便促进了罗马法和教会法典的发展。

将教会法案系统化的一个基本目标是要整理教规、解释未写清楚的问题、调和互相矛盾的条文。他们从不计其数的命令和条文中找到规律,梳理、整合成一个有序的法律整体。简单地说,他们对教会法典所做的整理,就像是查士丁尼在 6 世纪时对罗马法所做的整理,目的是整理出他们自己的一套教会法典。这项工作最早在 11 世纪的博洛尼亚形成一个专门的学科;接着,别的学术中心也开始参与其中。博洛尼亚的教会法学家们发展出一种基于文本注释的研究方法;他们被称为"法律注释家"(glossator),在既存的法典上写上**注释**(gloss),澄清难点,调和明显的矛盾之处。

1140 年左右,教会法典的最终定稿终于由伟大的博洛尼亚教会法学家格拉提安(Gratian)完成。这部法典原标题为《歧义教规之协调》(The Concordace of Discordant Canons),说明格拉提安的目标是按原来混成一锅粥、经常有歧义的教规来创建一个和谐的教规系统。不过,这部杰作传到后世,却有了个简单的名称,虽然不那么醒目:《教令集》(Decretum)。格拉提安将庞杂无比的各种教会法规收集起来,并将它们汇集成一个合乎逻辑且完全有序的整体。他使用了哲学家们提出的最新研究方法,一是质疑这些法规的逻辑性,二是引用了相关的法规，三是致力于解决其中矛盾的部分。其成果，就是一种结合了几大权威的有序的法理体系，包括《圣经》、早期神学家如希波的圣奥古斯丁的著作、教皇的言论和宗教会议的决议。《教令集》成了在宗教法庭进行审判和未来教会法典研究时使用的权威法令。《教令集》和 1140 年之后对它的一些补充一起，最终合并为《天主教教会法典大全》(Corpus Juris Canonici)，和查士丁尼在 6 世纪完成的法典一样具有相当的重要性。《天主教教会法典大全》不仅反映出格拉提安和其他教会法学家的天才与智慧，也巩固了教皇在行政和司法方面的权威。

教育的发展：律师和官吏的进步

教皇们(还有国王和皇帝们)能施展自己的新权力也得益于教育的迅速发展与文字的使用。在这几个世纪里，政府档案的数量有了大量的增长，包括指令、契约、档案和法庭记录等；个人业务的记录也同样有了增长，比如遗嘱、商业记录、财产转让等。权力不再依靠个人的忠诚度来定义，而是由硬性的档案来定义，例如，教会法学者为保障教皇权力而发布的教会法案。权力的实施也越来越少依靠身体力量，而是通过记载着各种声明、税务记录和皇家法令的羊皮纸来实施。就这样，长久以来基于地方上的历史传统和法律，开始变得依赖于记载着世俗及宗教法律的有序而系统的文字体系。

从整体看，用历史学家迈克尔·克兰契(Michael Clanchy)的话来说，这种"从记忆到文字记录"的变化导致行政和其他社会组织产生根本上的变化，同时也使得人类对待自己的经验方式开始走向更有逻辑性和系统性的方向。这些变化也给有志青年带来更多的机会。随着读写、论辩和计算的能力变得越来越有价值，知识和武力一样，也开始能给人带来权力。于是，学校也在各地如雨后春笋般冒了出来，擅长教学的老师也变得很紧俏。修道院院长诺让的吉伯特(Guibert of Nogent，1053—1125)回想起自己的年轻时代，还记得有一段时间，"小镇里几乎找不到老师，城市里也很少；碰巧找到几个老师，学识也不丰富"。当他写下以上回忆的时候，这样的日子已经不复存在了。公元 1100 年时，欧洲已经有非常多的学生和教师。

最好的几所新学校都位于大城市。商业的兴盛加速了城市的发展，也导致在查理曼和奥托大帝时代为保存、丰富人类文化立下汗马功劳的修院学校不再引人注目。在阿尔卑斯山北侧，修院学校被城市教堂——通常是总教堂(cathedral)——里的学校所代替；在伦巴底则被半世俗化的市立学校(municipal school)所代替。教堂学校和市立学校此后一直存在，但只有在 11—12 世纪时才占到主要地位。这些学校招生人数和教学队伍都日渐扩大；其中一部分在12世纪晚期及之后便发展成大学(university)(见地图7.1)。

地图7.1　一部分中世纪大学

在欧洲，没有哪个地区能被称为大学教育的发源地。1200年，第一批大学已经开始在欧洲各地发展起来——从英国的牛津到意大利南部的萨勒诺，还包括中间的巴黎、蒙彼利埃(Montpellier)和博洛尼亚等地。在接下去的几个世纪里，大学在很多地方如雨后春笋般建立起来，到15世纪时，欧洲几乎每个地方都有自己的大学。

180　　　大学从一开始就只为很少一部分人服务。第一，大学只对男性开放；直到19—20世纪，欧洲和北美的大学才开始招收女性学生。与此同时，修院学校仍在培养着少数女性。但尽管如此，12世纪教育大发展超过修院学校所能承受的范围时,只有男性享受到这个机会。第二,这些新的教育机构只对教士开放,至少在中世纪中期是这样:修士或行乞修道士(下一章中具体介绍)、神父、执事(deacon)、副执事及其他在教士阶级位置仅低于神父的教会人士。第三,大学只对富人开放。许多学生都依靠微薄的生活费过活,住在破旧的房屋里;毫无疑问,他们会自称为"穷人"。然而,大多数学生都是富裕的地主、商人和工匠的孩子;也只有这样的家庭才有条件、有意识要把儿子送到学校去。对农民和劳工来说,教育是不可能的事;对更高层的贵族来说,他们生儿子就是要培养成武士和统治者的,这种类型的教育是多余的。

在中世纪,"大学"一词的含义十分模糊。一小群人以任何目的聚在一起就可以叫作"大学"。例如,城镇里的商人行会和技工行会也会被称作"大学"。其实,中世纪的大学基本上都没有校园和复杂的建筑群,只是一个享有特权的组织,是一群享有特权的学者。大学和其他较低程度的学校的区别在于学生从很远的地方赶来,集中到一起,从学者那里接受关于医学、哲学和法律等方面的知识。学生的课程基本上以波伊提乌在 6 世纪提出的"三学""四艺"这七门自由技艺(liberal arts)为基础,包括语法、修辞学、逻辑学、天文、几何、数学和音乐。在修完了这七门课程之后,学生可以申请教学资格证,也可以继续学习医药、哲学(在当时就是神学)或法律。大学里更侧重于教授这三门更"高级"的学科,这就是大学最重要的特征。

13 世纪时,大学在几个大城市特别繁荣,比如巴黎、博洛尼亚、那不勒斯、蒙彼利埃、牛津和剑桥。学生只能在租来的房间里上课,因此,这些大学具有相当的流动性。如果一个大学对当地的条件不够满意,那它只要威胁其所在城市说要搬到别的城市去,就会赢得对方的让步。这样的事情发生了不止一次。因为,如果学生搬走了,那他们也就随身带走了未来的房租、伙食费和酒水钱。巴黎、伦敦等北方地区的大学都由讲师团体主持,这和大多数现在的美国大学实行的制度差不多,由院系来设置课程,安排学位和讲师。博洛尼亚的大学则由一群学生来管理,南方的其他大学也都采用类似的制度。博洛尼亚的学生们建起一套严厉的规矩来规范讲师的操行。例如,教授按时上下课、按预定内容讲课,就成了基本义务之一。博洛尼亚大学的专长是法律学科,因此,它的学生也多是年龄较大的专业人士——他们都完成了自由技艺课程的学习,并决定还要继续深造以保证事业的成功。

在早期大学中,巴黎大学在 12—13 世纪占据了至高无上的社会地位。整个西方基督教世界的学生如潮水一般涌入巴黎。大多数人从 17 岁开始进入大学,

181 　在这里,学生们住进了出租房间或者寄宿公寓,由此,他们进入了一个全新的世界:不论是在环境上还是在思想上,这个世界都是处于剧烈变迁中的。新来的学生遭受无情的戏弄,而这些戏弄又是花样百出、充满想象力的;不受欢迎的教授被报以嘘声、谩骂,最惨的甚至会被石头砸。哲学上的争论常常发展成激情四溢的智力较量,学生们以各自的教授为中心,分成各式阵营。除了这些口水战之外,还会不时出现武斗事件;小酒馆里的斗嘴吵架时常会升级为全面冲突,在对立的学生帮派,或者学生和城镇居民之间,这类事件屡见不鲜。

　巴黎的学生早上五六点钟起床,那时巴黎圣母院的钟声响起,催促他们去上课。他们从自己的租房或寄宿公寓里面一涌而出,冲向狭窄而热闹的街道,进入演讲大厅。这些演讲厅分散在城市的整个大学区里,大学区因此又叫作拉丁区(Latin Quarter)。这些演讲厅四周没有什么遮蔽,在冬天里冷得要命。其中一些厅里有粗制滥造的长凳,在其他一些大厅里,学生不得不坐在垫着稻草的地板上,用膝盖顶着蜡板写听课笔记。讲课台在教室的一头,教师爬上去,然后坐下来讲课,时间可能长达一上午,没有任何生动的视听设备辅助。

图 7.2　大学
这是中世纪时期法国昂热大学的印章。

　到了下午,学生们常常聚在城墙外的草地上进行各种体育活动:赛跑、跳远比赛、草地保龄球、游泳、各种球赛,以及来自欧洲不同地区的学生间的群殴。晚
182 上,认真的学生回到寝室继续学习,贪玩的人则聚集到巴黎无数的小酒馆和妓院里。有目击者抱怨说,当时甚至有这样的房子:楼上是教室,楼下就是妓院。中

世纪的学生问父母或监护人写信要钱，有意思的是，信中也往往带着一种现代人的口气：

> 在这个城市里生活需要很多东西，而且都很昂贵；我必须得租房住，买生活必需品，还有很多我现在没法预计的东西。
>
> 因此，我请求您看在父子情分上，看在神圣的怜悯的分上，帮帮我，我的事业已经开了个好头，有了您的帮助我就能善始善终。

一个父亲这样回复他儿子：

> 最近我发现你生活荒淫无度、好逸恶劳，别人在学习的时候你却在弹你那破吉他。

在这个全部由男性组成的、高度智慧的、生气勃勃的环境里，学生们完善了自己的文科技能。在学业完成之时，一部分人离开，从事教育或管理工作；另一些则留下继续深造。

虽然中世纪的大学和现在的大学有非常多的不同之处，但是现代大学就是直接从它们发展而来的。有不少中世纪大学的传统一直延续至今：正式的教学资格证、古代所没有的集体授课方式、学位授予制度、人文学科概念以及毕业时身穿教士服（帽子和长袍）的传统。

我们今天对中世纪大学称道有加，中世纪的教皇们也是如此。对他们来说，大学里培养出来的官吏和法学家们与其他人比起来，办事更有效率，素养也更高，而且更忠实；因为其中大多数人都是通过自己的价值而不是出身才获得了社会地位。大学拥有特定的目的，自发性地发展，但也得益于教皇的照顾，其中大多数都会希望获得教皇诏书，以承认其权威性，允许其毕业生在任何地方任教。

君主也在培养学生，帮助大学发展。例如，皇帝腓特烈·巴巴罗萨（Frederick Barbarossa，1152—1190 年在位）认识到受过教育的人对神圣罗马帝国有着极大的好处，因此在 1158 年，他赐予所有的学生特别的保护，从此他们就可以自由地四处行走、学习。巴巴罗萨鼓励教育的发展，保证了常年能有贤能之人对国家进行有效且有利的治理。对教皇和国王来说，教育的发展也促进了他们的政治权力的扩展。

地方教皇政权

12 世纪的教皇为信众提供指引,推动教会法的编撰,也扶持新的学习机构,与此同时,他们也是富有的土地拥有者,是罗马和意大利中部大部分地区的统治者。和其他统治者一样,教皇必须保护自己的领土免遭内忧外患。通常,内忧即罗马的叛变者,而外患即神圣罗马帝国。

教皇哈德良四世(Pope Hadrian IV,1154—1159 年在位)刚当上教皇就面临着罗马城内部的叛乱。哈德良四世出身贫贱,是历史上唯一的英籍教宗。然而他生不逢时:罗马城在那几年里恰好格外动荡不安,因为城市革命的思想已经在 12 世纪 40 年代传到了罗马,许多罗马人梦想能将教皇逐出去,在古罗马共和国遗迹上建一个中世纪共同体。叛乱的领导人是一位极具天赋的学者和精神革命家——布雷西亚的阿诺德(Arnold of Brescia,1100—1155)。他为了镇压阿诺德,就在罗马城里发布**宗教禁令**(interdict),也就是禁止开展一切宗教活动。于是,罗马失去了朝圣行业带来的丰厚利润,哈德良的禁令让叛军失去了东风,哈德良的支持者将阿诺德擒拿归案,绞死了他,又施以火刑,最后把他扔进了台伯河(Tiber)。阿诺德就以如此隆重的方式被清除了。他的遗骨成为后世崇拜者争相追捧的圣物。

几位中世纪中期的教皇

本笃九世(Benedict IX),1032—1048 年在位

利奥九世(Leo IX),1049—1054 年在位

格里高历七世(Gregory VII),1073—1085 年在位

乌尔班二世(Urban II),1088—1099 年在位

卡利克斯特二世(Calixtus II),1119—1124 年在位

哈德良四世(Hadrian IV),1154—1159 年在位

亚历山大三世(Alexander III),1159—1181 年在位

英诺森三世(Innocent III),1198—1216 年在位

卜尼法斯八世(Boniface VIII),1294—1303 年在位

哈德良四世和罗马市民的斗争是一个不祥的征兆,因为这意味着由教皇领导的城市改革已近尾声。教皇曾与新兴的富有商人及工匠联合起来,支持他们那颇具爆发力的雄心壮志,比如格里高历七世和米兰的"拾荒者"们。然而到了

12 世纪中叶,哈德良四世和他的继任者却站在了另外一边,他们反对颇具独立意识的市民的那种政治野心,也尽力打压城市里的宗教运动,因为这些宗教运动经常触及**反教会的**(anti-clerical)主题。哈德良任教皇时,还面临着始终复杂的皇权和教权的关系。哈德良若没有神圣罗马帝国皇帝腓特烈·巴巴罗萨的帮助,是断然无法击败布雷西亚的阿诺德的。然而,这两位盟友很快就争吵起来。1155 年,在腓特烈的加冕仪式上,哈德良坚持让腓特烈按一项带有侮辱性的方案来行事——把教皇扶下骡子,然后带着教皇和骡子穿过罗马城。起初,腓特烈一世拒绝以如此不可理喻的方式贬低皇帝的尊严,然而,如果他不这么做,就根本不会举行加冕仪式,于是他只能勉强地答应了。这件小事象征着更大冲突的到来,因为在后来,哈德良和他的继任者们成为腓特烈一世在争取伦巴底诸城市统治权时的对手。教会和皇帝从此结下世仇。

伦巴底权力之争在哈德良四世的继任者亚历山大三世(Alexander III,1159—1181 年在位)任期之内达到顶峰。亚历山大三世为人精明、学识丰富,是腓特烈一世遇到的最为强大的对手。亚历山大也是一位与众不同的教皇。在他之前,大多数教皇都出身于修道院,然而他和他之后的许多教皇都受过教会法案方面的训练,在被选为教皇之前已有相当多教会政治上的实干经验。这种变化反映了罗马教廷在人数上的增长,以及教会法学家在其中的重要地位。这些教会法学家一般都在博洛尼亚或其他地方学习过格拉提安《教令集》里严格的逻辑和条文。另外,教会法学家也提出一种新的规定。先前规定,主教们必须和其管区"成婚",不能离开其管区,然而现在他们提出,主教也可以被选为教皇。这也为主教的升迁打开了方便之门。不论如何,亚历山大三世都是 12—13 世纪第一批通过教会法学教育,再到教廷任职,再经升职的教皇里的先行者,也是其中最贤能的。

亚历山大三世决心制止腓特烈一世统治伦巴底。他先是恢复教皇与城市社区的结盟,与伦巴底的各大城市联合起来。伦巴底的城市长期处于互相对峙的状态之中,而现在则将各自的军队团结起来,组成"伦巴底联盟"(Lombard League)来对付皇帝。亚历山大三世则是他们的坚强后盾。1176 年,他们在莱尼亚诺(Legnano)一役中取得决定性胜利之后,从巴巴罗萨那里取得了独立。

对教皇而言,削弱帝国对伦巴底的统治结果只是空欢喜一场,因为巴巴罗萨只是将行动目标挪到了其他两个地方而已,而这两个地方对教皇国都构成巨大威胁。第一,他开始向托斯卡纳施加压力,将其收归皇帝统治。托斯卡纳位于玛蒂尔达的遗赠地的中心,是一个富有的省区。教皇早先声称占有这块土地。第二,他安排自己的儿子、未来的亨利六世(Henry VI,1190—1197 年在位)和西西

184

里公主康斯坦丝（Constance of Sicily，1154—1198）结婚。康斯坦丝是诺曼王国的第一继承人，因此，两人的婚姻最终将西西里王国（包括西西里岛和意大利半岛南部）划入神圣罗马帝国的版图，从而把教皇国完全包围起来，其南北两侧都成了神圣罗马帝国的土地（见地图 10.1）。

教皇英诺森三世和教会的窜升

12 世纪末时，教会已经发展成一个庞大而复杂的机构。西方基督教世界各地的税收源源不断地流入教会的钱柜；主教们行进到欧洲各地，以保证各地居民都在精神上服从于罗马教皇；罗马教廷则是各级宗教法庭这个复杂系统的"最高法院"。教皇国的理想渐渐实现，教会法学家们整理的教会法也让教皇统治整个基督教社会的"教皇至上"理论如虎添翼。这些精明而敏锐的学者们渐渐开始统治**罗马教廷**（papal curia），其中一部分人——比如亚历山大三世——甚至坐上了教皇的宝座。

教皇英诺森三世（Pope Innocent III，1198—1216 年在位。见"人物传略"和图 7.3）是所有法学家教皇中最权倾一方的一位。英诺森既拥有拥护宗教改革者的聪明才智，又拥有严厉打击异端的冷酷专制，也有能够发起第四次十字军东征的充沛激情，以及牢牢掌控整个教皇国的行政手腕。他对教会事务的管制比先前任何一位教皇都要彻底。1215 年，他号召召开第四次拉特兰宗教大会，并主导会议完成了大量重要立法议程：明确规范教士的服装，中止新教派的活动，强迫犹太人戴上特别的勋章，禁止教士参与野蛮的"神明裁判"，禁止收受主持圣礼的费用，要求主教保证学校正常运行并主持布道，规定所有的天主教教徒每年至少接受一次忏悔礼和一次圣餐。第四次拉特兰宗教大会效率之高和英诺森对会议的牢牢掌握，通过另一些事实也反映出来——与会的主教、男修道院院长和神父共有 1 200 多名，而这些人在仅有三个星期的会议中就完成了这么多重要的立法。与之形成对比的是，巴塞尔宗教大会（Council of Basel）持续了整整 18 年（1431—1449），成果却少很多。

英诺森受到教皇至上论的启发，以极高明的手腕将自己的意志强加于欧洲各大君主。他成功地让英格兰、匈牙利、葡萄牙和阿拉贡成为教皇的封地，这些地方的统治者都成了教皇的封臣。在英国，国王约翰（King John，1199—1216年在位）和英诺森的争执源于对坎特伯雷大主教的任命。英诺森对约翰开炮，在英国发布宗教禁令，甚至威胁要废除约翰并准备支持法国入侵英国。约翰明智地妥协了，一方面接受英诺森派来的坎特伯雷大主教，同时也同意教会统治英国。在别的地方，英诺森即便无法强行任命自己为当地国王的领主，也让他们实实在在地感受到自己的力量。例如，法国国王腓力二世·奥古斯都（King Philip II Augustus，1180—1223 年在位）与一位名叫英格伯格（Ingeborg，1175—1237）的丹麦公主成婚当夜就弃之而去，并违反教会法典和神学纪律，再次成婚。而英诺森不顾他的意愿，强行让他履行婚姻职责，并在法国实施宗教禁令，将腓力**逐出教会**（excommunicate）；英诺森最终让法国成为他的封地，不过却是在腓力的第二个妻子去世之后才成功的。

图 7.3　英诺森三世
在英诺森三世的时代，他的画像只有两幅，这是其中之一。

　　教皇在英国和法国的胜利自然具有重要意义，然而英诺森在其任期之内最花力气的一件事就是处理日耳曼皇位继承的问题。这个问题非常复杂，即便是英诺森这样高明的外交家都得殚精竭虑。问题的要点包括：西西里王国是否还应该为神圣罗马帝国所统治，帝位应当传给两个日耳曼王朝（韦尔夫家族还是霍亨斯陶芬家族）中的哪一个，以及历来处于敌对状

人物传略

教皇英诺森三世(1160—1216)

　　英诺森三世是强有力的统治者，主宰欧洲政坛，开创神学革新，打击异端邪说，宣讲宗教战争。他把教会的权力在俗世和精神两方面都带到了顶点。他完全称得上是"连接上帝与人类，位于上帝之下，却在人类之上"的人物。在他之前和之后的教皇里没有哪一位能将欧洲各国的君主们如此掌控在手，也没有哪一位对基督教崇拜产生如此大的影响。他的功绩确实伟大，然而他却没有被授予"大帝、大教皇"（the Great）之类的称号。为什么英诺森三世没被称为"英诺森大教皇"呢？可能是因为，尽管他做了这许多好事，

但他却是生来就大权在握,而且喜欢利用这种权力。

英诺森三世出生时,双亲给他起的名字是洛泰尔,他注定要走上在教会供职的道路。他的父亲是一位伯爵;他的母亲则是在罗马非常强有力的家族的成员;家族中已经出现了多位教皇。年轻的洛泰尔获得了同龄人梦寐以求的教育。他先是去往巴黎,那里是欧洲的学术中心,特别是神学方面。离开巴黎时,洛泰尔已成为一个训练有素的神学家,而且与全欧洲卓越的学问家都交流过。接着,他前往博洛尼亚。博洛尼亚是研究教会法的最佳去处。接受完神学和教会法的顶尖训练,1189 年,洛泰尔回到罗马他那显赫的家族。很快,他的族人——教皇西莱斯廷三世(Pope Celestine III,1191—1198 年在位)——将他升任为红衣执事。身为红衣执事的洛泰尔在罗马教廷积极参与政务。同时,他开始写作。他的作品没有特别出名的,但有一些非常流行。他的论文《论轻视俗世》(On Contempt for the World)就被广泛地传抄传阅——相当于中世纪的畅销书。

西莱斯廷三世于 93 岁高龄去世时,洛泰尔已经游历四方、人脉通达、满腹经纶,甚至可以算著作等身,因此,他继任西莱斯廷之位也就不足为奇了。不过,还有两个不利因素:一来,他不是先任教皇钦点的人选;二来,当时他只有 37 岁,太年轻了;特别是因为,要是洛泰尔活得像西莱斯廷那么长,他岂不是要高居教皇之位 50 多年? 尽管如此,洛泰尔还是赢得了第二次投票。三只白鸽飞进会场,其中最白的一只停在洛泰尔肩上。根据传统,此即圣恩之象。于是,洛泰尔以最快的速度被任命为神父,在第二天就成为罗马主教,亦即教皇,教名英诺森三世。

白鸽虽是吉兆,但洛泰尔之当选教皇,他的出身、特权和职业规划也是无需掩藏的重要原因。他的当选,与另一位被冠"大教皇"的教皇——格里高历一世——完全不同。格里高历也出生于罗马,同样家境富裕,而且受过良好教育,但他放弃了成为修士的特权。据传,他性格谦卑,甚至试图藏在一辆车里以逃脱选举。格里高历升任教皇,只反映出他接受教皇职责时的勉强;而英诺森升任教皇的过程却是充满渴望的,是出色的职业规划。

洛泰尔成为英诺森三世。其时,教会正需要一个出色的领袖,而他正出色地准备好担起此任。他的出身、教育和人际网络帮助他成为强大的教皇,也可能是最强大的教皇。然而,正是这些功绩,使他相对于圣人的标准来说,显得过于有野心。英诺森三世以自己的生平和对历史的影响,代表了中世纪教会面临的一项主要挑战:既要"入得"人世,又得"高于"凡间。教会的历史学家们认为他太入世而不予"大教皇"称号,这可能更说明我们对宗教领袖有着不现实的期望,而不是说明我们不认同英诺森三世的功绩。

态的教皇国和帝国是否有可能和平共处。帝位的继承问题还牵涉到英国和法国的利益,因为双方支持不同的日耳曼王朝。对英诺森三世而言,最重要的也许是这个问题涉及了教皇政权的领土利益,因为这让他有机会使教皇国摆脱神圣罗马帝国的威胁:北边有伦巴底,南边有西西里王国。

　　引发争端的是 1197 年亨利六世突然去世,留下年仅 3 岁的继承人腓特烈。事情后来演变得愈加复杂,因为日耳曼的君主们有权选举自己的皇帝,他们分别在两次会议中选出了两位皇帝:腓特烈的叔叔、施瓦本的菲利普(Philip of Swabia,1178—1208)承诺要延续霍亨斯陶芬家族的统治,而布伦瑞克的奥托(Otto of Brunswick,约 1175—1218)则试图建立一个新的韦尔夫王朝。因此,英诺森就想依靠教皇能够为皇帝加冕的传统,干预皇位之争。他迟迟没有动手,而日耳曼诸国的内战已经打得不可开交。迟疑很久之后,英诺森做出了决定,但之后又改变了主意。他先是立布伦瑞克的奥托为帝。但当英诺森发现奥托并非同盟而是敌人后,他转而支持成长之中的腓特烈。最后,这一系列复杂多变的国际政事终于在 1214 年的布汶战役(Battle of Bouvines)中达到高潮:奥托的军队被击败,英诺森也终于做出了皇位的决定。

　　对英诺森三世来说,这几年可谓硕果累累:他发动了十字军战争,降低了俗世国王们的地位,主持了宗教大会,实现了自己所有的意愿。然而,即便对于如此强大的英诺森三世来说,教皇的权力仍然既不够宽泛也不够稳固。教权在许多方面受到限制,一是因为西方各国的迅速成长,二是因为国王们的誓言十分不可靠,三是因为要在整个西方基督教世界如此广阔的疆域内有效地推行教皇的指令,也实在是一件难事。例如,英诺森主持召开的第四次拉特兰宗教大会上发布了一条命令,即所有的基督徒必须每年参加一次忏悔礼,但是这执行起来可没说起来容易。英国和波兰都下了很大力气来推行新的政策,因为前者刚刚收归教皇领导,后者国内的主教都非常支持教皇。然而对中世纪晚期佛兰德斯的研究却显示,有很大一部分佛兰德斯人从来不向神父忏悔,根本达不到一年一次的要求。另外,在外交方面,英诺森虽然成绩斐然,但也时不时会被当头一击。比如,他虽然迫使布伦瑞克的奥托许下一些承诺,但后者的食言却让他没能成功地利用他。

1250 年之后的教权

英诺森身为神圣罗马帝国的"王位任命者",拥有巨大的权力,但这种权力也是十分危险的。当他和继任的教皇渐渐陷入权力斗争时,教皇也渐渐失去了基督徒之心。到了 13 世纪后半叶时,大多数教皇已然不像牧人的领袖,而更像是俗世的君主了。

讽刺的是,13 世纪晚期的教皇政权的财政模式和政治面貌,正是早先一个梦想的直接产物,就是把教会建设成西方基督教世界的精神动力源泉。彼得·达弥盎、锡尔瓦坎迪达的洪贝尔和格里高历七世等 11 世纪的改革家们的梦想,现在真真切切地实现了:12—13 世纪时,教权成了欧洲道德和政治的领导,而且教皇确实利用这一切权威做了不少有益的事。在教皇的领导和教会的支持下,大学得到发展,大量学校和医院兴建起来,用于收留穷人、难民和孤儿的收容所也建立起来。在教皇的指导下,教会法令和基督教教义得到修订和完善,神学家们开始探索用理性方式来解释宗教的神秘性。凭着教皇的外交手段和他手下的军队,教会在阻止皇权专制方面起到了重要的作用。教皇反对亨利四世这样的皇帝,自己的利益是一部分原因,但在客观上,教皇的反对向皇家的自负有效地浇了一头冷水。总的来说,教皇的作用与种种历史传说迥异,教皇政权刺激了欧洲理性主义的发展,限制了独裁政权,弘扬了人性,而不是相反。

然而,为了获得做好以上种种善事的权力,教会付出了代价。上升中的教皇政权需要金钱来维持运转,需要一个官僚机构来处理复杂的日常事务,需要军队来维护自己的利益;同时还需要教皇既能有效地管理行政事务,又是虔笃的教父。大多数 13 世纪的教皇,不仅为人虔诚友善,也非常关心教会改革事业,他们更像是法律专家和外交家,而不是精神领袖。教皇政权是一个强有力的政权,但教皇常常难以满足基督徒的精神需求。有些人开始质疑教皇所领导的是不是基督地上王国的真正堡垒。对信徒来说,教皇的税收官、教皇的官吏、教皇发布的宗教制裁都被用来实现某些政治目的(例如哈德良的罗马宗教禁令),这是让人担忧的事情,甚至是有害的发展。换句话说,教皇政权已经成为一个具有很大势力的政治力量，成为一种业务，成了一部和其他庞大臃肿的机构一样、具有巨大胃口而不知满足的机器。有一位当时的人抱怨道，罗马教皇应该引导基督的羊群，而不是剪它们身上的毛！

　　教皇政权不能满足教徒的精神需求，这是一个很严重的问题；因为无论如何，教皇的权威是建立在其宗教威望上的。一旦其宗教威望减弱了，它在俗世的优异性也就减弱了。12 世纪和 13 世纪早期的教皇还能够让神圣罗马帝国感到羞耻，但是在 13 世纪晚期及更晚些时候，欧洲北部的几个新兴的中央集权国家的君主却完全不把他们放在眼里。当时，英国和法国的君主对自己国境内的教士能代表一个半独立而享有高度特权的跨国教会而感到非常恼火。他们想把这些教士收归王权统治，清除他们眼中这颗宗教"国中国"的毒瘤。教皇当然不同意了。1300 年，双方冲突正式爆发，其矛盾并不是俗世授职（这已经是明日黄花），而是一件新的事情：国王该不该向教会征收赋税。13 世纪 90 年代，英法两国陷入花费巨大的战争，于是两国君主都采取了一种新的政策，也就是向其国境内的教士收税。教皇卜尼法斯八世（1294—1303 年在位）在 1296 年决定反击，他发布名为《教士不纳俗税》（*Clericis Laicos*）的**教皇诏书**（papal bull），公开禁止这项措施的实行。俗世君主和教皇政权再次成了冤家对头。

　　卜尼法斯八世也是一个教会法学家出身的教皇。他年事很高、骄傲自大而不知变通，他心目中教皇应当拥有的权力甚至超过英诺森三世的图景。他公开宣称，教皇作为上帝在人世间的代理人，拥有的权力"不是人的权力，而是神的权力"。但他不能以自己的宏图愿景来让欧洲政治的现实屈服。对卜尼法斯来说，法国国王"美男子"腓力四世（King Philip IV "the Fair" of France，1285—1314 年在位）更是一个极其危险的对手。腓力四世无视教皇诏书，其境内的教士税收照征不误。他还派出特使，到处传播卜尼法斯的各种绯闻，败坏他的道德名声。他还切断了法国境内所有教皇收入的来源，以此挤占教皇的财富。卜尼法斯只是暂时退缩了一下。随着 1300 年这一大赦年（Jubilee Year）的到来，大批朝圣者涌入罗马，卜尼法斯在 1302 年便发表了《一圣教谕》（*Unam Sanctam*），用不容置疑的措辞强调了教会政权的原则："我们断言、我们宣布、我们确信、我们决议：对每一个人来说，成为罗马教皇的臣民，对于自己的救赎，是完全有必要的。"

　　"美男子"腓力召开了一次**三级会议**（Estates General）来回应。所谓三级会议，就是一个全国范围内的集会。在这次三级会议上，腓力将卜尼法斯的罪状一一数来，几乎囊括了当时所有想象得出的罪行，从谋杀到巫术，到养恶魔为宠物，五毒俱全。1303 年，一小支法国军队将卜尼法斯软禁在他位于阿纳尼（Anagni）

189

的宫殿里,意欲将他押到法国。这项行动失败了。当地居民在几天后把卜尼法斯救了出来,但是阿纳尼已经成为卡诺萨的直接对照,成为中世纪教皇政权的耻辱。心高气傲的老教皇在被解救之后没多久就去世了。他死前极为气愤和懊恼,因为那些全副武装的法国人居然敢用世俗的脏手碰他的圣体!卜尼法斯的葬礼也因为一声剧烈的炸雷而草草收场,同时代的人都认为这一声雷有着不同寻常的意义。

几年之内,教皇政权的处境就变得更坏了。1305 年,红衣主教们选克莱芒五世(Clement V,1305—1314 年在位)为教皇。克莱芒五世出生于加斯科涅(Gascony),他对法国国王持小心翼翼的包容政策。克莱芒认可了征教士税,并公开焚烧了《一圣教谕》,甚至说"美男子"腓力在指控卜尼法斯时表现出"值得称赞的热情"。克莱芒从未去过罗马:他放弃了这个满大街都是党派斗争的地方,而是在隆河河岸的阿维尼翁(Avignon)建立新都。阿维尼翁这个城市一直都是教皇国的领土,但是因为被法国环绕着,也受到法国的强烈影响。我们在第十二章会看到,教皇国立都阿维尼翁接近 70 年,其间官僚机构得到发展,而其精神上的威望再度下滑。

结语

虽然卜尼法斯八世的顽固不化和克莱芒五世的谄媚虚荣确实值得批判,但是 1300 年左右教皇政权的衰弱并不是这两个人的个性缺陷所致。要追根溯源的话,还是要归因于教皇政府越来越不能满足普通民众的精神需求;另外,俗世君主长期以来对一个希望能统治跨国家的、全基督教世界的教皇怀有敌意——不论他是神圣罗马帝国的皇帝还是法国国王。中世纪中期的教皇率领十字军东征,与异端做斗争,对神学的地位进行更清晰的解释,鼓励教会法的发展,推动兴建大学,应对修院生活和普通信仰的发展——还不停地与公爵和国王争夺欧洲的最高权力。的确,有时他们的某些行为以现在的标准看是腐败的,但这些腐败只是一幅更大的历史图景当中的副产品而已。在中世纪中期,成为教皇的都是胸怀大志的人。他们不满足于以旁敲侧击式的道德整顿来谴责当时的世界,而是积极地入世并让当时的世界变得更圣洁。不幸的是,他们弄脏了自己的手;恐怕这也无法避免。

第八章
朝圣新路，约 1000—1300

引言

　　教皇首先是精神领袖，而我们在上一章中已经了解，精神领袖要做的不仅仅是教牧关怀。还要不断努力控制教会的圣职人员，以确保教士、修士、修女和主教听从指挥，行为端正。此外，还要在圣职人员的帮助之下，不断努力帮助普通基督教徒用恰当的方式表达并梳理他们的信仰。这一任务永无止境，因为我们这一章中就会谈到，基督教教徒一直在不断寻找新的、艰难的朝圣之路。在中世纪中期，我们看到俗世社会愈来愈虔笃、异教邪说重新发端、新的修院制度得到实施。

　　在这几个世纪中，基督教表现出多种多样的形式，而教皇对这些新的发展趋势所能做的应对常常微乎其微。不过西欧基督教的最基本制度就是天主教。天主教以罗马的教皇政权为中心，统治着全欧洲。虽然在君士坦丁堡没有什么势力，但是在科隆、巴黎和伦敦都有着不可置疑的威信。中世纪的基督徒们大多一辈子也跑不出自己的家乡，而基督教会则给他们一种"国际性"的归属感。基督教世界尽管有许多各自为政的国家，但都由一种共同信仰、由教皇的权力，以及对教会军队的热情而统一起来。在民族主义兴起之前，一个强有力的理想将欧洲团结在一起，即一个普遍的天主教会。

犹太教

　　在中世纪中期，天主教会并没有对所有的欧洲人都有相同的效力。另外，在这个重要的时代，犹太人也在寻找新的朝圣之路。中世纪的犹太人没有能够与罗马教皇相匹敌的教宗，犹太人社区也分散四处，势单力薄。然而犹太教的拉比（rabbi）通过学校——一个和犹太教堂（synagogue）同等重要的机构——在中世纪中期建立起强有力的宗教传统。每当出现疑问或争端,拉比们就以"答问"(*responsa*)作为答复,以此来指导世俗生活。《犹太法典》(Talmud)就是这样一部宗教与道德法规,指导着世俗生活。中世纪中期,《犹太法典》在学者们手上得到复兴,并且理论上更为变通、更能接纳新的思想。

有些犹太人认为法典编纂者太拘泥于法律条文,就转向更注重内在性灵生活的虔信主义(pietism)运动。一位杰出的虔信主义者,巴希亚·伊本·帕库达(Bahya ibn Pakuda,1059—1111)就主张区分"肢体职责"(仪式与祭礼)和"内心职责"(内心的虔信)。如其姓名所示,伊本·帕库达生活在伊比利亚的穆斯林地区;然而,虔信主义除那里以外,在别的许多犹太人社区——如莱茵河地区——也得到蓬勃发展。除法典编纂者和虔信者之外,有些犹太人还推行神秘主义。犹太神秘主义,尤其是奉犹太原教旨主义神秘教义(Kabbalah)典籍为经典,虽然遭到主流犹太人的反对,但依然非常流行。原教旨主义者支持一些非正统的教义。比如,有的人将上帝的男性一面与女性一面区分得界线分明,由此似乎连单一神论都抛弃了。神秘主义虽然流行,但始终处于边缘地位。

犹太思想家也一直在努力解决一个令基督教思想家头疼不已的问题,即信仰与理性之间的合理关系。出生于伊比利亚、定居埃及的摩西·迈蒙尼德(Moses Maimonides,1135—1204)在《迷途指津》(*Guide for the Perplexed*)一书中就身陷这一棘手的问题。他认为亚里士多德代表着人类理性的最高峰,他的目标是将亚里士多德的学说与自己的宗教传统综合、统一起来。他论述道,在信仰与理性之间没有内在的不和,由此试图将犹太教放入亚里士多德学说的框架之内。此书对后世学者影响甚大,包括大阿尔伯图斯(Albertus Magnus,约1200—1280)与托马斯·阿奎那(约 1225—1274)。两人都对迈蒙尼德敬仰有加,将他视作"拉比",而将亚里士多德视为"哲学家"。

在中世纪,犹太教发展为一种与法律相结合的、注重内在虔信的、神秘的、考问人类理性能否参透上帝意旨的宗教。在这些以及其他的发展过程中,犹太教与基督教并没有孤立发展。犹太神秘主义者似乎受到基督教关于贞洁的思想的影响,而犹太教教徒对《圣经》的解释也激发了基督教学者的思考。从人数上讲,基督教占有绝对的优势,我们现在要探讨的就是这两种宗教。

基督教虔信的演进

我们说中世纪的欧洲由教会统治,这虽然是一个事实,但却是个会产生严重误导的说法。教会完全不是唯一的当权者，教会成员也不总是服从于教皇的指令，有的信徒甚至不知道这些指令的存在。教会与人类的所有其他机构一样，不可能很完美地运作，经常会达不到理想的要求。尽管有着理论上的中央集权（教皇→大主教→主教→神父），但几个层次之间的通信通常非常缓慢，还时常受阻。坎特伯雷大主教千里迢迢远赴罗马，向教皇询问一些事，再赶回英国，大概要花半年的时间。而且，主教即使故意无视或曲解教皇的指令，一般也不可能被赶下台。

192

教会内部也不是没有腐败现象，这也是人之常情。有的历史学家就很喜欢历数有盗窃行径的主教、好色的神父和贪吃的修女。但这些腐败只是个例而已。中世纪中期时，教会的最大弊病不是大面积的腐败，而是一种潜在的自满，由此导致教士阶层对宗教生活产生了浅薄的理解与机械化的态度，以及对教会财产的贪恋。中世纪教会虽然列了许多圣人，但在教士那里，信仰的深度渐渐地在处理日常事务时给打磨掉了，他们不仅有村庄里的事情要处理，还要负责大面积的地产，解决土地纠纷，保持教会威信。任何一个当代的政治家和负责大学行政管理的官员肯定都深有同感。

但不是所有的教士都会忽略教皇的指令，或只是把自己的职业当成一般事务而不是神圣的事业来对待。有的教士带头在欧洲传播一种新的基督教精神，用新的情感深度与力度来取代基督教早先那种让人敬畏的神秘特质。这一点最能从宗教建筑风格的变化上看出来。12 世纪时，占地面积大的**罗马风格**（Romanesque）建筑渐渐被尖顶指天的**哥特式**（Gothic）建筑所取代（我们在第十一章会看到更多这方面的内容）。另外，审判之时安坐的基督形象也渐渐被十字架上正在受刑的基督这一悲剧形象所代替（见图 8.1，那是第一幅圆雕耶稣受难像）；这一变化深刻地改变了人们表达虔诚的方式。基督为了救赎人类而受刑的形象对中世纪基督徒产生的影响不可小视。人们一想到基督所受的伤害、痛苦，就意识到救赎之不易。这让一些人开始仿效圣人，有的人效法使徒［追求"使徒式生活"（vita apostolica）］，有的人努力模仿基督本人［"仿效基督"（imitatio Christi）］。在这方面，基督教向更注重情感的方向发展，后来还由此诞生出将马利亚作为主要崇奉形象的表达虔信的方式（见"人物传略"）。在中世纪中期，圣母因悲悯毫无希望的罪人，做他们的说情人而格外受到敬重，据说她精于此事，以至于有一个传说讲道，魔鬼向上帝抱怨说，天堂之母（Queen of Heaven）把那些最有希望进地狱的人都骗了回去。基督教在这段时间里，第一次成为一种表达爱、希望和怜悯的宗教。"公正的上帝"（God of Justice）也变为仁慈的、受难的

"爱的上帝"(God of Love)(参见图8.2)。

普通百姓也非常拥护这个仁爱的上帝形象,受难的圣子与慈悲的圣母同样受到拥戴。然而普通人对上帝的敬拜方式与教皇及神学家们的却很不一样。在任何社会——包括我们自己的,普通人都抱有对超自然力的幻想,其中总有一些想法是神学家们肯定不会赞同的(就好像在我们现在的社会里,心理咨询师随处可见,随时可以请来帮助我们解决问题,而且人数越来越多)。中世纪也一样。神学家眼里的上帝是一个仁爱而理性的上帝,但在普通人眼里,上帝有时候是一个拥有神力的魔术师,能够保护他喜爱的子民不受饥饿、痛苦、疾病的困扰,更不会让他们过早夭亡。对许多持这种想法的人来说,他们接近上帝的行为虽然都发自内心,但往往显得过于机械,而较少是心灵意义上的。人们通常会找来先圣遗物,或前去朝圣,或在路边的神祠内重复着简短的祈祷,希望通过这些方式来获得上帝的恩宠与帮助。

图8.1　杰罗十字架(约970)
这个十字架用橡木刻成后再画成,是第一个立体表现耶稣受刑的十字架。十字架上的耶稣已经死去,但是他低下的头颅和全身的姿势能够显示出他所受的痛苦。

最受欢迎的圣物是和基督及马利亚有关的东西，因为人们相信这两个神祇都已升天，因此，他们的遗体是不可能找到的，只有些衣服饰品、真十字架的碎片、小瓶基督的血、圣母的乳汁、基督的乳牙、脐带以及切除的包皮等。建于 12世纪 20 年代的南英格兰的里丁修道院（Reading Abbey）到了 12 世纪末，已收集有数百件圣物，包括 29 件基督遗物、6 件圣母遗物、19 件旧约先圣的遗物以及

人物传略

万福马利亚

基督徒眼中那位耶稣的母亲，当然不是中世纪出生的。但是对圣母的敬拜则可以算是中世纪的产物。

《新约》里，马利亚至少出现了几十次，而且她的形象并不总是光明的。但她很快就引起了早期基督徒的强烈兴趣。有人认为马利亚永远是个贞女。这一说法在公元 649 年被定为教义的一部分。（《圣经》里被称为"基督的弟兄姐妹"的，则被解释成比喻那些收养的弟兄姐妹。）还有的基督徒关注马利亚的母亲角色。她在公元 431 年被定性为上帝之母（Theotokos）。这代表了耶稣的人性，而人性是他做出牺牲的关键。

马利亚和夏娃的对比也变得不可避免，甚至很常见：一个女人犯下的罪恶被另一个女人弥补了。甚至有一首中古英语歌曲纪念夏娃犯下的原罪，因为这样就带来了马利亚：

> 要不是苹果被吃
> 要不是苹果被吃
> 我们的女主人就不会
> 成为天堂的母亲
> 这个时刻多神圣
> 苹果被吃的时刻

11—12 世纪时，对马利亚的崇敬空前地加强了。这种崇敬一方面是因为十字军战士、朝圣者和商人（他们遵从东正教中关于圣母的显著地位的教义）；另一方面是由于克莱尔沃的伯纳德的讲道。他曾说，要说能给他最大

快乐的事,莫过于主持一次关于童贞圣母的讲道了。另一方面,对圣母的敬拜发源于大众的情感。正是在这些年里,《圣母颂》(Ave Maria)祷文和《玫瑰经》(rosary)开始成形。百合与玫瑰以及星期六这一天都与圣母产生关联;许多教区教堂与神祠都以她为名,新生女婴也开始起她的名字。将圣母视为"我们的女主人"(Notre Dame)的思潮正是 12 世纪的产物。巴黎和夏尔特尔的大教堂就是以圣母为名的宗教建筑。

从这些情况发展出圣母敬拜中的两种新的动向:马利亚被视作"哀伤的母亲"(Mater Dolorosa),她的痛苦呼应圣子耶稣的痛苦(例如图 8.2,米开朗琪罗的《圣殇像》)。马利亚还是受爱戴的"女仲裁者"(Mediatrix),也就是普通信众与上帝之间的调解人。创作于 1100 年左右的《母后万福》(Salve Regina)今天仍是天主教颂歌里最受欢迎的。颂歌代表忏悔者向马利亚恳求。有些中世纪的敬拜传统过了更久才成熟。在中世纪中期,许多基督教教徒(并非所有神学家)相信马利亚完全纯洁,完美无瑕,生来即无原罪。这一信仰直到 1854 年才被现代天主教会认同为教义。同样,人们认为马利亚并没有死去,而是在睡梦中升上了天堂。"圣母升天"(Assumption)的传统在中世纪广为接受,但直到 1950 年才被认同为天主教教义。

马利亚既是母亲,又是童贞女,因此成为普通女人的楷模。不过,对她的敬拜既抚慰了一生守贞的修女,又抚慰了哺育后代的女人。有意思的是,中世纪的修士们似乎特别愿意敬拜圣母,有一位修士曾甜蜜地描述他和他的同伴们"蜷缩在圣母胸口"。总的来说,对中世纪中期的基督徒而言,万福马利亚因其纯洁而受敬畏,因其母爱而使人宽慰,因其哀伤而引人同情;更重要的是,人们希望仁慈的马利亚会为他们乞求上帝开恩。

195　14 件十二门徒的遗物。由于收藏丰富,里丁成为朝圣重地。但里丁只是众多朝圣地之一。夏尔特尔(Chartre)教堂拥有马利亚的外衣;坎特伯雷藏有圣托马斯·贝克特(约 1118—1170)的遗骨;伊比利亚西北部的圣地亚哥藏有圣徒雅各(St. James)的遗体(但少了一只胳膊,现藏于里丁);巴黎人在第四次十字军东征(1201—1204)期间从君士坦丁堡取得了耶稣戴过的荆棘冠。实际上,西欧基督教世界基本上所有的城镇和农村地区都或多或少收藏着一些圣物或庇护着他们的画像。人们对于圣物的热情也促使"圣物经济"的增长,商贩带着圣物四处游走,卖给想要圣物的人。不幸的是,这一行里真货少于假货。到了 16 世纪早期——正如伊拉斯谟·德西德·里乌斯(Desiderius Erasmus,约 1466—1536)不无嘲讽地说——欧洲所有的真十字架遗物可以装满整整一船了。

图 8.2 米开朗琪罗《圣殇像》
这座雕塑完成于 15 世纪最后的时刻,展现了中世纪中期和晚期基督徒信仰的两个重要方面:对基督受难的沉思和对马利亚的敬拜。

人们向上帝求助,把马利亚当作向上帝求助的中间调解人,同时也向其他圣人寻求帮助。对特定的敬拜者来说,每个圣人都负有特定的职能。每一种人类所知的疾病都有一位圣人应对:瘟疫的受害者向圣洛荷(St. Roch)祈祷,圣罗曼(St. Romane)专治心理疾病,圣嘉勒(St. Clare)负责眼疾,圣亚加大(St. Agatha)专治乳房疼痛。(这些"职能"通常与圣人的生平有关。比如,圣亚加大的殉道行为就包括割去双乳,但后来她的乳房奇迹般地复原了。)圣人也和不同的职业挂上钩:陶工向圣果尔(St. Gore)寻求保护,画家是向圣路加(St. Luke),马医向圣洛伊(St. Loy),牙医向圣亚波林(St. Apolline)。在法国南部,甚至有一条灵猩成了人们膜拜的对象,因为据说它为了保护主人的孩子而被误杀了。于是农民们纷纷把病了的孩子带到它的墓前,乞求它给他们带来奇迹。

没有哪个神学家会赞同"圣灵猩"的存在。而且,这个时期圣人数量增加得

196

太快,教会不得不设立一些手续来确定哪些圣人被正式承认。然而,民众疯狂立圣的举动多半受到教士们的暗中鼓励,因为教士和民众一样,对先圣遗物也有狂热的激情,而且他们更希望看到大量的朝圣者因为这些圣物而到他们的修道院和教堂里来。对圣物的敬拜之风甚至被写进了教义。教士们发明了"圣徒相通说"(Communion of Saints),即无论是今生还是来世,圣徒都关爱着全体信友。有些神学家和教会领袖则对大众的这些举动——特别是带有强烈的异教徒色彩的活动——表示强烈不满。但他们的反对无济于事。

朝拜圣物与神迹的行为发展过快,远远超过教会的控制,但是其他宗教活动则受到教会规定的制约,特别是将宗教传达到每一个普通的欧洲人的传统圣事。传统圣事拥有很长的历史,在 1215 年的第四次拉特兰公会上被明确规定下来。圣事让信徒在一生的每个阶段都能感沐圣恩。出生时有洗礼(baptism),婴儿在洗礼中被洗去原罪,进入基督教社会。在发育时有坚信礼(confirmation),少年经受此礼,再次被确认为基督教社会的一员,同时还被赐予正式立足成人社会的权力。相爱之人由婚礼(matrimony)结为夫妇。如果一个人受感召成为神父,那他就要受圣秩礼(holy orders),在精神上与教会"成婚"。临死的人会被施以终傅圣事(extreme unction),以为灵魂做好踏上来世之旅的准备。在生命的整个过程中,基督徒只要接受忏悔圣事(penance),诚心悔过,就会被宽恕,而不必承受所犯罪过带来的后果。信徒也可以参与基督教最重要的圣事——圣餐礼(Eucharist),接受基督的圣体,化入自己的血肉。在中世纪中期时,圣餐礼变得比以前更为重要,因为神学家们提出了"圣餐变体"的观点:圣餐礼将面包和酒的实质变成基督的身体和血。这样,教会通过七件传统圣事,将上帝的恩惠带给所有的信徒,无论贵贱,遍及一生。

这一系列中世纪中期确立的圣事,为民众带来了精神上的宽慰与鼓励,使得民众与上帝的交流不再是一个不可捉摸的过程,而是信徒可以在生命中亲身体验到的事情。圣事的推行也将教会确立为上帝与普通人交流的途径,更为重要的是,教会的人员,也就是主持圣礼的神父们将自己与普通人在职业和生活方式方面明确地区分开来。对普通人而言,最重要的神职人员就是教区的神父,他们生活在自己的社区中,在他们的教堂中举行弥撒,为他们的新生儿洗礼,埋葬去世的人。在中世纪中期,教会扩大了教区神父的职责,为他们提供了手册以帮助他们劝诫罪人、布道励志。但教区神父的基本职责一直都没改变:通过教说、布道指引灵魂去往上帝处。

正统教义与异端学说

在中世纪中期,由于对宗教的狂热,正统教义与异端学说之间仅一线之隔。有时,两派在一些至关重要的问题上存在分歧,比如神父到底是不是一种特殊的人,拥有普通人所没有的通灵能力。有时人们会在教会规定上发生分歧,比如在关于某些圣女的问题上。有的圣女也许确实很虔诚,但她们并不服从当地主教与其他神职人员的教导。有时,人们可能会误打误撞地误入歧途,但很快就退回到教会正统教义身边。但也有的人可能因为自身的信仰,或因对教会工作的不满,或二者皆有,而自愿信奉被教会打上"异端"标记的学说。

异端学说在城镇里特别流行。11 世纪的城市革命让教会措手不及。教会似乎没有准备好该如何统治这个新兴而充满活力的、有文化的市民阶层。城市居民经常把主管当地的主教当作侵犯他们独立的政治压迫者,而不是他们的精神引导者。他们总是觉得教会根本不理解他们碰到的问题,并总是质疑教会的财富与权力。尽管大多数城市居民仍然忠于教会,但有少数人,特别在法国南部与意大利北部,宁愿信奉界线那一边的教义。

在令教会头疼的诸多异端里,法国南部的**清洁派教徒**(Cathars)是最麻烦的(见年表 8.1)。清洁派也被称为**阿尔比派**[Albigensians,由他们的活动重镇阿尔比(Albi)得名],他们将两种传统混在一起:一是对教会财富与权力的反抗;二是一种**二神论**(dualistic),一部分由波斯的琐罗亚斯德教发展而来。清洁派大多认为有两个上帝:一是善的上帝,掌管精神宇宙;一是恶的上帝,掌管物质世界。他们认为基督是个纯粹的精神体,是善的上帝,他的身躯只是个幻影;而《旧约》里创造物质世界的上帝是恶的上帝。他们的宗教道德强调摒弃一切物质的东西,包括食欲、财富、虚荣与性爱,以此来逃避身体的囚笼,上升到纯精神的空间。在现实中,只有一小部分最精英的人在实践这种极端严苛的理论。这些人被称为"完美者"(*perfecti*,即"perfect ones",意为"完美的人")。普通人仍然吃饭吃饱、做爱做好,只在口头上放弃物质世界(通常只批判教会的财富而已)。有意思的是,他们的反对者指控他们"大胆放肆"。虽然这种指控有点儿言过其实,但事实上,有一些普罗旺斯(Provençal)的贵族倒是因为物质利益才转信这种学说的:一方面,他们有机会过舒适的生活,另一方面,按照这种理论,他们挪用教会的土地反倒成了一个义举。

年表 8.1　基督教异端，1000—1300

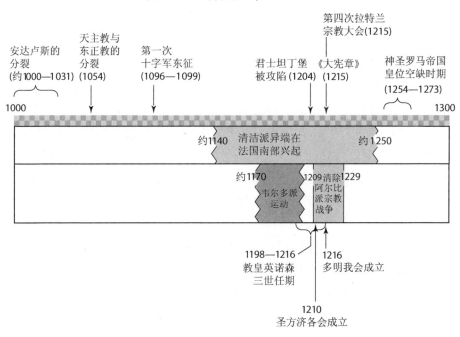

到 13 世纪初，在教会眼中，清洁派对西方基督教世界的统一构成了威胁。天主教基督徒认为，清洁派是西方基督教世界体内的一种可怕的寄生虫。有人相信（显然是以讹传讹）清洁派已经强大到在法国南部的一些地方建立了类似影子教会，清洁派的主教、修道院和"完美者"获得了贵族与平民的支持。我们在下一章会看到，为了清除清洁派信仰，欧洲内部发生了一场宗教战争（1209—1229），还建立起严格的审查制度。其结果非常惨烈。到 13 世纪中叶时，只有少数在南部边远地区的清洁派教徒仍然坚持他们的信仰。

清洁派在很大程度上源起于民间的反教权主义（anti-clericalism），即对教士阶层所拥有的影响、财富与主持圣礼的专权的厌恶。对其他教派（sect）来说，类似的对教士阶层的厌恶甚至更严重，特别是韦尔多派（Waldensian）。韦尔多派由一位里昂的商人彼得·韦尔多（Peter Waldo）建立。1173 年，韦尔多放弃所有个人财产，将其捐赠给穷人，从此过上使徒般的贫穷生活。他和他的追随者向教会寻求在城镇里布道的权力，但遭教会反对。教会担心由未经培训的凡人（特别是女人）来讲道会出乱子，因此宁可把讲道的权力留给受过专门培训的男性。但彼得·韦尔多不顾禁令，继续布道；他的追随者也紧随其后。这些违禁举动，以及韦尔多对教士的特殊身份日渐增长的怀疑，最终使得韦尔多派被教会宣布为非法。和清洁派一样，韦尔多派教徒也越来越少，尽管也许没有完全消失。北卡罗莱纳州的瓦尔德斯镇（Valdese）据说是由一个分支的成员于 19 世纪末建立的。

另外，在伦巴底也兴起了几支类似的教派，有些被判为正统，有些被判为异端；它们被总称为"卑微派"（Humiliati），对地方的宗教阶层构成了威胁。不过一般来说，它们不会遭到彻底的打击，除非它们完全否认教会的权威。到 13 世纪初时，反教权教派在意大利半岛北部和法国南部已经传播得非常广泛，甚至传到了伊比利亚和日耳曼国家。

修院生活的变化

对于整个社会信仰的发展，除普通人之外，以宗教为职业的教会"内部人士"也真切地感受到了。他们的回应，是做出制度上的改革和精神指引上的重新定向。每一次修院改革的理想，在改革进行过程中一次又一次被侵蚀，直到不得不发起新的改革以抵御旧的改革中的堕落思潮。尽管圣本笃（约 480—550）强调要回避俗世，一心向着上帝并与之神交，但他的追随者们最后深陷教学、传教与教会机构改革之中，虽然卓有成效，但到 10—11 世纪时本笃会运动自身完全在和俗世事务打交道。本笃会修道院掌控着广阔的土地，运行着全欧洲最好的学校，为封建主的军队提供士兵，还和国王亲密合作并参与到政治事务中。就这样，培养一代又一代修士修女的任务就渐渐地被各种各样的问题所妨碍了。许多修道院在中世纪早期只招收贵族子弟，而且通常会索求非常昂贵的入学礼（通常是一块封地）。许多这样的新教士在自己的职业上没有一点选择，因为他们是"献身儿童"，自出身起即被献给教会，从事宗教事业。他们有些人最后成为虔诚的教士，有些人只是在修道院走过场而已。这并不是圣本笃当初改革的本意。

10 世纪初，承袭了本笃会教义与会规的克鲁尼运动（Cluniac movement）兴起，旨在抵制教会内部出现的守旧与世俗倾向。克鲁尼运动得名于其发源地：勃艮第的克鲁尼修道院。这座修道院由阿基坦公爵和公爵夫人于公元 910 年建立。为了确保这座修道院能够免于贵族和当地主教的控制，它被直接归属于教皇的特殊保护，而当时教皇的权力不仅非常薄弱，离勃艮第也非常远。这座新成立的修道院先后由几位能干而长寿的院长领导，他们依照阿尼亚纳的圣本笃（St. Benedict of Aniane，约 750—821）对原本笃会教旨的修订，建立起一系列日常宗教活动的复杂程序，包括每日祈祷和圣餐礼等，还规定了一种严格的、纯精神的生活。克鲁尼修道院由富人资助,能够没有顾忌地追求神圣的宗教生活,而且看起来不可能被腐化,因此在当时广受赞誉。其他修道院也逐渐模仿克鲁尼修道院,到最后,形成了以克鲁尼修道院为中心的一个遍及全欧的修会,每一个修道院都是受克鲁尼修道院院长统治的**小修道院**(priory)。克鲁尼修道院通过这种方式将很多修道院联合起来,这样就形成了史上第一个**"修道教团"**(monastic order)——第一次在施行本笃会会规的众修道院之间形成正式的联系。克鲁尼修道院在11 世纪中叶不仅权倾一方,还拥有可观的财富,远近各地的贵族们都呈献礼物。修道院在 12 世纪建造了一座教堂,成了当时西方基督教世界最宏伟的建筑。这座教堂成为许多失去至亲的人们举办弥撒等追思活动的首选之地。

200

　　然而,在 12 世纪时,克鲁尼修道院的修士们开始表现出自满自足的迹象,而这正是他们的先人所反对的。繁荣、受尊重又稳固的克鲁尼修道院坐拥富丽堂皇的修道院及属下的众多小修道院、复杂的圣礼规程,以及大量的土地,对其他基督徒们心驰神往的剧变无动于衷。克鲁尼的改革当时在另一方面也受到威胁:修道院在教育方面一直以来的至高地位渐渐地不那么稳固了。我们在第七章已经了解到,到 12 世纪早期,修道院在教育上的独断地位已渐渐地被**教堂学校**(cathedral schools)的窜升所动摇。到 13 世纪早期,欧洲城市里建起大学,更削弱了修道院作为教育机构的地位,大学里培养出来的学者在抄写经卷、辅佐国君等方面的能力并不亚于修士修女。随着城市化进程的发展,传统的修道院对中世纪社会的贡献不再像先前那么急需。这使得在修道院内不得不重新强调精神追求。

新修院运动：加尔都森派、西多会及其他教团

　　正当克鲁尼修会陷入自满自足的泥淖时,许多新的宗教运动开始萌芽(见年表 8.2)。这些运动由热情高涨的改革派发起,其成员包括成年后决心投身宗教事业的修士修女们。由于自我意识在全社会渐渐普及,选择自己的事情也成了可能。当时的"自我意识"并不是我们今天所说的各自为政的个人主义,而是一种能够决定自己人生目标的自由,一种在所处的社区——无论是城镇、行会、农业社区还是宗教机构里——渐渐发现自己、了解自己的可能性。新教派成员的个人选择和严格的自我检查使得新修院运动能够脱离传统的本笃会会规与克鲁尼修会的改革。由成年人自由选择是否投身宗教生活这种新思想在 12 世纪的新局势下显得非常合宜,有许多老修道院——也包括克鲁尼修道院——都停止了接受献身儿童的做法。

这些新教派里，加尔都森派（Carthusian）可能是最严苛的。加尔都森派于11 世纪末诞生于法国东部，在 12 世纪时传遍了全欧。加尔都森派教徒坚持与世隔绝的生活，以小组为单位生活在一起。他们只有在敬拜上帝时会集体出现在公共的礼拜堂，其他时候则像隐士一样独立生活在各自的居室里。加尔都森派一直延续到了今天，而且，和其他众多修院运动不同的是，加尔都森派的严苛程度在这几百年里几乎没有减轻。尽管 12 世纪的人追求严格的精神生活，加尔都森派仍然只是个小规模的运动而已，只有那些能承受不畏艰难的圣洁的生活方式者才会选择这个教派。一般的基督徒吃不消这样苦行的生活，对加尔都森派只有仰慕的份。

12 世纪最强大的修院改革势力——西多会（Cistercian）——既对性灵生活做出严格的规定，又在大众中广为流行。西多会诞生于西多（Cîteaux），由一小群反对本笃会的修士们在 1075 年创建。带领他们的罗贝尔是一位修道院院长，他对

201

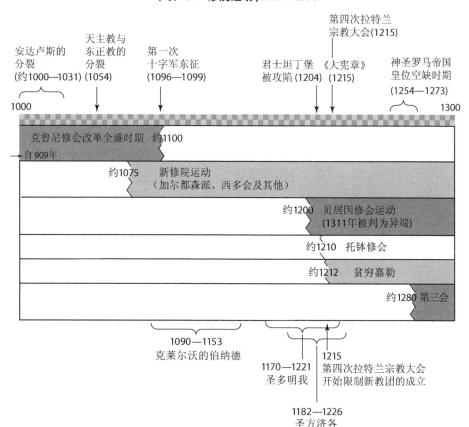

年表 8.2　修院运动，1000—1300

院内修士们的奢侈生活表示不满，于是想在莫莱姆（Molesme）的荒山野地里追求更严格的生活。他们在那里建起一座新的修道院，以树枝为材料搭起小屋。这座修道院的遗址现在已被改建为一座高档宾馆，内设豪华套房；边上另有一座二星级饭店，是法国最好的饭店之一。莫莱姆的圣罗贝尔（Robert of Molesme，约 1029—1111）如果知道现在的情况，肯定会大惊失色，因为他甚至对运动之初的乡村环境都有所不满，嫌它不够艰难，这才在 1098 年，带着手下继续行进，来到更荒凉的西多。

这所新修道院由此成为遍及全欧的西多会修院的发源地。西多会的发展一开始较为缓慢，但之后就越来越快。1115 年时，西多会下仅有四所修院，但到了12 世纪末，这个数字已经达到 500。西多会与克鲁尼修会不同的是，所有的修院并不处在一个占据最高地位的修道院院长的管制之下，而是由所有的修道院院长每年在西多召开大会决定重要事宜。每年一次的集会旨在帮助这些修道院遵守圣罗贝尔及其追随者当初制定的严苛会规。

202

西多会修院与克鲁尼修会的修道院相反，没有精美的室内装饰，只有一间间黑暗简陋的小屋。西多会的修行生活也比较严酷，虽然比不上加尔都森派，但比起克鲁尼修会要艰辛得多。修道院没有很好的加热条件，甚至在天寒地冻的北欧冬季，屋内也不怎么生火取暖。修士们的食物只有黑面包、水和少量炖蔬菜。除非绝对必要，他们被禁止说话。和其他新修院运动一样，西多会也不接收儿童。入会的最低年龄是 15 岁，新会员要经过一年的"见习期"（novitiate），之后方可宣誓终身入会；这样，新成员就有一年时间确认自己是否愿意终身投入宗教事业。其实，一年的见习期制度在本笃会会规中就有明确规定，但此前一直被忽略。

西多会也接收非教士阶层的弟兄姐妹入会。这些人被称为"会士"（conversi），许多人都是农民出身。有的会士从遥远的地方专程过来耕种新开辟的土地；另一些会士则来自当地的农户，他们一直耕种着的土地已被虔诚的贵族捐献给了西多会。会士必须宣誓守贞与服从，但可以选择履行一套较宽松的会规。有一些富有的人以这种形式加入西多会，但是大多数会士都是普通的劳动者。他们的入会，使得西多会的影响扩展到了不识字的普通百姓，同时也填补了西多会内部劳动力的缺口。西多会修士偶尔也会来到地里，与会士一起劳作，但他们通常并不劳动。会士们入会带来的劳动力，在另一个角度也有所反映：尽管男修道院只接收男性会士，但女修道院除了接受女性会士之外，也接受男性会士，一部分原因就是男性代表修院与外界联系要方便得多。

西多会在 12 世纪能够迅猛发展，其功臣是一位颇具远见卓识和人格魅力的领袖——克莱尔沃的圣伯纳德(1090—1153)。伯纳德在 1112 年加入位于西多的修道院，当时还是个年轻人。三年后，他就在克莱尔沃建起一座修道院，并亲任院长。克莱尔沃修道院是西多会最早的分院之一。伯纳德是当时最受景仰的基督徒。他是个神秘主义者，具有非凡的演说才能，也是个天才作家，非常多产；他在西多会的疾速发展中起到了重要的作用。他具有至高无上的道德力量，后来甚至成为欧洲数一数二的仲裁者，参与各种政治纠纷与宗教争论。他劝服法国国王和日耳曼皇帝参与 1147 年至 1148 年的第二次十字军东征，并成功地为一位教皇候选人在争论中稳住阵脚，使他能够坐上宝座。有一次，他甚至斗胆顶撞教皇本人："记住，你控制着的神圣罗马教会，首先是众教会之母，而不是统治它们的女主人。你自己，不是众主教的头头，而是他们中的一位。"

伯纳德也坚定地反对当时的一种日趋流行的学术观念，即用人的理性来理解天主教信仰。这一思潮的领头人是彼得·阿伯拉尔(1079—1142)。我们会在第十一章仔细探讨这次争论。不过，现在也不妨简述一下。伯纳德反对阿伯拉尔的理性主义，赞成纯洁的信仰与单纯的爱。他并不反对理性的争论和逻辑思维，但他明确表示这些都不是接近上帝最好的方式。伯纳德强调信徒的个人神秘主义，强调对马利亚的虔信与上帝的爱。这样，伯纳德依靠他的演说能力，让同时代人的信仰变得更个人化、更强调爱。从长远的角度看，伯纳德没能说服很多神学家和哲学家，他们更赞同阿伯拉尔的思想里强调的理性主义。从短期角度看，伯纳德确实让阿伯拉尔过不上好日子，他甚至成功地让官方谴责阿伯拉尔的一部分教义。

除了外交天赋与雄辩天才，伯纳德更因为自身的圣洁性而使 12 世纪的欧洲拜倒在自己脚下。他在生前就被尊为圣人，关于他的种种神迹流传甚广。朝圣者纷纷涌向克莱尔沃，希望他的触摸能治好他们的伤病。这样的声誉，让伯纳德能够更好地发挥自己的演说天赋，本来他的影响力还不至于这么大。人们看到的是一个圣人，一个创造奇迹的人，一个严格履行斋戒、严重劳作过度、穿着破衣烂衫、一心忠于上帝的人。伯纳德遭遇对手时，会变得相当可怕。例如，有一次，他命令阿基坦公爵威廉十世(Duke William X of Aquitaine，1127—1137 年在位)重新任命几个先前由公爵自己赶出城去的主教。在大量劝说之后，公爵依然不为所动。于是伯纳德就为他举办了一弥撒。他手持**圣饼**(Host)，从祭坛走到公爵面前，说：

我们有求于你，而你弃绝了我们。我主之臣仆，合众人之力，在他处有

求于你,而你弃绝了他们。你看! 从这里向你走来的,是马利亚之子,是教
会之主、教会之领袖,而你却在迫害他! 你的审判者正在此地,每一个人都
必须向他下跪求恩……你的审判者正在此地,你的灵魂将经他之手上天或
者入地! 你还会弃绝他吗? 你还会像弃绝他的臣仆们那样弃绝他吗?

公爵当即跪地求恩,服从伯纳德的命令。

　　伯纳德的一生也表现出西多会的一个内在矛盾。尽管西多会尽量与世隔
绝,但伯纳德却辗转于各种俗世事务。实际上,随着时间的推移,在整个 12 世
纪,西多会也渐渐地融入俗世。西多会在早期是大殖民主,到处开垦荒地。但随
着欧洲人不断扩张定居地,世俗世界也跟上了他们的开荒步伐。西多会成员也
发现,他们追求严苛的生活和辛勤劳作,会导致财富的积累,最终导致单纯的精
神状态被腐化。〔几个世纪之后的清教徒(Puritan)和贵格会(Quaker)也发现了
这个问题。〕西多会巩固、管理他们的地产很有一套。他们引进更先进的畜类喂
养技术,英国的西多会成为全欧洲最大的羊毛生产者。在整个欧洲,西多会的地
产是最富有、最有力的,他们还经常推动农业的新发展。经济上的成功源源不断
地带来了财富。西多会的修院教堂也变得华丽起来,严格的修行生活也渐渐松弛。

　　西多会成员的与世隔绝只是个短暂而遥不可及的愿望。其他的教团开始朝
别的方向改革,积极入世,试图改良。例如,奥古斯丁派的律士(canon)服从严格
的教规,但同时也积极参与到俗世事务中,在教堂、医院等地工作。这种将修院
制度与世俗事务相结合的做法,在 12 世纪时发展到巅峰,出现**军人修会**
(military order),包括圣殿骑士(Knights Templar)、医护骑士(Hospitaler)、条
顿骑士(Teutonic),以及其他一些小团体,这些"骑士修士"都致力于扩张欧洲基
督教世界的边界,我们在下一章会讲到。如此种种将修院生活的精神力量转化
为社会发展的推动力的革新措施见证了 12 世纪盛行的一种全新的、重视情感的
基督教信仰。

204　女性与新教团

　　新生教团无论是主张与世隔绝的生活,还是积极入世,大多都招收女性教
友,但这是有难度的。克鲁尼修会强调必须让被授予神职的神父来为死者主持
弥撒,最初只建了一个女修道院,位于马尔西尼(Marcigny),而且仅仅是为了给
修会的男性修士提供配偶。马利亚被当作是马尔西尼修道院永久的院长,实际
事务则由克鲁尼修道院院长处理,从而确保掌管修女们的是一位男性而非女性

院长。西多会最初的改革者里就有几位女性。然而，在西多会发展为遍及全欧洲的教派时，对女修道院的接受和容纳还很勉强。比如，在 13 世纪，女修道院院长就不能参加每年的修道院院长大会；女修道院院长另外集会，在这个会上，院长大会的决定会宣布给她们听。后来的一些新教派，一开始都说得很好听，吸收成员时做到男女平等，但到后来也渐渐把修女们驱逐出会。以下便是一位男性修道院院长对驱逐修女的"解释"：

> 由于认识到女性的内在罪恶大于世间其他种种罪恶之总和，世间之怨怒无出女性之右者，蛇蝎之毒较于女性之于男性的诱惑，亦更易治愈而为害较轻，因此，我等一致认为，为保护我们的灵魂、我们的身体、我们的美德，从今起不再收受姐妹教友入会，而应像躲避毒物一样唯恐避之不及。

这番解释的开篇就是典型的憎恶女性的理论，将女性与罪恶和危害等同起来。今天，再也没有人抱着这种想法了。到最后，这位院长说道，修女会威胁到修士的道德和身体；换句话说，这些后来的教派之所以想摆脱女性，不仅是出于对男性贞洁的保护，也是因为女性太耗费钱财。修女通常比修士隐居得更深，因此，她们在经济发展上的机会就更少。女修道院需要招募男性神父来主持圣礼，因此，保持修女在精神上的纯洁性就更费钱费力。另外，修女们通常不能募集到很多的捐赠，修道院的收入也要少一些。不同修道院之间在经济上的差距是非常大的。13 世纪中期，诺曼底的女修道院平均价值为 60 英镑，而男性修道院的价值则差不多达到 400 英镑。

女性一旦遇到对她们一点都不热心的修士，通常就开始自立门户。有些人紧紧追随一些富有魅力的神父，人数之众，让人们不得不为容下她们而做出安排。在这样的压力之下，出现了几个"混合修会"，其成员以女性教友为主，另配有主持圣礼的修士：由森普林哈姆的吉柏特（Gilbert of Sempringham，约 1085—1189）建立的吉柏特修道院、由达亚比肖的罗贝尔（Robert of Arbrissel，约 1047—1117）建立的丰特夫罗（Fontevrault）修道院。由桑登的诺贝尔（Norbert of Xanten，约 1080—1134）创立的普列孟特瑞会（Premonstratensian）起初也容纳了非常多的修女。另有一些女性组织起不那么正式的集会，当时最有名的是 13 世纪日耳曼诸国和低地国家的城镇里兴起的**贝居因**（beguine）修会运动。贝居因修会一方面和别的修会一样，修女们同住在宗教社区里，但和别的修会不一样的是，她们的入会宣誓不是永久的，可以随时离会。有些修女白天在修院外谋生，晚上才回

205　来。从教会的角度看,最不寻常的一点是,贝居因修女相对缺乏管理。修女们聚在一起祈祷或研习时,有时有男性神职人员指导,有时则是自顾自。

贝居因会以其虔诚出名。从中产生出几位卓越的圣女。在一个堪称史上最不寻常的新婚之夜的晚上,一位贝居因会修女——瓦尼的玛丽(Marie of Oignies,1176—1207)劝服丈夫应该贞洁地生活,更要投身到照顾麻风病人的事业中去。另一个贝居因会修女——马格德堡的麦希蒂尔德(Mechthild of Magdeburg,1207—1282),更是在诗作和散文作品里表达自己感受到的神秘体验。她的《上帝的流动之光》(*Flowing Light of Divinity*)在海尔夫塔(Helfta)修道院掀起了又一阵神秘主义运动。海尔夫塔是麦希蒂尔德晚年临终之地,她的著作在今天读来仍然动人。然而,尽管贝居因修会的修女们无比虔诚,官方教会却对她们抱有怀疑,认为她们有性行为方面的异常,或者置疑由女性布道、自由研习《圣经》的合理性。贝居因会最终在1311年被教皇定为非法。几世纪之后,贝居因会再次兴起。但是,我们今天在布鲁日和其他北方城市看到的贝居因修院则是19世纪的产物,而不是中世纪的。

托钵修会

13世纪早期,多明我会(Dominican order)和方济各会(Franciscan order)发展出了一种新的修行生活。多明我会和方济各会的**行乞修道士**(friar)和其他修士一样,也必须宣誓安贫守贞、顺从上帝。但是他们拒绝坐在修道院里修行,而是直接走进世界。他们也拒绝拥有集体财富的传统修院制度,而是发誓安于个人和集体的贫穷。人们称颂他们为"**托钵僧**"(mendicant),意思就是"行乞者"。两个教会专注于向穷人布道,发展慈善事业,因此很受大众欢迎。他们也想出新方法来对付异端邪说。方济各会和多明我会直接向异端开战;不过,他们能有效清除异端邪说的一个方法就是证明正统基督教教义既有说服力,又有实际价值。

多明我会

圣多明我(St. Dominic,1170—1221)是个饱学的西班牙人。他构思出一套修会制度,只招收男性,将他们训练成神学家和宣道士,以便能够通过论辩与演说来战胜异端邪说,并以他们自己安贫守身为榜样来从异端那里赢回民众。在教皇英诺森三世的鼓动下,圣多明我前往法国南部打击清洁派。他的雄辩才能与朴素生活为他赢来了很响的名声,几个改宗的信徒和一小群志愿者加入他的行列。这一小群人最后发展为一个新的修会，称为"宣道士弟兄修会"（Order of Friars Preachers）。修会于 1216 年正式成立，在圣多明我去世的 1221 年完全定型，吸引那些不满足于传统的封闭式修行生活的人；他们愿意接受圣多明我式的严苛生活，长期遵守清规戒律，并愿意为振兴全社会的道德风尚而努力。

为了制定多明我会会规，圣多明我从早先的奥古斯丁教会法里撷取了很多要素。这一方面是因为他年轻时是奥古斯丁派，另一方面是因为 1215 年的第四次拉特兰宗教大会规定，任何后来的修院运动都必须以既存的修院规章为依据。不过，圣多明我可以说给他的追随者们提供了一个新的方向。修会由一位终身制的总会长（minister-general）领导，另有一个立法团体每年开会商讨修会事宜。所有的托钵僧都不隶属于某一个特定的修道院，而是隶属于整个修会。他们的日常生活包含了一些非常严厉的灵修活动，要在午夜举行圣礼，要完全戒荤，要经常斋戒，有强制性的长时间静穆沉思。整个修会都受安贫之道的束缚：除了教堂和小修道院以外，修会没有其他财产；修会的生存全靠慈善捐赠。同时注重修会的安贫与修士个人的安贫这一点，是圣多明我从同代人圣方济各（约 1182—1226）那里学到的。但两人所强调的其实不一样。对圣多明我而言，让宣道士安守清贫是一种将民众拯救出异端邪说的有效方式；对圣方济各来说，清贫本来就是件好事，当然也能带来好处。

整个 13 世纪，多明我会以惊人的速度扩张着。多明我会的僧人们将宣教活动带到欧洲各地，甚至欧洲以外的地方，比如圣地（Holy Land）、中亚和中国。多明我会修士们最重要的身份还是宣道者，他们的一个特别的任务就是向异教徒讲道。然而，他们和异教徒的接触最后却使得他们还时常扮演着检察官的角色，一遇到无法说服的异教徒，他们就将他清除出去。多明我会喜欢自己的绰号"上帝之猎犬"（Domini canes），修士们以此为荣。从这个绰号也可以看出，他们将自己看作天主教信仰的看护者。但对欧洲的异教徒和犹太人来说，这个名称通常含有不祥的意味。

多明我会修士也有成为学术巨擘的。圣多明我坚持让自己的追随者们在出门讲学之前必须做到学博识广，他也希望每一个多明我会修道院都有一个神学院。在他死后仅仅几十年时间里，多明我会就产生出几位当时最有名的学者。多明我会修士主宰了欧洲的几所新兴的大学；他们成了亚里士多德哲学的拥护者。最著名的学者包括大阿尔伯图斯（约 1200—1280）和托马斯·阿奎那（约 1225—1274）。由于不能要求身为教师的学者也去乞食或者做一些不体面的工作，多明我会的集体清贫原则到后来就渐渐放松了，直到 15 世纪时被完全放弃。

圣方济各会

　　圣方济各是圣多明我的同时代人。他可能是中世纪最受景仰的人之一(见图 8.3)。他是中世纪商业革命的产物,出生于意大利半岛中部阿西希(Assisi)城市的一个商人家庭。圣方济各年轻时乐善好施,精力充沛,颇受欢迎,后来成了一个生机勃勃的青少年团体的领袖人物。有一位作家恰如其分地写道:他"整个人好像不时散发着节庆的气息"。

　　圣方济各在二十岁出头时经历了一次深刻的信仰变化。这次变化是分几个阶段完成的。最初是在一次宴会上。圣方济各请了几个朋友赴宴,他们举着火炬外出,欢快地唱着歌,朋友们给他戴上花环,好像他是狂欢者之王。过了一会儿,他就消失了。人们发现他时,他已陷入一种迷狂状态。之后,他就独身一人研诵祷辞,扶贫济弱。他前往罗马朝圣,据说在路上还和一个乞丐换了身衣服,之后便一路行乞。在回到阿西希的路上,他遇到了一个穷苦的麻风病患者,就把身上所有的钱都给了他,还吻了他的手,丝毫不怕染上病。之后,他就投身于帮助麻风病人和医院的事业。圣方济各开始衣衫褴褛地行走于阿西希,接济穷人,

图 8.3　圣方济各
这幅彩绘手稿表现了圣方济各从天使那里接受圣痕的场景,这个印记代表了耶稣在十字架上的伤痕。

这让他做服装生意的父亲大吃一惊。他先前的朋友们向他扔烂泥，父亲也因为害怕他花光家里的钱财而与他断绝关系。圣方济各唱着一支法语歌，离开了家，此后三年一直在阿西希附近过着赤贫的生活。他救济麻风病人和被社会抛弃的人，还做出许多不合常理的事，让家人颇为尴尬。接着，尽管不是教会人士，他也开始向穷人讲道了。

那时，教会是不允许俗世布道的。但圣方济各的工作很快就获得教皇的赞同。门徒们已经开始聚集在他身边。圣方济各于 1210 年来到罗马，刚好找准了时机。教皇英诺森三世不久之前同意了几个类似的修院运动，先是在 1201 年恩准了一个卑微派，再是 1208 年同意了一位曾经是韦尔多派的教徒发起的、被称为"贫穷公教徒会"（Poor Catholics）的教派。教皇从圣方济各会的安贫与朴实里看到了一种能与韦尔多派、清洁派等异端相对抗的特质，当时这些异端正攫走大量信徒。站在教皇面前的圣方济各对天主教的忠诚是那么坚定，他身上的朴实气质也一定能将走上邪路的灵魂拯救回来。圣方济各身上的光芒也完全可能被教皇自身的神性所感知，因为教皇本人虽然在处理俗世事务时游刃有余，但仍然是非常虔诚的。无论如何，13 世纪的欧洲能够发展，很大程度上要归功于对诸多修院运动的支持；在其他时代，这些运动可都是会招来严重打击和迫害的。如果圣方济各生活在我们现在的社会，他很有可能被关进疯人院；这真是一种羞耻。而中世纪的欧洲却视之为宝，封之为圣。不过，在圣方济各会发展过程中，其最初的严酷性还是打了一点折扣的。

圣方济各和他的追随者在阿西希附近建了一个临时"总部"，其实比用树枝搭起来的小木屋好不了多少。不过，他们的中心设在哪里并不重要，因为他们总是四处游走，穿着农民的衣服活跃在乡间，布道、施礼、自觉模仿耶稣的圣行。之后十年，圣方济各会以惊人的速度发展壮大。到 1226 年圣方济各逝世时，方济各会传教团已活跃于法国、英国、日耳曼诸国、匈牙利、伊比利亚、北非、土耳其和圣地。托钵僧已经数以万计。方济各会能够成功，一个重要原因是圣方济各的人格魅力，另一个重要原因，是他的理想与当时的宗教理想相一致。当热情高涨、兴致高昂的方济各会修士涌进城市，在拥挤的大街上以身作则、宣讲教义时，异端邪说自然只能黯然失色。

圣方济各会的宗教理想从根本上说，就是模仿基督本人的圣行；分解为几个基本要素，其中之一就是清贫——修士自身清贫，修会作为集体也清贫。圣方济各会僧人以工作换取食物和其他生活必需品。另一个基本要素是谦卑。圣方济各给他的追随者们起名为"小弟兄"（Friars Minor）。还有一个特点，是

圣方济各会能够安然接受现实世界,把它当作上帝神圣的作品。早先的新柏
拉图主义者和清洁派都拒绝物质世界,认为那是恶,但圣方济各会——时人
称他们为"上帝亲选的游吟诗人"——却在大自然中看到了美和神圣。在圣
方济各的《太阳弟兄之歌》里,他以诗意的情调表现出对整个现实宇宙的神
圣的热爱:

> 伟哉吾主,化生万方。
> 太阳如兄,惠赐日光。
> 洵为美也,灿烂辉煌。
> 尝云吾主,至高无上。
> 伟哉吾主,育我月姊,创诸星宿,
> 散置穹宇,明洁珍秀。
> 伟哉吾主,育我风弟,
> 浩气卿云,太平天地,
> 以是滋养,万物生息。①

圣方济各会早期,除圣方济各本人和少数忠实成员以外,其他修士的日子都太好
过了。修会很快发展壮大,原先没有组织的单纯性已很难保持。到1220年,成
千上万的人成为小弟兄,他们很快就由一种新的现象联结起来:世俗男女加入
"第三会"(tertiary orders),一边继续世俗工作,一边投身于圣方济各会的修行。
圣方济各当年小小的"兄弟连",如今已发展为一个神圣的大集体了。

209 　　圣方济各本人不是行政官员。正当修会日渐庞大之时,他却从一切实际事
务中退了出来。1220年,会规正式发布,圣方济各就辞去了修会领导的职务,说
道:"上主啊,我将让我领导的这个家族归还给你。我主基督啊,现在我已经没有
力量与能力继续照管他们了。"1226年,圣方济各去世时,全世界都悲鸣不已。
他创立的修会在那时已发展为最强大、最有吸引力的宗教运动。不过,圣方济各
本人会怎么看待当时的修会,还不好说。那时已经出现内部分歧。大多数圣
济各会修士都希望用一些实际利益来弥补圣方济各定下的严格的会规,比如,接
受贡赋或土地、房屋,这样就能在一个更有保障的经济基础上发展修会。一小部
分修士仍然坚持必须按圣方济各生前的生活来要求自己,抵制所有的修正。这

---

① 朱绩崧译。——译者注

一小部分人后来被称为"灵修方济各会士"（Spiritual Franciscans），他们坚守基督门徒所守的清贫和圣方济各单纯的理想主义。这一目标很值得景仰，但他们人数极少。

圣方济各会主流一方面开始修正圣方济各安守清贫的理想，另一方面修正了他不重视学术的思想。圣方济各认为学术与救赎无关，但他的后人则投身于学术。终于，在 13—14 世纪时，圣方济各会修士和多明我会修士一样出现在大学里。圣方济各会出产了一些著名人物，有 13 世纪晚期科技复兴时起到巨大作用的罗杰·培根（Roger Bacon，约 1214—1294），还有 13 世纪晚期的总会长、当时最显赫的神学家——圣波拿文都拉（St. Bonaventure，1221—1274）。这些修正也许确有必要，但圣方济各注入修会的激进的理想主义则被削弱了。在树枝搭成的小屋换成常春藤会厅的时候，有些重要的东西失去了。方济各会仍然在为社会服务，但到 13 世纪末时，已经失去在精神上激励人的功能了。

女性与托钵修会

圣多明我和圣方济各的改革没能很好地照顾女性的精神需求。多明我会最重要的特征便是讲道，但中世纪教会是明令禁止女性讲道的。圣多明我亲自建立了三个女修道院，到 14 世纪初，全欧洲已经有超过 140 个多明我会女修道院。但和多明我会修士不同的是，多明我会的修女过着集体生活，不允许担任任何神职。她们的修行生活与过去本笃会修道院中的修女生活没有太大不同。圣方济各会的特点是安守清贫，这对女性来说也很不合适。别的不说，女性很容易受到侵犯，或被误指为娼妓。圣方济各本人不允许招收女性入会。据说，他曾讲过："上帝从我们身边带走我们的妻子，而现在撒旦却赐予我们姐妹。"不过，圣方济各本人和阿西希的圣嘉勒（St. Clare of Assisi，1194—1253）却相交甚好。圣嘉勒创建了一个女性修会，在圣方济各会安守清贫的基础上，让女性完全幽闭在修道院里。圣嘉勒创建的修会被称为"贫穷嘉勒"（Poor Clare），入会的女性不像圣方济各会修士那样讲道或行乞，她们对这个世界来说就像死了一样，永远禁闭在高墙之后。圣多明我和圣方济各虽然激励了世俗女性和世俗男性，但一味效法基督，和当时女性的角色并不相容。两个托钵修会对女性来说，都不如修道院的高墙更有可行性。

图 8.4　修女

这是出自杰弗里·乔叟《坎特伯雷故事集》
中的修女形象。

结语

　　中世纪中期,天主教成了统一欧洲的重要势力。到12世纪时,教皇开始对全欧洲的主教和其他教士阶层拥有真正的控制权。教区系统已经覆盖了欧洲所有的农村地区,将圣礼和至少一部分的基督教教义带到了农民阶层。一种新的宗教精神传遍欧洲,强调上帝普遍的仁爱,而不是他的怒火,因此在世俗信仰和修院改革中都起到了激励的作用。甚至连异端邪说都在欧洲的城镇和乡村宣扬这样的宗教精神。一次次改革运动潮涨潮退,其中不乏能真正解决实际问题的新思想。然而,所有这些宗教热情甚至狂热,都得付出代价。基督徒的宗教热情渐渐高涨,就渐渐难以容忍持其他信仰的人。

　　于是,在中世纪中期,对"他者"的敌意渐渐加剧:包括犹太人、异教徒、穆斯林,甚至麻风病人、娼妓和男同性恋(女同性恋显然太不足挂齿)。伴随着宗教上自我意识的增长,一种被历史学家称为"迫害性社会"的社会形态便出现了,有许多内容直到今天依然存在。我们在下一章就会讨论这个问题。

第九章
征服、十字军和迫害，约 1100—1300

引言

现在，我们已经看到，中世纪中期的欧洲发生了翻天覆地的变化，其中有不少是非常大的进步。农民从田地里收获更多的庄稼，人口快速增长。商贸迅速扩张，城市一个接一个兴起，容纳越来越多的货物和商人。贵族们更好地掌管着自己的军事力量，发展出一种骑士文化，混杂着基督教道德与传统的暴力价值。基督教会在改革后的教皇政权及一批新的修会的领导下重振雄风。同时，借用著名历史学家罗伯特·巴特列特（Robert Bartlett）的话说，这几个世纪也看到了"欧洲的欧洲化"（Europeanization of Europe）。换句话说，也就是"第一个欧洲"——查理曼帝国时的法国、易北河西边的日耳曼诸国和意大利半岛北部——将其价值观与文化传播到越来越多的地方，逐渐形成了一个越来越和谐的西方基督教世界。

这一过程，一方面靠的是对外的征服与殖民。西方基督教世界的面积在中世纪中期时几乎翻了一倍。刚吸收入基督教世界的新地区——比如马扎尔人的匈牙利、穆斯林的安达卢斯王国所在地伊比利亚半岛——在改信基督教的同时也欧洲化了。这些地区加入西方基督教世界，最明显的表象就是有越来越多的女孩起了马利亚的名字。在基督教化的伊比利亚，一个起基督教名马利亚的女孩子一方面表达了她的宗教信仰，一方面象征了她的欧洲性。

欧洲化过程的另一方面，是欧洲内部的文化同质化。早在公元 664 年的惠特比宗教大会上就出现了强调统一性的痕迹，当时的爱尔兰基督教派就被"带入"——也有人会说是被"强迫融入"——天主教习惯。这一趋势在中世纪中期持续进行，其结果可能在给男婴命名这件事上最能体现出来。公元 1000 年时，人们给男婴起的名字多半反映了当地的传统习俗和当地的保护神，比如苏格兰人习惯起名"马尔康姆"（Malcolm），法国南部习惯起"雷蒙"（Raymond），波罗的海地区习惯起"赫尔曼"(Herman)。到公元 1300 年时,有的新生儿父母们仍然偏爱当地传统,但更多的家长会从少数几个通行于全欧洲的名字里选择孩子的名字。无论出生在苏格兰、法国南部还是波罗的海,14 世纪的男孩们起的名字都是这几个"欧洲名",其中最流行的当属约翰(John)、威廉(William)、托马斯(Thomas)和亨利(Henry)。这几个名字在不同的地区当然有不同的地方写法。比如在意大利,这几个名字就分别写成"乔万尼"(Giovanni)、"古列尔莫"(Guglielmo)、"托马索"(Tommaso)和"恩里科"(Enrico)。

欧洲的欧洲化加强了不同文化之间的理解,但正如年表 9.1 所示,欧洲化也带来了残酷的征服与迫害。一些民族被完全吸纳入欧洲文化和欧洲社会,与此同时,另一些民族却惨遭驱逐。犹太人就是一个悲惨的典型。我们在后面会看到,犹太人在这几个世纪里时不时面临着改宗、死亡和驱逐的命运。也有其他民族深受其害。我们在这一章所读到的种种征战、十字军东征与大迫害,其背后有许多原因和动机;但凡此种种的部分根源都是基督教军事力量的增强。对许多欧洲人来讲,基督教——当然是天主教——意味着教化的标准和可以接受、可以容忍的标准。任何处在这个标准之外的事情都是野蛮的、不可容忍的、有敌意的。

年表 9.1　对外征服、十字军、民族迫害,1000—1300

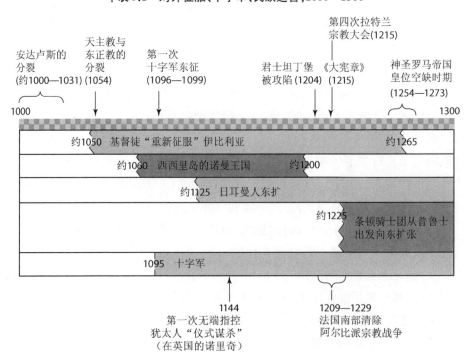

征服与疆域扩张

我们在第六章已经看到，中世纪中期欧洲的转变，一大特色是开拓"内部"疆域：清除森林、吸干湿地、填海造田。除这种内部的殖民以外，还有外部的扩张。有一部分穆斯林、拜占庭和斯拉夫人的领土都在欧洲文明的扩张中收归西方基督教世界。

欧洲的扩张在 11 世纪时已经不是新鲜事了。查理曼（768—814 年在位）就将法兰克统治与基督教扩展到日耳曼诸国，他还在伊比利亚的巴塞罗那附近建立了一个基督教前沿阵地。10 世纪时，波西米亚和波兰的改宗将西方基督教世界的边境继续向东、向北推移。波西米亚人在 10 世纪早期改信基督教，当时他们正四处寻求帮助，以击败马扎尔人的侵略，于是就很容易受日耳曼文化（特别是巴伐利亚）的影响。波兰的改教则是受益于又一起家庭劝叛事件。公元 964 年，波西米亚国王波勒斯拉斯一世（Boleslas I）的基督徒女儿杜布拉娃（Dobrava，卒于985）与波兰君主梅什科（Mieszko，962—992 年在位）成婚；两年后，梅什科就皈依基督教。在公元 1000 年到来时，马扎尔人和维京人的侵略已不复从前，匈牙利和斯堪的纳维亚半岛的基督教化更进一步推进了西方基督教世界的边境线。

公元 1000 年前就已开始的扩张在此之后更为加速，西欧人开始向四面八方推进。与他们相遇的人们总会对这些永无安宁的旅行者和征服者感到迷惘。一个法国人就被在巴尔干遇到的人问：

> 我们非常想知道你们在这里找什么，还有为什么你们要千里迢迢从遥远的国度来争夺我们的土地。你们自己国家的土地不够养活你们吗？

这个问题的答案常常是否定的。在 11—13 世纪，越来越多的贵族子嗣由于人口的增长和长子继承制的实行而不再拥有土地，就去西方基督教世界的前线地带寻求财富和军事荣耀。和他们同行的还有为数更多的农民，他们因为人口膨胀而无地可种。这些农民提供了征服新土地所需的劳力。他们的背后还有教会的支持。此时的教会已经经过教皇制和修院改革，势力见长。教会宣称，年轻的武士在边境地带为自己开垦新地，就是在向伊比利亚、西西里、叙利亚的穆斯林以及东方的斯拉夫人宣讲天主教教义，因此也就是在为天堂争取财富。土地、金钱和永恒的救赎——这些就是吸引中世纪武士开垦边境的奖赏。

伊比利亚

就这样,全基督教世界,特别是法国的骑士探险家们在11世纪时一拥而起,向西南进军,开始帮忙从伊斯兰手中"夺回"伊比利亚。安达卢斯在10世纪时非常繁荣,特别是在阿布杜勒·拉赫曼三世(Abd al-Rahman III,912—961年在位)和伊本·阿比·埃米尔[976—1002年在位,后改名为曼苏尔(al-Mansur),意为"胜利者"]的长期统治之下。在一个世纪国泰民安、经济繁荣的局面之后,随着曼苏尔的去世,统一的哈里发渐渐分裂成互相征战的小型伊斯兰公国(taifas)。半岛北部的基督教统治者们也各自统治着一小块地方,互相之间经常打仗,几乎无法统一行动。但是,随着安达卢斯的伊斯兰王国逐渐分裂,他们也渐渐抓住机会,一一消灭穆斯林对手,或者——通常是这样——威逼他们纳税进贡(见地图9.1)。

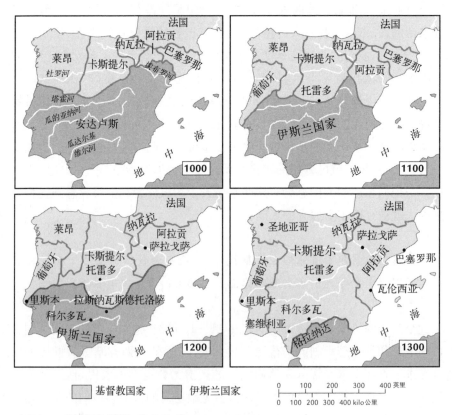

地图 9.1 "重新征服"伊比利亚,约 1000—1300

第一张地图显示公元1000年时安达卢斯的哈里发政权统治着伊比利亚的绝大部分地区。接下去的几张地图显示,1031年安达卢斯瓦解之后的几个世纪里,基督教国家是如何慢慢向南推进的。其中,卡斯提尔和阿拉贡的扩张还显示,有些基督教国家的统治者扩张他们的领土,不仅以伊斯兰国家为代价,也牺牲了同为基督徒的邻居。

　　信仰基督教的卡斯提尔王国冲在最前面，在1085年占领了穆斯林的一个大城市托雷多。后来，托雷多成为一个学术大熔炉，伊斯兰文化和基督教文化在此碰撞交融，由当地的犹太人充当中介人。12世纪，许多阿拉伯科学、哲学著作就在托雷多被翻译为拉丁语，吸引了大量西方学者前来研习。

　　在占领托雷多之后几十年内，基督教军队的进展非常缓慢。在最远的西侧，一个新的基督教国家葡萄牙兴起。在半岛中部，卡斯提尔人继续攻占托雷多南部地区。在东北地区，基督教国家阿拉贡渐渐发展壮大，在1118年攻占了穆斯林把持的萨拉戈萨（Saragossa），从而与富裕的基督教郡县巴塞罗那（即查理曼统治时期的西班牙边境区）连接起来。但之后就没有什么显著的进展：一方面，穆斯林坚决抵抗；另一方面，基督徒自己也在互相残杀。

　　11世纪末期，西班牙的穆斯林已经开始向北非的穆斯林寻求帮助，在某种程度上让西班牙的残余穆斯林组成了一个柏柏尔帝国。这个柏柏尔帝国在两次原教旨主义运动中发展起来。一次是从11世纪中期到12世纪中期统治着北非的阿尔摩拉维德王朝（Almoravids），他们坚持按字面意义执行《古兰经》教义。他们最伟大的领导人优素夫·伊本·塔舒芬（Yusuf ibn Tashufin）收到一封从塞维利亚寄来的求救信；结果，他先是出兵相助，接着便把他们征服了。1090年时，他控制了大部分穆斯林西班牙，他的后人也一直统治着这块地方，直到1148年。接下来，另一支柏柏尔人取代了他们。这支新势力是阿尔摩哈德王朝（Almohads），他们认为，如果太拘泥于《古兰经》的字面意义——就像阿尔摩拉维德王朝那样，就会产生多神论。西班牙的穆斯林一开始很欢迎柏柏尔人的援助，因为他们不仅带来军事力量，打跑了基督徒，还带来了宗教改革。但是最后他们还是无法忍受柏柏尔人，有心无意地臣服于他们的统治，甚至公然反抗。

　　最后，正当穆斯林因内部纷争而折腾得有气无力时，基督徒也差不多这样了。伊比利亚北部的基督教国家之间一直战乱不断，有的还掺和到法国南部的政事中去。结果就是，早期的"重新征服"其实就是一群统治者之间的战争，每个人都想守住并扩张自己的领地。通常是基督教君主和穆斯林君主之间的战争，但不总是这样。实际上，基督徒与穆斯林联合对付另一股基督徒的事也不少见。土地和胜利可比信仰重要多了。

　　1212年之后，缓慢的征服过程开始加速了。教皇英诺森三世宣布发动宗教战争，意在扫清伊比利亚的穆斯林。卡斯提尔国王靠着从全欧洲招募来的庞大的骑士军队，从托雷多出发，在拉斯纳瓦斯德托洛萨（Las Navas de Tolosa）一役中大败穆斯林军队。穆斯林一蹶不振。富饶美丽的科尔多瓦——安达卢斯曾经

215

的都城,吸引奥里亚克的格伯特(Gerbert of Aurillac,945—1003)不远千里赶来学习的学术之都——也在 1236 年被卡斯提尔征服。卡斯提尔拥有科尔多瓦发达的农业和牧羊农场,已经占领了伊比利亚半岛的中心地区。在西面,葡萄牙人稳健地往南推进,将住在大西洋沿岸的穆斯林驱逐出去,在 1250 年左右到达了现在葡萄牙的边境。在这几年里,阿拉贡国王向西南进军,越过了富饶的瓦伦西亚沿岸地区(1238),征服了马略卡岛(Majorca)、米诺卡岛(Minorca)以及巴利阿里群岛(Balearic islands)的其他岛屿。

1264 年,穆斯林在伊比利亚的势力已经仅限于格拉纳达这个南部小国了。这一小块地方在未来 200 多年里一直都是穆斯林的国土。从 13 世纪中叶起,基督徒就控制着伊比利亚半岛几乎全部的土地,而且主要由三个国家分治:卡斯提尔、阿拉贡和葡萄牙。从政治上讲,"重新征服"伊比利亚已经基本上完成了。

基督教的国王们依靠强大的军事力量,在 13 世纪快速地扩张了基督教世界的边境线。他们还希望信仰基督教的农民能够来到新占领的土地上耕种,以推进基督教在当地的发展。不过,他们并没有一开始就强迫穆斯林和犹太教新臣民改变信仰。理论上讲,在基督教新占领的土地上,穆斯林应该一个都不能留下。二者的教义都有相关规定。按伊斯兰教义,这些残余的穆斯林应该移民到其他伊斯兰国家;按基督教教会规定,他们应该被驱逐出去。但大多数穆斯林都留了下来,有的地方——比如拥有 25 万穆斯林的瓦伦西亚地区,穆斯林在人数上还超过了基督徒。信仰隔离政策比较粗略地实行着,穆斯林村庄和基督教村庄被隔开,基督教城市里也专门划出穆斯林区供穆斯林居住。另外还发布了一些规矩禁止穆斯林做一些事情,比如和基督徒买卖土地。一种和谐共存的状态还是被建立起来,13—14 世纪时,基督教国家里的穆斯林甚至生活得还不错。不过,正如一位历史学家的一个很形象的比喻,基督教征服后的穆斯林社区"就像在学术和政治上被砍了头一样"。

犹太人在人数上比穆斯林少很多,可能整个半岛合计也不过 5 万人。大多数犹太人都住城市里,集成千人左右的小社群。托雷多的犹太人社群约有 2 000人,这就是整个半岛最大的犹太人社群了。和穆斯林一样,犹太人也被看作"另一种人",需要特别的注意,而且被课以高额赋税。起先,基督徒对他们还是挺好的,但到了 14 世纪,灾难性的事情发生了。多明我会的托钵僧们诋毁他们的宗教,还逼迫他们"礼貌地"听着。他们被迫佩戴特别的勋章,还得付什一税给基督教会。接下来,他们就面临着群体性暴动:1328 年,纳瓦拉(Navarre)爆发了针对犹太人的袭击事件;1331 年,赫罗纳(Gerona)也发生类似事件;1355 年,皇家军队在托雷多指使了一场大屠杀，塞维利亚的犹太人在 1391 年或被逼改宗，或惨遭杀害。整个半岛的犹太人，或被杀害，或被迫改宗，或移民他乡。到 14 世纪末时，伊比利亚的犹太人口几乎减至一半。

西西里和意大利半岛南部

诺曼底的武士贵族可能是 11 世纪欧洲最好战的军事力量。诺曼人的祖先是维京人，说法语，信仰基督教。他们的军队南征北战，纵横于欧洲境内：基督教重新占领伊比利亚、开往中东的十字军、英国和法国的战场上以及意大利半岛南部和西西里都看得到他们的身影。

年轻的诺曼武士四处征战，原因有很多。人口压力、贪欲、冒险精神甚至诺曼底中央集权的压力，都促使他们走向欧洲各地。他们给一位意大利编年史家留下这样的印象：

> 诺曼人很狡猾，还喜欢报复。雄辩和骗术似乎是他们祖传的伎俩。他们可以屈膝谄媚，但倘若没有法律限制，他们会沉溺于自己作恶多端的狂热天性。他们强烈渴望财富与权力，喜新厌旧，鄙视任何已经到手的东西，总是希望攫取更多。他们尚武好战，喜欢华服美饰，猎鹰袭兽。但是，如果环境艰险，他们也以让人敬畏的耐力忍受各种恶劣的天气条件和军事生涯的困顿与艰辛。

诺曼人征服意大利半岛北部的主要功臣是诺曼底西北部一个小男爵的几个儿子。这位男爵名叫欧特维尔的坦克雷德（Tancred de Hauteville，卒于 1041），他有 12 个儿子，其中 8 个在 11 世纪 30—40 年代前去征服意大利半岛，虽然没什么钱财，却很有雄心壮志。在他们中最早的那位到达意大利半岛之前，其他诺曼冒险家已经开始南下，给拜占庭沿海城市、伦巴底诸国和几个独立的海港共和国充当士兵。这几大势力当时正争权夺利，打得不可开交。不久之后，坦克雷德的儿子们也建立起自己的公国。

罗贝尔·吉斯卡尔（1025—1085）和茜克尔盖塔（约 1040—1090）

1047 年，坦克雷德的儿子里最强硬的一个——罗贝尔·吉斯卡尔（Robert Guiscard，人称"诡诈王"）——来到了意大利半岛南部。罗贝尔身材高大，一头金发，声若洪钟，目光如炬，正如拜占庭公主、历史学家安娜·科穆宁娜（Anna

Comnena)所说,他"不会向世界上的任何人低头"。罗贝尔在意大利,最初只是个强盗团伙头目,掠夺村庄,抢劫路人。小有成就之后,他开始踏上征服之途,取得一次又一次的胜利。终于在 11 世纪 50 年代中期,当上当地诺曼人的领袖。1058 年,他和伦巴底公主茜克尔盖塔(Sichelgaita)成婚。这是一次有战略意图的婚姻,最终将萨勒诺收归吉斯卡尔的统治。他们的婚姻非常牢固。茜克尔盖塔和丈夫一样身材高大,她的尚武好战绝不亚于丈夫,并且令人敬畏。安娜·科穆宁娜[拜占庭皇帝阿列克修斯·科穆宁(Alexius Comnenus)的女儿,也记述了她父亲在位时的历史]告诉我们说:"她全副武装时,绝对让人恐惧。"由于战功和婚姻的成功,吉斯卡尔在次年就获得了教皇的认同。1059 年,他们签订了《麦尔菲条约》(Treaty of Melfi),教皇封吉斯卡尔为公爵,同时,吉斯卡尔以封臣身份效忠于教皇。

《麦尔菲条约》之后,诺曼人就成了教皇的同盟,他们的战争也就成了"圣战"。当时,教皇正在和权力过于强大的日耳曼皇帝抢夺意大利半岛北部这块肥肉,越来越需要罗贝尔公爵的军事支援。1060 年,在教皇的庇祐下,吉斯卡尔领兵入侵穆斯林人口众多的西西里岛,他们自己的贪欲比宗教热情还要厉害。西西里岛经济繁荣,防御强大,这一仗打了 30 多年。然而,侵略一经开始,吉斯卡尔便把注意力转向援助他的弟弟罗杰,并发兵攻打意大利半岛南部的拜占庭领地。1071 年,他占领了拜占庭在意大利的主要港口巴里。接着,他回到西西里岛,和弟弟罗杰两军并势,在 1072 年占领了穆斯林大都市巴勒莫(Palermo)。巴勒莫一直以来就是伊斯兰世界的中心城市之一,其繁忙的港口是通向地中海的一个重要口岸。占领了巴勒莫和巴里之后,吉斯卡尔就控制着整个意大利半岛南部,从而主宰了地中海地区的商业。

他的欲望是无边无际的。1080 年,在教皇的又一次支持下,吉斯卡尔攻打了拜占庭帝国,直捣君士坦丁堡。安娜·科穆宁娜如此描绘著名的杜拉佐(Durazzo)一役:诺曼人先是被拜占庭人打得节节败退。但茜克尔盖塔骑在战马上,英勇地出现在丈夫溃退的军队前面,她高举着长矛,长发飘逸在头盔下面。她震耳欲聋地吼道:"你们还要退多远? 都像个男人一样站直了,打回去!"士兵们听到女人羞辱他们不是男人,就不再逃跑,而是回到战场,打了胜仗。

1084 年,吉斯卡尔正在攻打拜占庭,却被他的政治同盟教皇格里高历七世(1073—1085 年在位)召回意大利半岛。格里高历七世正与皇帝亨利四世斗争,后者将他围困在罗马的一座城堡里。当吉斯卡尔和茜克尔盖塔奉命回来营救格里高历七世时,他们不断逼近的消息吓得亨利四世掉头北逃。然而,之后的营救却演化成一场暴动。诺曼人不费吹灰之力开进罗马,救出教皇,接下来便洗劫了罗马城。诺曼士兵身为基督徒和教皇的同盟，却比 5 世纪时的西哥特人和汪达尔人带来的破坏还要大。他们甚至将罗马的几个身份显赫的市民卖为奴隶。

1085 年，吉斯卡尔去世了。他死在与拜占庭作战的战场上，茜克尔盖塔正陪伴在他身边。吉斯卡尔由破衣烂衫到锦衣华服的经典传奇，完美地展现出那个时代所特有的无穷的机遇和残酷性。他的墓志铭和他的性格一样高傲，不过他傲得有理：

> 此处安息着吉斯卡尔，是这个世界的恐慌，
>
> 他将罗马皇帝逐出了罗马城……

西西里诺曼王国

虽说吉斯卡尔只是个强盗和武夫，但他在西西里和意大利半岛南部建起的国家却是中世纪欧洲制度非常复杂的国家之一。1130 年，教皇出席了罗贝尔的侄子罗杰大帝（Roger the Great，1130—1154 年在位）加冕为西西里国王的大典，从此诺曼人对这块区域的控制得到正式承认。西西里王国建都巴勒莫，其国土不光包括西西里全岛，还包括了意大利半岛南部的绝大部分地区。罗杰掌控的西西里政府非常有效地将三种行政制度结合起来，一是诺曼封建主义的领主—封臣制，二是意大利的拜占庭人实行的复杂制度，三是西西里原来的穆斯林实行的制度。西西里王国的文化也是三者的混合体。这从金碧辉煌的宫廷礼拜堂（Capella Palatina）可见一斑。这座礼拜堂于 12 世纪建成于巴勒莫王室宫殿内，其中殿高、侧堂矮的设计很可能取自其他基督教教堂；内部金光闪烁的镶嵌画则是拜占庭风格；拱顶的装饰象征着伊斯兰教的天堂。这座礼拜堂虽然反映出多种文化元素，但其整体风格却是融合为一的——这反映出诺曼人的西西里王国是多么有效地将不同语言、不同背景的民族联合为单一、和谐的整体。

罗杰大帝的统治比较强硬；但同时，他又非常宽容地对待境内的不同民族——诺曼人、拜占庭人、穆斯林、犹太人、拉丁人、伦巴底人——以及他们各自的信仰、习俗和语言。巴勒莫有一个非常好的港口和一座气势恢宏的宫殿，还有华丽的公共建筑和奢美的别墅，一下子就成了一个巨大的商贸中心和一个非常重要的文化交融地。巴勒莫被称为"三语之城"，其行政官员和学者们都从拉丁、拜占庭和穆斯林三种文化传统中毫无偏见地选拔出来。这些人当中，最有建树的大概要算穆斯林学者伊德里西（al-Idrisi，1100—1166）。他创建了一套最完整

的地理学,并将其研究成果结集成书,献给罗杰大帝;从此这本书也被称为"罗杰之书"(The Book of Roger)。巴勒莫和托雷多及君士坦丁堡一样,也成为将阿拉伯语和希腊语著作翻译为拉丁语的学术重镇。西西里的翻译家们源源不断地将古希腊和伊斯兰著作翻译为拉丁语,提供给欧洲学者作为研究材料;这些译著和托雷多、君士坦丁堡的译著成为 13 世纪西方基督教世界产生丰硕学术成果的基石。

219　　**图 9.1　宫廷礼拜堂**
罗杰大帝在巴勒莫的这座宫廷教堂并不大,它融合了拜占庭、拉丁和伊斯兰的艺术传统。这座教堂是 12 世纪建筑的珍宝之一。

日耳曼人的东扩

　　正当基督教国君们南下伊比利亚半岛、诺曼武士们占领西西里和南意大利半岛之时,日耳曼人也在朝东扩张,穿过了易北河和多瑙河。他们的东扩和伊比利亚、南意大利半岛上发生的事情有所不同,区别就在于,日耳曼人的东扩既不是贵族们有计划的行动,也没有教皇在背后支持,只是"草根运动"而已,由当地贵族牵头,再由农民入迁定势。整个过程缓慢而稳定,在 1125 年至 1350 年间,日耳曼人将其东部边境往北面和东面扩张了很多。

地图 9.2　日耳曼东扩

这张地图展现的是说日耳曼语的民族在中世纪中期向东扩张，穿过易北河、沿着多瑙河，来到曾经被斯拉夫人占有的土地。在 1100 年至 1300 年间，他们的定居几乎使日耳曼影响的区域扩大了一倍。地图也标出了一个后来才有的发展，也就是日耳曼条顿骑士团在 14 世纪晚期控制了波罗的海地区北部。

221　　　　这样的扩张,损害了当地斯拉夫人,他们有时会汲取日耳曼征服者的文化和传统,有时会被驱逐出去。有些日耳曼领主直接将斯拉夫村庄纳入自己的统治,另一些则通过建立日耳曼人村庄来巩固其战果。通过日耳曼人的定居和两大民族的同化,这些地区被基督教化、日耳曼化,当然同时也被欧洲化了(见地图9.2)。

　　在这个地区及更南边的地方,天主教和东正教展开竞争。两个教会有时候会开展合作,正像9世纪时,圣西里尔和圣默多迪兄弟在那里向斯拉夫人传教时所做的那样。有时候,两边也会发生激烈争吵,比如保加利亚人的情况。(保加利亚的第一个天主教国王两边讨好,既获得了天主教教皇的支持,又获得了东正教宗主教的支持。)到最后,波兰人、波西米亚人、匈牙利人、克罗地亚人(Croat)接受西方的领导,承认罗马教皇的权威。俄罗斯人、塞尔维亚人和保加利亚人继续只承认君士坦丁堡宗主教的权威。两种不同的选择致使东欧出现了一条不可愈合的分界线,至今仍然不断导致战乱的发生,例如在前南斯拉夫(Yugoslavia)国家。史学研究的分类有时候也因此有些麻烦。有的史学研究将俄罗斯史划入欧洲史,有的则不然。这种认同加洛林时期所谓的"欧洲"等同于"西方基督教世界"的假设,今天仍然存在。

十字军

　　中世纪中期,曾经"被围困的欧洲"已经演变成"膨胀中的欧洲"。我们已经追述了主要的前线和冲突,然而在别的地方,欧洲人也在向外扩张。比如,在1171年,英王亨利二世(1154—1189年在位)在教皇的支持下,大举侵略爱尔兰,从此开始了英、爱两国近千年的痛苦回忆。疆土的扩张也意味着"欧洲文化"这个概念得到拓展。随着边境的外推,欧洲也面临着越来越多的可能性——伊比利亚地区的犹太和伊斯兰文化、西西里的穆斯林和拜占庭传统、巴尔干半岛和东欧的东正教等。除了这些外来的影响之外,基督教世界自身的军事主义也是推进其发展的重要因素。军队所到之处,也将其文化和政治权力带了过去。最能表现这种机遇与危险并存的局面的,当属几次十字军东征了。

　　十字军运动在欧洲东部和西部同时展开。在东部,拜占庭帝国和众穆斯林哈里发政权(特别是波斯的阿拔斯王朝和埃及、巴勒斯坦的法蒂玛王朝)双方平衡的局面,在11世纪时被一支新来的力量打破了:塞尔柱土耳其人。他们从中亚而来,横扫波斯,改信伊斯兰教,将阿拔斯哈里发握于掌心。1071年,塞尔柱人在曼济科特战役中大败拜占庭军队,占领了小亚细亚,给了拜占庭帝国沉重的打击。同一年，他们从法蒂玛王朝手里夺走了耶路撒冷。

在西部，我们已经看到，一支新兴力量开始对这些事情产生很强的兴趣，那就是由格里高历的改革振兴起来的教皇政权。虽然法蒂玛王朝允许基督徒和平地前往耶路撒冷朝圣，塞尔柱人却对朝圣者为非作歹。消息传到西方，引起了教皇的关注。再后来，拜占庭的阿列克修斯·科穆宁（1081—1118 年在位）被逼到穷途末路，不得不咽下傲气，向西方求救。他的求援信没有发给神圣罗马帝国的皇帝或其他君主，而是发给了教皇乌尔班二世（1088—1099 年在位）。于是，在乌尔班二世的率领下，欧洲开始反击。

222

中 世 纪 传 说

初　夜　权

在电影《勇敢的心》里，梅尔·吉布森扮演的威廉·华莱士（William Wallace）一直是个守法的苏格兰公民，直到英格兰人颁布了一项无耻的规定：领主有权在新婚之夜和新娘过夜。这项原始的习俗威胁到了华莱士的新婚妻子，因此他起来反抗，和英格兰人英勇地斗争到底，最后毫无畏惧地牺牲了。这项习俗被称作"初夜权"（*jus primae noctis*，即 right of the first night）或"领主权"（*droit de seigneur*，即 right of the lord），虽然有很强的煽动性，但实际上从未存在过。16 世纪的一位作家在他的书里编了一个故事，这才捏造出初夜权这项习俗。故事讲述的是五个世纪之前的一位神圣的国王和王后如何劝说他们的贵族放弃这一野蛮的传统。中世纪人经受过如此可怕的事情——这一说法很快传开去；还不到几代人时间，大多数人就相信曾经有过初夜权这个传统，特别是在苏格兰、爱尔兰和威尔士这样"野蛮"的地方。当时没有留下任何证据可以证明初夜权的实行，阿兰·布若在 1995 年的新著《领主的初夜》（*The Lord's First Night*）里也雄辩地证明初夜权只是捏造，并非史实。中世纪的领主有很多"权力"，但并不包括他们对女农奴的"合法强奸"。毫无疑问，中世纪领主有时候会和女仆和女佃户生下私生子。例如，14 世纪英国的一位领主菲利普·德·索默维尔（Philip de Somerville）可能有五个私生子生活在他在阿尔勒瓦斯（Alrewas）的庄园里。但同样毫无疑问的是，领主们的这种权力从来没有法律或不成文的传统的支持。领主可能会恐吓、诱骗、威胁、最终占有；但他们从来没有可以要求和女仆发生性关系的"权力"。因此,这个中世纪传说只是现代人"关于中世纪的"传说而已。一个相关的传说——将要上疆场的中世纪骑士会给妻子锁上"贞操带"——也没有事实依据。中世纪人从来没用过贞操带,也没有行使过初夜权,然而现代人却经常不这么认为。

十字军东征聚合了当时的三大时代热潮:宗教、战争和贪欲。这三者缺一不可。如果没有基督教的理想主义,那就根本不会有十字军;然而,从异教徒手中解放耶路撒冷、使其重新对基督教朝圣者安全开放的梦想,若没有新土地上滚滚财富的诱惑,也不会如此诱人。十字军战士们终于有机会将一身勇武用于效忠上帝——顺便大发横财。

乌尔班二世是个一心改革的教皇,当他收到皇帝科穆宁的求救信时,很快就利用起这个机会。十字军东征会给教会带来许多利益。首先,东征能直接把教皇推向改革热潮的前沿,让其成为欧洲的精神领袖。其次,东征能部分解决内战的问题。乌尔班二世发动十字军的同时,也要求基督徒之间停止一切战事,基督教世界内部保持和平。这样,他就将和平运动在"神赐和平"(即禁止攻击非武士)和"神谕休战"(即节假日休战)这两个方面开展得更为广泛。一个多世纪以来,教会在农民和一部分贵族的支持下,一直希望能够控制贵族之间的战乱。讽刺的是,十字军东征成了和平运动的最高点。尽管不是所有人都赞同乌尔班二世的和平策略,但它对于保护东征军的田产确实起到了一定作用,那些习惯坐享其成的内部敌人终于被平息了。

再次,十字军东征将贵族武士强盛的战斗欲转向了穆斯林。先前被教会谴责为残暴分子的骑士们摇身一变,被称赞为基督的战士。这样,骑士成了一个神圣的职业。他们不必再跪求教会的原谅,不必再为所犯的罪过而痛苦地忏悔,而是被教会"请"去,通过展现武艺来得到救赎。更有甚者,教会将十字军宣扬为仁爱义举,既是对东方正受到迫害的教友弟兄的爱,也是对基督本人的爱——因为在教会看来,基督之所以受苦,正是因为他对圣地的统治权被夺去,以及非基督徒对圣地的玷污。既然一个好的封臣必须帮助其领主夺回被偷走的领主地位,基督教的骑士们当然也应该夺回耶路撒冷,使圣城重沐上帝的荣耀。

群众十字军与第一次十字军东征

1095 年,教皇乌尔班二世号召骑士们背起十字架,东征圣城耶路撒冷。他在法国中部的克莱蒙(Clermont)对法兰克贵族们发表了一次慷慨激昂的演说，鼓舞他们效法先人义举，报复塞尔柱人的暴行(他还用特别血腥的细节描绘了塞尔柱人的所作所为)，为西方基督教世界赢回神圣的"奶和蜜之地"，并将"不忠之人"逐出耶路撒冷。最后，他保证道，所有参加了十字军东征的将士都将获得最高等的精神救赎："参与圣战，你们必将洗清你们的罪，必将沐浴天国神圣的光辉。"

于是，法国将士们高喊着"上帝之愿"，纷纷加入东征军。普通百姓——农民、城镇居民、妇女、儿童甚至老弱病残——也加入其中。正是这些"群众十字军"(Popular Crusade)在 1096 年率先抵达了君士坦丁堡。这支军队穷困破败，装备差劲，没有组织，未经训练，他们的动机只是过火的宗教热忱；"隐士"彼得(Peter the Hermit，约 1050—1115)一路发表着极具魅力的演说，以鼓舞士气。有的人还没赶到君士坦丁堡就死了。大多数人在到达君士坦丁堡之后不久也死了。拜占庭皇帝科穆宁看到这样一支残破的"军队"，吓得不行，赶忙用船将他们运到博斯普鲁斯海峡，结果在那里遭到了塞尔柱人的袭击。只有少数人(包括彼得)活着回来，加入了次年抵达君士坦丁堡的"专业军队"。

这支"专业军队"主要由法国中部和南部、诺曼底、西西里的骑士组成，不仅有更精良的装备，也经过更好的训练，的确是为战争所设的军队。部队穿过巴尔干半岛，在君士坦丁堡集合。第一次十字军的总人数约有 2.5 万至 3 万人，在今天看来也许不算什么，但在当时则已经是一支无比庞大的军队了。皇帝科穆宁刚被"群众东征军"搅得心神不宁，现在一下子看到自己的求救信招来这么大一支贵族军队，又禁不住惊慌起来。用他自己的话说，他仿佛看到自己的土地上出现了又一次的蛮族入侵。他小心翼翼、忧虑万分，终于从十字军那里得到承诺：他们不管征服哪里，都得臣服于他。

一开始，西方十字军战士和拜占庭盟军在气质和作战目的上都有分歧。拜占庭人只想收回在曼济科特等战役里失去的小亚细亚；而十字军则坚持要收回圣城耶路撒冷。科穆宁答应出兵，但迟迟不见动静。终于，在十字军离开君士坦丁堡不久，双方便彻底决裂了。十字军向东南进发，穿过小亚细亚进入叙利亚，遭遇穆斯林军队并将其一举击溃。他们在一阵艰难的围困之后占领了安提俄克，终于在 1099 年攻下耶路撒冷。

十军队战士在耶路撒冷城内大肆庆祝，烧杀抢掠，穆斯林和犹太人都未能幸免。一位基督徒目击者用这样的文字来描绘他所见到的耶路撒冷沦陷：

如果你正好在那儿，尸体里流出的血可以淹没你的膝盖。还要我多说

224

什么呢？没有一个人能活下来。他们连女人和小孩都不放过。

发起东征仅三年后，耶路撒冷便被成功夺回，第一次十字军东征的目的达到了。之后的几次东征都没有这么顺利，而且之后两个世纪的时间里，第一次东征的成果也在慢慢失去。但是，在第一次东征结束之后，欧洲人大喜过望。许多人回到家乡，都受到了英雄般的礼遇。也有几千人留在战场，享受战果。从塞尔柱人手里夺回的一长条地中海东岸的土地，现在都被这些十字军战士分割了。他们造起高大的城堡以巩固战果，有些城堡的残体留存至今，一些被作为旅游胜地，另一些仍然起着军事作用（见图 9.2）。

图 9.2　位于叙利亚骑士城堡 (Crac des Chevaliers) 的十字军城堡

225　　　　如地图 9.3 所示，被占领的这块土地被分成四个**十字军国家** (crusader states)：埃德萨伯爵领地 (county of Edessa)、安提俄克公国 (principality of Antioch，由罗贝尔·吉斯卡尔的一个儿子统治)、的黎波里伯爵领地 (county of Tripoli) 和耶路撒冷王国 (kingdom of Jerusalem)。其中耶路撒冷王国是四个国家里最重要的，理论上，它还统治着其他三个国家。但实际上，它却很难控制国境以外的地方，有时候连国境以内也镇不住。因此，这几个十字军国家从一开始就战乱不断。而且，不论是耶路撒冷国王还是其他几个伯爵，都把对拜占庭皇帝的承诺忘

地图 9.3　十字军国家，约 1100—1300

第一次十字军东征在中东地区建立起四个"拉丁"国家，由西欧的十字军战士及他们的后代统治。地图显示，这四个十字军国家形成狭长的一条，一边面向地中海，另一边面向伊斯兰国家。这些虚弱的十字军国家最终倒台了，但在 12—13 世纪的大部分时间，它们就是西方文明在东方的前哨。

在了脑后，他们什么都没给他。

第二次、第三次十字军东征

随着时间的推移，穆斯林军队又开始收复他们的土地。对许多编年史家和学者来说，原因很简单：十字军士兵和已经定居在十字军国家的骑士们都开始堕落腐化。有一个教士从耶路撒冷写信回家，抱怨道："我沉痛地含着泪和您说，我们的军队已经堕入一些可耻的追求，沉溺于懒散和欲望而不可自拔；他们不再

226

追求高尚的操行了。"不论是什么原因，1144 年，埃德萨在穆斯林军队前倒下。由此，一轮新的战争热潮在欧洲兴起。

第二次十字军东征（1147—1148）是受了克莱尔沃的圣伯纳德（1090—1153）的鼓舞，由法国国王和神圣罗马帝国皇帝率领。结果，出发时士气高涨，回来时损兵折将。士兵们空手回家，无不垂头丧气，连圣伯纳德都不得不这样描述这场运动："真是一个不可估测的深渊，要是有人没觉得自己受了羞辱，那真是受了恩宠了。"第二次十字军东征带来的另一些结果之一，就是导致阿基坦的埃莉诺（约 1122—1204）和法王路易七世（1137—1180 年在位）的婚姻破裂。两人在少不更事时结了婚，一直性情不合，对十字军一事的立场更是完全不同：路易屡战屡败之时，埃莉诺却享受着十字军国家复杂的宫廷文化。他们回国之后，没过几年，就因为血缘关系而终止了婚姻，留下两个女儿，没有儿子。几个月后，埃莉诺就和未来的英格兰国王亨利二世结了婚，生下几个儿子，其中包括第三次十字军东征的大英雄"狮心王"理查一世（Richard I "the Lion-Hearted"，1188—1199 年在位）和他命运多舛的弟弟约翰（John，1199—1216 年在位）。后面的"人物传略"就将谈到"狮心王"理查。

在 12 世纪七八十年代，一个统一的伊斯兰国家在埃及成长起来，其国王是个武士，精于治国之道，名叫萨拉丁·尤素夫（Salah al-din Yusuf，1137—1193），在西方被称为"萨拉丁"（Saladin）。萨拉丁具有高贵的骑士精神，而且能力很强，和十字军国家签订了停战协定。然而，他的国家发展很快，还是对十字军国家的存在构成了威胁。终于，在 1187 年，一个男爵头脑发热，打破了停战协定，迫使萨拉丁和十字军国家在耶路撒冷北部的哈丁（Hattin）兵戈相见。萨拉丁包围了十字军，几乎将其全部歼灭。接着，他轻而易举地攻占了十字军国家的大部分地方，对耶路撒冷围攻两周之后也拿下了这座圣城。此后，除了 13 世纪里的一小段时间以外，耶路撒冷一直掌握在穆斯林手中。

哈丁惨败和耶路撒冷的陷落点燃了又一次东征的热火。第三次十字军东征（1189—1193）的领头人是中世纪欧洲的三位最显赫的君主：神圣罗马帝国皇帝腓特烈·巴巴罗萨（1152—1190 年在位），法王腓力二世·奥古斯都（1180—1223 年在位）和英王"狮心王"理查一世。这次十字军东征一开始声势浩大，但很快就动摇了。皇帝腓特烈在路上溺水而亡，他的军队也大都回到日耳曼老家。法王腓力因和英王理查意见不合，也掉头回家。理查一人前行，虽然大大小小打赢了好几仗，而且拿回了大部分的圣地领土，但没能攻占耶路撒冷（见图 9.3）。更糟的是，理查在回程路上落入敌手，成了腓特烈之子、神圣罗马帝国皇帝亨利六世（Henry VI，1190—1197 年在位）的阶下囚。他一直被关在牢里，直到英格兰支付了 10 万英镑的赎金，才回到英格兰。这笔钱还真符合一个国王的身价。

人物传略

227

"狮心王"理查（1157—1199）

　　少有人在伦敦的议会大厦前面被立像纪念，其中之一便是英格兰在1189—1199 年的国王——"狮心王"理查一世。这尊像是维多利亚时代的感伤派所设计，理查一世跨在马上，头戴王冠，高举宝剑。这尊像很能激励意志，不过它背后的历史却很是奇怪，因为理查基本上没有在英格兰待多久。他出生在英格兰，在生命的最后 10 年当了英格兰国王，但他的心思并不在此，而是在法国和圣地。他在那里成为当时最好的士兵，以"狮心王"称号立了名。

　　理查是英王亨利二世与阿基坦的埃莉诺的第二个儿子。他在阿基坦长大，也应继承阿基坦公国。他是母亲的心头好，但却是父亲的不孝子。理查曾两次反叛父亲。1189 年，他的父亲终于去世了，理查的兄长年轻时就已去世，于是他继承了英格兰的王位。

　　理查立马回到英格兰举行加冕仪式，开始安排国务，这些只要四个月就够了。接下来，他踏上十字军征途，也就是史称第三次十字军东征。他英勇善战，占领了阿卡（Acre）的桥头堡，并在阿素夫（Arsuf）战役里击败了萨拉丁。他占领了重要的补给点雅发（Jaffa）。接着他的好运气就到头了。

　　理查离耶路撒冷还差几里，但消息传来说，他的弟弟约翰在英国发动谋反。他别无选择，只得返回英格兰。祸不单行，在回国的路上，他被日耳曼皇帝亨利六世（1190—1197 年在位）活捉为人质。理查在狱中郁郁寡欢，写下几首自哀自怜的歌曲，一年后被放了出来。他暂时回到英格兰，巩固自己的王位（只用了两个月）。接着，他回到法国，在那里打了五年仗，赢得无数地区性战争。

　　42 岁的一天晚上，理查骑着马前去视察最后一次围攻的工事。理查发现被围的城堡里有位弓箭手，理查刚还赞扬他的英勇，就发现自己的肩部中箭了。伤口溃烂，几天后，他就死了。

　　毫无疑问，理查激起了人们对他的忠诚和爱戴。他与士兵同甘共苦，在战场上无所畏惧；一位同时代人写道，他的军队可以为了他浴血奋战，直抵赫拉克勒斯之柱(Pillars of Hercules,即直布罗陀一带)。另一位同时代人则说:"我不无自豪地说:我的国王是当今最好的国王。"甚至连理查的敌人都非常敬仰他。

"狮心王"理查头上也罩着许多神话的光环。相传,他遇到了罗宾汉,并友好地支持他的不平;他曾和萨拉丁举行马上比武(见图9.3);他曾把手伸进一只狮子的嘴,就这样掏出了它的心,杀死了它。理查也是许多历史问题的主角。他是个很好的战士,但是否是很无能的国王? 他结了婚,但他的同性恋倾向是否更强? 他作战勇猛,但是否有勇无谋? 这些问题还会延续下去,因为第一手资料非常少,且互相矛盾。

有一点是肯定的。理查在统治英格兰上花的时间仅仅六个月。他在英格兰征收苛捐重税,以此来资助十字军东征,还有他后来的赎金。议会大厦前的塑像纪念的是他的勇武将才,但对他统治下的英格兰纳税人来说,他"更像一个强盗,永远四处巡游、四处探查、四处搜寻有没有哪个不设防的地方可以让他偷一点东西"。因此,英格兰议会前立着的,不只是一个伟大的战士,也是一个天才的、坚持不懈的收税官。

图9.3 "狮心王"理查和萨拉丁

这幅画出自14世纪的《勒特雷尔诗篇》(Luttrell Psalter),描绘了一个传说中的事件:"狮心王"理查(左)和萨拉丁(右)的马上对决。

第四次十字军东征

短短十年之内，欧洲又一次准备好向耶路撒冷进军了。第四次十字军（1201—1204）的发动者，正是中世纪最强大的教皇——英诺森三世。率领军队的人物，不是各国国王，而是势力强大的地方领主——最有名的便是佛兰德斯伯爵鲍德温九世（Baldwin IX，1194—1206 年统治佛兰德斯）。这次东征是这几次里最奇怪的。东征军根本没有到达圣地，反而把君士坦丁堡破坏殆尽；但是从战役本身来看，又是异常成功的。

这次，军士们决定不走艰险的陆路，改坐威尼斯制造的战船，走水路前去圣地。结果却大大高估了人数，白白多订了很多战船（这也就意味着要多付很大一笔钱），威尼斯最后答应，只要十字军帮他们完成一个小小的任务，那么只收一部分钱就把他们运到圣地。这个条件是帮助威尼斯夺回几年前被匈牙利国王占领的亚得里亚海边的扎拉港（Zara）。英诺森三世听到这个条件，不禁勃然大怒，因为如果答应这个条件，就是把十字军的矛头指向一个基督教的国王，而且这个国王不仅是个忠实的天主教教徒，还是教皇的一个封臣。最后，十字军将士还是攻击了扎拉，英诺森三世闻讯便将他们逐出教会，并宣布从此和十字军断绝关系。

十字军将士们却依然莽然前进。1202 年，占领了扎拉之后，十字军又出现了内部分歧，这次的起因是君士坦丁堡城里关于皇位继承人的争论。拜占庭的政治浑水并不好蹚，十字军因此备感失败，就从同盟身份翻脸变成拜占庭的征服者。他们打下了君士坦丁堡城，从自己人里面选了一个做皇帝，还瓜分了整个拜占庭帝国。

据记载，十字军在 1204 年围困了君士坦丁堡，接着以闪电般的速度占领了它，并在城里大肆烧杀抢掠，长达三天之久。固若金汤的拜占庭首都终于被敌人攻破了。蛮族、波斯人、保加利亚人、阿瓦尔人和穆斯林都没能做成的事，十字军做成了。鲍德温伯爵成为皇帝，他和他的继任者统治君士坦丁堡达半个多世纪。十字军在他的领导下，虽然永远偏离了圣地，沉迷于君士坦丁堡的财富，但也可以说大有成就。不管怎么说，东正教和天主教在他们手上重新结合，教皇利奥一世（440—461 年在位）在很久以前就设立的目标——罗马教皇应该统治东、西方"所有的"基督徒——终于完成了。君士坦丁堡宗主教也不再是教皇的对手，而成了他的属下。教皇英诺森三世在十字军攻陷扎拉之后撤销了绝罚令，但在他们举兵攻打君士坦丁堡时又一次将他们逐出教会；后来，他意识到十字军占领了这座"分裂教会"的城市对西方基督教世界来说是"多么大的恩惠"，就再次恢复了他们的教籍。

鲍德温留在了君士坦丁堡,但大多数将士都满载而去,回到欧洲。他们从这座拜占庭大都市抢去了数不清的珠宝、钱财和黄金。最有价值的战利品当属无数圣物,包括圣徒的遗骨、头骨和手臂,耶稣的荆棘冠,疑为耶稣门徒圣托马斯的手指和许多这样的物品。虽然他们在君士坦丁堡放了一场大火,烧毁了许多珍贵的财宝,但是,征服了君士坦丁堡,就相当于为欧洲打开了一扇能够接触到希腊和拜占庭文明的大门。虽然比不上征服伊比利亚和西西里,但君士坦丁堡以及那些没被烧毁的图书馆极大地拓宽了欧洲学者的视野。

尽管第四次十字军东征可以算得上一次成功,但对拜占庭来说实际上就是一场不折不扣的灾难。拜占庭帝国的核心成员逃往小亚细亚,渐渐抚平伤口,重整旗鼓,直到1261年鲍德温王朝倒台,时隔57年,希腊皇帝再次回到都城君士坦丁堡统治拜占庭。罗马教皇的重压已经从肩头撤去,君士坦丁堡宗主教又登上了东正教领导人的位置。对他的继任者们来说,没有什么比想到和天主教教徒联合更让人不快的事情了,因为他们曾经暴力夺权、强行将自己的权威施加到东方身上:"宁要苏丹的头巾,也不要主教的礼帽"成了他们的口号。然而,1204年君士坦丁堡的沦陷沉重打击了整个拜占庭及其皇帝的威信,从此再也没能恢复过来。

罗马帝国的两个后裔——西罗马帝国和东罗马帝国——之间的敌对状态在1204年早就不是新鲜的事情了。天主教会和东正教会一直以来都在争权夺势,吵得不可开交,1054年,罗马教皇和君士坦丁堡宗主教互相开除对方教籍就可见一斑。1096年,第一次十字军东征冲进君士坦丁堡里,科穆宁就开始后悔当初向西方求援;他对于十字军和后来的十字军国家只持有温吞水般的热情,他的继任者也差不多。然而,到了1204年,君士坦丁堡的沦陷终于激起了拜占庭人势不可当的怒火。西方的基督徒彻底摧残了君士坦丁堡,滥杀无辜,几乎毁灭了一个社会。十字军战士肆无忌惮地破坏着教堂、圣像、建筑、雕像,其中包括许多伟大的文化象征。直到今天,伊斯坦布尔(即过去的君士坦丁堡)的导游还会咕哝几句"天杀的十字军"。

后来的十字军东征

13世纪时,又发生了几次十字军东征。基督徒在宗教狂热的指引下几次试图拿下圣地,结果都惨败而归。1212年,一次空想式的"儿童十字军"以悲剧结局收场。几千名男孩女孩漫无组织地聚集在南欧各港,狂热地相信地中海会干涸,这样他们就能走到圣地去。有些孩子回了家,有些被卖为奴,有些死去了。

1217 年至 1221 年，第五次十字军东征（儿童十字军并不是军事行动，因此不作计数）打响了，这次把目标锁定在地中海东岸，也就是穆斯林真正的势力中心：埃及。当十字军战士占领了埃及的一个重要港口达米埃塔（Damietta）时，却赫然发现自己已经被困在穆斯林军队和洪水泛滥的尼罗河之间，最后只能悻悻离去。

十年之后，神圣罗马帝国皇帝腓特烈二世（Frederick II，1215—1250 年在位）又率军东征；最后，在 1229 年与穆斯林签订和平条约，拿回了耶路撒冷。这次东征未动干戈，此处不展开叙述。另外，它还标志着十字军东征发起人的转变：从由教皇发起转变为由世俗权贵发起。腓特烈二世发起东征时，实际上还背负着教皇的驱逐令。再后来的两次十字军东征——第六次和第七次，也是由世俗权贵——法王路易九世（1226—1270 年在位）发起的。两次都失败了，路易还战死疆场。之后仍有过几次十字军，直到 1291 年，基督教世界在叙利亚海岸的最后一个桥头堡阿卡——被攻陷，十字军国家的命运也终止了。

军人修会

十字军热潮中也涌现出几个军人修会。这些修会恪守修院规则，为帮助推进十字军运动做出所有可能的努力，将中世纪的两种制度——修院制度和骑士制度——很好地结合了起来。其中一个叫作圣殿骑士团（Knights Templar），是一个国际性的弟兄会。通过吸引其成员慷慨捐赠土地和高效率的地产管理，圣殿骑士团聚集起大量财富，最后甚至还经营起了银行业务。另一个修会叫作医护骑士团（Hospitalers），主要招收法国的骑士。还有一个叫作条顿骑士团（Teutonic Knights），主要从日耳曼人里吸收成员。13 世纪时，随着十字军运动的渐渐退潮，条顿骑士将他们的注意力从圣地转向东北欧洲，在那里打击斯拉夫人，为日耳曼国家和基督教夺取利益。他们曾经往北深入立陶宛（Lithuania）、拉脱维亚（Latvia）和爱沙尼亚（Estonia），甚至俄罗斯诸邦（见地图 9.2）。类似的军人修会在基督教世界的各个边境地区发展起来，比如圣地亚哥骑士团（Knights of Santiago de Compostela）就致力于攻击伊比利亚的穆斯林。

由于既是修士又是战士，军人修会的成员普遍受到景仰，因为他们"既用心灵与道德缺陷做斗争，又用身体与现世的敌人做斗争"。但也不是不会招致批判。因为他们既不受世俗贵族控制，又不受教会约束，实际上对两者都构成了威胁。在十字军热潮过去之后，他们依然权倾一方，却不那么受人尊敬了。

回顾十字军

1291年,阿卡沦陷之时,十字军的热忱已经完全毁了拜占庭帝国。皇帝阿列克修斯·科穆宁先前对自己于1095年向西方求助追悔莫及,也算合理。一个很奇怪的结果是,十字军实际上加强了穆斯林在中东地区的势力。因为穆斯林并没有坐等基督徒来给他们收尸,而是积极地重新组织,奋起反抗。对西方基督教世界来说,十字军扩张了"欧洲"的边境,至少暂时扩展到中东的十字军国家。十字军运动也大大加强了教皇的力量。教皇作为西方基督教世界的君主,把握住了基督徒们的军事狂热,只下了一次工夫便将所有教徒都联合了起来。商人也从中获利不少,因为十字军将基督教的海上势力扩展到东地中海和黑海,并从这些地区带来稳定的商业利益。然而,十字军运动最重要的意义,要算是它史无前例地让非常多的欧洲人直接接触到伊斯兰世界和拜占庭。欧洲在12世纪时开始学习、研究阿拉伯语,并不只是巧合而已。同时,欧洲的图书馆里也开始出现对西方学者来说失传已久的书,但它们只是在穆斯林和拜占庭的图书馆里被"找到",翻译成了拉丁语而已。

民族迫害

十字军高涨的贪欲、暴力和战斗精神导致欧洲产生出一种迫害心理。持异见者面临着新的威胁;犹太人和其他少数民族也惨遭横祸;到最后,甚至连一部分基督教军人都受到残害。

十字军和欧洲内部的宗教裁判

13世纪时,教皇发起"圣战",并不只是为了对付圣地及伊比利亚的穆斯林,有时候也是为了打击一部分欧洲人,甚至包括神圣罗马帝国皇帝。在这些内部"圣战"里,造成后果最惨重的,是13世纪早期,为肃清清洁派而发动的阿尔比派十字军运动(Albigensian Crusade)。

我们在上一章看到,13世纪早期,清洁派在法国南部势力很盛。教皇英诺森三世认为形势严峻,就想方设法要清除这个异端。他将处事不力的腐败教士革了职,号召当地贵族帮助打击清洁派,还派圣多明我这样的圣人前去讲道,希望能在当地重振天主教,结果都无功而返。于是,英诺森三世发动了针对清洁派的十字军运动。

阿尔比派十字军运动(1209—1229)历时整整20年,杀人无数,血流遍地,才将清洁派完全打压下去。法国国王在最后阶段出手相助，才得到了最终的成功；由此，法国的君权也扩展到了地中海海岸。法国南部很快就从灾难中恢复过来，但是从此结下南北世仇，甚至可能延续至今。

此外，为了彻底扫清异教徒、保持当地的宗教纯洁性，宗教裁判所建立起来了，这也是中世纪教会最压抑的制度的标志。虽然在基督教历史上，异端思想和异端并不鲜见，但是，罗马教廷真正认为有必要拿出一套更强硬的制度来打击异端，却是从阿尔比派十字军运动开始的。一直以来，教会就要求各地主教在自己的管区内过问异端一事；1230 年，教皇格里高历九世（Pope Gregory IX，1227—1241 年在位）为了加强打击力度，就任命了**宗教裁判官**（inquisitor）。宗教裁判官大都是多明我会与方济各会的修士，因为他们既受过良好教育，又笃信上帝，对教皇本人也非常负责，另外还有影响广泛的权力。宗教裁判官在法国南部四处游走，搜寻异端。他们采用的手段包括刑事折磨、秘密供词等，只要有一点点证据就将疑犯定罪，或者越过法律审议环节就直接定罪。这些手段都远远超过中世纪的教会法典的规定。对宗教裁判官及他们的支持者来说，所有这些过激手段都是必不可少的；他们实行的是"军事管制法"（martial law），当时针对异端的战争赋予了这种手段必要性。

宗教裁判官激起强烈反抗，倒并不是因为清除异端的手段过于残忍，而是因为他们篡夺了原来属于主教和世俗贵族的权力。大多数宗教裁判官都尽量保证公平公正，因此，大部分的异端都只是被关进监狱或受到更少的惩罚（比如在衣服外面戴上十字架）。有些被处以死刑，但是行刑过程则由俗世权力机构来完成；这样，宗教裁判官自己就不会沾上人命。渐渐地，多明我会修士的功能就从原来向异端讲道，变成了打击异端的宗教裁判官。

宗教裁判的执行过程虽然不正当合法，但是有其道理。这一点和任何历史发展一样。对中世纪时的正统基督徒来说，异端是很值得憎恶的，是对上帝的背叛，是要永世受到诅咒的，更是一种精神上的瘟疫，会祸及他人。宗教裁判官就是要清除他们眼中存在的或潜在的危险。如果要说历史上人类不能理性地对待信仰和行为与自己不一样的人，那宗教裁判官绝对不是始作俑者，也不会是最后一群。

犹太人和其他欧洲少数民族

早在第一章，我们就看到，基督教在罗马帝国晚期成形时，犹太人的地位就有所下降。到了中世纪早期，犹太人社区有时候会遭受敌视，有时候又相安无事。7 世纪时,在伊比利亚,国王下令强迫犹太人改变信仰,于是犹太人不得不做出抗争;但在加洛林王朝统治的法国,犹太人又颇受欢迎,受到国王御令保护。到 11 世纪时,许多城镇都有不少犹太家庭,虽然和占多数的基督徒家庭区别明显,但彼此相处还算和睦。

接着,在 12 世纪,并不十分和谐的合作被暴力迫害取代。我们已经大致看到,犹太人在 12 世纪及之后受到了怎样的迫害:第一次十字军东征时备受打击;1144 年,诺里奇镇指控犹太人"仪式谋杀",这一指控之后就开始快速传播;另外,在 14 世纪,伊比利亚的基督教国家里,犹太人的境遇也非常惨。这还不是全部情况。从 12 世纪起,基督教经常要求犹太人佩戴特殊的徽章或者帽子,限制犹太人所能从事的职业,或者限制他们的居住范围。有的基督徒甚至开始攻击、谋杀犹太人。

为什么犹太人的地位会如此动荡不定,历史学家们没有统一的解释。但有两个原因应该是很重要的。第一是基督徒自我意识的发展和对基督受难的强烈认同感。图 8.1 是第一尊完整表现基督在十字架上受难的雕塑。它完成于 10 世纪晚期,标志着基督教在情感上对耶稣为救赎人类而受到折磨有着强烈认同。这种认同感在中世纪中期和晚期越来越强。大众往往忽视神学家的理论,认为耶稣并不是为洗清全人类的罪孽而"自愿"受难,而是被犹太人谋杀的。有些基督徒非常虔诚,日夜沉思基督受难之痛苦,最后得出的结论竟然是必须为耶稣报仇。这样,由于基督徒开始关注到基督受刑时的苦痛,心里便生出一种偏见。

第二,十字军加强了反犹太的情绪。第一次十字军东征开始的时候,有的十字军战士就认为"攘外必先安内",要清除外部的"不忠者",必须先杀光西方基督教世界内部的犹太人。有一位基督教作家写道,这些疯狂的十字军战士"一看到城里的犹太人就红了眼,毫不留情地就把他们杀了"。中欧的犹太群体受到的打击格外沉重。早在十字军之前就有屠杀犹太人的事情出现,十字军东征开始之后就更频繁了。1144 年,在诺里奇,大部分基督徒都被谣言煽动,认为犹太人杀害了一个基督徒小孩,或者亵渎了圣餐礼。1272 年,格里高历十世(Pope Gregory X,1271—1276 年在位)下令释放因为这些无端缘由而入狱的犹太人,然而这样的命令基本上无人理睬。

格里高历的命令说明,尽管教皇从来就不是犹太人之友,但还是会竭力保护他们免受大众偏见之害。虽然国王和皇帝也会保护犹太人,但他们还是会索要昂贵的回报:强迫犹太人借钱给他们,征收高额税收以剥削他们,在没有子嗣的犹太人死后就强制夺走他们的财产;为了获得"自由行走权"、法律公正和遗产继

图 9.4　犹太人
这幅画所表现的是一个犹太商人旅行者在货币兑换摊位上的情景。

承权，犹太人更是要支付巨额资金。到最后，连这些君主都不愿接纳境内的犹太居民，把他们从一个国家赶到另一个国家。（这在 13 世纪很容易做到，当时，意大利的银行家们很容易获得一些商业和政治上的特权。）犹太人在 1099 年被从耶路撒冷驱逐出去，1290 年被从英格兰驱逐出去，1306 年被从法国驱逐出去（此后法国还下过不少驱逐令），15 世纪 20 年代被从几个自治的日耳曼城市驱逐出去，15 世纪 90 年代则从西班牙、葡萄牙和立陶宛被赶了出去。

　　在连续不断的反犹太浪潮中，基督教神学家也起着不可忽视的作用。早期的基督徒对犹太教，虽然能够容忍，但是也经常诋毁它；这种模糊的观念在中世纪神学里一直存在。有些神学家认为，犹太人作为《旧约》的见证人，是很有价值的。许多别的神学家则没有这么宽容，他们认为现在的犹太人太过重视《犹太法典》,而忽略了《圣经》,因此反而背叛了自己原来的信仰,沦为异教徒。根据这个不合逻辑的理论,犹太人如果不改信基督教,就是亵渎神明,就该受到惩罚。

一些历史学家认为,中世纪起对犹太人的这些攻击,标志着一段惨痛历史的开端,其高潮就是纳粹德国的恐怖集中营。另一些历史学家认为,这些攻击发端于中世纪中期和晚期的特殊情境,和20世纪的反犹主义并没有多少——甚至完全没有——联系。两种说法都有其可取之处,因为过去发生的事既属于过去,也属于它所创造的未来。无论如何,在中世纪欧洲,对犹太人的攻击——特别是那些恶毒而残忍的——只是中世纪大规模迫害行动中的一部分。12世纪起,不只是犹太人和异端受到迫害,连妓女、麻风病人和同性恋男子都会激起其邻居的强烈不满。有意思的是,迫害这些特殊人群的理由非常相似,一遍一遍地被人重复:这些人都玷污了善良的基督徒,都有不正常的性行为,都膜拜恶魔。更有意思的是,对所有这些人的恐慌混合在一起,对某一派异端的描述就成了下面这样:

> 晚上,第一轮巡夜时……每户人家都静静地等在当地的犹太教堂里,默不作声;接着,一根绳子垂了下来,上面吊着一只硕大无朋的黑猫。人们看见它,就灭了灯,紧扣牙关哼着经文,渐渐走近他们的主人(也就是那只黑猫)所在的地方,凭感觉摸索着前进,一摸到它就上前亲吻它。他们对它的感情越是强烈,亲吻的部位就越低:有的人直接吻它的脚,但大多数人都去吻它的尾巴和生殖器。接着,好像这样恶心的举动吊起了他们的胃口,每个人都就近找了一个男人或女人,陷入欲望的狂欢不可自拔。

这段描述,不仅讲到了犹太教的教堂,还讲到了恶魔崇拜(黑猫就是一个典型的恶魔形象)、性行为混乱(包括同性恋行为),甚至还第一次提到了后来被广泛滥用的一个指控:“淫秽的吻”。把这些对不同人的偏见混合起来,并不只是想象力和修辞的问题,因为在当时,针对某一群人的攻讦经常迅速波及另一群人。比如,1321年,在法国有一个流传很广的谣言,认为麻风病人在周围的水井里下毒。很快,犹太人也连带着受到攻击。这样煽风点火地将针对不同人群的恐慌集中到一起,不仅产生了大面积的迫害,危及不少欧洲人,也带来了一场更可怕的运动:猎捕巫士。“猎巫”运动在公元1500年以后带来了令人恐惧的结果。

圣殿骑士

14世纪早期,铺天盖地的打击终于降临到一个新的牺牲品身上:圣殿骑士团。圣殿骑士团兴起于基督教的军事狂热；其毁灭，部分也可以说是因为这种狂热的后果。到后来，他们和异教徒、犹太人一样，都被指控为有不正常的宗教活动和性行为。中世纪欧洲的一段最悲惨的历史，就是法国国王腓力四世（Philip IV of France，1285—1314 年在位）沉重打击圣殿骑士团。腓力四世认为他们有渎神和同性恋行为，通过酷刑来获得口供，还强迫教皇同意打压他们。1314 年 3 月，圣殿骑士团的领袖人物都推翻了原来的口供，于是腓力四世下令烧死他们。圣殿骑士团的一部分财产最后落到腓力四世自己手里；另一些被转入医护骑士团。医护骑士就是现在的慈善机构马耳他骑士团（Knights of Malta），直到现在还在积极地活动着。

结语

　　公元 1300 年的欧洲和 300 年前已经完全不一样了。1300 年时，欧洲内部的森林和沼泽有些被改造成田地和牧场，外部边境也向东、向南扩张了很多。欧洲人成功进入并统治了一些富饶的大都市，如巴勒莫、托雷多、安提俄克、科尔多瓦和君士坦丁堡。由于十字军战争，欧洲在贸易、文化、学术等方面和伊斯兰文化、拜占庭文化的接触达到了前所未有的密切程度。从这个层面讲，欧洲更开放了，伸开手臂来迎接更广阔的世界里所存在的更多机遇。这个过程，一经启动，便由其内在动力推动，不可遏制地向几个方向发展——1271 年，马可·波罗远游中国；15 世纪时，葡萄牙人来到西非；1492 年，哥伦布艰难地发现了新大陆。欧洲变得更开放的同时，从另一个角度讲，却也变得更为闭塞。欧洲人在基督教世界内寻求和谐统一，结局却不甚明晰，而且十分危险。1300 年时，名叫"马利亚"的女孩子和名叫"约翰"的男孩子越来越多，不仅意味着欧洲文化有着更大的统一性，也反衬着欧洲人越来越不能容忍多样化。

第十章
国家的成形与解体，约 1000—1300

引言

　　100 年前，几乎全部的历史都是政治史，中世纪历史学家们的职责所在就是将中世纪的主舞台聚焦在欧洲国家成形的问题上。这其中包含了两段过程，这一章就将无声地回顾这两段历程。第一段中的国家建立失败了，神圣罗马帝国解体，导致德国和意大利的民族野心受挫，一直延续到 19 世纪。有人认为，正是源于中世纪的这种野心诞生出了军国主义和法西斯主义，最终肆虐 19 世纪末直至 20 世纪的欧洲乃至全世界。第二段中的国家建立成功了，主要包括英国和法国这两个中世纪政体，我们不仅会追溯这些现代欧洲国家的起源，还会关注其宪政实践的发展：如议会、税收、陪审团审判。这些现在都存在于全世界许多的国家。如今，这些 19—20 世纪历史观中有关中世纪国家建立与解体的观点可能过于激进地认为中世纪是现代国家起源的起点，但也并没有错。这些叙述历久弥真。在中世纪中期，欧洲的国家朝着两种不同的方向演进：有些分裂，有些统一。

　　在 11—13 世纪，神圣罗马帝国与教皇政权缠斗不休，渐渐分崩离析，弱不禁风。从中还在今日的德语中留下了一个短语"到卡诺萨去"，意思就是"投降"。这层含义记录了一场绵延多年的冲突中的一刻：1077 年，皇帝亨利四世（1056—1106 年在位）衣衫褴褛、赤着双脚站在托斯卡纳的玛蒂尔达位于卡诺萨的城堡外的雪地中，祈求教皇格里高历七世（1073—1085 年在位）的原谅。经过卡诺萨这段之后，亨利四世卷土重来，不过那一天的戏剧场面（他与格里高历七世一冷一热，一个卑微赎罪，一个高高在上）预兆着中世纪中期皇权和教权的未来。皇

帝的权力日渐衰弱，而教皇的权力日渐强大——起码有一段时间如此。卡诺萨事件之前，日耳曼国王（或称"神圣罗马帝国皇帝"，不过这个称谓直到 12 世纪才被人常规使用）是西方基督教世界最强大的国君。他的权力不光笼罩着日耳曼国家，还延伸到意大利半岛的北部和中部，既管理俗世事务又插手宗教事务。

200 年后，日耳曼国家分裂为许多独立的小国，意大利半岛北部更是沦为一群小"城邦"的碎片拼图。"神圣罗马帝国皇帝"只是个名号而已，并没有实际的权力。

就在皇帝和教皇卷入两败俱伤的斗争之时，英国和法国的王室却在极权统一。尽管强大君权出现在英国比法国要早，但是就长远的历史来看，到 14 世纪早期时，英国在限制王权方面比法国走得更远。18 世纪时西欧两大天差地别的政治体制——英国的议会君主制和法国的王权专制——就来源于中世纪中期。另一个对后世产生持久影响的遗产是在这两个国家出现的帮助英法君主有效施行统治的行政制度。这些制度后来发展成今天通行于欧洲和在政治上继承欧洲的国家——美国和加拿大——的制度。在 1066 年"征服者"威廉得胜之后的一个半世纪时间里，英国政府发展成北部欧洲最有效率的政府。税务工作由财务署（exchequer）这个非常复杂的"会计部门"来完成；几乎每天都有王室文秘署（royal chancery）发布的书面王室命令；国内的司法公正由法官、专业律师和王室法院来把持，三者的数量都有了显著增长，尤其是律师。法国的脚步虽然比英国大致慢上半个世纪左右，但其发展路线和英国有许多相似之处，也逐渐形成了一个运作良好的政府；到 13 世纪末时，法国的统治阶层已经包括一系列关系复杂的政治和立法机构。

神圣罗马帝国解体

新千年刚开始时，神圣罗马帝国强大而稳固，帝国在最后三任奥托皇帝的带领下战胜了马扎尔人，拓展了萨克森王朝的权力，还见证了具有独特拜占庭特点的文化复兴（皆因公元 972 年奥托二世和拜占庭公主西奥法诺的联姻）。萨克森王朝很快被取代，新的萨利尔王朝以法兰克尼亚为据地，而萨利尔人立刻在日耳曼国家的腹地建起一个强大的皇权中心。萨利尔皇帝中最伟大的是亨利三世（1039—1056 年在位），他在日耳曼无可匹敌，在教会面前也同样享有权威。他任命的主教、修道院院长都忠诚地为他的帝国野心服务，他甚至还任命了教皇，其中包括教皇利奥九世（1049—1054 年在位），还有几位教皇也心系早期的教会改革。

如第七章所述，教会改革最终导致俗世授职纷争，也让皇权与教权本来轻松的合作突变。在随后几个世纪中，皇帝与教皇间就许多事情发生了歧见，但他们的不合归结起来是两大基本矛盾。首先，谁是头号人物？教皇展望着以自己为首领的西方基督教王国，强调他们才是上帝在一切事物上的全权代表，包括政治

238

和宗教方面。这一教皇至上理论提出,教皇永远至高无上,不过他可以选择将部分政治权力授权给皇帝或国王。皇帝则对这样的论调无动于衷。他们坚持皇帝中心理论,与教皇的理想背道而驰,认为皇帝才应该在自己的王国内统治教会和国家。这是俗世授职矛盾的核心冲突,从 11 世纪 70 年代在亨利四世和格里高历七世之间爆发的争端开始,这一矛盾直到 1122 年《沃尔姆斯宗教协定》签订才最终得以解决。第二个矛盾是领土问题:谁来控制意大利半岛? 在中世纪中期的大部分时间里,教皇和皇帝不断协商、耍计谋,甚至争斗,就是为了控制这片富裕却四分五裂的土地。

俗世授职纷争下式微的皇帝权威,约 1075—1125

1122 年,教皇卡利克斯特二世向沃尔姆斯派遣特使时,他正代表着自卡诺萨事件以来如日中天的教权。而皇帝亨利五世见到这些特使时,他的权势几乎还不如 1077 年时的他父亲(见年表 7.1)。1077 年的卡诺萨会晤时,亨利四世在一触即发的形式下采用了权宜之计,寻求教皇格里高历七世的谅解,终于争回了教籍。这使得他能够寻回支持者,重建自己在日耳曼诸国的权威。几年之内,他就再次开始和格里高历作对,率军前往罗马,最终导致格里高历七世在流亡中悲惨去世。教皇乌尔班二世和他的继任者们却前仆后继,持续动摇亨利四世的权威。他们在日耳曼诸国掀起反抗,侵蚀着亨利四世的帝国政府。1106 年亨利四世去世时,连他的儿子和继承人、未来的亨利五世都在反对他。

亨利五世的任期相对而言比较风平浪静,但这只是因为他出手比较轻而已。他放弃了父亲试图完全恢复帝权的斗争,他的皇冠已经不那么有分量了。一方面,他无法再依靠主教和修道院院长,因为他们都越来越倒向教皇这边;另一方面,他对日耳曼诸侯们的控制本来就不强大,现在随着当地统治者渐渐巩固自己对当地的控制和渐渐独立,也就越来越弱了。

亨利五世和父亲一样,试图做一些补偿。他一方面任命了**行政官**(ministerial),即让出身低贱的骑士做皇家职员;另一方面和城市建立起良好的关系,特别慷慨地颁布城市特许令。但是这两种方法都没能影响时代潮流。卡诺萨会晤到《沃尔姆斯宗教协定》之间那混乱的半个世纪里,日耳曼诸国出现了一个新的贵族阶层。富有野心的大地主们有了势力,开始建造城堡、扩展领地,并强行夺取原本属于皇帝的权力。他们强迫较小的地主成为他们的封臣,有些还迫使自由农成为他们的农奴。亨利四世无法挽回这种趋势,亨利五世对此也束手无策。

亨利五世在日耳曼诸国的权势在教会改革和地方势力的双重压迫下渐渐衰

退了。同时衰退的还有他在伦巴底的权势。11 世纪中期，米兰的贵族和主教都站在皇帝这边，而教会改革派和迅速窜起的"拾荒者"站在教皇这边。两派的强烈斗争困扰了米兰很久，而现在，类似的事情很快在伦巴底发生了。在这场城市运动中，伦巴底市民希望能驱逐亲帝派主教，成立城市自治体（urban commune）。他们和教会改革派结成同盟，和贵族、主教、皇帝等人展开斗争，成立了几乎独立的城邦。亨利五世的反对毫无成效，到他去世前，他对米兰和其他伦巴底的自治市只有名义上的控制权。

《沃尔姆斯宗教协定》签署三年之后，亨利五世去世了，没有留下继承人，于是君权再次受到沉重打击。从那时起，君权之削弱不只是因为贵族的兴起和教权的强盛，另一个原因是"选举"日耳曼国王的传统又被恢复了。公元 911 年，最后一个加洛林国王去世时，东法兰克的国王就是靠选举来任命的，然而到了萨克森王朝（919—1024）和萨利尔王朝（1024—1125），这种做法变得徒有虚名。萨克森王朝和萨利尔王朝都强制实行世袭制。尽管在卡诺萨会晤期间，选举制又被重新拾起以限制亨利四世的权力，但是被他成功地打压下去。然而在 1125 年之后，真正的选举又成了惯例。选举出的人一般都是皇家成员，但可能并不是直系继承人。1125 年之后的几十年里，两个势倾一方的家族——萨克森的韦尔夫家族和施瓦本的霍亨斯陶芬家族——开始激烈地争夺王位。一阵喧嚣之后，日耳曼诸侯们的权力都强大了，付出的代价是君权的衰落。

于是，在卡诺萨会晤和《沃尔姆斯宗教协定》之间，伴随着俗世授职的纷争、独立城市的兴起和皇帝选举制的恢复，日耳曼诸国和意大利半岛的君权都败给了地方独立自治的热潮。神圣罗马帝国的衰退开始了。

皇帝腓特烈·巴巴罗萨（1152—1190 年在位）和帝国的重建

亨利五世去世后的两任日耳曼君主基本上是因为他们实力很弱才被推选上去的。日耳曼的地方领袖们都想要一个既不会成立新朝，也不会强权统治的皇帝。洛泰尔三世（Lothar III，1125—1138 年在位）年事已高，和萨利尔王朝也已经没有什么联系，另外也没有子嗣。康拉德三世（Conrad III，1138—1152 年在位）成为洛泰尔三世的接任者，一方面是因为他代表了正在抬头的反对派，另一方面是因为他既没有财富也没有势力。这两位是一段仓促的插曲，以 1152 年施瓦本公爵（见图 10.1）腓特烈一世·巴巴罗萨（"红胡子"）的当选告终。康拉德三世是新的霍亨斯陶芬王朝的第一位皇帝，但腓特烈一世是霍亨斯陶芬王朝第一位伟大的皇帝。他将重建神圣罗马帝国视作自己的使命（见年表 10.1）。

　　腓特烈一世意识到,要恢复亨利三世(1039—1056 年在位)坚实打造的国家结构已经是不可能的了,就尽量把地方力量收拢到自己的权杖之下。为此,他实行了一种有限封建化的政策。一开始,他故意鼓励地方上大的领地诸侯扩张他们的权力,牺牲小地主的权力。通过支持大贵族对抗小贵族,迫使这些更大的贵族们承认他的统治权,他希望以这种方式遏止帝国内部的分裂倾向。换言之,巴巴罗萨在给日耳曼的地方君主们做后盾的同时,也要保障自己对于他们的权威。从短期看,这一策略大大增强了腓特烈的权力。但从长期看来,这一政策是失败的,因为这些日耳曼诸侯并不是可靠的封臣,他们对皇帝宣誓效忠不过是权宜之言。

　　巴巴罗萨还意识到,自己要能有效地统治日耳曼的诸侯们,就必须拥有另两件东西:一是受过教育的官僚机构,二就是钱。为了提高官员们的素质,他乐得支持教育的发展。为远赴他乡求学的学生提供皇权保障。为了增加财政收入,他开始扩张家族土地,使他和霍亨斯陶芬后裔能和几个主要的封臣在财富上抗衡。为此,巴巴罗萨将施瓦本的许多修道院和城镇都收归自己的统治,扩张了自己在施瓦本的力量。

图 10.1　腓特烈一世

　　除此之外,巴巴罗萨还出于财政的考虑,将富裕的伦巴底城市收到自己的统治之下。这样,伦巴底的财富源源不断地流入他的账上,就没有哪个日耳曼贵族在实力上比得上他了。然而，实现伦巴底政策的代价是惨重的。第一，伦巴底的几大城市向来独立，这次也反对他的统治；第二，教皇长期以来反对世俗权力在伦巴底的增长，这次也颇有敌意；第三，巴巴罗萨太专注于意大利半岛的事情，结果顾不上日耳曼诸国内部的反叛，特别是由敌对家族——韦尔夫家族——发起的反叛。当时，萨克森公爵"狮子"亨利（Duke Henry the Lion of Saxony，1129—1195）正雄心勃勃地想制造麻烦。

年表 10.1　意大利半岛争夺战，1125—1250

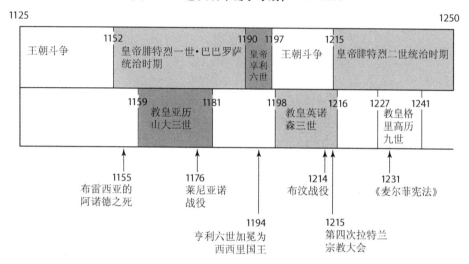

腓特烈在伦巴底的冲突爆发点是教皇亚历山大三世支持伦巴底联盟，这是一个社区性的军事联盟。巴巴罗萨继而支持教皇的对手，亚历山大因此将他逐出教会。接下来，便是双方的长期对立：一边是腓特烈一世，另一边是亚历山大和伦巴底联盟。1162 年，腓特烈围困了米兰，并纵火焚城，一方面让伦巴底感到威胁，另一方面也激怒了他们。1176 年，他们终于成功地实现了报复，在莱尼亚诺（Legnano）一役中取得决定性胜利。巴巴罗萨被败局惊醒，被迫承认伦巴底诸城市的独立；而实际上这些城市一直以来就是独立的。作为回应，伦巴底诸城市答应皇帝对他们享有微薄的权威。对于教皇，巴巴罗萨只能噙着眼泪拥抱他，并答应做一个安守职责的"孝子"。一切暂时都平静下来。

然而，巴巴罗萨没有放弃他在意大利半岛的计划。他只是将重心转移到了其他两条阵线而已。第一，他开始向托斯卡纳施加压力，由于托斯卡纳的玛蒂尔达的遗赠含糊，皇权和教权似乎都对这个富有的省区享有所有权。第二，他让自己的儿子、未来的亨利六世（Henry VI，1190—1197 年在位）和西西里公主康斯

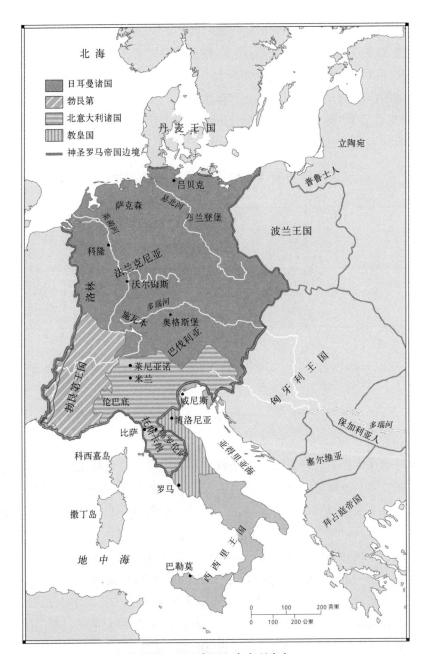

地图 10.1　中世纪中期的神圣罗马帝国和意大利半岛

到 12 世纪时，欧洲的教皇们已经控制了意大利半岛中心的大片区域。但他们没有什么方法向北或向南推进。在北边，教皇们必须和神圣罗马帝国的伦巴底诸城市和托斯卡纳诸城市斗争，在南边则有西西里的诺曼王国。西西里原先是教皇统治的，但在 1194 年被霍亨斯陶芬家族攫去。在接下去的 50 年里，教皇国被南北两边的世俗国家压成了三明治，很不舒服。

坦丝(1154—1198)结婚,康斯坦丝是诺曼王国的继承人,因此,两人的婚姻最终将西西里的诺曼王国划入霍亨斯陶芬的版图。因为康斯坦丝的王国包括意大利半岛南部大部分地区,还包括西西里岛,这一联姻是一次巨大的战略性胜利。这让神圣罗马帝国从南北两侧对教皇政权施加压力(见地图 10.1)。

1180 年,巴巴罗萨击败了他最难以驾驭的封臣——萨克森公爵、韦尔夫家族的"狮子"亨利,从而牢牢地掌控了日耳曼诸国。次年,他的天敌亚历山大三世去世。从此,直至 9 年后巴巴罗萨本人逝世为止,这位颇具远见卓识而又英武果断的皇帝享受了自己的帝权达到巅峰时的荣耀。1190 年,他在率军进行第三次十字军东征时不幸淹死,给帝国以沉重的打击。接下来的几个世纪中,德国人用一系列关于一位沉睡中的国王即将苏醒并前来统一自己的国家的民间传说故事来哀悼他的去世。在一些版本中,一旦巴巴罗萨的胡子长得足够长,他就会回来。

巴巴罗萨为防止君主选举制带来的不便,强行让自己的长子当选日耳曼诸国的统治者。因此,亨利六世在 1190 年毫无障碍地继承了帝位,1194 年则成功地通过妻子康斯坦丝而获得了西西里岛和意大利半岛南部。1194 年圣诞节,他被加冕为西西里国王;而在第二天,康斯坦丝就生下了他们的儿子,未来的腓特烈二世(1215—1250 年在位)。于是,教皇政权和教皇国终于被疆域空前广阔的神圣罗马帝国给包围了。

庞大的帝国既是一种伟大的胜利又是一个潜在的危险。一方面,地方的反叛始终是一种威胁,特别是日耳曼诸国不安分的封臣们,神圣罗马帝国的边界似乎太广阔了一些。另一方面,西西里王国的丰厚财政收入也使帝国国库充盈,亨利六世因此得以牢牢地掌握着整个帝国。然而,在 1197 年,亨利六世因患疟疾而英年早逝,年仅 30 多岁,留下一个 3 岁的儿子腓特烈二世。1197 年,帝国面临的危险包括过于广阔的疆域、敌对的教皇政权和不安分的封臣,即使是最能干的君主也得费些心思才能保障帝国的稳定。然而,这一切却落到一个幼儿手里。腓特烈·巴巴罗萨千辛万苦建起了一个辉煌的神圣罗马帝国,而现在,教皇又有了翻身的机会。

腓特烈二世(1215—1250 年在位)

这个机会落在了中世纪最有权力的教皇英诺森三世的手中。1197 年,霍亨斯陶芬家族的继承人是亨利六世之子、3 岁的小腓特烈。然而,因为一个孩子不可能为皇位而战,腓特烈的叔叔、施瓦本的菲利普(Philip of Swabia,1178—1208)

为了打压韦尔夫家族的继承人布伦瑞克的奥托(Otto of Brunswick,约 1175—1218)而继承皇位。两人为争夺皇位而发动战争时,小腓特烈安然地待在西西里。两派不同的君主们分别将两人都选举为皇帝,而此时,英诺森三世的机会到来了。这样的僵局需要英诺森在两人中做出裁定。他不断协商,迟迟不下决定,与此同时,日耳曼诸国的内战已经打得不可开交。最后,英诺森立布伦瑞克的奥托为帝。奥托不仅答应在日耳曼诸国保证教皇的利益,而且还不会主张对霍亨斯陶芬家族的西西里王国的统治权。这就意味着,神圣罗马帝国在教皇国南侧的威胁解除了。

　　1209 年,施瓦本的菲利普去世。奥托在英诺森的支持下于次年坐上皇帝宝座。然而,他一登基就撤回先前对教皇的承诺,宣称自己才是日耳曼教会之主,甚至发兵入侵西西里王国。英诺森旋即废其帝权,将其开除教籍,转而支持年幼的腓特烈。不过,在正式决定给腓特烈做后盾之前,英诺森就从他口中攫取了一些条件:放弃西西里国王的位置、将西西里王国从帝国版图中分离出去、发动十字军战争、服从教皇的宗教领导——总的来说,就是兑现布伦瑞克的奥托原先没有遵守的承诺。

244

几位神圣罗马帝国皇帝

萨利尔王朝(Salians)
康拉德二世(Conrad II),1024—1039 年在位
亨利三世(Henry III),1039—1056 年在位
亨利四世(Henry IV),1056—1106 年在位
亨利五世(Henry V),1106—1125 年在位

韦尔夫王朝(Welfs)
洛泰尔(Lothar),1125—1137 年在位

霍亨斯陶芬王朝(Hohenstaufens)
康拉德三世(Conrad III),1138—1152 年在位
腓特烈·巴巴罗萨(Frederick I, Barbarossa),1152—1190 年在位

亨利六世(Henry VI)，1190—1197 年在位

腓特烈二世(Frederick II)，1215—1250 年在位

康拉德四世(Conrad IV)，1250—1254 年在位

［空位时期(Interregnum)，1254—1273］

哈布斯堡王朝(Habsburgs)

哈布斯堡的鲁道夫(Rudolph of Habsburg)，1273—1291 年在位

　　英诺森此举重新确立了霍亨斯陶芬家族在日耳曼诸国的地位，也重新点燃了内战的战火。教皇为了让日耳曼诸侯和贵族们都转而支持腓特烈，几乎用尽了他所能想到的办法。教皇在与日耳曼贵族们斡旋的时候也得到了法王腓力·奥古斯都(Philip Augustus of France，1180—1223 年在位)的支持。接着，这一系列复杂多变的国际政事终于在 1214 年的布汶战役(Battle of Bouvines)中达到高潮：奥托的军队被腓力击败。布汶战役改变了欧洲的政治面貌。法王腓力一跃成为欧洲最强大的国王，奥托的皇帝梦被残酷地击碎，腓特烈二世安然夺回皇位。

　　然而，日耳曼诸国却陷入一片混乱。王朝之争中各地君主长期大量攫取皇帝的特权和皇家土地，后果终于显现了。同样，皇帝长期插手(或可以说干扰)西西里王国的事务，也有了后果。腓特烈二世即位时，他的祖父腓特烈·巴巴罗萨呕心沥血建立起来的帝权已经所剩无几、几乎不可能恢复了。腓特烈二世很快宣布他将和布伦瑞克的奥托一样，收回对教皇许下的诺言。他拒绝放弃西西里王国，而且还想把整个意大利半岛尽收手中。此举对教皇国构成直接威胁，也导致英诺森三世的继任者们对他持有巨大的仇恨。有的人甚至直接把他视为"敌基督"的化身。

　　腓特烈二世才华横溢，个性复杂；他脱胎于当地那种极具创造力的文化，是个光彩夺目的大人物。他在西西里长大，因此很容易接触到伊斯兰文化的第一手知识。成人之后，腓特烈成了一个才智过人、反对教权的怀疑主义者。他的一生有着惊人的作为，并因此获得了"人间奇迹"(*Stupor Mundi*)的称号。他是个极富技巧的作家，也是个业余科学家，对周围的世界充满了好奇心，然而在某些方面又非常迷信。在拖延许久之后，他还是遵守诺言，发动了一次宗教战争。不过，他没有去攻打穆斯林，而是和他们进行谈判，最后大获成功，耶路撒冷在一段

245

时间内落到了他的手中。腓特烈手下的十字军战士们友好亲善,令许多教会人士大感震惊,而他们的成功更是让教会人士愠怒不已。

腓特烈二世作为西西里国王,是当时数一数二的伟大战略组织者。1231 年,他召开了一次大会,在会上颁布了一套统一的法律,即《麦尔菲宪法》(Constitutions of Melfi)。这部法律大大增强了他的实力。另外,他比统治西西里的诺曼先王们更加牢固地掌握着岛上的行政,也加强了中央集权。他鼓励农业、工业和商业的发展,摒弃了国内的各种税费,还在那不勒斯建起一所大学。不过,日耳曼诸国却在很大程度上落入各个诸侯手中。和日耳曼北方地区浓密的森林和冰天雪地的冬天相比,腓特烈二世一直更喜欢家乡西西里的湿热气候和大都市式的开放。腓特烈二世和祖父腓特烈·巴巴罗萨一样,都在日耳曼诸国境内增加皇室领地的面积,但腓特烈二世并不致力于此。对他来说,日耳曼诸国最有价值的是其财富和士兵;有了这两者,他就能实现霍亨斯陶芬王国统一意大利半岛的梦想。

从后来发生的事情来看,这项政策对神圣罗马帝国来说是一个灾难性的失败。在意大利这边,腓特烈的侵略激起伦巴底联盟的强烈反抗;更糟的是,他为了抽取用于战争的税款,结果把自己心爱的西西里抽成了穷乡僻壤。在日耳曼这边,他为了赢得日耳曼诸侯的支持,不得不放弃了一些特权。而且,不论是在意大利还是日耳曼,教皇始终是一个无法避开的敌人。机敏狡猾的法学家教皇们,如格里高历九世(Gregory IX,1227—1241 年在位)和英诺森四世(Innocent IV,1243—1254 年在位),充分发挥自己的外交才能,并运用宗教制裁来限制腓特烈的行动,还建起反对同盟与他对抗,甚至还将他逐出教会。

两方的争执终于在 1245 年开始见分晓了。当年,英诺森四世在里昂主持一次宗教会议,在会上谴责了腓特烈二世,并开除了他的教籍。腓特烈被赶下皇位,教皇任命了一个新的皇帝取而代之,还发动了一次宗教战争,意在将腓特烈二世驱逐出境。整个神圣罗马帝国境内已经烽烟四起。越来越多的土地滑出他的手心,甚至连西西里王国也反抗声不断。在这种境地之下,腓特烈二世于1250 年郁郁而终。中世纪大帝国的希望也随他而去。

1250 年之后的日耳曼诸国

腓特烈二世的儿子康拉德在他死后继承皇位,但仅仅统治了四年就去世了,其间碌碌无为。接下去的 19 年(1254—1273)里,日耳曼诸国经历了一段后果严重的空位时期,在此期间没有一位得到正式承认的皇帝(见年表 10.2)。各国王公贵族没有了皇帝的统治,就只管照顾自己的利益了。各地城堡如雨后春笋般冒了出来。最终于 1273 年,在教皇的支持下,大势已去的神圣罗马帝国有了一位皇帝:哈布斯堡家族的鲁道夫(Rudolph of Habsburg,1273—1291 年在位)。哈布斯堡王朝在现代欧洲史上具有重要地位,而鲁道夫是它的第一位皇帝。

246

年表 **10.2** 衰落中的教权和神圣罗马帝国,1250—1300

鲁道夫试图重建支离破碎的皇室领地,恢复皇帝的统治权,但这一切为时已晚。他的策略是从皇家实力绝对优于地方巨头的地区出发,扩展、巩固皇家土地。这个政策的本意是不错的。当初,法国国王就依靠这样的政策才在法国取得主宰地位;12 世纪时,腓特烈·巴巴罗萨奉行的也是这样的政策。然而,在 13世纪时,这一政策遭到了日耳曼诸侯们的不懈反对,他们当然不希望看到自己的利益因为皇权扩张而被人夺走。相反,他们一直在破坏皇帝的利益,忙于尽力增强自己的实力。英诺森三世在任命皇帝时的犹豫不决导致日耳曼诸国内战不断,腓特烈二世在意大利半岛又有重大失策,还有 1254 年至 1273 年的空位时期;这些都给了日耳曼的诸侯们一个机会来谋取一己之利。鲁道夫没能成功地扭转局势。日耳曼诸国渐渐发展为一个由独立小国组成的松散联邦,选举出来的皇帝形同虚设。这一基本政治结构在此后 600 年一直是神圣罗马帝国的特征之一。

帝国的解体却并不意味着政府的解体,只是代表政府权力来自诸侯,而非皇帝。这些诸侯从 12 世纪开始就渐渐强大起来,不仅是在与皇帝抗衡时,在与他们的属臣关系中也同样如此。例如,在 1156 年,腓特烈·巴巴罗萨把奥地利由一个边境区转变为一个公国,授予奥地利大公执行奥地利司法权的专权。公爵利奥波德六世(Duke Leopold VI,1198—1230 年在位)很快就在奥地利设立一套独特的法律。这强化了他在本国的权力,也让自己的公国变得与众不同。奥地利重新回归帝国之后,其法律所表现出来的地方独特性没有受到丝毫损害。类似的司法权也被赐给一些强大的主教——比如萨尔茨堡大主教——和一些城市及农村自治体,其中,1291年的条约今天被视作瑞士联邦(Swiss Confederation)的成立条约。和英国及法国一样,在中世纪中期,对神圣罗马帝国里的这些小地方来说,司法和法律是巩固政权的重要因素。

247 1250年之后的意大利半岛

中世纪中期的一阵混乱之后,意大利半岛上也有许多大大小小的公国。位于半岛中部的教皇国内群众不满之声此起彼伏,国内骚乱不断。有的教皇甚至无法保证自己在罗马城里的地位。在教皇国的北部,托斯卡纳和伦巴底成了一幅拼贴画,由许多主权独立、相互竞争的小城邦组成:佛罗伦萨、锡耶纳(Siena)、威尼斯、米兰等。这些城邦之间的敌对和战争最终形成了意大利文艺复兴的政治背景。

这些城邦内部及它们之间的政治斗争,长期以来就是皇帝和教皇在意大利半岛的权力之争的一种反映。自13世纪以来,两大派系统治了意大利的政坛:一方是"圭尔夫派"(Guelphs),其成员最初支持韦尔夫家族夺取皇位,并因此通过韦尔夫家族进一步支持教皇的政策;另一方是"吉柏林派"(Ghibellines),其成员支持腓特烈·巴巴罗萨、亨利六世和腓特烈二世[该党派名称来源于霍亨斯陶芬家族在怀布林(Waibling)的领主的名字]。圭尔夫派和吉柏林派之间的斗争,不仅扰乱了这些中世纪城邦内部的政局,也引起了它们之间的几场战争。很快,两派的斗争就和教皇与皇帝的权力之争没有关系了。最早在1355年,就有一位法理学家指出,"圭尔夫派"和"吉柏林派"这两个名称本来就"和教会、帝国都没有关系,只和它们所在的城市或地区有关"。然而,由于这两个名称沿用已有几世纪之久,它们最后还是成了12—13世纪意大利半岛上,由教皇与皇帝那场轰轰烈烈的斗争而引发的城邦战争的见证。

由诺曼人建立的、深受霍亨斯陶芬家族喜爱的西西里王国,在腓特烈二世去世之后,传给了他的私生子曼弗雷德(Manfred,1258—1266年在位)。教皇已决心把霍亨斯陶芬家族的势力赶出意大利半岛,就想尽一切办法确保曼弗雷德的倒台。为了获得法国的援助,教皇将西西里王国的王位送给了法王路易九世(1226—1270年在位)的弟弟安茹的查理(Charles of Anjou,1227—1285)。查理性格阴暗,为人残酷,野心很大,在1266年击败曼弗雷德并杀死了他,终于在西西里王国建起一个新的法国王朝。

但查理的军队被视为侵略军,尤其是在西西里人的眼中。1282年的复活节星期一,一位西西里少妇从巴勒莫晚祷归来,在路上遭到一名法国士兵的骚扰。

这名妇女击倒了法国士兵，周遭一下子响起了"法国人去死！"的呼声。屠杀法国人的行动由此开始，并迅速传遍全岛。当法军开始报复反击时，西西里人将王位提供给了曼弗雷德的女婿、阿拉贡的彼得三世（Peter III of Aragon，1276—1285年统治阿拉贡）。彼得三世继承了这份霍亨斯陶芬家族的家产，率军进驻西西里。

　　由此，一场旷日持久而不见分晓、喋血无数却有着一个浪漫名称的战争打响了。西西里晚祷战争（War of the Sicilian Vespers）打了整整 20 年，一方是法国国王和教皇支持下的安茹的查理，另一方是西西里和阿拉贡人民。最后，意大利半岛的南端还是归安茹的查理及他的后人统治，其王廷位于那不勒斯；西西里岛则由阿拉贡的国王们统治。然而这一争夺又持续了几代人的时间。对西西里王国来说，这场战争带来惨重的破坏。西西里王国曾是欧洲最富裕、统治最得当的国家，现在却一贫如洗，还被分裂成两块，成了教皇和帝国的牺牲品。

年表 10.3　英国，1000—1300

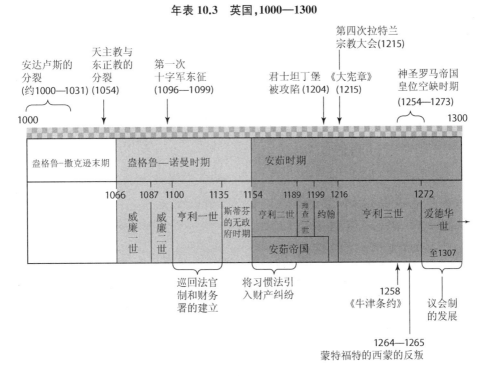

英国：国王与议会

盎格鲁-撒克逊时代的遗产

　　如年表 10.3 所示，"征服者"威廉通过 1066 年黑斯廷斯的胜利赢得英格兰时，英国已经是一个相对来说实行中央集权且运作比较顺畅的国家了。尽管盎格鲁-撒克逊宫廷一直在巡游之中,在不同的王室领地间搬来搬去,但它和国王的地方官员还是有着比较密切的联系的。在这种情况下,宫廷里的主要官员发挥了重要的作用,他们实际上就是这个国家的管理者。他们以书面形式发布国王的命令和决议,掌管国家的财政,同时还在王室法院任法官。

1066年之前很久,英国就将其行政区划称为郡[shire,或称县(county)]。每个郡都有自己的郡县法庭,法官都是当地首屈一指的地主们,每个法庭都有自己的王室代理人,被称为**"郡长"**(shire reeve 或 sheriff)。郡长通常是当地人,既要照顾自己郡的利益,又要忠于国王。他的责任包括为王室征收赋税和王室领地上的收益,在有必要的时候组建郡里的军队,还要监管郡里的法庭。简单地说,郡长是国王和农村社会之间的重要纽带。

盎格鲁—诺曼国家

1066年,"征服者"威廉来到英国时,他的身份是王位的合法继承人。他是英王"忏悔者"爱德华(1042—1066年在位)的远亲。爱德华于当年早些时候去世,没有留下子嗣。威廉答应保留英国的法律和习俗;这些法律和习俗也有不少对他的统治颇有裨益,特别是运作良好的税收制度和独一无二的郡县法庭结构。然而,威廉还加上了许多新的习俗,有不少来自他的家乡诺曼底。这使得他的政府比先前的盎格鲁-撒克逊政府更强大。

在征服英国之后的几年里,威廉很快就罢免了几乎所有的盎格鲁-撒克逊血统的地主,而用自己的亲信、封臣取代他们。这一举动的残酷性在某种程度上通过联姻而被降低——新近发达的诺曼贵族和新近被夺去财产的盎格鲁-撒克逊贵族女性结婚,就促进了一种独特的盎格鲁—诺曼文化的发展,人们开始说法语,而且熟悉了欧洲大陆的骑马作战技能。威廉在英国建立的贵族统治,大致是套用了法国的模式,但是盎格鲁—诺曼贵族阶层在结构上更加系统化,也更遵从他的意志。大多数英国的地产,无论是世俗所有还是教会所有,都被划分成采邑,由威廉的封臣们所有。为获得这些采邑,封臣需要提供一定数量的骑兵,还需要尽一些其他的义务。这些新兴**权贵**(magnate)所获得的土地通常是零散的:威廉在逐步推进、占领英国的同时就把这些地分给了那些人,因此,他们得到的土地通常分散在好几个郡,而不是一块完整的土地。这种分散的状态决定了英国未来的政治形态。每一个贵族都必须放眼全国,而与此同时,法国和德国的贵族们各自只统治着一整块小地方,政治视野难免褊狭。威廉也精打细算地为自己留了占到英国大约六分之一的王室领地,同样分散在各个郡里。这样,他和他的继任者们就不会像先前法国的卡佩王朝和后来神圣罗马帝国的霍亨斯陶芬王朝那样不如一些封臣那样富有。威廉的政治权力有广阔的地产作为保障。

威廉和他的贵族们在全国各地建立大大小小的城堡,以保障战争的胜利。一方面因为贵族必须持有国王的批准才能建造城堡,另一方面因为封臣间的私人战争是被禁止的,所以,这些城堡的建立既让农村安定了下来,又加强了国王的权威。大多数早期的城堡只是个方方的小木塔而已,搭在高高的土堆上,周围有木栅栏围着。到后来,城堡才成为结构复杂的石屋。不过,即便是最早期的城堡,也很难通过围攻的方式来夺取(见图 10.2)。

一方面,威廉的权威靠的是他那些忠实的封臣、广阔的王室领地和无数城堡;另一方面,盎格鲁-撒克逊传统的强势君权也是一个重要的保障。诺曼新贵们按诺曼底的传统,建立起自己的私人法庭,但是这些私人法庭的特殊性受到郡县法庭的恒久性限制。相似地,诺曼贵族的独立性也受到压制,因为盎格鲁-撒克逊传统上要求他们对国君更忠诚,这就使得威廉和他的继任者们能够得到英国境内每个封臣及小封臣的最基本的忠诚。在诺曼人统治的英格兰,骑士对直接上级的领主的忠心总是低于他对国君的忠心。简单地说,在征服英国之后,威廉建立起的采邑封臣制由于两种力量而形成了非常中央集权化的统治,一是盎格鲁-撒克逊传统的强大君权,二是威廉对封臣的谨慎控制。

威廉死后,他的国土先后传给他的两个儿子:威廉二世(William II,1087—1100 年在位)和亨利一世(Henry I,1100—1135 年在位)。两人都颇有才干,其中亨利更胜一筹。他是个颇有技巧的外交家和行政官,他平息了英国境内的叛乱,放逐了叛乱者,利用保护人的身份赢得盟友,并通过这些方法和其他手段缔造起一个听话且强大的贵族阶层。英国从未像在亨利一世统治时期那样和平过。那个时代的一位见证人说,亨利一世赐予他的国土"一种前所未有的和平,就连他的父亲也不曾实现"。

"征服者"威廉和他的两个儿子的统治时期见证了国家执政能力的显著增强。1086 年,威廉在全国范围内做了一次独特的普查,并编纂了著名的《英国土地志》(Domesday Book,直译为《末日审判书》);这件事也证明了当时英国的行政能力。又过了十年左右,英国就有郡长按规定将税款和其他经费送到财务署[财务署被称为"exchequer",是因为当时记账用的方法是在一块方格布(checkered

图 10.2　奥格摩尔城堡,威尔士

奥格摩尔城堡建于约 1100 年,如今只剩下一片废墟,不过还是可以看见土木防御工事昔日在战略上和城堡的城墙有着同样的重要性。奥格摩尔是一座"高地与堡场"城堡(motte-and-bailey castle)。由图可见,城堡建在一片高地(motte)之上。四周围绕着一圈壕沟。更外围的就是堡场(bailey),可以容纳马厩、仓棚和其他未加防护的建筑。

cloth)上移动记数筹码]。后来,在亨利一世去世的 1135 年,王室法官开始周游全国、去各郡县法庭旁听诉讼,以此将国王的司法管辖权深入全国各地。贵族法庭、宗教法庭和古老的郡县法庭一样,仍然都在发挥作用,但是国王的**巡回法官**(itinerant judge)的活动范围也在日渐扩大。国家的法律系统正在发展之中。随着国家机器在行政和司法方面的进展,诺曼国王们从中既得到了权力也得到了经济利益。国王的人越是严密地监督郡长,收来的税款就越是不可能被郡长抢先截留;国王的法官们参与到越多的案件当中,就有越多的罚款流入国库。诺曼的国王们懂得一个道理:强大的政府意味着滚滚的财源。

251　　　　威廉二世和亨利一世都和坎特伯雷大主教——伟大的神学家圣安瑟伦(St. Anselm)——就俗世授职的问题争吵过。这两位国王和神圣罗马帝国的皇帝一样,都不愿意把长久以来国君高于主教和修道院院长的地位让出来。但是,双方在英国的争执远远没有在神圣罗马帝国那样火爆。1107 年,一项类似于《沃尔姆斯宗教协定》的让步条约达成了。亨利一世放弃俗世授职仪式,但是仍然在任命教职方面保留有相当大的权力。实际上,他甚至可以说是个改革家,他支持反对贩卖圣事的命令,支持教士净身生活。不过,由于亨利一世至少育有两个私生子,他在道德改革方面发挥的作用很值得怀疑。1135 年,亨利一世死于消化不良。他违背医嘱,贪吃一种叫七鳃鳗的海味;作者在此也奉劝各位读者,不要吃这种东西。

讽刺的是,亨利只有一位合法子嗣存活下来——一个名叫玛蒂尔达(约1102—1167)的女儿。她在 11 岁时就嫁给神圣罗马帝国的皇帝亨利五世(Henry V,1106—1125 年在位)。亨利五世在 1125 年去世后,玛蒂尔达总是自称"女皇"。然而在 1127 年,她又和安茹伯爵杰弗里·金雀花(Count Geoffrey Plantagenet of Anjou)结了婚。(当时她 25 岁,而他只有 15 岁;他们的婚姻合并了法国北部的两大伯爵领地。)父亲死后,玛蒂尔达就有了两大优势:第一,1127 年时,亨利一世的封臣们已经宣誓承认她为王位继承人;第二,她有一个可以延续外祖父香火的儿子。不过,她也有一些劣势:父亲死时,她正在和他作对,试图将几个城堡据为己有,因为她父亲曾经答应用它们作嫁妆;她的儿子亨利当时只有 2 岁;另外,她只是个女人,而当时的武士们都是习惯男性统治的。

玛蒂尔达另外还有一个对手——表兄布卢瓦的斯蒂芬(Stephen of Blois,1097—1154)。他是亨利一世的宠儿,也是一个大地主。亨利死时,斯蒂芬趁机夺取了王位;玛蒂尔达迅速回击;两人的激烈争夺持续了 19 年,贵族们也分为两派;但是与此同时,众多贵族趁乱建起许多未经国王许可的城堡,开始为自己争取利益。在这场内战中,英国的经济遭到很大的破坏。当时一位作者如此叹道,在被后人称为"斯蒂芬的无政府时期"(Stephen's Anarchy)的艰难时世里,"基督和圣徒们都睡着了"。

亨利二世(1154—1189 年在位)和安茹帝国

斯蒂芬的无政府时期在妥协中结束。女皇玛蒂尔达和安茹的杰弗里之子亨利·金雀花(Henry Plantagenet)在 1153 年被命为斯蒂芬的继任者。次年,斯蒂芬去世,亨利就和平地坐上王位,成为英王亨利二世(King Henry II)。他同时也已经是诺曼公爵、安茹伯爵和阿基坦女公爵埃莉诺的丈夫(参见地图 10.2 的1154 年部分)。他在英吉利海峡两岸都有大片土地,因此缔造了一个安茹帝国(Angevin Empire)。在不同的地方,亨利的统治方法也不一样——比如,他作为安茹伯爵和英国国王的处事方法并不相同,因此,他的"帝国"依靠的是地域上的统一而不是政治上的统一。从这个角度讲,安茹帝国和只有一个受神认可的皇帝的神圣罗马帝国是有区别的。不过,亨利统治的地域仍然非常广阔,法国国王和其他公爵、伯爵所占的地方与安茹帝国比起来,不过是小巫见大巫。在仅仅几年的时间里,亨利就将法国的政治格局重塑一新了。

> # 英 国 国 王
>
> 盎格鲁—诺曼王朝(Anglo-Normans)
>
> "征服者"威廉(William I, the Conqueror),1066—1087 年在位
>
> 威廉二世·鲁弗斯(William II, Rufus),1087—1110 年在位
>
> 亨利一世(Henry I),1100—1135 年在位
>
> [无政府时期(Anarchy),1135—1154]
>
> 安茹帝国(金雀花家族)[Angevins (Plantagenets)]
>
> 亨利二世(Henry II),1154—1189 年在位
>
> "狮心王"理查一世(Richard I, the Lion-Hearted),1189—1199 年在位
>
> 约翰(John),1199—1216 年在位
>
> 亨利三世(Henry III),1216—1272 年在位
>
> 爱德华一世(Edward I),1272—1307 年在位

　　亨利是个精力充沛的人,而且才智过人,总是兴致高昂。他个子不高,身体结实,长着一头红发。他是个受过良好教育的君主,经常和学者们商讨问题。他鼓励城市的发展,并亲自督导经济的增长。对于现在的法律系学生而言,他大概也是唯一一个著名的中世纪英国国王,因为在他的统治下,英国**习惯法**(common law)的发展取得了长足的进步。习惯法是由大法官法庭制定并执行的法律,它超越地方法庭和贵族法庭使用的种种不同的法律。亨利采取的第一步是解决封地占有期的问题。国王的主要封臣及其各自的小封臣之间的矛盾和争执一并归大法官法庭解决。9 世纪晚期时,盎格鲁-撒克逊国王们就实现了政治统一,现在又在整个国家实现了司法上的一致。

　　亨利二世还希望牺牲教会法庭的利益来扩展帝国的司法权。但是在这件事上,他遇到了阻力。因为,我们已经在第七章看到,教会法和教皇政权的发展势头不比英国的王室法庭及官僚体制的发展来得弱。从 12 世纪 60 年代起,双方就开始产生冲突。亨利痛苦地发现,自己陷入了与昔日好友、今日新敌的斗争中:1162 年时,亨利任命他的大法官托马斯·贝克特(Thomas Becket,约 1118—1170)为

坎特伯雷大主教，希望用这种方法来更紧密地管制英国教会。但是，当他和贝克特提出这个想法时，他错误地估计了他的朋友。作为大法官，贝克特一直是一个忠诚的官员；但是作为坎特伯雷大主教，他成了教会的忠实仆从，因此也就成了老朋友——国王——的敌人。亨利和贝克特在两件事上分歧很大：一是一个由来已久的问题，即皇帝是否应该控制教会；二是一个新问题，即王室法庭和宗教法庭的问题。这场争论在短时间内是怎么进一步发展的，几乎都能猜到——激烈的争辩、流放、开除教籍。然而，在 1170 年，贝克特被谋杀了。他当时正站在坎特伯雷大教堂的祭坛上，亨利的四个男爵杀了他。这是极度恐怖而渎神的暴行。

贝克特立即被尊为殉道者。据说，他的墓地上出现神迹。很快，贝克特就被封为圣人。坎特伯雷成了朝圣的地方（也正是乔叟笔下的朝圣者的目的地）。圣托马斯派更是受到空前欢迎。亨利虽然没有下达杀人的命令，但是他的怒火导致了贝克特的遇害；为了表示忏悔，他光着双脚走遍坎特伯雷的大街，并象征性地接受了鞭打的刑罚。但是，从这次羞辱中清醒过来之后，亨利就得到了大部分他想要的东西。他现在能够有效地控制教会高官的任命；在他的统治快结束时，国家的司法已经成功地侵占了教会法庭。在这个方面，亨利将英国导向政治和法律的中央集权。

253

中 世 纪 传 说

罗　宾　汉

还有什么能比罗宾汉（Robin Hood）和他快乐的伙伴们更中世纪的呢？罗宾汉穿着"林肯绿"的衣服，和塔克修士（Friar Tuck）、小约翰（Little John）、红衣威尔（Will Scarlet），还有玛丽安（Maid Marion）一起住在舍伍德森林（Sherwood Forest）。他箭术精湛，但更重要的是，他劫富济贫。罗宾汉主要的敌人是一个富有而作恶多端的诺丁汉（Nottingham）郡长；他最终效忠的人是国王理查。理查是个不错的国王，但他外出进行十字军东征之时，王国管理不善。尽管中世纪的罗宾汉和现代电影、小说里的罗宾汉有很大的不同，但那些传说是真正的中世纪式的。在从 14 世纪留传下来的第一批传说里，罗宾汉是一个和邪恶的郡长展开英勇搏斗的逃犯；但是在故事里，他是个简单得多的人物——没有迹象显示他是个落魄的贵族，没有他和玛丽安的浪漫故事，没有慈善义举，没有对远方国王的效忠，甚至——很抱歉——也没有舍伍德森林。随着时代的变化,罗宾汉传奇的内容也跟着变化。因此,几个世纪下来,他背负上了许多原先没有的特点。中世纪时,他只是有几个伙伴的农民;在伊丽莎白时期他成了英国的贵族;维多利亚时期又变成浪漫主义者;到 20 世纪中叶又成了因故起义的反叛者。一直以来,历史学家们就希望能在中世纪的档案里找到一个事实中的罗宾汉。因为"罗宾"("罗伯特"的昵称)和"汉"都是常用名,历史学家们找到了几个可能的罗宾汉,其中当属 1226 年的一个逃犯和 1324 年国王的一个仆人最有可能。两者都不能完全和传说对应上。到最后,比找到一个正宗的、有案可循的罗宾汉更为重要的是,罗宾汉传奇对每个时代都有什么样的意义。中世纪人可能更喜欢"普通人"形象的罗宾汉,和朋友吵架、经常打架打输、爱用诡计、没什么勇气,也没什么技能。这样的故事大概让他们想象到一个更好的世界:更接近自然,没有社会地位的羁绊,具有聪明才智的人也有更多机会一起为共同的利益而奋斗。关于所有这些和更多的内容,可以读斯蒂芬·奈特(Stephen Knight)写于 2003 年的新著《罗宾汉:虚构的传记》(*Robin Hood*, *A Mythic Biography*)。

在亨利二世的整个统治期间,他不得不把时间分在英国和安茹帝国的法国诸省两个地方;与此同时,法国国王们就想方设法地寻事添乱,试图分裂这些地区。他们鼓动亨利的几个儿子和被亨利疏远的妻子,即阿基坦的埃莉诺起来反叛。亨利一次次地平息了这些反叛,把埃莉诺关在一个王室城堡里,还试图摆平几个儿子,但是都无济于事。反叛持续不断,而且 1189 年亨利临死之际,他的两个活下来的儿子——理查和约翰——都对他发起武装反抗。到最后,亨利无计可施,落败了。据说,他的遗言是这样的:"耻辱啊! 一国之君被人征服,耻辱啊!"

254 安茹帝国的失去

尽管亨利在临死前绝望万分,安茹帝国还是完整地传到了他幸存的儿子中较年长的"狮心王"理查一世(1189—1199 年在位)手上。理查一世在阿基坦长大,对母亲非常忠诚。他把母亲王后埃莉诺释放出来之后,就全力维护他在法国的领土并投入到针对穆斯林的十字军战争中。我们在第九章的"人物传略"里已经看到,理查是个很好的战士,在第三次十字军远征和许多次法国境内的战役中建立了自己的名望。但是他在英国却几乎没花精力,反而无穷无尽地征收大量税款。英国的王室官僚机构经受住了考验,在实际上没有国王而开销巨大的十年里,非常有效地统治着国家,直到 1199 年理查一世英年早逝为止。

理查的弟弟约翰(1199—1216 年在位)是个处理行政细节问题的能手,但他生性多疑,而且寡廉鲜耻,不值得信任。他的任期可以说是多事之秋;他过于严苛地对待封臣,因此他们对他的支持也只是半心半意,还有一些人已经在跟他作对了。同时,另两个精明干练而意志坚定的对手也让他不得安宁:法国国王腓力二世·奥古斯都(1180—1223 年在位)和教皇英诺森三世(1098—1216 年在位)。

腓力二世想要把约翰在法国的领土收回来,并且成功了。作为约翰在欧洲大陆的领主,腓力指控约翰藐视领主,顺势宣布没收约翰在法国的领地。以此为借口,他在 1203 年发兵进攻诺曼底,很快就几乎占领了约翰在法国的整个地盘,除了遥远的阿基坦的一部分地方(主要就是加斯科涅)。这对约翰来说是政治上和军事上的双重灾难。此后十年里,他织造起复杂的同盟关系网和腓力作对,其经费全靠从英国人那里收取的苛捐重税。然而,他的计划在 1214 年的布汶战役中被彻底粉碎了。他的佛兰德斯—日耳曼联盟在布汶被腓力的军队彻底击溃。约翰的部队损失惨重,他收复诺曼底和安茹的最后一线希望也破灭了。

英诺森三世希望将教皇的权威凌驾于英国教会之上,并且也成功了。英诺森和约翰就坎特伯雷大主教的任命问题进行了长时间的痛苦争执,英诺森最后强迫约翰接受他提议的候选人,还从约翰那里获得了更多的让步。约翰不得不承认教皇英诺森对英国教会的领导,而且还同意每年支付数目可观的贡赋。

约翰在军事和外交上的失败为英国贵族的叛乱铺设了道路。1215 年,叛乱在兰尼美德(Runnymede)地区结束,贵族们强迫约翰签下《大宪章》(*Magna Carta*,即 Great Charter)。虽然《大宪章》旨在解决 1215 年的问题,但它具有不同寻常的历史意义,不过人们对此理解不一。对一些历史学家来说,《大宪章》标志着一种倒退,它支持贵族掌权而非国王掌权。对另一些历史学家来说,《大宪章》标志着一种前进,为英国后来的君主立宪政体(constitutional monarchy)打下基础。实际上,两方面都很正确,因为它对传统的旧权力的支持最后导致新的权力的产生。例如,《大宪章》旨在将国王的权力控制在大众传统和封建传统两方面,并做出其他限制,包括只有征得大贵族的同意才能征收赋税。因此,国君就不得不尊重封臣的权力,并在惯例的规定之内统治他们;从这些惯例规定中最后诞生出法治的立宪政府。为了让约翰成为一个好的封建主,1215 年的这些贵族们在犹豫和懵懂中走向了君主立宪政体。

255　　　　约翰只要一看到机会就想要推翻《大宪章》,结果引起贵族们全力反叛。最后,约翰于次年(1216)去世。人们并没有哀悼他的去世。王位毫无争议地传给了他年仅 9 岁的儿子——亨利三世(Henry III,1216—1272 年在位)。亨利三世的统治最开始是由一群贵族和教会职员监督的。在此后的几十年里,《大宪章》一次又一次地被重申,然而,这个新时代的最大任务是要创建一种能将国王、官僚和贵族结合起来统治国家的政治体制。最后的解决方案是一种全新的制度:**议会**(parliament)。

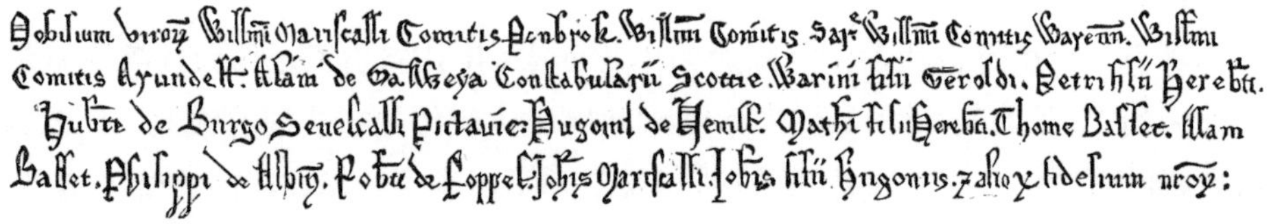

图 10.3　《大宪章》

亨利三世(1216—1272 年在位)和贵族政府

　　亨利三世比他的父亲好不了多少。他的性格古怪乖戾,性情急躁易变;他总是在身边堆满异国珍奇,喜欢做规模宏大而不切实际的事情。他完全无视贵族们的建议,以至于他们对他完全失去了信心。最后,亨利三世被迫和贵族们共事,一起治理国家。

　　安茹帝国倒台的时候,约翰和他的继任者们就失去了他们在欧洲大陆的重要地产和经济来源;许多盎格鲁—诺曼贵族们也遭受同样的损失,他们失去了在欧洲大陆的那一部分“分心的事”。因此,在布汶战役之后,国王和贵族们都更关注英国境内的权力、土地和财富。亨利三世仍然占有加斯科涅,并希望收复昔日安茹帝国占有的土地,但是这些计划越来越被贵族们视作异想天开。亨利的个人偏好导致法国人富了起来,因此,英国的贵族们有些憎恶法国人。

　　不过,他们更憎恶亨利凡事不与他们商议的统治。从一开始,英国国王的传统就是,每逢重要的政策性决议,先得在**御前会议**(curia regis)商议再做决定。参加御前会议的人员并不固定,包括贵族、**高级教士**(prelate)和官员等。尽管御

256　前会议只具有参议职能,它作为王室和世俗贵族、教会人士共商国策的传统在英国具有相当重要的地位。会议有两种形式。一般的决议通常只在小型会议上解决,与会的有王室官员和通常一直陪伴在国王身边、跟随国王居住在各个城堡里的宠臣。但是到了大型庆典或者需要做出重要决议的时候,国王就会带上一干

国务顾问；自己坐在中间，再让全国范围内的重要贵族和教会要员围坐在身边。

但是，亨利三世只在需要征收新税时才召开大型会议，而且只让与会者举手同意，并不是让他们真正参政议政。贵族们讨厌亨利的外交政策、那些铺张浪费的计划以及自说自话的作风，最后就拒绝了他征收更多钱财的请求。到 1258 年，亨利面对大规模的财政危机；为了弄到足够的钱，亨利同意签订一项由贵族来限制王权的《牛津条例》(Provisions of Oxford)。《牛津条例》强迫国王以合乎传统的方式来统治国家，要求国王和重要人士商议国事，在这方面比《大宪章》走得更远。大型会议现在被改名为"议会"，每年必须举行三次。与会人员包括由国内要员选举出的和由国王钦定的一些男性。除此之外，还有一个主要由贵族组成的"十五人委员会"(Council of Fifteen)，其职责是协助国王管理国家，特别是监督财务署的工作和大臣及其他国家高官的任命。

1258 年之后发生了贵族间的派系斗争。《牛津条例》在这种情况下看起来就显得不够成熟、不够实际了。随着贵族的失败，亨利三世故态复萌，变得武断且无能，让贵族们头疼不已。最后，对国王的不满爆发出来，贵族们公然反叛。1264 年，法国大贵族，同时也是英国的莱斯特伯爵(earl of Leicester)的西蒙·德·蒙特福特(Simon de Montfort)率军击败国王的军队，活捉了亨利三世。在接下去的 15 个月里，蒙特福特以国王之名统治英国。他和其他要员及议会共同治理国家。但是，和其他同类事件相似的是，有一些贵族仍然是保王派。在他们的支持之下，王室由亨利三世才干出众的儿子爱德华率领，重整旗鼓。1265 年，爱德华打败蒙特福特的军队，叛乱被平息。

《牛津条例》和蒙特福特的叛乱都没有持续很久，但两起事件都让 13 世纪中期的许多英国贵族看待君权的态度发生了变化。贵族们虽然侵扰国王，但从没想过要废除前两个世纪在司法上的进步，也没有想过要削弱中央政府。他们的利益在于整个国家，而不是某个地区；他们只是部分干预国王的执政，而不是彻底终止王权。他们要做的，是控制无能且武断、挥霍无度的国王，而不是要废除王权本身。

爱德华一世(1272—1307 年在位)和议会的演变

爱德华一世统治期间，他让行政、习惯法、议会等各方面都和谐发展，司法和行政的许多方面都日臻完善，并产生了新的力量。另外，爱德华一世还是个很好的武士。他率领军队征服了威尔士、扫荡了苏格兰，同时保住了他在加斯科涅的王权。

1265 年，在被爱德华击败之前没多久，蒙特福特召开了一次大型会议。这

257　　次会议包含了组成后来的"议会"的所有要素,在历史上是第一次。与会人员除
了大领主和王室官员以外,还包括每个郡的两名骑士和每个城市的两个市民。
骑士和市民以前也参与过大会,但机会很少,而且叫他们来总是为了一些特殊的
目的,而从未让他们参与议政。蒙特福特把骑士和市民召进来,主要的动机可能
是为了获得更多的支持。这项革新至少在一开始不是成规。在后面几代人的时
间里,骑士和市民还是只在很少数情况下才被召去参加会议。整个13世纪和之后
的一段时间,议会成员主要还是大领主、王室法官和行政官员,当然还有国王自己。

　　1272年,爱德华继承父位,当上国王。他经常召开议会,并费尽心思地试验
议会到底该由哪些人员组成。和蒙特福特一样,他有时候也让骑士和市民参加,
特别是在他在任的晚期。在爱德华一世整个长久的统治期间,议会的成员组成
和力量一直是不固定的。但是,在一个方面,这些会议实实在在地参与到爱德华
统治时期的一项政治革新里。爱德华政府以前所未有的规模开始立法,也就是
用法律来统治。这是一个重要的转变。一直以来,法律就被当成一种惯例,因
此,国王们虽然会偶尔解释、澄清一些法律条文,但极少订立新法。当然,澄清旧
法律和订立新法的区别仅在一线之间,爱德华之前的许多国王虽然在理论上不
是立法者,但在实际上已经是了。然而,爱德华统治期间的立法行为是公开、直
接的,大量由王室制定的法律出现了,把英国现存的法律更细节化、系统化。议
会也参与了这种变化,因为制定新法是一件严肃的事情,正如爱德华的议会成员
所说,需要得到"全国人民"的支持。

　　尽管如此,在爱德华统治期间,议会主要还是一种实现国王意愿、协助他治
理国家的工具而已。爱德华一世有众多官员和大多数持支持态度的贵族作为后
盾,在会议上是控制全局的人物。他把议会当作是实现王室政策的工具,用它来
加强君权而不是限制君权。如果他知道未来有一天国王会成为名义上的首脑,
议会注定要统治英国,那他肯定会惊愕不已。

　　爱德华一世之下的四个王室管理机构是文秘署(Chancery)、财务署、咨议会
和内廷(household)。文秘署和财务署在当时已常设在伦敦边上的威斯敏斯特;
这两个部门不跟随国王四处巡游。文秘署实际上是王室文秘工作办公室,其负
责官员是御前大臣,他掌管着签署王室文件的国玺。财务署由王室派遣的财务
大臣负责,是国王的财务核算代理人。到1300年时,它监管着许多负责收取王
室收入的地方政府官员。1300年时,王室的收入也因为爱德华一世对犹太人的
严苛政策而增加了不少。爱德华想了许多办法向英国的犹太人征收赋税,在
1290年把他们驱逐出境,没收了他们所有的货物和财产,据为己有。

咨议会和内廷跟文秘署及财务署不同，它们必须跟随国王进行没有止境的巡游。咨议会由一群终身任职的王室法官、行政官、权贵和高级教士组成，在日常事务方面给国王提出一些建议。贵族们试图用《牛津条例》来从国王那里夺取对咨议会的控制权，但是在爱德华统治时期，咨议会被牢牢地掌握在王室权威手中。内廷在跟随国王迁移的过程中渐渐发展成一个小型的王室管理机构，有着自己的文书员，由掌管王玺①的大臣监督。内廷自己的财政部门被称为"保管库"（wardrobe）。通过自己内廷的管理，国王就可以在巡游中处理政务，而不必凡事都通过威斯敏斯特来处理。

在爱德华的治理之下，王室的司法制度也渐渐稳固下来。具有重要意义的案件被带到国王面前，他坐在议会或咨议会之中，亲自审理。一般的案件则由国王的巡回法官或位于威斯敏斯特的几个王室法庭来审理。王室法庭的官员都是训练有素的专业人士；他们都是律师，另外，财务法庭则配备经验丰富的会计师。

爱德华在疆域方面的野心导致他在威尔士、苏格兰和法国掀起战争。他在威尔士前线大获成功，征服了整个威尔士，从而结束了几百年来英格兰—威尔士边境的动乱。接着，他册封长子为"威尔士亲王"。从此，英国的男性嗣君都受封为威尔士亲王。爱德华也几乎征服了整个苏格兰，但是在英勇善战的苏格兰国王罗伯特一世·布鲁斯（Robert I "the Bruce"，1306—1329 年在位）的抵抗之下，未能成功。爱德华和法国国王腓力四世（Philip IV，1285—1314 年在位）的战争耗资巨大，不分胜负，但终于还是保住了加斯科涅。终于，爱德华的战争耗空了国库，引起贵族和大众的反对。幸好他及时收手妥协，重新公布《大宪章》，保证每一次额外的税收都会先征得议会的同意。

1307 年，爱德华去世时，留下了一个被战争拖累得疲惫不堪，却在他自己牢牢掌控之中的英国。他完成了先辈们构建一个高效而严密的国家行政系统的任务，把地方司法收归王室控制，建起一套完备的习惯法。更重要的是，他充实了成文法概念，培养了发展中的议会机构，并发现王权力量可以通过议政和协商得到加强。由此，他在英国培植了一些力量，不仅对英国的未来产生至关重要的影响，而且今天的政治体制在一些方面都可以追溯到过去的英国，同样也离不开爱德华一世的卓越贡献。爱德华统治下的英国虽然在精神上仍是一个封建国家，但是已经形成一种拥有强势王权的封建主义，国王在强有力的政府的支持下，稳居中央。

---

① 王玺［privy (private) seal］，是属于国王的私人印章，而上文中的国玺（great seal）是象征王权的官方印章。——译者注

法国：君权的胜利

诺曼底的威廉在1066年征服英国之后,他的领主——法国国王——只是不稳定地控制着巴黎周围的一小块被称作"法兰西岛"的地方。在法兰西岛之外,他几乎没什么权力(见地图10.2)。虽然法国君主号称对许多势力强大的诸

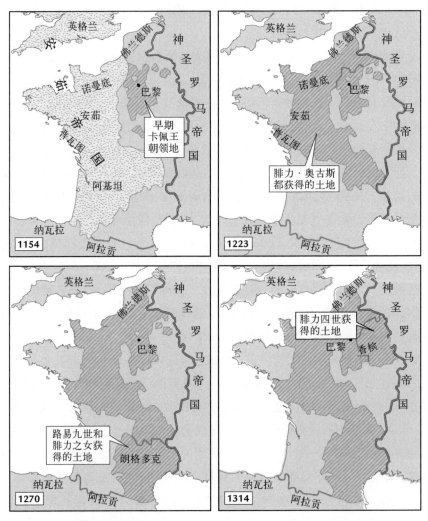

259   **地图10.2 法国君权的扩张,约1150—1300**

1154年,在我们今天称为"法国"的土地上,英王亨利二世控制的地方比卡佩王朝还要大。卡佩王朝只统治着巴黎周围被称为"法兰西岛"的地方。1214年的布汶战役之后,安茹帝国崩溃了,卡佩王朝就渐渐扩张了自己的领土,虽然缓慢,但步履坚定。

侯——比如诺曼底和阿基坦公爵以及安茹、佛兰德斯和香槟等地的伯爵——也享有宗主权,但获得实质性的权力和威信、真正实现所宣称的一切却是一个缓慢而渐进的过程。卡佩家族虽然起步的时候很不起眼,却慢慢地在欧洲发展出西方基督教世界最强大的王室,其背后的行政系统的处事效率和复杂程度并不亚于英国(见年表 10.4)。

卡佩王朝早期国王

卡佩王朝的第一个国王是于格·卡佩(Hugh Capet,987—996 年在位),他是通过西法兰克的权贵选举而登上王位的。但是,他和他的继任者们很快就想要拥有世袭的君权了。他们用惊人的、创纪录的生育能力完成了这一目标——他们连续 11 代生出合法继承人,横跨 341 年。卡佩王朝之稳定,另一原因是他们在老国王去世之前就立好新王,并且新王的弟弟们通常都支持自己的兄长而不是起来反叛他。

年表 10.4　法国,1000—1300

260

安达卢斯的分裂(约1000—1031)
天主教与东正教的分裂(1054)
第一次十字军东征(1096—1099)
君士坦丁堡被攻陷(1204)
《大宪章》(1215)
第四次拉特兰宗教大会(1215)
神圣罗马帝国皇位空缺时期(1254—1273)

1000 —— 1300

卡佩王朝早期
"胖子"路易六世 1108—1137
路易七世 1137—1180
(英国国王的)安茹帝国
腓力二世·奥古斯都 1180—1223
路易八世 1223—1226
路易九世(圣路易) 1226—1270
腓力三世 1270—1285
"美男子"腓力四世 至1314

王室领地的巩固
用执行官制度加强王权
王室司法权的扩张
与教皇卜尼法斯八世的斗争;第一次三级会议

1200 巴黎人口达到5万
1300 巴黎人口达到20万

然而在 12 世纪早期,卡佩王朝的势力仍然不比几个王室封臣更强大。在诺曼底、安茹等公国渐渐形成中央集权的时候,法兰西岛——这个富有的粮食生产区、对卡佩王朝有着深刻的潜在价值的地方——却仍然满是不愿服从的权贵们。如果卡佩家族想发挥出自己那王族称号所拥有的潜力，就必须先完成三个任务：① 治理好法兰西岛，让局势平稳下来；② 把更多的地方收归王室直接控制以扩展政治和经济的基础；③ 实现他们对几个封建公国的控制。在接下去的 200 年里，卡佩王朝非常好地完成了这些目标，到公元 1300 年时，他们已经用直接或非直接的方式统治了法国的绝大部分地方，而且他们的统治是通过高效且复杂的行政系统实施的。

卡佩王朝时运不错，处世有道，又有一连串的男性继承人；他们很好地利用了自己作为国王和封建主的权力，避免家庭纷争，和教皇一直保持良好的关系，就这样实现了他们的目标。他们很少做超过自己能力的事情，喜欢逐渐扩张自己的权力，用的是联姻、收回没有继承人的封臣在死后留下的土地、剥夺违反封建义务的封臣的财产等方式。不过，大多数卡佩王朝的国王们没有蛇吞象那样的胃口，无意把所有封臣的采邑都收为己有；相反，他们希望建起一个拥有足够王室领地的国家，在王室领地周围都是忠诚、服帖的权贵们的采邑。

261 王室领地的稳固

腓力一世(1060—1108 年在位)是第一个意识到他的王朝必须先稳固法兰西岛这个王室基地的国王。他的政策由他的儿子路易六世继续执行。路易六世绰号"胖子"(Louis VI, "the Fat", 1108—1137 年在位)，是个胃口巨大、平凡庸碌的人，幸亏他有一个聪颖的妻子——莫里恩的阿德莱德(Adelaide of Murienne, 卒于 1154)。在王后阿德莱德的鼓舞下，"胖子"路易年复一年地攻打持有异见的贵族，直到找不到可以承载他那日渐增长的体重的战马才歇手。不过这不要紧，在那个时候，他已经有叙热(Abbot Suger, 1098—1151)的无价协助了。叙热是巴黎附近一座庞大的王室修道院——圣丹尼修道院的院长。这位才华横溢的政治家通过辛勤的工作，有效地扩张了国王的权力，系统化了王室的行政系统。圣丹尼修道院在两方面——作为修道院提供的实际支持和作为守护神提供的精神支持——都大大增加了卡佩王室的威望。而国王的支持又反过来增加了圣丹尼修道院的财富和威望。1137 年"胖子"路易去世时，法兰西岛已经井然有序、欣欣向荣，法国君权也比先前的加洛林王朝更强大了。

直到 1151 年去世为止，叙热一直继续支持着"胖子"路易的儿子路易七世(Louis VII, 1137—1180 年在位)，做他的顾问。路易七世虔诚而温雅，用一个同时代的观察家的话说，是个"非常笃信基督教的国王，不过头脑有些简单"。在 12 世纪 50 年代，路易七世面对着一种新的、强大的威胁：亨利·金雀花——安茹伯爵、诺曼公爵、1152 年起阿基坦女公爵埃莉诺的丈夫、1154 年起英国国王——建立了安茹帝国。更糟糕的是，路易七世是阿基坦的埃莉诺的第一任丈夫，而 1152 年他们的婚姻刚一终止，她就迫不及待地和未来的亨利二世成婚，也将她继承的阿基坦领地送入了他的王国。路易七世想让这位强大的封臣下不了台，就鼓动他的儿子们背叛他，但是他三心二意，最后也没有成功。

即便如此，路易七世的统治见证了王权的显著增长。一方面，富饶的法兰西岛现在归于平静，就能够往国库里补充更多的收入；另一方面，越来越多的人，无论高低贵贱，都向平易近人的国王寻求救助和公正。法国的大封臣们，一方面害怕亨利二世的安茹帝国，一方面尊重虔诚、公正的路易七世，终于开始把他们的争端拿到王室去解决。教会人士在与贵族的斗争过程中也寻求国王的帮助，城市居民同样如此。和平渐渐漫开，社会更为有序，商业开始发展，法兰西岛正在慢慢地成为法国真正的中心。

腓力二世·奥古斯都(1180—1223 年在位)和王权的扩张

法国的君主制在路易七世富有才华的儿子腓力二世·奥古斯都的统治下真正成熟了。腓力二世是个足智多谋的机会主义者，他扩张了王室领地，加紧了对法国的公爵和伯爵们的控制。

腓力二世的一大成就是摧毁了安茹帝国。此举既削弱了英国王室（因为失去了大片土地），又加强了法国的权势（把英国失去的土地变为卡佩王室的领地）。在 20 年里，腓力设计打压亨利二世和"狮心王"理查，不过，直到约翰上任之后，他的努力才显出成果。1203—1204 年，腓力二世行动起来，反对诺曼底；由于英王约翰不受拥戴，死气沉沉，结果让腓力几乎没花什么力气就得到了觊觎已久的诺曼底。10 年后，即 1214 年，腓力在布汶对约翰的日耳曼和佛兰德斯联盟取得了决定性的胜利，彻底粉碎了约翰夺回失地的最后一线希望。布汶战役解决了诺曼底和安茹的问题，同时也成为中世纪中期欧洲君主权力平衡的转折点。从此，卡佩王朝把摇摇欲坠的神圣罗马帝国和大大缩小的英国置于自己的阴影之下。法国成了 13 世纪的大国。

262

法 国 国 王

于格·卡佩(Hugh Capet)，987—996 年在位

"虔诚者"罗贝尔二世(Robert II, the Pious),996—1031年在位

亨利一世(Henry I),1031—1060年在位

腓力一世(Philip I),1060—1108年在位

"胖子"路易六世(Louis VI, the Fat),1108—1137年在位

路易七世(Louis VII),1137—1180年在位

腓力二世·奥古斯都(Philip II, Augustus),1180—1223年在位

路易八世(Louis VIII),1223—1226年在位

路易九世(Louis IX),1226—1270年在位

腓力三世(Philip III),1270—1285年在位

"美男子"腓力四世(Philip IV, the Fair),1285—1314年在位

路易十世(Louis X),1314—1316年在位

腓力五世(Philip V),1316—1322年在位

查理四世(Charles IV),1322—1328年在位

　　腓力二世治理得当、战事顺利,由此扩张了自己的力量。他把法国封建宫廷最高机构——御前会议——当作一个用来实现自己意志的高效率的工具。在地方统治方面,他依靠的不是贵族,而是付薪的官员,称作"执行官"(*baillis*,即bailiffs)。执行官的职能包括财政、司法、军事、行政等各个方面,他们由国王任命,因此对王室都忠心不二。整个13世纪,执行官们鞠躬尽瘁、一丝不苟地侵蚀着贵族的特权,扩张着君权。由于执行官在他们管辖的地区通常无亲无故,因此和英国的同类官员比起来,对王室更为忠诚。英国的郡长和骑士们出身贵族,通常一心分成两半用,一半忠于国王,一半忠于地方。执行官则忠心耿耿、行事迅速,一时成为王室专权的有力工具。

　　腓力二世也将巴黎转变成法国王室所在的真正的首都。巴黎早就是法国最大的城市。在腓力统治期间,其人口增加了一倍,达到5万人。腓力把他的政府永久地驻守在巴黎,在塞纳河中的西堤岛(*Ile de la Cité*)西侧的王宫里统治着国家。西堤岛也是巴黎圣母院所在地;巴黎圣母院当时已经快要完工了。腓力在城市周围建起坚固的围墙,在城里铺设了主要道路,还在向西流向诺曼底的塞纳河边的城墙外建了一座城堡,也就是卢浮宫(几个世纪以来,卢浮宫一直是王室宫殿;今天,它是全世界最伟大的博物馆之一,腓力造起的城墙在其地下展区

仍然看得到)。巴黎在腓力二世统治之下繁荣起来，在腓力之后的统治者手下也继续欣欣向荣。到公元 1300 年时，巴黎的人口又翻了两倍，达到了 20 万，大概在当时是欧洲最大的城市了，甚至超过了米兰、威尼斯、那不勒斯和其他强大的意大利城邦。

在生命的最后时刻，腓力很好地利用了又一次扩张领土的机会。1208 年，英诺森下令发动剿清法国南部清洁派教徒的十字军运动时，腓力二世确保自己的继承人路易积极地参与其中。1223 年，路易八世(Louis VIII，1223—1226 年在位)继承父位之后，用尽一国之君的资源打压清洁派，把卡佩王朝的权威向南扩展到地中海。

路易八世继承了一片广阔的土地，并将它拓展得更大。他把这些来之不易的王室领地的大约三分之一作为封地分给了地位较低的家族成员。这听起来也许很奇怪。这些从王室领地里挖出来的家族封地被称为**"封禄"**(apanage)。封禄的产生说明卡佩王朝权力的增长不能单纯地视作王室领地的线性增长。卡佩王朝认识到满足小儿子们是一件很重要的事，因此，他们毫不吝惜地赐给他们一个郡县或一个公国。事实上，12—13 世纪的法国，通信和交通条件都极为有限，在这样的条件下，任何国王都不可能直接控制这么大一片国土。至少在当时，这些由亲缘关系牢牢控制着的富有的次要家庭分支加强了卡佩王朝的力量，而没有削弱它。执行官们努力而高效地在整个国家内为国王争取利益，起的也是类似的作用。

路易九世(1226—1270 年在位)和王室的神圣性

1226 年，路易八世过早地去世了。王权流入他为人虔敬、处事能干的遗孀卡斯提尔的布兰奇(Blanche of Castile，1188—1252)手中。布兰奇为他们年幼的儿子路易九世摄政。路易九世后被封为圣路易。后面的"人物传略"里谈到，布兰奇在路易九世年幼时平息了几次叛乱，在 1234 年路易成人之后仍然在他的政府里发挥着巨大的能力，起着主导作用。布兰奇是个非常虔诚而意志顽强的女性，而路易(见图 10.4)从她那里继承了神圣的精神和坚定的意志。路易九世决心公正治国，推行严正的道德观念，他希望在国内缔造和平，与此同时则竭尽全力讨伐伊斯兰世界。

在国内，路易监督着经济的繁荣和文化的发展。在商业发达的城市里，新建的教堂反映出城市的财富、虔诚和新的哥特建筑风格。路易自己在巴黎王宫内，为保存耶稣的荆棘冠而建造的小礼拜堂——圣礼拜堂(La Sainte Chapelle)，至今

图 10.4　圣路易

路易九世的虔诚大大增强了法国
王朝的声誉。这幅图所描绘的是
他骑上战马,准备作战的情景。

仍具备着令人称奇的美感。这几十年里,巴黎大学作为欧洲首屈一指的学术中
心地位,也比先前更明确了。当时最聪明的几个头脑——圣波拿文都拉(1221—
1274)、大阿尔伯图斯(约 1200—1280)、托马斯·阿奎那(约 1225—1274)——都
在巴黎学习、任教。

　　在宗教战争方面,路易是个失败者。他把这解释为上天对他的罪孽的惩罚。
1254 年兵败归来之后,直到 1270 年去世为止,他一直努力把国家建设成一个理
想的基督教国家,以弥补在国外的失败。他让王室法庭打开大门,自由讨论任何

264

人物传略

王后卡斯提尔的布兰奇(1188—1252)

　　卡斯提尔的布兰奇是卡斯提尔国王和王后的孩子,但命运却将她带到
法国。12 岁时,与法国王位继承人、法王腓力二世 13 岁的儿子路易成婚。
这次婚姻相当于签订了英法和平条约,其中布兰奇因其母亲的关系,是英王

的外甥女。他们可能没有立刻圆房，布兰奇直到 5 年后才第一次怀孕。于是她开始执行王室妻子的首要任务：为丈夫生下足够多的孩子以延续香火。她共生育了 12 个孩子，其中有 8 个活过了幼年期。

腓力二世于 1223 年去世之后，路易只统治了三年时间，就在打击法国南部清洁派的战争中意外死亡。而继任国王路易九世——未来的圣路易——只有 12 岁；因此，统治国家的任务就落到了布兰奇头上。当时她 38 岁；到那时为止，她的主要精力——就我们所知——也都只投在相夫教子和宗教信仰上。

在接踵而至的混乱中，王后布兰奇的英明统治拯救了卡佩王朝。反叛的贵族发觉了年幼国王和摄政王后的弱势，重新强调他们的自治传统。而英王亨利三世急于重获安茹在法国的利益，也在背后支持。布兰奇以其机智果敢的领导击败了对手。她以子之名，参与谈判、率领军队、围攻城堡，让贵族们臣服。

有些受挫的贵族转而冷嘲热讽、恶语毁谤。他们说，布兰奇不是正派的女人，不应该率领军队，不应该统治国家。他们对她各种指指点点，指责布兰奇太高傲，太铺张，而且和一个教皇使节有暧昧关系，甚至说他们俩共同谋害了她的亡夫。他们怂恿在巴黎街头高唱讽刺布兰奇的歌，把她刻画成当时流行的寓言故事《列那狐传奇》里的一头名叫"天降神母"（Dame Hersent）的母狼。

就像战胜图谋她儿子的那些军队和计谋一样，布兰奇机智地挺过了这些非难。她的政策平息了异见，恢复了卡佩王朝的权威。1234 年年轻的国王结婚后，依旧需要依靠母亲明智的建议。他也继承了她深切的虔诚。路易本人身体虚弱；布兰奇虽然有很多孩子早夭，但是据说，她曾说过宁可长子死去，也不愿他犯下什么罪过。因为死亡会带他上天堂，而犯下罪孽且不忏悔，却注定会招致永久的诅咒。

到 1244 年，母子间的合作已经有近 20 年了。但此时，双方出现激烈的分歧。身染恶疾的路易仍然发誓要发动一次十字军东征，意志坚定。而布兰奇坚决反对。路易其实应该听从母亲的建议，因为这次宗教战争耗费了他大量的财富，一时还夺去了他的自由。在他外出远征时，布兰奇再次忠诚地履行摄政的职责，尽管她的健康每况愈下并且认为儿子此举太过冒险。

> 她还和教会谈判征收特殊的税款以支持战争;她吞并了图卢兹郡;她在艾格莫特(Aigues-Mortes)建起一座新港口(这个港口现在依然存在,高墙之后便是地中海沿岸最迷人的中世纪遗址);她继续由儿子开始的行政改革;她也维持了和平。
>
> 布兰奇死时,取笑她是"天降神母"的歌曲在巴黎街头已经久未听闻。她的成就消灭了闲言碎语和讽刺家,带来了广泛的称赞和荣誉。一位同时代的作家用他认为最高的评价论道,王后布兰奇和男人统治得一样好。

265 事情;他尽力保证满是法学家的王室法庭是公正而富于同情心的。他甚至想要限制自己的王室官员的权力,建立起一套王室巡回视察制度——巡回视察官(enquêteurs)前往地方了解民众疾苦,纠正其他官吏的错误行径。路易以前所未有的规模从事慈善事业。他创办了新的高质量货币铸造业,为法国的商业发展带来很大的好处。他也为整个西方基督教世界的和平尽心尽力,为英国国王亨利三世和阿拉贡国王解决了由来已久的纷争。他在基督徒心中以和平大使的身份备受敬重,甚至被选为亨利三世和他的贵族们之间的调解人(当路易坚定地站在亨利三世一边时,贵族们无比懊恼)。

然而,对于某一群人来说,路易九世不是什么和平使者。和许多十字军战士一样,他把犹太人视作敌人。他下了一次巨大的努力,想让犹太人的子孙们皈依基督教。他对犹太人的不容忍来自他狂热的基督教信仰。后来他还出于财政原因推行了一些政策。1306年,他的孙子腓力四世(1285—1314年在位)逮捕了国内所有的犹太人,并夺去他们的财产和账目,把他们逐出法国。和早些年前英国的爱德华一世所做的一样,腓力四世想通过迫害、驱逐犹太国民来加强王权。从这个方面说,路易九世的宗教不宽容性和中世纪中期君权扩张过程中的财政需求是相吻合的。

路易九世于1270年在最后一次十字军东征时死于突尼斯(Tunisia),依然望不到胜利。到那时,他在国内推行的各种政策已经为他赢得了基督教臣民的心。一位同时代人写道,他"像一个教士一样行使着王权"。他的神圣性与腓力二世在疆域扩张和行政上的进步相比,对加强君权所起的作用,即使不那么具体,在重要性上也毫不逊色。路易九世在1297年被封为圣路易,他个人的神圣性成了王朝的神圣性。于是,卡佩家族所有的成员都分享了他们的这位圣人前

266

辈所具备的可畏的圣洁。

"美男子"腓力四世(1285—1314 年在位)和上升中的法国

圣路易因为控制住他那些野心勃勃的官员而备受敬爱，但他的儿子腓力三世(1270—1285 年在位)和孙子"美男子"腓力四世(Philip IV "the Fair")面对王室官僚机构的增长却什么都没做。"美男子"腓力是个沉默而神秘的人。他很少说话，总是倾听。他的一位主教如此评论道："他不是一个人，他也不是野兽，他是一尊雕像。"不过，腓力的虔诚是发自内心的，在 1305 年他的妻子去世之后更是如此。他也丝毫不缺少睿智。他的周围聚集着忠诚而贤能的大臣。

腓力和他的大臣们捍卫王权至上的观念，教权、贵族和邻国都因此付出了代价。我们在第七章已经看到，为了削弱教权，腓力成功地发起一场运动，让法国教会独立出来。他的手下还在阿纳尼短暂地拘禁了傲气十足的教皇卜尼法斯八世。为了削弱贵族，腓力追捧一种君权至上的政策，命令所有的法国臣民必须效忠并服从他，不管有没有公爵或者伯爵要求他们的忠诚。为了削弱邻国势力，腓力对英国国王爱德华一世发动了一场莫名其妙的战争，以争夺加斯科涅的统治权。他试图吞并佛兰德斯，结果贵族和城市居民奋起反抗，喋血无数，于 1302 年在库特莱(Courtrai)击退他的军队。他在东方更为成功一些，一点一点地侵蚀着风雨飘摇的神圣罗马帝国。

在"美男子"腓力的领导之下，王室官僚机构是用来实现王室利益的一个精良而顺从的工具。中等阶级官员具有顽固的王权至上观念，因此就给了腓力一定的空间，使他从贵族的团团包围中独立出来。他的同时代人，英国的爱德华一世可没有经历过这种状态。王室的收入由一个叫作"审计院"(*chambre des comptes*)的特别会计机构掌握，该机构和英国的财务署差不多。国王的司法事业由一个高级法庭负责，也就是巴黎的**"最高法院"**(Parlement)。这是一个专门的司法法院，而不是像同名的英国机构议会(parliament)那样的参议集会；但是在后面几个世纪里，最高法院起到了非常重要的作用。

即便如此，若没有臣民的支持，特别是经济方面的支持，腓力也无法统治一个国家。他在王室是否应该向教士征税这件事上战胜教皇，他把圣殿骑士团(参见第九章)的大量财产全部充公，又用类似的手段攻击犹太人和伦巴底人，由此便将国库填满。但是飞涨的财政支出和军费却迫使他不得不一直寻找新的财政收入来源，另外也不得不和英国一样为过多的税收寻求支持。和英国议会的做法不一样的是，腓力没有用召开全国大会的方式来得到支持，他通常是和需要付税的几个团体——商谈——例如，他先和教士阶层商量，让他们交一种税；再和城市居民商量，让他们交另一种税。

不过，正是在"美男子"腓力的统治之下，法国的第一次代表大会——三级会议（Estates General）——召开了。三级会议的与会人员包括来自三个社会级别的代表：教士、贵族和市民。这三个级别和中世纪社会学理论里提出的"三等级"相对应。但有一个重要的变化，"三等级"——"祈祷的人""战斗的人""劳作的人"——中的农民（也就是劳作的人）被换成城市居民。在约公元 1000 年社会三阶层说刚提出时，城市居民人数很少，他们要么被当作"劳作的人"的一部分，要么就被完全忽略。到"美男子"腓力统治时，城市和城市居民已经成为其王国的重要组成部分。从 1302 年开始，三级会议一次又一次地召开，主要目的是为了在多事之秋给王室以正式的支持，比如在和教皇卜尼法斯八世斗争的时候，或者在处理圣殿骑士团的时候。但是三级会议在王室税收方面没有自己的声音，因此，也从来没能处在可以和"美男子"腓力及他的继任者讨价还价的位置。尽管三级会议在接下去的几个世纪里时不时会召开，但它从来没有像英国的议会一样，真正成为政府的一个内在机体。

公元 1300 年，"美男子"腓力统治着西方基督教世界最强大的国家。因此，把教皇卜尼法斯八世拉下马的是他——而不是虚弱的神圣罗马帝国皇帝或腓力的对手英国国王爱德华一世——也不是偶然事件。有王室官僚、武装部队和家族的神圣性作保证，他统治着一个广阔而富饶的国家。不过，这个国家面积太大，被分割成太多有一定凝聚力的公国，由王室统治的时间太短，因此其臣民还没能拥有一种属于一个民族的意识。他们由位于巴黎的王室牢牢地统治着，但是他们的面貌仍具有当地特色。

伊比利亚：一些中央集权

综上所述，在中世纪中期的整个过程中，英国和法国的国王加强了对他们幅员广阔的国家的控制。为了治理这广阔的土地，他们发展出复杂的王室行政系统，财政、行政、法律事务都有专门的、高效的机构来处理。两个国王都加强了对贵族司法和教会司法的控制，尽管在此后几个世纪里，他们都和国境内的其他人（特别是贵族、主教和有特许令的城市）分享着一些基本特权——征税、惩戒罪犯、裁定民间争端。两个国家都发展出由被统治者来限制王权的制度，在英国是议会，在法国是三级会议。这些发展趋势在英国和法国特别明显，但这两个国家不是仅有的出现这些趋势的国家。伊比利亚的君主们也在通过行政、司法和会议巩固自己的统治。

在伊比利亚，卡斯提尔、阿拉贡和葡萄牙的国王们就试图通过一些途径加强他们的力量，包括国土征服，发布法令、条文和特许令，把领袖人物召集起来，让他们[在议会（cortes，即西班牙或葡萄牙的**议会**）上]参政，控制独立的贵族和富有的市民。这些国王面临一些伊比利亚特有的境况，尤其是半岛南部的伊斯兰国家格拉纳达。每个国王也面临着自己国家的一些特殊情况。相对来说，葡萄牙要和谐一些，而卡斯提尔——用国王阿尔方索十世（King Alfonso X，1252—1284 年在位）的话来说——是个有三种宗教的国家；阿拉贡国王长久以来一直把国土分给几个儿子，而不是只传给其中一个；另外，卡斯提尔国王对议会控制得很严，但在阿拉贡情况则差不多相反。然而，伊比利亚的三个基督教君主用来巩固权力的途径和英国及法国国王的也差不多，都是行政、司法和疆域方面的策略。相比之下，他们不太成功，在某些方面渐渐变强，但还是被强大的贵族和城市限制得厉害。

北欧和东欧国家

268

欧洲北部和东部的国王们通过司法或其他途径来加强王权的努力就不那么成功了。在斯堪的纳维亚半岛上的几个国家和波兰，在中世纪中期的几个世纪几乎没有带来王权的巩固，反而发生了许多政治上的混乱。基辅也一样，弗拉基米尔一世（Vladimir I，980—1015 年在位）一手建起的国家在 12 世纪的王朝斗争中崩溃了；接下来，他的许多后人便各自守着一个个小公国，互相之间无休止地征战着。

13 世纪中叶，蒙古人的侵略让事情变得更糟了。在成吉思汗（Genghis Khan，约 1162—1227）的率领下，蒙古战马从中亚细亚草原开始向各个方向扫荡，歼灭整支整支的敌军，经常整城整城地屠杀居民。他们向东扩张到朝鲜和中国北部；向西，他们了结了阿拔斯哈里发的命，占领了俄罗斯诸国，甚至吞并了匈牙利和波兰。接着，在 13 世纪中叶，蒙古人开始从其西部前线撤退。他们离开了匈牙利和波兰，把中东地区还给早就成为巴格达事实上的统治者的塞尔柱苏丹；只有俄罗斯还被握在他们的手心里。俄罗斯国家成为"金帐汗国"（Golden Horde）的一部分。"金帐汗国"就是一组被蒙古人征服的国家，它们被迫服从于可汗，并要向他进贡。诺夫哥罗德的一位亲王亚历山大·涅夫斯基（Alexander

Nevsky,约 1220—1263)与蒙古人称和,每年向他们进贡,换来了"大亲王"的称号。实际上,他的力量并不在于法律、行政或者议会,而在于他老实地臣服于蒙古人。但是我们会在第十三章看到,即便是在俄罗斯,15 世纪时仍然出现了一个强大的君主。

结语

公元 1300 年时,中世纪欧洲的几个较大的国家已经走上三条不同的路。神圣罗马帝国沦为政教之争和地方分权主义的牺牲品;英国发展出一个强大的行政体系、一套习惯法和与议会合作的传统;法国君主一方面有忠诚的官员辅佐,一方面被圣路易的事迹神圣化,势力强大,而且不被三级会议所左右。至于教权(我们完全有理由把它当作当时的第四个"较大的君主国"),卜尼法斯八世把 1300 年定为大赦年,他既享受了教会力量的鼎盛期,也经历了权力的危险。在卜尼法斯死后没多久,人们就说,他像狮子一样登上宝座,像狐狸一样统治教会,像狗一样死去。

第十一章
文学、艺术和思想，约 1000—1300

引言

中世纪中期发生在经济、宗教和政治上的种种变化，也伴随着学术方面的重要发展。随着新式大学在全欧洲遍地开花，法律和医学成为严肃学科；科学（中世纪学者们称之为"自然哲学"，即自然之学）也有了稳步发展；以托马斯·阿奎那为代表的经院哲学家雄心勃勃地做出细致的论证工作，旨在调和存在于人的理性与宗教信仰之间的矛盾。

艺术家们也和知识分子们一样充满自信和创意。文学，见证了战争史诗的繁荣昌盛、抒情诗的复兴、**传奇文学**（romance）的诞生，以及充满想象力的**市民文学**（fabliaux）和**寓言故事**（fables）的巨大成就。戏剧从赫罗斯维塔（Hroswitha，约935—1003）使用的古典型出发，发展出两种相当重要的中世纪形式：其一是**神迹剧**（mystery plays），主题囊括从创世纪到末日审判的全部基督教传说；其二是音乐剧，由 12 世纪伟大的博学者、宾根的圣希尔德加德（St. Hildegard of Bingen，1098—1179）首创。在音乐方面，音符的发明是音乐发展史上的一次飞跃；而在12—13 世纪的巴黎，第一部复调作品诞生（所谓复调音乐，就是指包含两个或两个以上相关声部的音乐），也从根本上推动了音乐的发展。建筑也经历了类似的戏剧性变化，过去那种厚重坚实、牢牢植根于大地的罗马风格，逐渐为高高在上、富于精巧细致的哥特风格所取代。随着哥特建筑的出现，一种新的雕塑风格也应运而生，罗马式奇幻巧趣的失真品性消失不见，转而成为与古风不甚相配的理想化自然主义。出现在壁画和书页彩绘中的艺术形象，同样演变成了发人深省的现实主义。

到公元 1300 年，西欧的文化已经与中世纪早期相当不同（年表 11.1）。那个一度充斥着不确定性、神话和恶魔的世界，慢慢地显出清晰的轮廓，成为一个更易为人所感知的世界——一个被上帝创造、被逻辑支撑、被人类理解的世界。公

元1107年,正值世界观转变的初期,温彻斯特大教堂的中央塔楼倒塌了。对某

些人来说,这一事件有着甚为明显的解释:渎神的威廉二世(1087—1100年在位)之墓就在这塔楼下面;但在马姆斯伯里的威廉(William of Malmesbury,约1096—1143)看来,有另一种不同的解释:"这座塔楼的倒塌,可能是因为结构上的问题;威廉二世埋在那里与否,都与此无关。"未来正属于这样的观点。

年表11.1　文化变迁,1000—1300

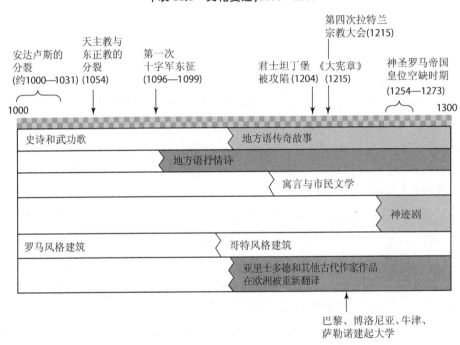

拜占庭和伊斯兰的影响

　　西方的未来还部分地植根于拜占庭和伊斯兰的文明之中。中世纪西方的这些邻居们在公元1000年后不仅在政治上一如既往的强大,而且还是古今知识与艺术的大宝库。

　　在公元1000年到公元1300年间,拜占庭的政治力量有所衰弱,但它的文化仍然继续繁荣着。作为希腊罗马文化传统的继承者,拜占庭人尊崇他们的古典传统,传承艺术,赞美知识。然而,尽管这很感人,甚至有时令人敬畏,但拜占庭文化的创造性,还是因对古老传统的过分投入而受到限制;原因在于,传统就算

不是僵死的，其变化也只能以谨小慎微的方式缓慢进行。拜占庭人更适合担任古老传统的保留者，而非富于创造性的革命家：他们或许会更喜欢诺曼·洛克威尔①，而不是帕布洛·毕加索②。

12 世纪的拜占庭艺术家就像在 6 世纪时那样，创造了丰富而抽象的作品，更多地是想寻求激发人们敬畏之情的东西，而不是去反映现实（见图 3.2 和图 3.3）。在中世纪，商业往来、十字军东征以及各种战利品将东西方更紧密地联系起来，西欧人常常为拜占庭的社会和政治感到困惑，但却毫无保留地欣赏、收集、模仿拜占庭的镶嵌工艺、丝绸、绘画，还有用象牙、宝石、珍珠、黄金装饰的精美艺术品。西欧人也羡慕君士坦丁堡的图书馆和学校中令人神往的学术遗产。君士坦丁堡的罗马法和古希腊研究，一度几乎不为西方所知。从 12 世纪开始，这种拜占庭的知识突然间如闪电一般，一下子出现在中世纪西方的图书馆、教室以及宫廷里。

在 10 世纪晚期，当阿拔斯王朝分崩离析，散落成一系列较小国家之后，伊斯兰的知识和文学却为伊斯兰世界提供了一条与众不同的统一途径——文化统一。在中世纪中期，伊斯兰文化主要通过伊比利亚地区直接影响到欧洲。安达卢斯的文化成就，被两个柏柏尔政权的宗教原教旨主义王朝压制——先是阿尔摩拉维德，再是阿尔摩哈德——这两者在中世纪中期的大部分时间内控制了伊比利亚的穆斯林。但这两个政权最终都被安达卢斯文明的优美典雅深深吸引，而这也再度证明了这个道理：精巧细致必然胜于刻板顽固。

当伊比利亚的伊斯兰文化出现在西方世界面前之时，后者简直是被迷住了。穆斯林的科学家和哲学家最具影响力，因为他们的著作不仅建立在古希腊罗马学者的基础上，而且还参考波斯、印度的学者。有了如此多样性的传统，医学家伊本·西纳（Ibn Sina，980—1037）——中世纪的欧洲人叫他阿维森纳——写出了影响深远的医学著作，以及一本关于人体知识的百科全书巨著；他的作品转译成拉丁文后被中世纪中期的西方学者广泛使用。同样受到高度推崇的，还有伊本·路什德（Ibn Rushd，1126—1198）的著作——西方人叫他阿维罗伊——他将无懈可击的逻辑应用于科学和哲学领域，以对付那些艰深难懂的问题。他那种完全借助推理的研究方法，很是让一些西方学者痴迷，以至于在 13 世纪中期的巴黎大学里，出现了一个盛极一时的拉丁—阿维罗伊学派。在阿拉伯的抒情诗

271

① 诺曼·洛克威尔（Norman Rockwell，1894—1978），美国著名插画作家，其风格保守而怀旧。——译者注
② 帕布洛·毕加索（Pablo Picasso，1881—1973），西班牙著名画家，以极度创新的画风成为 20 世纪非常具有创造力的画家之一。——译者注

歌里,时常有异乎寻常的力量显露出来,这为阿拉伯文学大增光彩;这些诗歌的形式和主题通常都是狩猎、爱情、战争,而这些都可以在中世纪中期的浪漫诗歌中找到痕迹,它们先是出现在法国南部,然后再是其他地方。

在中世纪中期以前,西方世界、拜占庭、伊斯兰三方在文化上的交流就已不鲜见,此时,这种交流比以前更加频繁。在第九章里我们曾回顾了卡斯提尔的基督教王国于 1085 年对托雷多及其图书馆的征服,西西里的诺曼人国王罗杰大帝(1130—1154 年在位)在巴勒莫培养出的生机勃勃而又千姿百态的文明,1204 年第四次十字军东征的将士们在君士坦丁堡的劫掠——他们焚毁了大量图书馆,却也为西方世界打开了那些不曾烧毁的图书馆的大门。穆斯林、犹太人、基督教学者齐心协力,把希腊、阿拉伯,还有希伯来文的作品翻译成拉丁文;通过他们的努力,之前不为西方人所知的大量文本,由此开始在大学里成为研究对象。古希腊哲学与科学的重要遗产——尤其是亚里士多德全集——头一回进入了欧洲学者们的视野。而穆斯林和犹太知识分子的作品也是一样。在 12 世纪晚期到 13 世纪早期,西方学者们凭借在翻译上取得的累累硕果,逐渐从这些新的知识财富中汲取到了营养。

学术的潮流

在中世纪中期,欧洲的城市里到处是老师和学生的声音。我们已经了解教权和皇权影响下教育的迅速发展,因为教皇和国王都需要受过良好教育、精通法律和记录的官员。最初,北方的教会学校和南方的公立学校都在适应学生这种想要掌握纯知识和实用技能的迫切需求。很快地,大学——学生在里面受到文科以及医学、法学、哲学的专业训练——的建设也跟上了步伐。在这种全部由男性组成的、高度智慧的、生气勃勃的环境里,学生们完善了自己的文学技巧。在学业完成之时,一部分人离开,从事教育或管理工作;另一些则留下继续深造。只有在大学里,学生才能进一步学习,而他们也只能在三个领域内更上一层楼:医学、法学和哲学。

医学

意大利半岛南部的萨勒诺大学(University of Salerno)是中世纪欧洲最重要的医科学校。正是在这样一个多元文化融合的繁荣之地,学者们才得以从伊斯兰和拜占庭那里继承医学遗产。总的来说,中世纪医学是一种奇特的混合物,其具体配方就是朴素的迷信、正确的常识，还有审慎的观察。在医学书中，我们会遇见很好的建议，比方说告诉人们要吃喝适度；我们还发现了一些处方——比如推荐某种草本植物作避孕药——这类东西可能会有用，至少会有一点点作用；不过，那时的书本也有这样的记载：洋葱可以治秃头，狗尿可以治好疣，女人在性交时为避免怀孕必须在头上绑根红丝带等。

　　不过，就在这些或好或坏的建议流传之时，人们也的确取得了重大的进步。中世纪的医学生们通过潜心研究，融会贯通了古希腊医师盖伦（129—199）那些涉猎广泛的医学著作；他们还掌握了阿拉伯医学家的著作，尤其是伊本·西纳的研究成果。对这些价值无量的知识体系，欧洲的医学家也有他们自己的贡献；在对诸如植物疗效和人体解剖的研究方面，以宾根的希尔德加德为代表的、富有天赋的医学家们留下了不少记录与分析。说不定，在 12 世纪的萨勒诺还同时进行过动物解剖与人体解剖。尽管这些医生的方法并不成熟，但他们为西欧医学在后世的繁荣昌盛奠定了基础。

罗马法

　　正如我们在第七章里看到的，教会法规从根本上支撑着中世纪中期的教皇至上权力。教会法规在 1140 年被编入格拉提安的《教令集》，它证明罗马教皇的权力是正当的，扩大了教皇的威权，并为教皇法庭配备了训练有素的律师。教会法规的这些发展并不是凭空出现的，而是要归功于对罗马法的研究，这种新的学术规范不仅让教会法规得以成形，而且还推动了许多王国法律的成形。

　　罗马法的原理在意大利半岛从来没有彻底消失过。但直到 11 世纪晚期，经历了一个长期的断层之后，才在博洛尼亚重新兴起了这方面研究，那是关于查士丁尼大帝的《民法大全》的研究工作，而罗马法的原理自此开始主导着法学研究。基督教的法律基于民俗习惯之上，部分来源于野蛮人的法律传统，而这在整个中世纪早期都是极其重要的。复兴的罗马法研究则向西方的基督教世界展示了一个全然不同的法律传统，它更连贯一致，更讲逻辑，也更独裁专制。罗马法传统开始与习惯法相互竞争，使后者更合理化，有时甚至将其完全取代。

　　在罗马法研究领域，博洛尼亚在整个中世纪始终是最重要的研究中心。在那里，被称作**"评注家"**（glossators）的学者写了很多关于《民法大全》的分析评论，解释了难点疑点，调和了其中一些比较明显的矛盾。随后，他们开始写关于《民法大全》的书和论文，用一系列相关论题将其重新组织串联起来。最后，一个庞大的附注体系出现了，那些注释家们又开始对注释（gloss）做注释——对之前

273

用以澄清难点的注解做再解释。到 13 世纪中叶前后，他们的努力终于凝结成一部非常全面的著作——《〈民法大全〉标准注释书》（*Glossa Ordinaria*）——由博洛尼亚学者阿库修斯（Accursius，约 1182—1260）完成。因此，在遵循罗马法原理的法庭上，阿库修斯的《〈民法大全〉标准注释书》就成为《民法大全》的权威注本。

在受罗马法传统复兴影响大的地区，罗马法的一些原理已在当地成为习俗，尤其是在意大利半岛和法国南部。在蒙彼利埃出现了一所伟大的法律学校，另有一些学校则在奥尔良、巴黎、牛津相继出现。到了 13 世纪，罗马法开始对北方产生显著影响。因为在那时，由罗马法传统培养出来的律师和法学家，已经在法国、伊比利亚、日耳曼国家，以及其他一些地方的法院里当上了主角。不论他们的工作地点是在城市、公国，还是王国，他们总想把当地的法律条文用更合逻辑的方式组织起来，使之变成一个体系，以仿效《民法大全》的协和一致。对于那些在此体系下产生的新法律，法学家们也比以前更有信心，因为罗马法比习惯法更适合法律上的革新。很多被聘投身于王室的法学家，运用查士丁尼典籍里那些专制成分，以提升他们的君主的地位。这样，随着罗马法研究遍布全欧，有三大倾向越来越明显：法律成文化、立法合理化，还有统治独裁化。

哲学

中世纪大学不区分哲学研究和神学研究，两者合二为一。这两种身份集于一人之身，因为中世纪中期所有的重要哲学家都在某种程度上是一个神职人员。这些哲学家也许是神职人员，但他们决非胆小怕事的官方教条拥护者。正统的天主教会在 12—13 世纪还是相对灵活的，教会很少扼杀思索或限制争论。一些哲学家在信仰之事中运用理智，试图为基督教建立一套逻辑基础；不过，在如何实施这个理想的问题上，学界还是有着极大的分歧。另有一些人则完全反对这种做法，断言理性难以揭示基督启示之谜。所有这些哲学家都有着共同的信仰，但这并未限制他们彼此间在观点上的分歧，也没有抑制他们在智识方面的冒险精神。

中世纪中期的哲学是从下面六个源头汲取养分的：

（1）**古希腊**。柏拉图很重要，而亚里士多德更甚。起初，西方人只是通过罗马后期的译作评论才了解到这两位古希腊大师。到了 13 世纪，新的完整得多的译作从伊比利亚和西西里进入了西方基督教世界，亚里士多德的哲学也在欧洲的大学里成为研究焦点。对很多中世纪中期的哲学家来说，亚里士多德是如此重要，以至于他们直接将其称作"哲学家"——唯一的哲学家。

（2）**伊斯兰思想**。许多古希腊的科学与哲学著作正是从伊斯兰世界进入欧洲的，一同引入的还有大量的评注，以及阿拉伯哲学家、科学家自己的著作。阿拉伯学者开始理解并掌握古希腊知识的时间，要比欧洲人早出许多。在这些理性主义者的论证中，最了不起的伊本·路什德在欧洲有诸多追随者。

（3）**犹太思想**。犹太学者的著作同样也丰富了中世纪的哲学，其中贡献最为突出的，就是摩西·迈蒙尼德（Moses Maimonides，1135—1204）。在其著作《迷途指津》（*Guide for the Perplexed*）里，他睿智地将亚里士多德与犹太圣经调和到一起，这对 13 世纪基督教哲学家和神学家产生了极其深刻的影响。

（4）**早期基督教神学家**。安布罗斯（约 339—397）、哲罗姆（约 340—420），还有奥古斯丁（354—430）的思想，是整个中世纪早期的三股主导力量，在 12 和 13 世纪仍有很高的威望。圣奥古斯丁有其独特的重要意义，确实，他在中世纪的大学里被看作是柏拉图主义和新柏拉图主义的主要继承人。

（5）**早期中世纪学者**。在中世纪中期的大学里，"大教皇"格里高历（590—604 年在位）、塞维利亚的伊西多尔（560—636）、比德（673—735）、阿尔昆（732—804）、约翰·斯各图·爱留根纳（约 810—877）、奥里亚克的格伯特（约 945—1003）的著作都成为研究对象。相对来说，这些人本身在理性方面的创造性贡献并不是最重要的，他们最重要的贡献在于，他们和他们同时代的人把古典学问保留了下来，等到 11 世纪哲学思考再度觉醒。

（6）**《圣经》**。拉丁文版的《圣经》，作为神启的书面记录，一直是中世纪神学家的基础文本，有着无上的权威。

以上这些，就是今人所称的**经院哲学**（scholasticism）的奠基性要素，而经院哲学，也就是那时的人们用来解决当时各种问题的主要学术途径。与罗马法和教会法的研究过程一样，经院哲学家也寻求一种条理清晰的、分析性的体系。他们试图建立自己的体系来化解权威之间的冲突，用格拉提安的话来说，就是从互不相容的规则里创造出一套和谐一致的体系。他们的方法包括细致的研究，对过去一切权威的尊重，以及逻辑地思考问题。简而言之，经院哲学家试图将一切知识——宗教的、世俗的、过去的、现在的、古典的、基督教的——囊括在一个大全式的体系中。经院哲学家坚信，某些权威虽然看起来是相互矛盾的，但一定能用逻辑的方法加以调和，一定可以证明它们其实是彼此兼容的。

经院哲学家把他们的方法应用在各式各样的问题上。然而他们最关心的还是有关人类存在的基本问题：人类的天性、人生的目的、上帝的存在和属性、人类道德的基础，以及人与神的关系。难以否认，这些都是重要的问题。在我们的时代，许多哲学家倾向于否定这些问题，认为它们不可回答，但经院哲学家并不像现代人那样只会冷嘲热讽，他们决心努力一试。在经院哲学家做出的广泛探究，以及各种各样互相矛盾的观点当中，有两种争论尤其让他们关注：关于信仰与理性之间正确关系的争论，以及关于共相（universals）的争论。

275 信仰与理性的关系

　　所有的中世纪经院哲学家都信仰上帝，而且大多也都致力于用理性思考理解上帝。但在他们眼里有一个远未解决的难题，就是信仰与理性间适度的平衡点究竟在哪里？我们在第一章里已经看到，德尔图良（约 150—225）就曾用这样的方式提出这个问题："雅典和耶路撒冷有什么关系？"——他实际上是在将当时的哲学中心和宗教中心加以对比。他的回答是否定的，在中世纪中期也有一些哲学家同意他的看法。他们认为上帝是超越理性的，任何试图以理性的方式接近上帝的尝试都不可行，而且是真正的渎神行为。彼得·达弥盎（1007—1072）反对用理性的方法通向上帝，而赞成神秘的形式，他坚持认为，神的力量是无穷无尽的，绝不可能被束缚于逻辑中，甚至用逻辑的方法来接近也办不到。后来，有一些神秘主义者成为他这种观点的追随者，其中最著名的有以下几位：宾根的希尔德加德，她更多是通过神启而非学术方法寻找真理；克莱尔沃的伯纳德，他公开谴责同时代的理性主义者彼得·阿伯拉尔；阿西希的方济各，他认为理性思考与救赎毫不相干。

　　相反的观点也有同样古老的源头。德尔图良在公元 3 世纪的对头、亚历山大的克莱门（Clement of Alexandria，150—215）和他的学生俄利根（Origen，182—251）所终身致力的工作，就是要为基督教提供一个坚实有力的哲学基础。之后一个世纪里，安布罗斯、哲罗姆、奥古斯丁又在这样一个问题上犹疑不定：基督徒是否可以从异教传统中吸取营养，从而服务于自己的信仰？三个人最终都得出了肯定的结论。奥古斯丁就曾说：

　　　　如果那些被我们称为哲学家的人——尤其是柏拉图主义者——说出了某些符合我们信仰的真理，那么我们不仅不应该回避，而且还要将其吸收，为我所用。

　　中世纪中期的大多数哲学都是以这种信念为基础的：在服务于信仰的过程

中,理性扮演着重要角色。这种观点最早的支持者之一,就是坎特伯雷大主教安瑟伦(1033—1109),我们在上一章里看到,正是他把授职之争带到了英格兰。安瑟伦教导说,信仰必须置于理性之上,但理性也可以反过来解释信仰。他追随奥古斯丁,宣称:"我相信,所以我明白。"他通过抽象的推理,为上帝的存在作了好几个证明。在他那部具有划时代意义的神学论著《上帝为何化身为人》(*Cur Deus Homo*)里面,他为基督教的道成肉身说,以及有关赎罪的教义做出了严格的逻辑解释。他把对理性的强调应用到对基督的坚定信仰上,为后世奠基。

12 世纪初安瑟伦去世时,哲学家对于貌似有着无限可能性的理性与逻辑痴迷不已。其中最大胆的当数彼得·阿伯拉尔,他是当世最伟大的逻辑学家。在其名著《是与非》(*Sic et Non*)中,他为今天称作"经院方法"的内容建立了基础——所谓经院方法,就是用逻辑手段把互相矛盾的权威观念协调起来。在《是与非》中,阿伯拉尔针对许多不同的神学问题,例如:是否允许说谎,偶然性是否存在,取悦上帝有时算不算罪恶。然后他从大量神学著作中搜集有关这些问题的观点,《圣经》、拉丁教父、教会会议、教皇颁布的法令等都在其列。他收集到的论据证明了这些权威在这些问题上的意见常常并不一致,甚至互相矛盾。阿伯拉尔乐观地断言,逻辑推理可以消除这些表面上的矛盾,可以调和这些互相冲突的权威观念。但他自己不做这些推理,而是让学生们自己去完成。结果,他饱受攻击,特别是来自克莱尔沃的伯纳德的。伯纳德非常敌视理性主义者的思想,以至于把阿伯拉尔的神学称为"基于《圣经》的胡思乱想"。虽然阿伯拉尔是一个很有才华的老师,但他还是被人们不断地从一个地方赶到另一个地方;最后,在1141 年,教会判他有罪。他退隐到克鲁尼,于 1142 年死在那里。

尽管阿伯拉尔的逻辑让他受到伤害,但他的思维方法还是延续了下去。他的学生彼得·隆巴多(Peter Lombard, 1100—1160)写了一部重要的神学著作《神学论集》(*Book of Sentences*),把互相矛盾的意见分成两个模式,"是"与"非",然后在此基础上调和对立的权威观念。格拉提安的《教令集》也为教会法规做了同样的事。到 12 世纪晚期,两者都成为各自领域的标准教科书。

大多数理性主义者还是站在安瑟伦一边,同意他关于理性为信仰服务的观点。信仰是第一位的,但理性可以解释信仰。理性主义者坚持认为,因为真理是唯一的,所以信仰与理性必须和谐统一,绝不可能导致相反的结论。但即便是托马斯·阿奎那——他将理性体系建立在自己坚定的信仰之上——也承认信仰与理性有时会显得不一致;由此推论,问题必定在于对理性的错误运用。理性本身不可能错,但可能被误用,逻辑学家必须时时小心潜在的误用。阿伯拉尔曾经写道:"如果成为亚里士多德那样的人会让我远离基督,那我宁可不做那种人。"

在某些中世纪哲学家那里,信仰与理性的主次关系被颠倒过来了。伊本·路什德的大胆断言本来是为了调和亚里士多德与伊斯兰文化,让信仰与理性殊途同归;而出现于 13 世纪的一群拉丁的阿维罗伊主义者(Latin Averroists),却误解了他的意图。这些会错意的追随者们坚持说,信仰与理性并不是非兼容不可的,研究哲学问题(比如在亚里士多德的著作中提出的那些)也不见得一定要涉及神学或信仰。因此,一方面,拉丁的阿维罗伊主义者把亚里士多德那永恒存在的世界当作逻辑上的必然结果,从理性上加以接受;另一方面,他们也对基督教《创世记》的说法深信不疑。拉丁的阿维罗伊主义者在这个两难问题上做了详细阐述,他们提出,信仰和理性可以导致完全不同的结论,这种现象中没有矛盾,并非如阿奎那他们说的那样,是理性的误用所致。他们的见解被称作双重真理论(twofold truth)。

关于共相的争论

哲学家们也讨论柏拉图学说中"原型"的性质,这在中世纪叫作"共相"。柏拉图指出,一个词,比如"猫",不仅是在描述某只具体的猫,同时也是在描述一个普遍的理念,这种共相在自身中有其实在性。具体的猫只是那种原型的、普遍的猫的不完整的反映。或者比方说,柏拉图讲,某些行为之所以是"好的",是因为它们分享了那个共有的"好"的一部分,不完整的一部分,而那个共有的"好"则是只存在于天堂里的。对柏拉图来说,这些共相("猫""好",还有类似的一些东西)是存在于这个世界上众多猫咪以及众多好的事物之外的,它们与其单薄的、个体的映像(也就是那些具体存在者)比起来,反而更加实在。此外,他还教导说,任何想寻求知识的人,应该要去思考这些共相,而不是去研究这个日常现象,因为在这里只有对共相的不完整的反映。

奥古斯丁接受了柏拉图的原型理论,但他提出,这些原型存在于上帝的心中,而不是柏拉图那个抽象的天堂里。尽管柏拉图认为,人类关于共相的知识是得自生前昏暗的记忆,但奥古斯丁却坚持说,共相是上帝直接给我们的神启。不过,在柏拉图和奥古斯丁之间,是有这样一个共识的,即共相存在于具体世界之外,也更实在。在中世纪中期,那些追随柏拉图—奥古斯丁的思想、追寻共相的人们,被称为"唯实论者":他们相信共相是实在的。

早在 11 世纪,哲学家洛色林(Roscelin,约 1050—1125)就已对上述观点提出了异议,他宣称共相根本就不是什么实在。他说,"猫"和"好"仅仅是词语而已；人们把一些具体的东西聚在一起，将它们归集到某种范畴中，并为这范畴给出名称——词语，仅此而已。这些范畴，或者说共相，无论如何都是没有客观实在性的。实在性不能在那些词语里找到，它只存在于具体对象的多样性和它们的变化当中。追随洛色林的观点的人被称为"唯名论者"（Norminalists）：他们主张，普遍的东西在它们的名字（nomina）之外根本没有什么实在性。唯名论在 12 和 13 世纪的思想界并不太引人注目，但正如我们将看到的那样，它会在 14 世纪再度复兴。

阿奎那和其他一些亚里士多德研究者又发展出了第三种关于共相的观点。他们提出，共相是确定无疑地存在着的，但只能存在于特定的事物或行为当中。根据这种观点，人类的心灵可以通过对具体事物的观察来得知共相。通过研究很多只猫、很多好的行为，人们就能理解共相意义上的"猫"和"好"是什么了。对于阿奎那来说，共相是实在的，却又——相比柏拉图和奥古斯丁的信念来说——不那么实在，或者说不是那么独立的实在。相应地，这些倾向于亚里士多德立场的哲学家被称作"概念论者"（conceptualists）：他们主张共相是作为概念存在的，是重要的，实在的。

现代的学者有时候会对中世纪哲学家提出非难，说他们老是在担心些愚蠢的事，比如去计算有多少个天使能站在一个针尖上跳舞之类的。关于共相的争论也可能被视为类似的脱离实际的典范，但事实并非如此：这些争论有其具体的、实际的意义。唯实论对于理念的强调如果走入极端，很可能会导致对自然界和人自身的贬低，从而否认（如同清洁派异端那样）上帝的创世。唯名论可能更加危险，因为它强调特殊性甚于共相，似乎在暗示：教会组织并不像中世纪的基督徒们所相信的那样，是一个团结在一起的有血有肉的集体，而只是一大堆个体的基督徒而已。概念论则是理想的经院主义观点，因为它把别的各种争论意见都调和在一个综合的体系之下，对特定事物和这些特定事物中提取出来的抽象存在都不排斥。

政治理论

当 12—13 世纪的学者越来越为逻辑的各种可能性欣喜若狂时，其他的人文学科却开始失去生命力。颇有造诣的英国学者、索尔兹伯里的约翰（John of Salisbury，约 1115—1180）是阿伯拉尔的学生，他师承古希腊人，同时也是一名训练有素的逻辑学家；不过，他首先是一个人文主义者，一个古典文学的追随者。他为逻辑学的流行感到非常遗憾。他悲叹道，那个时代的学校培养的大都是些狭隘的逻辑学家,而少有知识广博的学者。

约翰的《论政府原理》(*Policraticus*)在中世纪的政治哲学领域有着举足轻重的地位。他吸收了古典时代和中世纪早期学者的思想,着重强调王权的神圣性,但同时也强调国王的责任和限制。他认为,君权是由神授予的;君主必须保护自己的国民,予以公正,而且有义务保护教会;如果他滥用职权,无视自己的责任,他就失去了自己神圣的权威,不再是一个国王,而是一个暴君;如果这样,他就丧失了自己国民的信任,也不再是一个合法的统治者了。约翰还建议,假如在最极端的情况下,一切挽救措施都失败了,人们可以诛弑暴君。在他看来,一个好的基督子民,应当服从自己的国王,但也应当弑杀暴君。在《论政府原理》一书里,除了有很具独创性的弑君说之外,还反映了 12 世纪普遍的政治观念——君主和政府的权力应当受到限制,他们有责任代表被统治者的利益。这些理论是对当时现实的君主政体的理想化反映,因为当时的君权,就是被贵族、教会,以及古老的习俗制约监督着的。

一个世纪以后,托马斯·阿奎那论证了国家是人类社会善的产物,同时也是自然的产物;而之前大多数基督教思想家都普遍认为,国家必然是恶的存在——因其是亚当和夏娃堕落的结果。阿奎那赞同亚里士多德的信念:人是政治的动物。在他看来,治理得当的国家是神圣秩序的一个环节。如同索尔兹伯里的约翰一样,阿奎那也坚持认为国王必须为国民谋福利,一个任性的、没有节制的、无视上帝道德诫令的统治者绝不是合法的国王,而是一个暴君。正如人体可为罪恶所腐蚀,政体也可为暴君所败坏。但阿奎那又指出,虽然一个好基督徒必须拒斥罪恶和暴君,但他们也应当敬重自己的身体、自己的国家——既然一切生命都是上帝的创造、都是宝贵的,与精神世界相连的,那么人们就理当对其加以敬重。

大学之外的学术生活

如果日耳曼修女宾根的希尔德加德不是女性的话,凭她的才智,完全可以位列当时最伟大的经院哲学家之列。但教会学校的大门始终没有对她开放,因此,她只能通过其他途径来发展自己的才华。她是一位伟大的作曲家,她的宗教道德剧《德性之律》(*Ordo Virtutum*)令诸如"狮心王"理查之类的作曲家都望尘莫及。《德性之律》有趣、感人、振奋人心,以至于今天还会频繁上演,还被录成 CD。希尔德加德也是一位医学家、神学家,同时还是被主教和国王们争相求教的政治顾问。

不过,和那个时代的许多女性一样,希尔德加德最主要的影响也是产生在明显非智性的神秘主义领域里。神秘主义始终是基督教虔信生活的重要方面，在中世纪中期尤其如此，当时最著名的基督教空想家都是女性。随着教会法的发展和教会官僚作风的增长，男性神职人员的权威也日益扩大，而虔信的女性们不被委以神职，也无法在教会学校和大学里接受经院式教育，于是她们找到了一种能够更直接地获得权威知识的方式——以神秘的方式与上帝结合。举例来说，当宾根的希尔德加德被神学家问及教义上的难点，或被主教和皇帝问及严肃的政治问题之时，她能借助在修道院中获得的智慧、雄辩、才识，以及来自上帝的启示来做出回答。宾根的希尔德加德（被克莱尔沃的伯纳德称赞为"神的恩典附于你身"）以这种方式在那个理性的时代获得了权威地位。在当时，僧侣其实已经越来越不被重视，倒是教会学校和新兴的大学在为时代注入活力。

帕拉卡雷特的艾洛伊斯（Heloise of the Paraclete，约 1100—1163）却是在倚赖她那冷峻的思维力量，而非神秘主义，于是她的故事也更为悲凉。在今人看来，艾洛伊斯（见图 11.1）最为人所知的，就是她和彼得·阿伯拉尔的爱情故事。一开始这只是个充满激情的秘密，他们生了个儿子，举行了秘密婚礼。可是风云突变，艾洛伊斯的叔叔认为她受到了阿伯拉尔的虐待，怒不可遏，使唤两个暴徒冲进阿伯拉尔的房间，把他给阉了。这件事对两人冲击太大，他们分了手，阿伯拉尔做了僧侣，艾洛伊斯做了修女。随后的岁月里，他们互相通信，一起致力于帕拉卡雷特修女院的建立工作（艾洛伊斯在那里做院长），但他们早年在肉体上的亲密关系却是永不复还了。

艾洛伊斯也是一个受害者，这很容易理解。阿伯拉尔起初是她的老师，就在那时，他故意引诱了她（如他后来承认的那样）；她忍受了秘密怀孕、秘密结婚的痛苦；令她自己也悔恨不已的是，她最终成为一个修女，而非情人。但她的才智是可以与阿伯拉尔相媲美的。她起初极其强烈地反对他俩的婚姻（她认为那会消磨掉他们的爱情，也会影

图 11.1　艾洛伊斯

响阿伯拉尔的前途);她明确地表达了"纯洁的爱"的观念,这影响了阿伯拉尔后来的神学著作;她因出色的拉丁语和高超的智慧在整个欧洲享有盛誉,不论在她年轻的时候,还是在年龄渐长成为修女院院长之后,都是如此。克鲁尼修道院的"可敬的"彼得(Peter the Venerable,约 1092—1156)曾写信称赞她非凡的才识和对人文学科的精熟,信中言道:"你在实现自己的人生目标方面已经超越了所有女性,而且比几乎所有的男人都强。"

280　　　尽管艾洛伊斯如此天才,得到这般美誉,她还是无法受到正规教育,也无法获得现成的职位;而这些对像彼得·阿伯拉尔那样的男人来说,却是可以得到的,并且对其事业和思想产生了极大帮助。简言之,在中世纪中期,像宾根的希尔德加德和帕拉卡雷特的艾洛伊斯那样才华出众的女人虽然能得到众人欣赏,却也不得不在主流知识界之外完成自己的工作。

大综合

12 世纪时,古希腊、阿拉伯以及希伯来文本的拉丁译本风行全欧,为西方思想家苦苦思索的问题提供了解答。但这些译著——尤其是亚里士多德的著作——也引发了一场危机,因为它们中蕴涵的深意似乎是与基督教信仰相敌对的。13 世纪的学者试图缓解这些表面上的冲突,他们细细体会往昔的真知灼见,把它们融入全面的思想体系中,做出了伟大的系统性总结。

一部分哲学家,特别是站在柏拉图—奥古斯丁立场上的那些,认为共相是实在的,对当时刚刚译出的亚里士多德著作表示了极度怀疑。13 世纪,以圣方济各会修道士圣波拿文都拉为代表的哲学家宣称,亚里士多德的著作有异端的观点,对信仰来说是个威胁。他们觉得圣奥古斯丁的著作已经足够,亚里士多德的书是在分散人们的注意力,是毫无必要的。圣波拿文都拉和宾根的希尔德加德一样,既是哲学家也是神秘主义者,他把整个物理宇宙想象成一大堆象征,象征着上帝的荣耀,它们全都在奋力向上,试图到达那神圣的临在(Divine Presence)。他相信人类位于一切世间万物的支点处,身体像野兽而灵魂像天使。我们通过感官认识到了物理世界,但我们只有通过神启的恩赐,才能认识精神世界,亦即普遍的世界。圣波拿文都拉对亚里士多德的非议并不令人意外,他和许多哲学家都是圣方济各会的修士,他们追随奥古斯丁而厌恶亚里士多德。圣波拿文都拉的整个思想体系归根到底就是祈祷者对上帝的一种赞美。

然而,在多明我会的修士看来,亚里士多德和其他古典哲学家的那些文本还是可以接受的。他们极度专注于调解信仰与理性之间的矛盾,以至于无法拒斥在他们看来是古代最伟大的哲学家的著作。他们试图将亚里士多德和基督教哲学合而为一。在这些人里面，成就最大的当数大阿尔伯图斯（约 1200—1280）以及他的学生托马斯·阿奎那。他们两人深受迈蒙尼德《迷途指津》在磨合亚里士多德和犹太教方面的影响。大阿尔伯图斯是日耳曼人，他是一位兴趣广泛的学者，对自然科学有着杰出贡献，尤其是在生物学、哲学和神学领域。他在亚里士多德思想研究方面堪称大师，他试图依靠拉丁的阿维罗伊主义的方法来洗去亚里士多德学说里的异端气味，以将其思想转型为新的基督教理性基础；但他并没能实现这个目标，最终，这个任务还是由他的天才学生托马斯·阿奎那完成。阿奎那尝试着把亚里士多德的学说基督教化，这很类似奥古斯丁对柏拉图和新柏拉图主义哲学所做的改造。

　　1225 年，托马斯·阿奎那在一个诺曼—意大利的贵族家庭出生。他的父母希望他成为一名本笃会修士，希望他能按部就班地成为一名有影响力的修道院院长。但阿奎那却在 1244 年让他的父母大吃一惊，他选择了崭新的多明我会修道方式，过起了贫苦的生活。不久之后，他去了巴黎大学，并把余生的大部分时间花在教学和写作上。他不像奥古斯丁那样需要忏悔年轻时期的种种罪孽，也不像安瑟伦和伯纳德那样在当时的政治事务中扮演重要角色。他坚持自己的学术工作，直到快 50 岁时，他突然宣布自己以前写的书统统都是垃圾；在最后的岁月里，他转向了神秘主义。在他死后，听过他最后一次告解的神父说，那简直就如同一个 5 岁的孩子般纯真无邪。

　　阿奎那在其博大精深的著作中——尤其是在《神学大全》(*Summa Theologica*)中，探讨了哲学、神学、政治理论和道德中的一切重大问题。他使用了亚里士多德的逻辑方法和思维范畴，但却使最终的结论与他的基督信仰协调一致。阿奎那和阿伯拉尔一样把每一个可能的论证都收集来，每个论题都从正反两方面论证。但与阿伯拉尔不同的是，他对每个问题都给予了回答，而且以强有力的论证来捍卫结论。在他之前和之后都很少有哲学家会如此大规模地将各种相左的观点集中提出并加以研究，更没有人能达到那样系统化，那样详尽无遗。

　　阿奎那创造了一个巨大而统一的体系——从上帝一直到自然世界的细节——并在每一个环节上都提供了逻辑的根据。他的神学著作完全没有圣奥古斯丁的激情，也没有柏拉图那么优雅的文笔，但是，这些著作却有着理智上的美，系统性和组织性的美，与欧几里得(Euclid)的几何学如出一辙。他的《神学大全》把一系列独立的哲学问题组织起来。每个问题再被细分到具体章节，每个章节都用一种预定的模式进行分析：首先，列出一连串与阿奎那结论相反的证明；

然后,把阿奎那的逻辑分析过程解释清楚;最后,驳斥以前的那些反对观点。一个问题解决之后,他马上转入下一个问题,再以完全相同的方式探究一番。阿奎那的神学与欧几里得的几何学有一个共同之处:当一个问题解决了以后,结论就可以用来解决下一个问题。于是体系就这么建立起来,一个问题接着一个问题,一步接着一步。托马斯·阿奎那曾被教授过按照提纲进行工作的方法,对此他从未忘记。

阿奎那用了如此严密的、逻辑的论证结构来研究一些重要问题,比如,神的性质、神的属性、人类的天性与命运、人类的道德、法律,以及政治理论。研究的成果涵盖了一切主要的神学问题,如同一座思想的大厦,宏伟壮丽,令人难忘。正如哥特大教堂是对中世纪中期的艺术表现,阿奎那的哲学则是对那个时代的最杰出的理性表现。和哥特式教堂一样,阿奎那哲学也是基于清晰无比的结构原理;和大教堂的建造者一样,阿奎那也更倾向于对思想大厦的框架结构做出展示,而非掩盖。

托马斯·阿奎那试图把一切存在者都归整到哲学的统一中去。其体系的中心是上帝——天堂和大地的创造者,正是"他"的启示为"他"的子民们揭示了部分真理;也是"他"允许了他们通过理性的观察掌握其他真理;最后,"他"还通过救赎的方式引领他们通向永恒的真理。在阿奎那眼里,启示与理性相互补充、相互兼容,如果正确对待的话就不可能彼此冲突。他和阿西希的圣方济各以及其他一些人都赞同这样的观点,即物理世界作为上帝的造物,本身就具有极其重大的意义。在关于共相的论战中,他是一个概念论者,同意亚里士多德的看法,认为共相是从现象世界抽象而来,但却是实在的。对阿奎那来说,最重要的是,天堂与大地、信仰与理性之所以能够协调一致,是因为这一点:"信仰建立在永恒的真理之上,因此它的反面是不可能被证明的。"这正是他哲学立场的根本所在。

282

最后,阿奎那还论证说,上帝即真理,而人类作为要通向天国、要与神圣的临在融合的生命,其命运就是去爱、去了解。所以说,圣托马斯最后因神秘主义而抛弃神学也就不足为奇了。

自然哲学:科学

早在 10 世纪的最后几十年间,奥里亚克的格伯特(约 945—1003)就出访过安达卢斯;他接触并熟悉了伊斯兰思想,然后潜心于对科学知识的探求中。格伯特做了个简易天象馆,用一些球、棍、带子来说明星辰的运动。他把算盘引入西方，并和古希腊人、阿拉伯人，以及早期的西欧思想家一样，宣称地球是圆的。从那以后，伊斯兰科学持续不断地启发着西方学者，特别是在 11 世纪晚期和 12 世纪。巴斯的阿德拉德（Adelard of Bath，1090—1150）等一些学者追随着格伯特的脚步来到伊斯兰的图书馆，并把对科学探索的尊重带回欧洲。阿德拉德将很多阿拉伯语书籍翻译成拉丁语，欧几里得的《几何原本》（Elements）以及花剌子米（al-Khwarizmi，约 800—847）和阿布·马沙尔（Abu Mashar，卒于 886）的数学名著也在其列。通过 12 世纪翻译家的辛勤工作，西方人开始了解到古希腊和伊斯兰的一些伟大的科学著作，其中包括：亚里士多德的《物理学》（Physics），托勒密的《天文学大成》（Almagest，研究星体运动），阿拉伯的代数学、天文学、医学著作，以及许多其他书籍。除了翻译，像阿德拉德这样的人也自己写作，但他们的作品很寻常，仅是古希腊和阿拉伯知识的摘要。这是西方科学吸收营养的阶段，它一直持续到 13 世纪，那时的人们，尤其是圣方济各会修士，第一次开始了严肃的原创性研究工作。

　　圣波拿文都拉的神秘主义仅仅代表了圣方济各思想的一极，而另一极上则站着一群具有科学思想的人。或许是阿西希的圣方济各对大自然的热爱影响了这些人，使得他们把自己的逻辑工具应用于研究自然界的任务中。牛津成为全欧洲的自然科学研究中心，正是在那里，西方自然科学于 13 世纪繁荣起来。牛津的科学家里，最重要的人物当属罗伯特·格罗斯泰斯特（Robert Grosseteste，约 1170—1253），他也是后来的林肯主教。虽然他自己不是圣方济各会会员，但却是在牛津为圣方济各会修士讲学的主讲师。格罗斯泰斯特精通柏拉图和新柏拉图主义哲学、亚里士多德物理学，还有伊斯兰的科学。柏拉图曾经说过"神一直在做几何学"，而格罗斯泰斯特则由这个观点出发，导出了数学是开启自然界奥秘之门的钥匙的结论；他还从亚里士多德那里了解到从对平凡世界的观察与实验中获得抽象知识的重要性。他根据伊斯兰前辈们的著作，提出了更为严谨的实验程序，步骤包括观察、提出假设，以及对假设的验证；这些程序最终发展成为现今的科学方法。欧洲自然科学的巨大胜利，当然是发生在那之后很久的事情，但其基本手段，却早已在罗伯特·格罗斯泰斯特的著作里炼成了。

　　格罗斯泰斯特的洞见由他的弟子、圣方济各会修士罗杰·培根（Roger Bacon，约 1214—1294）延续下去。在罗杰·培根关于科学的著作中，既有大量正确观点，也有很多谬误。培根涉足炼金术，他对逻辑推理和形而上学思考缺乏耐心。在寻求真理的过程中，他写下了简洁的、先知式的话："理性不能让人满足，经验可以。"这句座右铭对现今每一位科学教师是至关重要的，因为培根了解,书本和课堂里学到的知识唯有在实验室中才能真正得到理解。

283 ## 文学

中世纪中期的文学是极其丰富多彩的。诗人们同时以拉丁文和各国的本土语言进行写作;前者是中世纪欧洲通用的学术语言,而后者则长期在西方各类基督教地区中进化发展。拉丁语被很多肃穆宏伟的赞美诗采纳,12世纪的《金城耶路撒冷》(*Jerusalem the Golden*)就是一例,在此摘录一段:

> 世道昏暗,时日渐短。
> 镇静,祈愿,审判的日子不远。
> 生命短暂,是我们尘世里的所有;
> 悲痛短暂,关怀也不过是一转眼。
> 无限的生命,无悲伤的生命,在彼岸,
> 金城耶路撒冷,奶与蜜的国度,
> 在你的注视下,心沉静,声寂灭。
> 我何知啊我何知,何等的欢乐在那里等我,
> 何等的荣耀辉煌,何等的无上光芒!

拉丁语也同时在另一种完全不同的诗歌里得到应用,那是学生和流浪学者们的作品。这些年轻人用拉丁文学习,也用拉丁文歌唱。例如,一个学生就用这样的句子,把不敬的目光投在死神身上:

> 这是我的心,若是时辰临近,
> 让我倒在酒馆里吧,麦酒杯伴我远行。
> 天使飞舞在上,朝我齐声欢唱……

在原创性方面,中世纪中期的方言诗歌无论是在质量上,还是在多样性上,都超越了拉丁文诗歌。我们已经注意到,中世纪的虔信有朝感情主义发展的趋势,这尤其明显地表现在这点上:以耶稣受难为主题的作品层出不穷,越来越多(见图8.1和图8.2)。同样的感情主义也出现在方言文学作品的演进中,在12—13世纪里,11世纪那种战争史诗已经开始向富于情感的浪漫传奇转变了。

史诗

　　在 11 世纪和 12 世纪的初期，方言史诗被称为"**武功歌**"（chansons de geste），在法国北部的贵族阶层里极其流行。吟游诗人们在城堡的大厅里传唱这些歌谣，内容植根于早年的英雄传统，这传统催生出了一些阴郁而暴力的杰作，诸如《贝奥武甫》（在书中，孤独的主人公与怪兽搏斗，杀死巨龙，在狂风肆虐的荒野上挣扎着生存下去）。伟大的英雄史诗在语调上也是英雄般的。如同现代那些讲外太空的科幻电影一样，这些史诗故事也都极富动作感，里面的战斗场景充斥着血淋淋的现实主义。故事的主角几乎是以超人的力量与奇妖异怪战斗着，而他们（都是男性）也总倾向于避免和女人的情感纠葛。英雄史诗里的主角们都情感丰沛，但情感的表达方式，则都是男子汉式的。他们都是很骄傲的人，忠于主人，是坚定可靠而且可爱的伙伴，会在战友牺牲的时候哭泣。简而言之，英雄史诗表现的是封建主义早期的尚武精神和骑士间的铁血友情。

　　这些品质在各种语言写成的史诗里都能找到精彩生动的表达方式，包括卡斯提尔王国时期的史诗《熙德之歌》（*The Song of My Cid*），这部史诗的原型就是人称熙德①的伟大骑士罗德里格·迪亚兹（Rodrigo Diaz，约 1043—1099）的事迹，当然，史诗的创作是高度传奇化的。最著名的英雄史诗当数《罗兰之歌》（*The Song of Roland*），描写的是查理曼麾下一支部队与穆斯林军队间的一场浴血之战，当时查理曼的大军正要从伊比利亚北部撤退，故事里的那支部队就是担当断后使命的。以下引用部分段落，描述两个人在战场上的英勇无畏，以及相互间的主仆深情与伙伴之爱，这两个人就是法兰克伯爵罗兰和兰斯大主教图尔平（Turpin）：

284

　　　　罗兰伯爵从不喜欢懦夫，

　　　　和傲慢的人，或其他品行恶劣的人；

　　　　他也不喜欢骑士，除非他是一个好军人。

　　　　他对大主教图尔平说道：

　　　　"阁下，你步行我却骑马，

　　　　出于对你的爱，我要站立于此。

　　　　我们将共同面对一切，无论福祸；

---

① 在阿拉伯语里，熙德（El Cid）是对男人的敬称。——译者注

> 任何人都不能叫我将你抛下。"

图尔平、罗兰,以及所有的战士都阵亡了,但查理曼回来为他们报了仇。他在一场狂暴的战役中获胜;在那场战斗中,他独战穆斯林军队的首领,打败了对手。这场战斗,以及随后对穆斯林逃兵的疯狂追杀,终于为罗兰一雪冤仇。

> 如上帝所愿,异教徒纷纷逃散。
> 法兰克人奋勇追击,他们的国王就在他们身边。
> 国王说:"诸位,报仇吧,为你们的伤悲。
> 抛开你们心灵与头脑的负担;
> 今日清晨,我曾看见你们眼中的泪水。"
> 法兰克人回答:"陛下,我们必须如此。"
> 每个人都奋力攻击,竭尽全力,
> 在场的敌人几乎无一幸免。

《罗兰之歌》很早就已被人们传唱,直到11世纪90年代才付诸文字,那是在第一次十字军东征时;这部作品表达了那个时代宗教上的某种不安,穆斯林在里面被称作"异教徒",而上帝则毫不含糊地站在基督教立场上。然而,在历史上,《罗兰之歌》中的那场战争发生在公元778年,战争中,巴斯克的基督徒对法兰克的基督徒进行了屠杀,而查理曼对此没有任何回应——除了进一步撤退。查理曼在伊比利亚半岛一败涂地,而《罗兰之歌》的结尾,却是皆大欢喜的结局。

抒情诗

在12世纪中后期,法国文学风格转变,北方文学中的尚武精神逐渐被南部地区的更为浪漫的诗歌所影响。在南方,特别是普罗旺斯、图卢兹、阿基坦等地区,一种丰富多彩的文化自11世纪以来就已是非常繁荣了。这种文化熏陶出了一些特别杰出的人物,比如阿基坦的埃莉诺和她的儿子"狮心王"理查。与此同时,一种情感丰富、生命力长久的抒情诗也出现在那里。南方的抒情诗人一般叫作"游吟诗人"(troubadours),它们中的很多人都是宫廷歌手,包括旺塔杜尔的伯纳德(Bernard of Ventadour,约1140—1190)(参见本章的"人物传略");另有一些抒情诗人的身份是王公贵族,如阿基坦公爵威廉九世(Duke William IX of Aquitaine,1071—1126),他是埃莉诺的父亲,亦即理查的外祖父。

人物传略

旺塔杜尔的伯纳德(约 1140—1190)

旺塔杜尔的伯纳德是 12 世纪最受人推崇和效仿者最多的行吟诗人之一。伯纳德和其他同行一样，既是作曲家又是诗人，自己谱曲写词。

在老普罗旺斯地区的人物志里，有伯纳德一生的详细记载。其中可能有相当的修饰和浪漫化成分，但除此以外很少有他的传记资料了。据传，伯纳德的父母是法国南部旺塔杜尔子爵的城堡里面的仆役。年轻的伯纳德显示出诗歌和音乐才能，于是被子爵挑选出来培养成为行吟诗人。

他的快乐日子戛然而止；按照当地传记的说法，旺塔杜尔子爵发现伯纳德居然和他妻子睡觉。伯纳德被赶出了城堡，不得不到其他地方过活。他勇敢地向西欧最好的艺术家赞助人埃莉诺毛遂自荐，而后者就是阿基坦女公爵，同时也是英格兰王后。

伯纳德的艺术天分一下子就征服了王后埃莉诺。他在她的宫殿里住了很多年，为王后和她身边的人们写了很多歌谣，也唱了很多。他的歌谣为他带来了名声与财富，它们在当时就红极一时，直到今天，也还被人们演绎传唱。在伯纳德的作品中，有不少于 44 首流传了下来。

伯纳德歌唱浪漫爱情的欢乐和悲伤。他的人生观是和那个时代其他行吟诗人一样的，他的这些歌里，有对那种人生观的完美概括：

> 假如不是心灵在歌唱，
> 这样的歌声什么也不是。
> 假如心灵不与爱情相伴，
> 它便无法歌唱。

伯纳德的另一首歌《云雀》如今已经有了好几个翻唱版本。这首歌反映的是 12 世纪浪漫诗中极为常见的主题之一，即无望的爱带来的巨大苦痛。诗人羡慕云雀无忧无虑的喜悦，之后又感到绝望：

> 哎！我曾以为自己了解爱情，
> 如今看来，我一无所知。

因为我对她情不自禁，

可是却难以接近。

我的心里全是她，

她完全地占有了我的灵魂。

可是留给我的，仅仅是不灭的欲望，

和一颗永怀痴念的心。

再后来，伯纳德离开了王后埃莉诺，转投入图卢兹伯爵雷蒙的宫廷，而雷蒙的名字在伯纳德好几首歌里都出现过。伯纳德和许多其他世俗男女一样——其中就有切斯特伯爵于格(1048—1101)和阿基坦的埃莉诺本人——终老在修道院里。他最后归隐在法国达隆(Dalon)的西多会修道院，50岁时在那里去世。

286   游吟诗人那充满智慧、精妙绝伦的浪漫主义诗词，更多地被用以彰显上流社会的高贵，但并不是北方诗歌里描绘出的那种高贵——和北方人倾向于歌颂战争、鲜血，以及战友情谊不一样，他们更倾向于歌颂男女之间的爱情：

我被恩赐的力量击穿身躯，即将重伤而死，

爱，它残酷的刺螫耗干了我的肉体，

我的强健已逝去，精力亦将耗尽。

我从不知境况会变得如此悲凉。

不该如此呵，不该如此。

她再也不能回到我身边，

亦将永远地弃绝我燃烧的激情。

我不再能拥有她的甜美、优雅，

也不再拥有希望，

有的，仅是那无尽的思念。

她从未告诉我什么，无论是真是假，

而从今往后，也不会再说。

这些情诗表达了很特殊、很新颖的爱情观。通过表达绝望感和对远方爱人的热烈思恋，上面这篇诗歌的作者约弗雷·鲁德尔（Jaufré Rudel）成就了今人称作"典雅爱情"的情感——这是在抒情诗（以及后来的浪漫传奇）发展过程中的一个重要阶段。鲁德尔和其他一些游吟诗人将这种爱情作为封建时期的一种关系来写，视之为男人对远方女人的一种无偿的爱。男人就好比卑下的臣子：属于从属地位，群众中的一分子，忠诚而英勇，却为爱所困。被爱的那个女人就相当于一个有权有势的主人：骄傲，独一无二，遥不可及，一直受到倾慕却难以接近。在典雅爱情里，最好的爱情方式就是秘密偷情，而这也往往是无偿的，并且时常无法实现。

典雅爱情在某种程度上源自古罗马作家奥维德（Ovid，公元前 43—公元18），还部分地吸收了后来在伊比利亚附近繁荣起来的阿拉伯文学和贵族社会的特定事件（许多骑士穷得没法结婚，而婚姻几乎无关爱情，更多的还是财产和封地的交易）。实际上，这些诗歌对贵族们的行为可能无甚影响，所以说，我们不能错误地对那个时代留下如此的印象：很多卑下的骑士拜倒在心高气傲的女人脚下，而后者对前者的恩惠，可能最多也就是偶尔给他们一个微笑而已。诗歌和故事是一回事，真实的生活又是另一回事。然而有关典雅爱情的文学作品对之后的社会的确造成了巨大影响。这是因为，法国南部的抒情诗人吟唱的浪漫爱情仍在欧洲及欧洲人定居的地区绽放。抒情诗人给我们留下了许多概念，诸如：理想化的女性，男人的勇敢与谦逊的重要性，总希望男人和女人能永远在一起的那种情感冲动，永不疲倦地忘我投入，以及巨大的痛苦和迷狂。

在典雅爱情中，通常是男的一方去爱，去痛苦，去担负起英勇的事业，以吸引他们所爱的女人。女人比较被动，仅仅是男性欲求的一面镜子。不过，在游吟诗人的行列中，也还有大约 20 名女性；她们的诗歌将前述的模式给反转过来，甚至还有点扭曲。迪亚的伯爵夫人贝阿特丽丝（Beatrice, countess of Dia，卒于约1175）的诗歌表达了典雅爱情里的许多传统情感——秘密感、距离感、无偿的爱、偷情。然而，值得一提的是，贝阿特丽丝也写过些带有露骨性描写的作品，而这在男性诗人中就比较少见了。

> 我将满怀爱恋之情，赤裸裸的，
> 与我的骑士紧拥一夜。
> 多希望我能躺在他身下啊，如那绵枕一般！
> 他定会如痴如醉，在迷狂中流连忘返。
> 因为我爱他太甚，

胜于弗洛莉之于布朗谢夫勒：

我把心与爱都交给了他，

还有我的灵魂、双眼和生命。

约弗雷·鲁德尔或迪亚的贝阿特丽丝是在以严肃的方式对待爱情和生命，但并非每个抒情诗人都是如此。下面这些诗句来自威廉九世公爵，他嘲笑了英雄史诗的英雄格调，也没放过爱情诗里的热情与严肃：

我将作些诗句，仅供消遣，

不为我自己，亦与他人无关，

不歌颂骑士的伟大事迹，

或是爱人的忠贞不渝。

我要让诗句在太阳下跑马，

当然，我的马儿也有功劳。

浪漫传奇

12 世纪中叶，南方的游吟诗人传统开始渗入法国北部，以及英格兰和日耳曼诸国。由此产生了一种新的贵族式意识形态，包括贵族礼仪、文质彬彬的谈话，以及浪漫的理想化事物。在方言史诗和抒情诗之外，又有了一种新的诗体——浪漫传奇。

和英雄史诗一样，浪漫传奇也是长篇叙事性的；和南方抒情诗相似，它也是感情细腻情意绵绵的。浪漫传奇的题材大多取自远古时代。在 12 世纪后期，法兰西的玛丽(Marie de France)为英王亨利二世的宫廷写了许多浪漫传奇。她声称自己的故事都是源自法国布列塔尼(Breton)地区的古老故事。另有一些人则将目光投向古希腊英雄、亚历山大大帝或者亚瑟王的传说，其中又以亚瑟王最受欢迎。亚瑟王是 6 世纪时一个半传奇性的不列颠国王，在这些浪漫传奇中，他被塑造为 12 世纪的君主，周围尽是迷人的美女和勇武侠义的骑士。如 12 世纪晚期的法国诗人克雷蒂安·德·特洛瓦(Chrétien de Troyes，约 1135—1183)描绘的那样，亚瑟王建在卡米洛特(Camelot)的宫殿，是浪漫爱情与精致细腻的宗教情感的中心。亚瑟的骑士们对夫人们顶礼膜拜，然后踏上征途，到那个充满魔法奇幻的世界里冒险。

在英雄史诗里，对于主人的忠诚是伟大的美德；而在浪漫传奇里，对女人的爱才是大德。好几部传奇里都描绘了新旧价值观的冲突，尤其是设计一个臣子和其主人之妻的爱情。在此，浪漫爱情与封建制度下的忠诚直接交锋，而最终是爱情获得了胜利。在 12 世纪的传奇故事《特里斯坦和伊索尔德》(*Tristan and Iseult*)中，特里斯坦爱伊索尔德，而后者正是康沃尔的马克王(King Mark of Cornwall)的妻子。在亚瑟王传奇中，兰斯洛特这位亚瑟王手下的第一勇士，也陷入了对亚瑟王之妻桂妮薇的爱情。在这两个故事里，主人公都被爱情摧毁，但他们除了爱别无选择。尽管特里斯坦、伊索尔德、兰斯洛特，以及桂妮薇的行为无异于背叛，但在 12 世纪的浪漫传奇中，他们的生活和爱情却被以同情的笔触再现出来。最终，爱情摧毁了情人，但是他们的牺牲也是浪漫的，甚至是光荣的。特里斯坦和伊索尔德最终倒在了一起，彼此紧紧靠在一起，在此，死亡以最深刻的方式成就了他们的爱情。

在爱情的主题之外，这些浪漫传奇故事也强调基督徒的纯洁和奉献。那些曾经粗犷的骑士，在变得谦恭有礼、心怀爱意之后，又被进一步塑造成为圣洁的形象。兰斯洛特违背了律法，被情网所困，但他的儿子加勒哈德(Galahad)却成为基督教骑士的原型——可敬可佩，高贵贞洁。而亚瑟王的另一名圆桌骑士帕西法尔(Perceval)，寻求的就不是可爱的女人，而是圣杯(Holy Grail)——在基督教传说中，圣杯就是耶稣在最后的晚餐时盛酒的那个杯子。

12—13 世纪，浪漫传奇在法国以及英国的法语贵族阶层里红极一时。这种文学形式也散布到意大利和伊比利亚半岛，并深深影响了日耳曼的游吟诗人们(Minnesingers)，谱写出很多他们自己的亚瑟王故事，充满象征和深刻的情感，深情而神秘。然而，就在 13 世纪行将结束之时，浪漫传奇变成了一种单调的文学流派，失去了灵感。《奥卡辛和尼科莱特》(*Aucassin et Nicolette*)是当时很流行的爱情故事，但它更是一部讽刺作品：里面的主人公并不太英勇，里面的一场战役也十分滑稽，居然是敌对双方互相扔奶酪。《奥卡辛和尼科莱特》取材自较早期的拜占庭，它把人类的爱置于救赎之上。事实上，奥卡辛勇敢地蔑视过天堂，他说道：

> 我会下地狱。下地狱的都是正直教士，在比试场或战场上阵亡的清秀骑士，还有强壮的射手和忠实的臣仆。我要和他们一起去。还有美丽谦逊的女人，她们有两三个伴侣，以及自己的丈夫；除此之外，还有无数金银财宝、貂皮和其他名贵皮革、竖琴家和吟游诗人，以及世上所有快乐的人，统统都得下地狱！我会和他们一起去，只要有最亲爱的朋友尼科莱特

陪伴着就行。

另有一部重要的 13 世纪方言文学作品就是《玫瑰传奇》(*Romance of the Rose*)。事实上这并不是一部通常意义上的浪漫传奇,而是有关整个典雅爱情的传统的寓言。在这部作品里,情侣间的种种感觉被以拟人手法塑造成一个个角色,诸如爱、理智、嫉妒、对正义的爱等。《玫瑰传奇》最初由威廉·德·罗瑞(William de Lorris,卒于 1145)执笔,本是一个理想化的有关典雅爱情的故事。在威廉死后,让·德·莫恩(Jean de Meun)接手这部作品,并最终将其完成。让·德·莫恩是一个才智平庸的人,他对这部书的贡献,就在于使之变得冗长、繁复,并且充满了对女性的轻蔑。从总体来说,这部作品的文学价值并不很高,但它对当时的人们很有吸引力,非常流行。

市民文学、寓言及神迹剧

不论是史诗、抒情诗,还是浪漫传奇,其受众主要都是有封地的贵族阶级,地位较低的人们对这些文学作品不太感兴趣。所以说,若是这些故事中的人物对农民和城镇市民表现出彻底的轻蔑,那也是不足为奇的。普通人的形象很少在这些文学流派的作品里出现,除非是战争的牺牲品或者性侵犯的受害者。安德里亚斯·卡佩拉努斯(Andreas Capellanus,活跃于 12 世纪七八十年代)是一本有关典雅爱情的普及读物的作者,他甚至这样为垂涎于某农妇的骑士提出建议:"对你想得到的东西不要犹豫,强行拥吻她吧。"在这里,安德里亚斯的话究竟是否只是一个玩笑? 学术界对此尚未形成定论;但无论是不是,他的建议无疑是显露出了这样一点:在面对农民时,贵族阶层是何等的威权。

在中世纪中期是没有"农民"文学的传统的;民间故事以及口头传说,或许是会通过后来笔录的民谣、箴言、歌曲而得以流传下来,但若要追溯民间故事的起源,却是十分困难。而文学上新颖独特的"城镇"传统,却在此时开始成形。随着贸易的繁荣和城镇的扩张,商人和工匠也创造出他们自己的方言文学。这些市民文学(fabliaux)大多是充满活力、纯朴幽默且篇幅短小的讽刺诗,内容主要是对陈规旧习的嘲讽。在这类作品中,神父和僧人被描绘成好色之徒,而商人的老婆则极易被勾引;年轻人常被刻画成精明的暴发户,时常愚弄沉稳守旧的商人。

在中世纪城镇文化中,还产生了寓言。寓言是自古希腊的《伊索寓言》以降的传统文学形式。在中世纪城镇寓言里,社会上各式各样的人物都如动物一般,被剔除了一切伪饰。其中比较为群众所喜闻乐见的，大都是关于列那狐（Renard the Fox）的故事，收集在《列那狐传奇》（*Romance of Renard*）里。这些故事冷峻地对骑士理想加以戏仿，其中那个肆无忌惮的列那狐不断地欺骗狮子王及其手下那群愚蠢的忠臣。

289

13 世纪，部分城镇开始上演戏剧，剧情大多是圣徒的生活、道德故事，以及最重要的《圣经》故事。这最后一项大都是由手工业行会负责演出的（手工业被认为是颇具神秘色彩的行业），因此这些戏就叫作"神迹剧"（mystery plays）。每种行业的行会单独搬演《圣经》中的一段故事，通常是与行业特性相适应的（比方说，木工行会可能会负责"大洪水"部分，因为要造诺亚方舟）。整个一轮演出通常会持续一年，城镇观众就随着这个进程，从创世记一直看到末日审判。戏剧有时会在简陋的剧场里上演，但更多的则是由演员在四轮马车上演出；这些马车跑遍全城，它们在指定地点停下，然后就地表演。这些演出将基督徒的虔诚和粗陋的幽默感结合起来，既娱乐了大众，又在他们中间传播基督教历史。此外，这些戏剧还表达了市民们的优越感，这类似于现在每年在美国洛杉矶帕萨迪纳市（Pasadena）举行的玫瑰花车大游行（Tournament of Roses Parade），或者费城一年一度的哑剧游行表演（Mummers Parade）。到了 14—15 世纪，神迹剧将会在欧洲许多城市的仪式年（ritual year）里扮演重要角色。

但丁·阿利吉耶里（1265—1321）

方言诗歌在意大利半岛成熟较晚，但在但丁·阿利吉耶里（Dante Alighieri）的著作中达到了最高峰。但丁的著作涉及了各种各样的主题。有时候用拉丁语写作，但更多的时候却是用托斯卡纳当地的语言写作。在典雅爱情的优良传统影响下，他写了一系列抒情诗来赞美他对比切·迪·福尔考·玻提纳丽（Bice di Folco Portinari）未能实现的爱情，后者在诗文中以贝阿特丽丝的名字出现。这些诗和散文评论一起收在他的《新生》（*La Vita Nuova*）里。和游吟诗人的诗作相比，但丁的诗更神秘、更理想化：

> 爱的力量涌出她眼眶，
> 目光所及，万物染上她光芒……
> 所有甜蜜的心思，所有谦逊的想念，
> 有她的话语萦绕耳边，即在心中涌现，
> 那是男人的福祉啊，见她的第一眼。

当她展颜,当她开始微笑,

那形象无法言传,头脑亦无法包含,

那是奇异而饱满的神迹,难以负担。

　　但丁坚信托斯卡纳本地语言有着相当的文学潜力。为了引起那些嘲笑民间俗语的学者和作家的重视,他用拉丁文写了《论方言的修辞》(*On Vernacular Eloquence*,亦译成《论俗语》)。他也以身作则,用方言写下大量作品,让那些无法说服的人们看看实例。在他的努力下,托斯卡纳方言成为意大利半岛的文学语言。

　　但丁的代表作《神曲》(*The Divine Comedy*)就是用托斯卡纳方言写成的。在《神曲》中,但丁使用了丰富的寓言和象征主义手法,以宏大的视野将整个中世纪欧洲囊括其内。在书中,但丁讲述了自己的漫漫长途,从地狱到炼狱,再到天堂,直至上帝显现为止。用这种方法,他把自己所不满的那些人——从当地的政客到罗马教皇——全都打进地狱,列置在各级狱中。古罗马大诗人维吉尔(Virgil,前70—前19)作为古老智慧的原型,带领但丁参观了地狱和炼狱;贝阿特丽丝小姐作为纯洁的爱的象征,引导但丁通过了九层天界;最终,作为中世纪圣洁的代表人物——克莱尔沃的伯纳德把但丁领到神的所在之处。在全诗结尾处,但丁独自一人站在上帝身旁,有"永恒之光……你被你自身理解,也理解你自身"[①]。

建筑与雕塑

　　在中世纪中期,无数的教堂、修道院、城堡、医院和市镇大厅都是用石头建造的。仅在法国一地,这三个世纪中开采的石头就比3 000年前古埃及人花在金字塔和神殿上的石头还要多。中世纪中期最著名的那些建筑如今依然宏伟惊人,比如夏尔特尔大教堂(Chartres Cathedral)、圣米歇尔山修道院(Mont St. Michel Abbey)、威斯敏斯特修道院(Westminster Abbey)、兰斯大教堂(Reims Cathedral)、巴黎圣母院以及许许多多其他的建筑。另外,时至今日,在欧洲的乡下还随处可见石砌的教堂,它们都是建于12—13世纪的,在今天看来仍然非常精巧美观。不论这些教堂是大是小,都是人们作为一个社群的自尊和

---

① 摘自黄文捷的译本。——译者注

信仰的证明。在城镇里，情况更是如此，人们建造教堂建筑来表现财富与团结，还有极度的虔诚。

大教堂都是由水平高超的泥瓦匠精心设计的，他们并不是在大学里学到了这些知识，而是在长期的实践中得到训练。在这些人中，只有少数几个名字为我们所知。大教堂意味着巨额的投资和艰辛的努力，资金则通过多方渠道募集——比如说教会的税收，基金的投资，或者城镇居民、行会、地方领主、王侯将相的自发捐献。在夏尔特尔大教堂的一扇圆花窗上，就有两位赞助者的象征图案——金蓝色法国百合代表了卡佩王朝的路易九世，红色背景上的黄色城堡代表了卡斯提尔的布兰奇（路易九世的母亲）的家族。其他的窗上，还有代表作出过贡献的行会的符号标记，包括裁缝、面包师、皮鞋匠、车匠等。有时候，城镇居民甚至贵族也会满怀虔诚地参加劳作，把推车从采石场推到工地，或者给工人们送吃送喝。不过，大多数时间里，人们都极其反对主教的苛捐杂税；教堂的建造不时会因资金短缺而被耽误，有的甚至会中断一个世纪之久。

这个时代里，有两种杰出的建筑风格居于主导地位：风行于 11 世纪的罗马风格，和在 12 世纪中期开始取代前者的哥特风格。从大约 1150 年开始，到 14 世纪头几年为止，最著名的哥特式大教堂纷纷建成，其中每一座都是建筑学上的一次大胆创新。如同在文学、虔信以及贵族生活中表现出来的那样，从罗马式到哥特式的转变过程，也正是情感向更强烈、更精致的方向转变的过程。罗马式建筑，是对中世纪早期基督徒的虔信和英雄史诗里那种粗犷力量的补足与平衡；而哥特式建筑——生动的、挺拔的、热烈的，则满含基督教神迹文学的那种高度的敏感与优雅的游吟诗人的自大的多愁善感。

罗马式风格

在罗马式教堂风格中，核心的元素是圆拱（这是从希腊罗马时代借鉴来的）；这种结构在罗马式建筑的入口处、窗户、拱廊和石顶上，都能看到。这种建筑风格的主要成就，是以石制圆顶代替了木制的平顶，这使得房子不易着火，从审美角度讲，使整体显得更为完整，且更易让声音产生共鸣。如图 11.2 所示，因为体积很大，这些屋顶十分沉重，在向下和向外的方向上制造出巨大的压力，需要巨型的梁柱和很厚的支撑墙。

闪光的镶嵌画和木制屋顶曾经是罗马时代晚期、拜占庭时期和查理曼王朝时期的教堂特色，如今石头取而代之成了主要的原材料，应用于罗马式建筑和雕塑。尽管当时的宗教雕塑具有高度的创造性，生动异常，但它们也都完全地

图11.2　罗马式建筑：外部

比萨大教堂在11世纪完工。它的斜顶、圆拱、巨大的石墙和少量的窗，都是罗马式建筑的典型特征。图中倾向右边的塔就是著名的比萨斜塔。

融入教堂的整体结构中。雕刻人像被用来装饰柱头、门上的圆拱，以及建筑的其他部分。罗马式风格有许多变种。在欧洲南部，这种风格被大大地美化和修饰了；而在北部，该风格的作品又往往显得异常严峻简朴。但总的来说，一座具有成熟的罗马式风格的教堂所传达的，是一种有机的统一性和坚实的可靠性。如图11.3所示，罗马式教堂阴暗的内部，被为数不多的几扇小窗照亮，提供了一种超现实、超自然的神秘感；而教堂内坚固的拱形结构、拱顶以及墙面，则暗示着一种强大的力量于这种超现实感中的存在，它如空气般充满了整个大教堂。

哥特式风格

在12世纪上半叶，建筑师们开始在教堂中采用新的结构元素。首先，石头做的肋架拱顶（vault rib）开始交叉着出现在圆顶下面；其次，突出的尖拱（pointed arch）在圆顶和拱廊中占据了更重要的位置。到12世纪中期，这两种特征为一种全新的建筑风格奠定了基础。公元1140年，修道院院长叙热在他的

图 11.3　罗马式建筑：内部

图卢兹的圣赛尔南教堂(Church of St. Sernin)建于公元 1100 年前后数十年。这张照片是在人工灯光拍摄下的教堂中殿，说明了应用石拱顶是多么需要重墙和阴暗的内景。

新修道院，也即巴黎北区的圣丹尼教堂中，使用了这些结构——后人普遍认为这是第一座真正的哥特教堂。在随后那些激动人心的年代里，建筑界每十年都会有新的试验，为教堂建造提供新的可能性。然而，直到 12 世纪 90 年代，哥特式建筑的潜力才被真正挖掘出来。那时，在肋拱和尖拱之外，第三种元素，即"飞扶壁"(flying buttress，这是主墙之外的一种穹隆支撑结构)出现了。这又提供了新的办法，可以支撑重量，缓解压力。至此，在那种传统的用墙来支撑房顶的结构之外，又有了一种全新的结构：骨架结构，其中的石制圆顶并不是放在墙上，而是搭在纤细的柱子上，由外部美观的支撑物托起(见图 11.4)。由此，墙壁成为一个单纯的屏障，不再是结构上的必需，并且渐渐被巨大的彩绘玻璃窗取代；这些玻璃把教堂内部变得既明亮又美丽。巧合的是，制作彩绘玻璃的技艺，正是与哥特式建筑革命同时出现的。在 12—13 世纪，人们在闪亮的蓝玻璃、红玻璃上描绘出《圣经》片段和宗教传说，在那个时代，如此明亮华美的窗饰是无与伦比的。

　　哥特式肋拱、尖拱以及飞扶壁的创新，让高居玻璃墙上的石拱顶产生了惊人

图 11.4 哥特式建筑：外部

巴黎圣母院矗立在河岸的地平线上。在右边可以看到尖拱、大窗和飞扶壁，这些都是哥特式建筑的特征。

的幻觉感。如图 11.5 所示，新式教堂高耸入云，似乎在挑战重力，要一直拔伸至天堂。至 13 世纪中叶止，人们已经掌握了哥特式框架设计的所有可能；此后，法国中部及北部地区的城镇里出现了这样一些教堂，它们高耸入云，石质墙壁上装饰精美，壁上还有光泽亮丽的大玻璃窗。如此崇高气派的建筑、如此巨大漂亮的窗户是史上从未有过的。而此后欧洲建筑史上也很少有如此突然间勇于创新和富有自信的时期了，正可谓"前无古人，后无来者"。

哥特式雕塑，也同罗马式一样，是与建筑密切相关的，尽管这两者在风格上截然不同。罗马式的奇幻和繁复，让位于平静而自信的自然主义。人的形象不再在柱头上挤作一团，而更多以雕像的形式，一排一排地站立在大教堂的外部：圣徒、先知、国王、天使、基督和马利亚。这些人物都被雕成高而纤瘦的样子，平静而温和，大多很年轻，有时还面带微笑。13 世纪法国最伟大的哥特式教堂有布尔日（Bourges）大教堂、夏尔特尔大教堂、亚眠（Amiens）大教堂、圣礼拜堂。这些建筑集各种不同的艺术形式于一身，其中包括建筑、雕塑、玻璃彩绘、礼拜式音乐，并为弥撒——这是中世纪基督教祭典的主要仪式——提供了一个宏伟的背景。

图 11.5　哥特式建筑：内部

此图是克莱蒙费朗(Clermont-Ferrand)大教堂内部，它展示了哥特式建筑是如何达到高度和光线效果的。注意，墙面相对而言没有多少意义了。

中世纪的教堂生活

295

对于今天的我们来说，踏进一座中世纪大教堂时的感觉，颇有点类似于走进一座博物馆：外面熙熙攘攘的人流车流突然间消失，取而代之的是令人敬畏的静与美。然而在中世纪却并非如此，与其说那时的大教堂是人们的心灵庇护所，不如说它是城市生活的中心。大教堂的钟声每到整点就响起，招呼大学生们去上课，并对公众宣告大事件的发生——如战争胜利、修道院院长去世，或是王室新立了继承人。大教堂是集会中心，不仅在那里举行宗教仪式，也为其他很多活动提供场所，市民的节日狂欢、战争胜利的庆祝大会、王公贵族的聚会，甚至是市镇议会举行的公开会议，都可以在教堂举行。在几个主要的节日——比如圣诞节和复活节，大教堂里点满了蜡烛，身着华彩服装的队伍喧闹着穿过走廊，走出大门，进入狭窄的城市街道。在其他一些时候，旅行而来的男修士们会在大教堂的讲坛上发表演说，他们面对着下面的大片人群，有时甚至能把人们煽动到疯狂的地步。

大教堂也把远方各地的朝圣者吸引过来，他们中有很多人是受了伤或生了病的。这些人到教堂寻求奇迹，希望从各大教堂里都存放的圣物那里得到治疗。

296

在随便哪个平常的夜晚，人们都可以看到有朝圣者睡在大教堂内铺着稻草的地板上，和当地的乞丐、醉汉、妓女睡在一起。在大型的节日里，多数大教堂里都挤满了远道而来的朝圣者和当地的礼拜者。修道院院长叙热描述了一群狂暴之徒冲进他的圣丹尼教堂之时的景象，他抱怨说："男人们在拼命嚎叫"，女人也"像在生孩子那样"尖叫；这一大群访客又推又挤，挣扎着要见圣丹尼教堂的圣物，修道院的僧侣不得不"带着他们的圣物跳窗逃走"。

在整个中世纪里，来自全社会各阶层的男男女女不断涌向欧洲的大教堂；在那些玻璃和石头砌成的墙壁里，流淌着骚乱与恶臭、希望与悲伤——而这些，正是来自典型的、身处狂乱中的中世纪基督徒们。

结语

中世纪中期的文化成就，其本质在于对大自然的态度的根本转变。对很多中世纪早期的人来说，整个世界缺乏关联，是无秩序而难以捉摸的；但在 12—13 世纪，部分欧洲人开始用不同的——也是更加肯定的——眼光来看待自然。首先，他们把自然界看作是上帝的有序规划中的一部分，是和谐世界的一个侧面，由神圣法则规定，因此是可以用理性探究的。基于这种认识，13 世纪的《玫瑰传奇》嘲笑了那种认为是恶魔"用绳钩或他们的爪牙"掀起风暴的观点：

> 这样的解释一钱不值，
> 接受它的人全都错了。
> 这样大的破坏，
> 只是因为狂风和暴雨，

其次，他们认为上帝创造的这个自然界是善的，也是可以被理解的。在第八章里，有阿西希的圣方济各所作的《吾兄太阳之歌》(Song of Brother Sun)，这是对自然之善的最雄辩有力的赞美。这种自然本善的观点也激发了哥特式雕塑家理想化的自然主义，催生了但丁对贝阿特丽丝的赞美诗，并导引出托马斯·阿奎那的哲学。当然，还有些人继续坚信这个世界充满危险、不可预知、被超自然力量统治、被恶魔掌控——这是一种传统的观点，甚至今天还有人相信。在文明日渐开化的中世纪，这种观念已经开始失势。

第十二章
饥荒、瘟疫和复苏,约 1300—1500

中世纪晚期

公元 1300 年,欧洲人迎来了第一个教皇大赦年,教皇卜尼法斯八世宣布,所有到罗马朝圣忏悔的罪人都将得到赦免。据一个目击者记载,有超过 20 万名信徒响应了这一号召;当时聚往圣城的人群,规模是如此之大,以至于必须为他们在城墙上开出一扇新的大门。对于教皇卜尼法斯八世和他的那些朝圣者来说,这忙碌的一年同时也是充满了欢乐、骄傲和激情的一年;但若是从今天的历史学家们所处的、高居于中世纪教皇和朝圣者们头上的全景视点来看,公元 1300 年,实在是烦恼多过成就的一年。

只需将此年与公元 1000 年作一对比,就可以看出很多问题。在公元 1000 年,铺展在欧洲人面前的,是一幅光明的前景:天气变得比以前更温暖干燥,入侵者或是已经离去,或是已经在此定居,农业收成和商业收入持续增长,封建骑士们的好战品行稍有收敛,而在宗教方面,克鲁尼的修道院改革也为教会注入了新的活力。在接下来的一个世纪里,这种光明的前景得到了充分的展开,人口增长、城镇发展、大学成长起来,教皇和国王的权力也得到巩固。然而,当我们把目光转向公元 1300 年的欧洲,却会发现整个情况给人的印象是忧多于喜:气候变坏,农业停滞不前,新的战争困扰大陆,教皇的权威江河日下,虽无蛮族入侵之忧,却有饥荒和疾病的乌云笼罩着整个欧洲大地。于公元 1000 年铺展开的光明前景,终于在公元 1300 年左右遭遇了重重阴霾。

和所有的历史转折点一样,公元 1300 年(见地图 12.1)也为考察之前与之后的历史发展,提供了一个视野非常清晰的观察点。1227 年,托马斯·阿奎那的很多学说被斥为异端:这正暗示了一场智力危机的到来;1300 年,奥斯曼土耳其人(Ottoman Turk)在小亚细亚建立起统治:这构成了对拜占庭帝国的新的威胁,他们最终于 1453 年攻陷其首都,将这一王朝结束;1309 年,教皇克莱芒五世

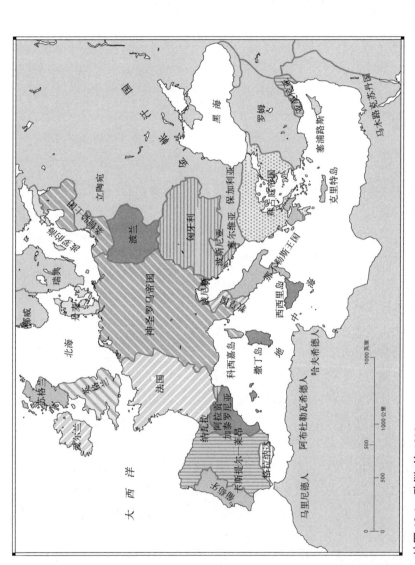

地图 12.1　欧洲，约 1300

到公元 1300 年，信仰基督教的欧洲已经扩张开去。卡斯提尔—莱昂 (Castile-Leon) 统治着伊比利亚半岛，神圣罗马帝国也已经东扩。此时的拜占庭帝国和过去相比，不过是一片阴影。伊斯兰诸国控制着中东、北非以及欧洲的格拉纳达。

(Pope Clement V，1305—1314 年在位)成为第一个定居阿维尼翁而非罗马的教皇：这正是教会危机的一个征兆；1315 年，农业歉收开启了数个世纪以来的第一场大规模饥荒：这直接挑明了很多经济问题；1337 年，英国与法国开战——这就是著名的"百年战争"(Hundred Years' War)——在这场战争里，法国将遭到毁灭性打击，而交战的双方，都将由此而开始无休止的贵族党派斗争：这也正是政治灾难的明确征兆。

所以说，公元 1300 年，正是为一个天翻地覆的世纪拉开了帷幕，因为就在半个世纪之后的 1347 年，史上最为戏剧化的一场危机降临——这就是那场很快在西欧蔓延开来的大瘟疫。仅在短短的两年之内，就有三分之一的欧洲人丧生于这场浩劫。从短期来看，这是一个恐怖事件；从长远来看，这又是一个富有戏剧性的转折点。如果单单考虑这场大瘟疫造成的人口锐减的话，公元 1350 年比1300 年更像是一个历史分水岭。但若是以 1350 年作为起点，则会造成这样一种暗示：中世纪晚期的危机，其实是由一种外部力量(突发的灾难性疾病)造成的；大瘟疫正是造成中世纪欧洲的苦难的罪魁祸首。然而，实际情况显然并非如此，对此，只要我们看看在这场大瘟疫之前的那些危机四伏的年代，就可以了然了。

在整个人类历史的进程中，大多数时期都并不安宁，而其中的 14—15 世纪(参见年表 12.1)，则尤为动荡不安。在这方面，可举拜占庭为例。古老的拜占庭王朝，在 60 余年的"拉丁"(也就是"西方")统治之后，于 1261 年得以复辟。但这个复辟之后的王朝仅仅是其前身的一个影子。它的财富已经被掠夺一空；它的各个行省已经成长为独立的邦国；而且，这个王朝也没能逃过 1347 年瘟疫的侵袭。拜占庭的这种风雨飘摇的状态一直持续到 15 世纪中期，在此期间，它的艺术家和学者们，也持续地守护着传承自东罗马帝国的丰富的文化遗产。但这个王朝只是以君士坦丁堡及其教权为中心、控制力极其有限的一个小国；它只是那曾经显赫一时的庞大势力的残余。当君士坦丁堡在奥斯曼土耳其的进攻下于1453 年沦陷的时候，破灭的其实只是一个幻梦，而非真正的国家。

14—15 世纪，对于在地中海南岸来来往往的伊斯兰民族来说，也是一个多事之秋。在西欧，最重大的变动发生在 1492 年，伊比利亚半岛上最后的伊斯兰国家格拉纳达陷落——卡斯提尔的伊莎贝拉(Isabella of Castile，1474—1504 年在位)和阿拉贡的费迪南德(Ferdinand of Aragon，1479—1516 年在位)攻陷了此国。这并不仅仅是一次政治上的胜利，因为基督教信仰，也紧随着这个由卡斯提尔和阿拉贡组成的联合王国的建立，而在这片大体构成今天西班牙版图的土地上确立了起来。就在格拉纳达陷落后三个月，伊莎贝拉和费迪南德从阿尔罕

年表 12.1　中世纪晚期,1300—1500

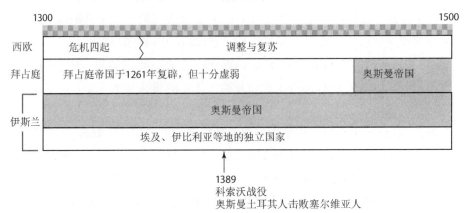

布拉宫(Alhambra,见图 12.1)发布法令,要求定居在西班牙地区的犹太人或是选择改信基督教,或是迁离;一部分人接受了洗礼,而另有成千上万的人则选择了背井离乡,辗转于葡萄牙、北非、君士坦丁堡,以及欧洲的低地国家之间。在 1504 年,西班牙的穆斯林也遭到了同样的待遇,他们中的许多人也被迫迁移到北非地区。

　　这些发生在伊比利亚半岛的剧变,以及发生在更大范围的地中海南岸地区的种种事件,与地中海东岸新的稳定局面形成了鲜明对比,这种稳定局面是由一个新兴的土耳其王朝带来的——这就是以其创建者的名字命名的奥斯曼帝国。与先于他们的塞尔柱帝国一样,奥斯曼帝国推行的策略,也是立足亚洲,面朝西方,步步推进;至 14 世纪早期,他们已经在安纳托利亚的西部建立起稳固的据点。此后,他们蚕食掉塞尔柱王朝,并把疆域扩展到更远的地方。1453 年,奥斯曼王朝终于实现了之前的伍麦耶王朝持续 7 个世纪的夙愿:他们攻陷了君士坦丁堡。截至 16 世纪早期,他们控制的地区包括:小亚细亚、整个黑海地区、巴尔干半岛的大部、中东地区,以及埃及的伊斯兰地区。直到 1922 年,奥斯曼帝国才终于走到它的尽头。

300　　　　在西方,14—15 世纪同样也事端不断,这明显地表现在一点上,即人们对那种支撑着整个中世纪中期文明的价值观的信念已经逐渐地衰弱了。怀疑论和幻灭感取代了经院哲学中固有的那种乐观主义精神;在知识分子当中,曾在 13 世纪盛极一时的那种欲将物质世界和不灭的精神融合起来的热情已经减退;某些作家和艺术家已经不再专注于爱与英雄的故事,而是转向幻想、怪诞、魔鬼、死亡等题材;到处都弥漫着悲观主义与幽闭恐怖的迷雾。这是一个过分崇尚流行的时代,贵族们的趣味就在于穿着尖头朝天的长筒靴漫步,并让样式古怪的头饰折

图 12.1　阿尔罕布拉宫

阿尔罕布拉宫复杂的宫殿和防御工事大多建于 13 世纪，图中的亭阁和庭院只是很小的一部分。1492 年，伊莎贝拉和费迪南德攻陷格拉纳达后居于此地。这里如今依然是精美的中世纪伊斯兰建筑的典范。

磨他们的脖子；这还是一个过分虔诚的时代，部分基督教信徒将自己活活饿死，而另有部分则靠狂暴的鞭身折磨自己；这也是一个极度恐慌的时代，充斥着对最后的审判、叛乱的农民、魔鬼以及女巫的恐惧。

　　然而，这个充满了暴力、不安以及极端的时代，却也富有非凡的创造性。它用它的五彩斑斓的成就，在"中世纪欧洲"与"现代欧洲"之间架起了一座桥梁。14—15 世纪中，人们以多种方式发展了中世纪欧洲的生产力。1300 年至 1450 年间，教皇的权力被大幅度削弱，不过，在有关基督教信仰的事务上，教廷的至高权威也在这时得以重建。西欧的王国大多疲于内外战争，直到 15 世纪中期，才有部分君主以类似于法国的腓力·奥古斯都（1180—1223 年在位）或英王爱德华一世（1272—1307 年在位）的方式，巩固了他们的统治。中世纪晚期的贵族阶层被迫适应新式的战争以及土地所有制度，不过，在 1500 年时，他们事实上仍然过着养尊处优的生活。作为中世纪中期发展核心的城镇，遭到了来自大瘟疫的毁灭性打击；不过，在 15 世纪末，它们又重新发展起来。而中世纪文化——就是被乔万尼·薄伽丘（Giovanni Boccaccio，1313—1373）、弗朗西斯科·彼特拉克

(Francesco Petrarch,1304—1374)、杰弗里·乔叟(Geoffrey Chaucer,约 1340—1400)、克莉斯蒂娜·德·皮桑(Christine de Pizan,1364—1430)、弗朗索瓦·维庸(François Villon,1431—约 1463)等作家所描述的那种文化——则不仅是在中世纪晚期的种种危机中存活了下来,而且更是得到了发扬光大。此外,在这种繁荣的文化中产生出来的作品,其实用价值也是空前的——这是因为有更多的作家投入到本国语言的写作中;有更多的人具备了阅读的能力;1450 年之后,借助活字印刷术,有更为廉价的书籍被制造出来。

在这几个世纪里,人们一方面发展了在此前建立的根基,一方面也在朝新的方向寻求发展。现代性(modernity)是一种很难被界定的概念;若是想要划清其时间段,则更是难上加难。不过,很多人都会同意,公元 1500 年,正是开启了一个"现代欧洲"的年份——这个"现代欧洲"是脱胎于其中世纪前身的,这就表现在它的"文艺复兴运动"、它的对于科学的信仰、它的新教、它的资本主义经济、它的更大更重要的城市、它的地理扩张主义、它的单一民族国家,以及它的政治迫害、它的奴隶制的复活、它的各个阶级之间的紧张状态。我们可以看到,所有这些现代性的方方面面,都是植根于 14—15 世纪的;举一个例子来说,马丁·路德(Martin Luther)的思想,就是继承了约翰·威克里夫(John Wycliffe,约 1330—1384)与扬·胡斯(Jan Hus,约 1373—1415)的学说,以及中世纪晚期基督教领域中的反教权主义和反教皇主义的观点。路德的反叛,造就了一个"现代"的基督教派,但是从某些角度看来,这个教派也是建立在中世纪的观点与思潮之上的。事实上,有部分历史学家认为,鉴于我们一直是以"欧洲现代史早期"(early modern Europe)来指称 16—18 世纪的时段,于是公元 1300 年至公元 1500 年间的时期,也就有理由被称作"前欧洲现代史早期"(early early modern Europe)了。

然而,比为公元 1300—1500 年间的历史贴上标签更为重要的事情是:该怎样确定这段历史的特征? 对于那个时代来说,最贴切的描述就是这是一个同时充满了危机与活力的时代。在中世纪中期蕴含着的全部能量和全部弱点,都被倾注到这几个世纪当中;在这份丰厚的遗产之上,又添上了饥荒、瘟疫以及战争的困扰。在所有这些因素的作用之下,欧洲发生了剧烈的变化;这变化既有不安与可怕的一面,也有异常杰出和卓越的一面。

经济灾难与人口危机(1300—1350)

西欧的由盛转衰是一个逐渐展开的过程;在不同的地区,其进展又各不相同。早在 13 世纪中期，衰退的征兆就已经出现在部分地区的繁华荣光之中了。到了 14 世纪初，大量问题接踵而至——人口下降、市场缩减、货币贬值、可耕地不足、悲观失望的情绪四下蔓延——这些，都直接导致了经济的衰退。

上述问题的出现，倒也并非普遍现象。至少在意大利半岛的北部地区，经济衰退的迹象就远不如别处明显。佛罗伦萨的经济，在其规模庞大的纺织工业和跨国金融业的带动下，反倒繁荣起来。同样，对于那些依靠国际贸易和金融业务发家致富的商人或家族来说，情况也是非常乐观的。尽管佛罗伦萨的两大金融世家——巴蒂（Bardi）家族和佩鲁奇（Peruzzi）家族——在 14 世纪中期衰败下去，但是美第奇（Medici）金融世家的事业却繁盛起来。这个家族逐渐获得了整个佛罗伦萨的控制权，并成功地把家族的女儿们嫁入了欧洲的一些王室。而阿尔卑斯以北的部分地区，也或因有利的商业位置或因先进的技术，持续地发展起来。就法国城市布尔日来说，在中世纪晚期的大部分时间里，它都是处在蒸蒸日上的状态之中；这个城市的一个公民，雅克·柯伊尔（Jacques Coeur），甚至成为 15 世纪法国王室的债主。柯伊尔在布尔日建造的豪宅象征了一个时代的奇迹，直到今天，它仍然如一座纪念碑般屹立着，为中世纪晚期商业的繁盛提供佐证。不过，柯伊尔本人也正是被他的王室债务人——国王查理七世（Charles VII，1422—1461 年在位）——一手毁掉的；他的厄运降临，也正是发生在那座豪宅落成之后几个月之内的事。所以说，那座大宅子同时见证了柯伊尔的兴盛与衰败。对于那些将宝押在中世纪晚期危如累卵的欧洲经济之上的商人和金融家来说，衰败几乎就是他们共同的结局。

然而，仅就那些在 14—15 世纪中为经济衰退所主宰的地区来说，在它们各自经济滑坡的程度和影响的问题上，史学界也还存有尖锐的分歧。虽然所有人都承认，大瘟疫造成的数十万欧洲人的死亡，绝对不是一件令人高兴的事，但也有人指出，那场浩劫也是有其正面作用的，因为它也为那些从传染病肆虐的年月中存活下来的人们提供了更多的土地、粮食，以及其他资源。在对某个事件产生的影响进行评价的过程中，不同的视角通常会导出不同的结果。举大瘟疫之后的工资上涨为例，对于雇佣劳动力来说，工资上涨是一件极好的事情，因为他们可以凭更少的劳动获得更多的报酬；但是对于地主来说，这一变化的后果却是极为恶劣的，因为突然之间，雇用人手去耕种他们的土地所需要的工钱就高到了惊人的程度。因此，尽管地主们承担了巨大的损失，而且整个经济的产出也经受了全面的滑坡，大瘟疫之后的时期还是成为——诚如一个历史学家所称呼的——"劳工的黄金时代"（见年表 12.2）。与此类似，尽管

302

基督教会在中世纪晚期罹受了巨大的打击,但基督教精神还是获得了不少新的发展方向,前景大好。

年表 12.2　经济发展和社会变化,1300—1500

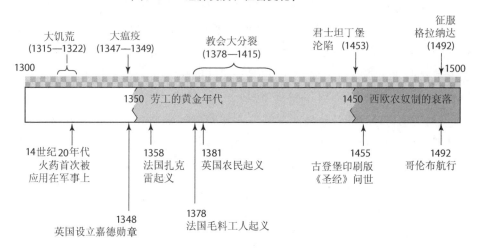

人口过剩与饥荒

303

　　到了 14 世纪初期,之前数个世纪以来的人口剧增终于达到了顶点,欧洲面临人口过剩的局面。试举英格兰为例,在公元 1300 年,定居那里的人口数达到了 600 万左右,这一数目几乎是 1066 年人口数的三倍,而实际的数字也许比这还大。如此数量的人口,已经超过了当时英格兰所能承受的负荷,直至 18 世纪的工业革命不仅改变,而且还提升了生产力水平之后,英格兰才具备了承受如此数量人口的能力。

　　简单地说,在公元 1300 年,欧洲的人口数量已经使得它的土地和农民不堪重负。就北欧的农业来说,其生产技术还停留在以重犁、三田轮耕制、风磨等早期技术创新为代表的水平之上,在当时来说,这种农业已经发展到它的极限了。虽然农民们不断地在开垦新的土地,但这些土地所处的位置,都是在从未被开发过的边缘地带上,都是十分贫瘠的。当时的土地紧缺已经达到了非常严重的程度,以至于部分农民甚至饥不择食地把求生的希望寄托到了那种极端贫瘠的土地上,而那种土地,即便是在今天,在被大规模机械和化学肥料武装起来的农民们看来,也是无法耕种的。

　　人口增长,生产力下降——情况已经够糟了,但地主和国王们却还在雪上加霜。许多庄园主对收入锐减做出的反应，是大幅提高租金水平，以至于让他们的佃户被彻底榨干。国王们的所作所为也大体如此。譬如英格兰的爱德华一世和法国的腓力四世，在他们统治之下，官僚风气和连年战争导致了沉重的赋税和徭役。正如一个 14 世纪早期歌手所埋怨的那样"每四个便士中，就有一个是国王的"。

老百姓面前是这样的处境：有更多的人需要养活、有更高的地租、有新的赋税、有更稀缺的资源——他们根本就没有出路，生活水平急剧下降。农民的财产一再减少，工资水平一落千丈，食物紧缺不断加剧，每个人都显得筋疲力尽、面黄肌瘦、垂头丧气。

到了此后的 1314 年秋天，雨也下得反常，这为接下来出场的几个异常湿冷的冬天拉开了序幕。这一现象的必然结果就是接踵而至的坏收成。由于农民们已经耗竭了他们的土地，掏空了他们的谷仓，所以坏收成也就意味着饥荒。人们赤着脚、摇着铃，加入忏悔者的游行队伍，祈祷上天赐予好的天气。但是饥荒还是来了，并且一直从 1315 年持续到 1322 年。那些老幼穷苦之辈率先死去。城镇居民比农民遭受着更为深重的苦难，因为后者稍多一点寻找食物的便利。因为虚弱的身体更容易遭到疾病的侵袭，又有很多人倒在了疾病而非饥饿的面前。这是一个人人自危的时期，到它结束的时候，这场大饥荒——欧洲历史上最严重的饥荒——已经造成了至少十分之一的欧洲人死亡。

在欧洲的某些地区，动物也出现了大面积的死亡现象。因为在这段时间里，牛羊牧群中同样有流行疾病蔓延开来。某些家族的牛羊群损失过半，而且这种损失甚至不会留下哪怕一点肉食或皮革作为补偿。人口骤减、国库空虚、土地也不再如以前般富饶——早在 14 世纪中期的大瘟疫到来之前，欧洲就已经是举步维艰了。

大瘟疫的到来

"黑死病"（Black Death）一词对今天的人们来说，是毫不陌生的；但它其实是一个直到 1833 年才被使用的现代术语。中世纪的人们把以之为名的那场浩劫称作"大瘟疫""大死难"或者"大灾难"。历史学家们一直都自认为了解导致这场灾难的疾病。主要是淋巴腺鼠疫（bubonic plague），由老鼠携带，并由会咬老鼠和人的跳蚤传播；其次是肺鼠疫（pneumonic）和败血性鼠疫（septicemic）两种变体，分别破坏肺部和血液循环。19 世纪末，淋巴腺鼠疫席卷印度，当时历史学家们正开始研究 1347 年至 1349 年的这场欧洲大灾难，而这一疾病至今仍然存在,例如在美国西部的草原犬鼠中。不过针对公元1350年前那几年里摧毁欧洲的确切病因,并没有共识。对于淋巴腺鼠疫的说法有大量反对证据。疾病的季节性周期与跳蚤的季节习惯并不相符;其传播的速度远远超过现代所观察到的淋巴腺鼠疫爆发的速度;有关中世纪感染者的描述与现代的症状并不匹配;并且也许最令人困惑的是,在中世纪疾病大流行中并没有大量老鼠相继死亡的报告。就连对当代发现的大规模坟墓中死者牙齿的DNA分析都没能解决这场辩论。一些实验室报告发现了鼠疫杆菌的证据,而其他的则没有发现。疾病会随时间变化,因此,或许1347年至1349年的这场传染病是某种中世纪的淋巴腺鼠疫,与我们今日所见极为不同。不过也许就完全是别的疾病。无论如何,我们对疾病的走向更为有把握。在1347年至1348年间的冬天,大瘟疫率先在西西里和撒丁岛登陆;通过商船从克里米亚(Crimea)半岛传入。紧接着迅速地在因营养不良而变得孱弱的密集人群中传播开来。

　　如地图12.2所示,在随后两年间,瘟疫以惊人的速度扩散到整个欧洲。在这场灾难中,死亡人数是无法被确知的;但我们知道,欧洲损失了大约三分之一的人口。在部分人口密集的城镇,死亡率甚至超过了50%。此外,修道院也是重灾区之一,大量神职人员因照顾垂死的人而染病身亡。相对来说,那些生活在僻静乡村中的人们则要幸运得多。

　　欧洲人被瘟疫的到来惊呆了,这主要是因为,对于传染病的成因,14世纪的医生和术士是一无所知的。有些人把瘟疫的爆发归因于星宿的力量;另有一些则归罪于地震和烟雾;还有的人则以为,是犹太人在井水里下了毒(有时,在伊比利亚半岛的阿拉伯人也被控以同样的罪名);也有人想到了用迁移与隔离的手段控制瘟疫。而几乎所有人都在这一点上达成了共识:大瘟疫造成的恐怖,正是上帝的愤怒的征象。不论是在教皇所在地阿维尼翁还是别的地方,神职人员都组织起了大型的宗教游行队伍:

　　　　有来自各种地方的约2000人参加了这些游行,男人女人都有,大多赤足,穿着苦行衣或涂着灰。他们面目悲哀,涕泪纵横,披头散发地行走,并残酷地鞭打自己直到血流如注。

　　其他的基督徒则攻击犹太人——"因为他们以那种方式取悦上帝"(摘自一个目击者的记载)。于是,在西欧基督教世界中那些尚为犹太人留有一点生存余地的地区,那些在瘟疫威胁之下苦苦支撑的犹太人,还必须同时面对因恐惧而暴怒的基督教众。1349 年 2 月，斯特拉斯堡的基督教徒杀害了 2 000 余名犹太人；同年 7 月，定居法兰克福的犹太人全体也遭遇了同样的命运；8 月，美茵茨和科隆地区的犹太人定居点被取缔；而其他一些更小型的犹太人定居点，也同样遭到恐怖的破坏。

这次瘟疫中流行的疾病发病迅速，且伴随有令人厌恶的症状；所以由它带来的恐惧，因此也进一步地扩大了。在这场瘟疫中不幸遇难的人们，其死状都极其恶心，简直惨不忍睹，气味也让人难以忍受，更别提为他们提供看护了。当时死亡的人数是如此之大，以至于根本无法以适当的方式加以掩埋（参见图 12.2）。举例来说，就有一位目击者记载了这样的事情：地中海上一些船只，其上的船员

305

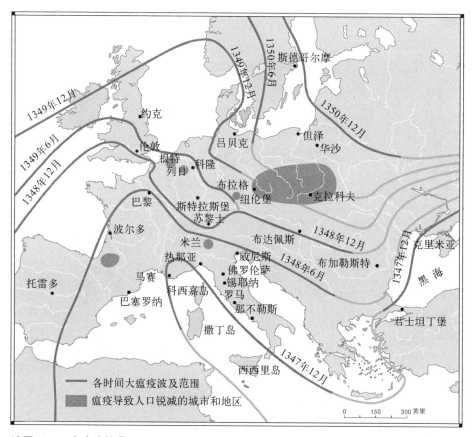

地图 12.2　大瘟疫的蔓延，1347—1350

当瘟疫最初在 1347 年年末登陆欧洲的时候，它首先攻陷了西西里岛、撒丁岛以及科西嘉岛，然后是这几个岛屿北面的地中海岸。其后，瘟疫大举朝内陆蔓延。至 1348 年夏，它已经推进到巴黎；到了 1349 年年末，整个西欧已经全面陷入瘟疫的掌控。只有极小部分地区没有被瘟疫侵占，其具体原因不得而知。

全部死亡,只剩下阴森森的船在海上漫无目的地漂游。有些时候,恐惧驱使着人们抛弃病患者,而随之一道被抛弃的,还有许多基本的社会责任。锡耶纳城的一位居民就作过如下记载:

> 父弃子,妻抛夫,兄弟相背,只因疾病被认为是在呼吸与目光之间传播的。人们死后也无人肯为他们安葬……在锡耶纳的很多地方,人们挖出巨大的坑,并把大量尸体堆在里面……而在这座城市周围,还散落着很多仅被一层薄土覆盖的尸体,常有尸首被野狗挖出并吞食。

在这些前所未见的恐怖年月里,大瘟疫破坏的还有人与人之间的关系。

306　**图 12.2　"埋葬"**
这幅图为我们展示了中世纪时死者出殡的情景。

调整与复苏（1350—1500）

瘟疫反弹的威胁

　　到了 1349 年年末，大瘟疫的第一波攻势已经过去。精神创伤未了，伤心往事不绝，那些幸存者们又罹受新的打击，不过他们也多少建起了些许对瘟疫的免疫能力，并因此而得到些许保护。据说，结婚率和生育率在 1349 年后立即空前高涨。这其实是很有可能的，因为此时人们的当务之急，正是保存家族血脉，并使荒芜的田野村舍重新焕发生机。但是瘟疫其实尚未结束——远远没有结束。

　　在 1361—1362 年间，瘟疫重回到欧洲的某些地区。在此期间，那些出生于大瘟疫之后的年轻人受害尤其严重，因为这是一个没有经历过先前瘟疫暴发时期的人群，他们缺乏相应的免疫能力。这场"孩子们的瘟疫"，还只是大瘟疫的一系列反弹的前奏而已：在 1369 年、1374—1375 年间、1379 年、1390 年、1407 年等年份，以及 15 世纪的每个十年当中，都有瘟疫复发的现象出现。到了 16—17 世纪，瘟疫发生的频率虽有降低，但始终还是流传了下来。尽管这些后续的瘟疫都没有造成如 1347—1349 年间那样大规模的死亡，但这种似乎是永无止境的周而复始现象，却在欧洲人心中绷紧了一根弦，使他们保持着高度的焦虑。每一代人都会在某处遭遇一次瘟疫暴发。而在大瘟疫的第一波攻势后巨幅下降的欧洲人口，也在很长一段时期内都保持在一个相当低的水平上。直到 1500 年，欧洲的人口数量还远没有达到 1300 年的程度。

　　大瘟疫带给人们的不幸是无法衡量的，而这种不幸带来的影响也显而易见：欧洲的羊绒和粮食市场遭遇急剧的衰退；劳动力严重缺乏；某些城墙遗址环绕着无主的荒地；大量村庄被废弃——直到今天，我们还能在欧洲的某些乡村看到这些掩映在杂草丛中的村舍废墟。

中　世　纪　传　说

哈米伦的弄笛者

　　在 1284 年的哈米伦城发生了一件事情，由此诞生了一个流传至今的故事，这就是"哈米伦的弄笛者"（Pied Piper of Hameln）。这是一个简单而悲伤的故事：德国中北部城镇哈米伦老鼠成灾，该城市长悬重赏请人设法消除鼠患。一个笛手用美妙的乐曲吸引了鼠类，并把这些陶醉在音乐中的老鼠引到河里淹死了。可是，市长却在事后食言，不肯兑现他开出的赏金；于是这个笛手就吹起了另一支曲子，把城里的孩子们带到城外，引领着他们走向死亡。借着罗伯特·布朗宁(Robert Browning)在 1842 年就这个题材而作的著名诗歌《哈米伦的弄笛者》，这个小故事在英语世界里掀起了一阵热潮。而德国的格林兄弟也曾在 19 世纪早期深入研究过这个故事的不同版本。在德国的传说中，这名笛手被称作"捕鼠人"，这令他的传奇色彩稍有减弱。这个故事在中世纪时的面貌已经是无法复原了，包括一块图案是笛手和孩子们的彩绘玻璃窗——据记载，其年代可以上溯至公元 1300 年左右——在内的大多数相关物件都已佚失。现存最早的有关这个故事的文字记载是在 15 世纪中期，它提到了一个笛手和丢失的孩子们，但却没有老鼠。对这个传说的解释，尤其是对失踪的孩子们的命运的探寻，业已成为历史研究领域的一个精细分支。关于孩子们的死因，总共有下面几种说法：或是瘟疫，或是泥石流，或是在一艘鬼船上，或是一场战争，或是十字军东征，还有最不可信的一种，说是被不明飞行物里的外星人诱拐。也有可能，孩子们根本没有死掉，而只是离开了哈米伦城，并像中世纪中期的很多德国人一样，向东方迁徙(如果是这样的话，那么他们实际上应是年轻人，而非小孩)。就我看来，最好还是不要把这个故事当作真实历史的写照，而应该把它视作一个反映了中世纪晚期那个困难重重的时代，以及造就那个时代的人们的焦虑的故事。不过，这种怀疑的论调，是丝毫也不能影响到今天那些在哈米伦城中为游客们提供消遣的笛手们的。不管这个故事是真有其事，还是纯属杜撰，它都是有这样一层教育意义的："付钱给笛手"，不然就得承担后果。在 http：//www.pitt.edu/~dash/hameln.html，你可以读到有关这个故事的各种说法。

乡村的复苏

大瘟疫以一种冷酷无情的效率，迅速地从根本上解决了欧洲农村的人口过剩问题。经历了每三个人中就有一个在两年内死掉之后，到 1350 年，那些幸存的人们终于有了充裕的耕地。这也导致了严重的劳力短缺现象，和需要做的工作相比，工人数量严重不足。

在公元 1300 年，孤注一掷的农民们曾经把那些处在边缘地带的荒地也开垦出来；到了 1350 年之后，这些不适宜耕作的土地则又恢复为荒地。很多良田，在公元 1300 年时租赁条件极其苛刻，一到了 14 世纪晚期，也可以较合适的条件租到了。在土地贬值的情况下，某些富有胆识的农民购买田产，并将多余的田地出租。他们由此发家致富。这些人的成功，慢慢地改变了农民社会的构成，加深了存在于富农与贫农之间的鸿沟，并为此后富农阶级的形成打下了基础，现代历史早期的英国自由民阶层（yeomanry）就是其代表。

其他的农民则获益于劳力，而非土地。因为对这些在大瘟疫中幸存下来的劳动力的需求极大，所以相应的工资水平获得了显著的提高，进而劳动者的生活水平也有了明显改善。雇主们当然并不乐意于支付如此高的薪资，某些人试图依靠与其他雇主的联合来控制工资水平，而另一些人则通过立法来实现同样的目的［举例来说，英国在 1351 年颁布的《劳工法案》（Statute of Laborers）就试图将工资稳定在瘟疫之前的水平上］。但是这些策略都不可能扭转经济大潮前进的方向。大多数缺人少力的雇主还是按照市场的要求支付了工资。这的确是劳工的黄金时代，但并没有长时期持续下去。到了 15 世纪晚期，工资水平开始下跌；与那些有土地积累的农民相比，以雇佣劳动为生的人们重又成为穷人。

不管是对富农还是贫农来说，后瘟疫时期的经济都还有另一重收益：农奴制的衰亡。这一变化，在某种程度上也是农民的怨愤与反抗的结果。因为到处都有高薪和良田，而旧式庄园却还在继续要求着带奴隶性质的服务，于是部分农民就直接离开了这些庄园。另有一些人，则通过起义来争取自己的自由。因为早在大瘟疫晚期，农民的反抗就已经开始动摇欧洲的农村体制了。第一次这样的农民起义发生在 1358 年，起初是法国农民的一系列抗议活动，后来就逐渐扩大成为巴黎周围地区的农民起义。这就是"扎克雷起义"［Jacquerie，它是根据法国贵族对男性农民轻蔑性的称呼"乡巴佬"（Jacques）而命名的］。这次起义的持续时间只有数个礼拜。到了 1381 年，则有英国农民组织起他们的起义。这次起义遍及了英格兰东南的大部分地区，并直指首都伦敦。英国国王理查二世（Richard II, 1377—1399）诱杀了这次起义的领袖，然后很快地分化并镇压了剩下的起义者。类似的暴动也爆发在神圣罗马帝国、匈牙利、挪威、芬兰、瑞典、伊比利亚，以及尼德兰境内，同样也被镇压。只有一次大型起义获得了成功，那是发生在 15 世纪中期的加泰罗尼亚（Catalonia）的事情。当时在贵族和市民阶级的联盟与国王之间，正在进行一场内战；农民们趁此机会集合起来，结束了压迫他们长达两个世纪的"坏习俗"——这是出现在官方文件中的用语，因为在这场

308

309

斗争中,农民们的主要同盟者不是别人,正是他们的国王。

　　尽管绝大多数的起义都在短时间内以失败告终,但它们的精神却得以传扬开来。英国的起义者们明确地提出了结束农奴制的要求,并对构成贵族特权制度之核心的不平等现象提出了质疑。他们的一个领袖,约翰·鲍尔(John Ball),就曾用振聋发聩的语言质疑过这种特权制度,他说:

> 亚当耕地,夏娃织布,
> 那时哪有绅士淑女?

　　所以说,这些风起云涌的起义运动,为地主精英阶层敲响了警钟,让他们开始醒悟到:不能再以那种严酷剥削的方式管理他们的领地了。

　　经济的发展也在为这种转变推波助澜。工资水平的上涨和粮食价格的下跌,就像两把架在地主脖子上的利刃;当时威胁着他们的这两大元素,被形象地称为"价格剪刀"。面对着农耕成本上涨和农业利润滑坡的困境,欧洲西北部的地主放开了对其私有土地的直接控制,并转而开始把这些土地出租给农民。在这些土地被出租之后,农奴——尤其是他们每周按时提供给庄园土地的劳役——就失去意义了;而由庄园控制农奴的模式,也开始瓦解了。通常,农奴们并不能得到名义上的自由;但是由于他们的领主不再为那些劳役、供奉以及带有奴隶性质的惩罚提出要求,这些农奴实际上已经是自由身了。到了公元1500年,农奴制在欧洲西北部地区彻底地退出了历史舞台。这并不是因为起义,而是因为农奴制的经济与意识形态基础都已经衰败。

　　面对着价格剪刀,也有地主采取了不那么积极的对策,这主要有两种,其中一种正是与将领地出租的办法背道而驰的——15世纪的某些地主把更多,甚至全部的庄园属地都直接划归到自己的管理之下。他们终止与佃户的契约,把庄园改为单一的大型农场,并将谋利的希望寄托在羊毛、肉类、葡萄等方面。早先被全部佃户共用的土地现在被地主独自圈了起来,这就是通常所称的"圈地运动"(enclosure)。圈地倒也以一种曲折的方式推动了农奴制的衰败,因为就在地主解除与佃户的契约的同时,他们也失去了对佃户的控制权。不过,对农民的驱逐也有可怕的一面。在15世纪晚期,很多世世代代扎根于某个村庄中的家庭,都在一夜之间失去了土地,被赶到路上。

　　还有一种对策,那是在东欧,面对着价格剪刀的威胁,那里的农奴制度非但没有被削弱,反而得到了加强。在东日耳曼诸邦和波兰,地主们不仅不对佃户采用怀柔的策略，反倒诉诸高压，像这样的情况之所以发生，正是因为在这场危机中，他们的整个邦国都陷入了困境；换句话说，是这些地主头上的国王们在为他们撑腰，后者用巧妙的手腕强化了地主对佃户的控制权。有了这些新的权力，地主们也就毫不客气地勒紧了农奴制的缰绳，把农奴们的劳役加重到前所未有的强度。公元 1500 年左右，靠着农奴的劳动，地主们开始了大规模的粮食生产活动；而这种大规模的生产活动，也在此后的几个世纪中，主宰着普鲁士与波兰的农业经济。对于加泰罗尼亚地区的农民来说，国王正是他们对抗地主高压的强大援助；而在普鲁士与波兰地区，则正是由于农民们缺乏强有力的中央集权，地主们才肆无忌惮。

市镇与城邦的复苏

在大瘟疫中，西欧的市镇与城邦失去了大量的人口，不过，他们的复原也相当迅速。尽管有不少村庄在瘟疫中整个地被毁灭或者荒弃，但是那些重要的城市却都保存了下来。在农村，大片大片荒芜的土地杂草丛生；与之相比，城市经济的回升要迅速得多。总的来说，在公元 1500 年，城镇在整个欧洲的生活中已经占据了相当突出的地位，影响力巨大，在这一点上，1350 年之前的城镇是要逊色得多的。

大瘟疫给欧洲的贸易带来了极大的破坏。此后，供求关系的格局被彻底地改变，以粮食市场为例，在 1348 年以前，谷物是一种有着高额利润的商品，可是在损失了三分之一的人口之后，这市场却全面地崩溃了。另外，在 1348—1349 年间的混乱中，还有大量的商业合同被终止，于是在此后的时间里，商人们必须寻找新的合作伙伴，建立新的合作关系。从总量（而非平均数量）上看，生产和贸易都经历了滑坡。基于这种原因，部分历史学家把中世纪晚期看作城市发展的低峰期。

在这种环境下，富有的商人以及行会领袖们为了保住他们的优越地位而使出了浑身解数。在市政府中享有一席之地历来就不是一件容易的事情，而此时则更是难上加难。行会开始进一步加强他们的行业垄断能力，而行会的入会要求也变得极其严格，以至于在大多数贸易领域中，都只有很少部分的幸运儿才得以参与（这少部分人的"幸运"，通常都是得自继承或者婚姻）。城市人不时地做出努力，试图加强对其周边农业地区的控制，使之正式化、扩大化，以便确保食品的稳定供应。某些时候，这些努力背后，也有出于巩固行会对农产品的控制的考虑。

在处理有关这些周边农业区的问题时，城市上流人士不时会与当地贵族发生冲突，此外，他们还要面对劳工们高涨的敌对情绪，因为工资和物价让这些劳工处在提心吊胆的状态里。1350年之后,大批农民涌入城邦与市镇,其规模之大是前所未有的。这类移民中的很多人都缺乏胜任技术工作的能力,致使城镇半失业人口大面积增长;在工资水平高居不下的时期,这种状况一直没有改变。昂贵的食品价格、低水平的工资、工作减少,这三者历来就是危险的征兆。在这一时期,既得利益者与未得利益者之间的矛盾,也因此而处于白热状态。以佛罗伦萨为例,这座城市在大瘟疫之后,又经历了毫无结果的战争,负担沉重;还有1378年毛料工人起义(Ciompi rebellion)的动荡。这次起义很快就被镇压下去,而其他城镇中的反抗活动也都遭到类似的命运。一般来说,富有的商业家族还是保住了他们在经济上的特权地位。

311　　置身14世纪末到15世纪新兴的经济大环境中,城镇在经历骤缩的同时,也获得了发展的活力。纺织工业在部分英格兰城镇中兴旺发展起来,于是,在公元1300年还只是一个羊毛出口大国的英格兰,到了公元1500年就已成为一个成衣出口大国了。在日耳曼地区,部分城镇投资采矿业,依靠新的开采技术,从铜矿和铁矿中获取利润。其他的城镇则开始致力于亚麻和丝绸的生产。在佛兰德斯的某些城镇,相对廉价的衣物取代贵重衣饰成为生产的主流,生产商以这种方式打开了更为广阔的市场,以应对中世纪晚期生活水平和消费能力的持续提升。而葡萄牙的某些城市,则利用在造船和航海方面取得的进展,建立起通往非洲西岸的贸易航道。面对中世纪晚期的经济挑战,某些商人的应对方式保守,一味着眼于对既有特权的保护;而另有一些人,则依凭着更为开阔的眼光,积极地探寻新的市场、新的商品,以及新的贸易路线。

这时出现了三种大变化,对欧洲的未来影响尤其深远。第一种,也是最关键的一种,就是发现了诸海相连。这一发现是随着航海探索的进行而逐渐获得的。由此,人类第一次认识到:海洋是相互连接的统一整体,任何有航海能力的船只都可以驶往任意的海岸。这些探索航行并非始于1492年的哥伦布航行,而是更早以前就已经开始了的。当然,早在9世纪维京人就已穿越北大西洋,在格陵兰岛和冰岛定居;但直到14世纪初,大型探索才算开始,威尼斯和热那亚的船只开始对大西洋外海的探索,他们花费数年时间穿越直布罗陀海峡,并一路驶往英格兰、佛兰德斯,以及加那利群岛(Canary Islands)。到了14世纪中期,通往马德拉群岛(Madeiras)和亚速群岛(Azores)的贸易路线已经被打通,而到了下个世纪,这些岛屿,以及佛得角(Cape Verde),都被划归到了西班牙或者葡萄牙的名下。截至公元1500年,葡萄牙的船只已经成功地完成了顺非洲海岸南下,并穿越印度洋(Indian Ocean)的航行,这为葡萄牙带来了直通印度以及远东的航道。

图 12.3　工业

这幅图出自一本德国的书,所描绘的是中世纪时工人工作的场景。

而当时西班牙的船只则横穿了大西洋,为他们的国家带来了一个美洲帝国,以及印加(Inca)和阿兹特克(Aztec)的财宝。传教热诚、好奇心、贪婪,共同构成了这一系列航海探险活动的动机,不过,到最后还是贪婪——或者说,商业利润——成了那些不惜生命到海上追逐财富的人们的首要推动力。到后来的 16 世纪,欧洲的商业经济将会因这些航海活动而被彻底改变。由于新航路缩短了旧有的贸易路线,奥斯曼帝国和意大利半岛的商业都将遭遇滑坡。未来的经济中心将不再落在地中海,而是要转移到大西洋与印度洋上去了。

　　第二种变化是部分企业家开始将工业生产——尤其是成衣生产——放到他们城镇周围的乡村。这些所谓的乡村工业(rural industries)使企业家们获得了更廉价的产品、更少的限制,而这些在城镇的围墙之内是不可能得到的;另一方面,这些乡村工业也为农民带来了额外的收入,尤其是在冬季农闲的时候。到后来的现代欧洲初期,乡村工业将会在工业生产与乡村经济中担当起中流砥柱的作用,甚至到了今天,它们也还在欧洲的某些地区保持着重要的作用。

第三种变化是技术上的创新驱动了 15 世纪大多数的经济腾飞。除了我们前面已经提到过的在采矿业和航海方面的进步以外,水力也被以更好的方式利用起来,机械钟表达到了前所未有的精确度,手纺车(在 13 世纪末初次引入欧洲)取代旧的拉线棒与纺锤,眼镜流行起来,冶金学的进步带来了两种新兴的城镇工业:火枪大炮的生产和活字印刷术。由中国人在 11 世纪中发明的火药①,在 14 世纪 20 年代的欧洲开始被用于军事用途——非常有限的军事用途——并在 14 世纪末至 15 世纪的战争中,成为愈发重要的因素。活字印刷术的应用始于 1445 年,当时美因茨地区制作了古登堡《圣经》(Gutenberg Bible);在短短一代人的时间里,这一新兴技术就造就了大约 36 个以印刷业为重心的城市——它们遍及牛津到瓦伦西亚再到克拉科夫(Krakow)的几乎整个欧洲。军火生产和印刷业都各自引进了一种全新的工作环境,大规模车间逐渐替代了家庭式作坊,这使大量的雇工为了每天的工作而聚集起来。

新的战争和新的贵族阶层

欧洲的贵族阶层是有大贵族与小贵族(或称绅士)之分的。两者共同分享着靠庄园和农民支撑的经济、勇武的气质,还有威望——这种威望,部分地得自为王室效劳。绅士阶层掌握的财富较少,而且他们的影响范围也只是局限在较小地区——教区、乡村,最多不过城镇。而大贵族阶层则享有更为广泛的经济基础与更为开阔的政治前途;他们的世界是与国王、王后,以及宫廷直接相关联的。

不论是大贵族还是小贵族,大瘟疫都让他们经历了惨痛的损失。许多世族在那场浩劫中终结于疾病和死亡之手。在其后的一个半世纪中,他们的社会与政治力量,又受到来自其他方面的日益严重的威胁。庄园与农奴制度的衰落,消解了贵族们在乡间的统治,因为他们中的许多已经变成了单纯的田产出租者,对佃户的控制力已经不复从前。有些平民靠着在官僚机构中钻营而挤入了贵族行列,这些人当然也是为王室效劳的,但他们可没有任何勇武精神。在

---

① 在历史上,中国早在唐朝时期,即公元 9 世纪左右就发明了火药,至两宋时期(960—1279)火药被广泛应用为战争工具,此处应是作者理解有误。下文的活字印刷术是北宋年间由毕昇发明的,比德国人古登堡的铅活字印刷术早了约 400 年。——译者注

此后的几个世纪里，痛苦的争斗还将爆发在被法国人称作"宝剑贵族"（nobility of the sword）的老贵族与"制服贵族"（nobility of the robe）的新贵族之间。一些雄心勃勃的农民在积累起土地之后也带来了类似的后果，他们让下层贵族中掺进了出身卑微却十分富有的人。举例来说，在公元 1400 年，克莱门特·帕斯顿（Clemente Paston）还只是英格兰诺福克乡间一个"不论寒暑都在犁后劳作"的人；他后来获得了一些多余的土地，选择了明智的婚姻，并把他的儿子送进学校读书。到公元 1500 年，他的后代就已摇身一变成为重要的绅士家族，并且成为诸如诺福克公爵和诺里奇主教等大人物的座上客。另外还有至关重要的一点就是：军事策略的改变使武装骑兵的地位下降，从而破坏了贵族阶层在社会地位与政治实力方面的根基。

面对着这一系列变动，贵族们和许多城镇上流社会一样，做出了这样的反应：他们试图重建自己的特权。当他们的庄园面临经济困难的时候，他们找出了新的方法来利用他们的土地和人民：或者是将世袭领地出租，或者是把庄园土地整个圈（enclosing）起来。他们还借助君主的力量寻求经济特权，比如说，在 15 世纪末的法国和卡斯提尔地区，贵族们就被免去了王室赋税。面对那些被君主们"造就"的新贵族，那些实质上的王室仆从，也就是老贵族们通过相互间的联盟来对这些新来者加以排斥，不让自己的高贵与这部分人混为一谈。在这方面，英格兰设立于 1348 年的嘉德勋章（Order of the Garter）与法国设立于 1351 年的星形勋章（Order of the Star），都是突出的例子。面对由步兵、弓箭手和大炮组建起来的军队，这些老贵族又把骑士制度发展到每一侧面都无比精致耀目的程度，甚至有人说是过分炫目了：熠熠生辉的盔甲、精细的竞赛程序、华丽的服装、骑士间的手足情谊，还有别开生面的彩旗与盾徽。

总的来说，这些策略达成了老贵族们的目的。在中世纪晚期，虽然贵族阶层对人民的控制力下降，对他们的阶级构成的干预能力也被削弱，在军事上的重要性也降到历史低谷，但他们仍然保持着精英的风貌，富有阔绰、出身高贵、孤拔冷峭。甚至于经历了在武器、军队、战略等方面的全面变化之后，贵族阶层仍旧保留了他们大部分的军事作用。在接下来的几个世纪中，冲锋陷阵的骑士还将继续在欧洲的战争中扮演重要的角色。

中世纪晚期的基督教

不管是哪一种疾病，只要它能造成三人必死其一的局面，这种疾病就难免会对宗教活动产生影响——就大瘟疫来说,这一点是毫无疑问的。尽管教会人士在大瘟疫中竭尽全力地试图通过忏悔游行与祈祷活动来控制局势,但还是发生了很多宗教方面的事变让教会感到无能为力,比如天主教徒对犹太人的歇斯底里的攻击。不仅如此,那些紧急时刻来临之时,惊慌失措的人民那些愤怒的目光,常常都是投向了教会。在上帝的愤怒降临之前,为什么教会没有对它的信徒们提出警告?为什么有比普通人更多的神职人员丧命?为什么有些神父抛下他们教区里的人民,连临终仪式和像样的葬礼都不让人民得到?于是,早在13世纪就已相当得势的反教权主义,更是在大瘟疫之后空前地兴盛起来。在14—15世纪中,教会的诚信和权力遭到了严重的质疑。

年表 12.3　西方基督教会,1300—1500

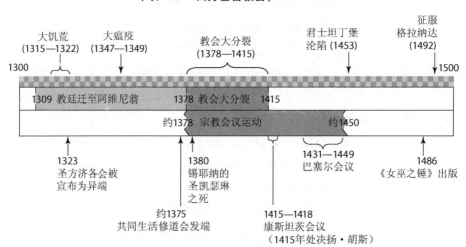

不过,对于基督教来说,中世纪晚期还是一个活力与危机并存的时期(见年表12.3)。在这一时期,基督教的虔诚表现得空前热烈,而其表达方式又迥异于之前;尤为突出的一点是对圣餐,特别是圣饼(或称神圣面包)的重视。对圣餐的崇拜其实由来已久,早在13世纪的贝居因女修士们(beguines)当中,这种崇拜就已十分普遍;但是,在中世纪晚期的圣体节庆典中,这种崇拜更达到了新的高度。圣体节始于1209年,它来自列日的朱丽安娜(Juliana of Liège)看到的一次神迹。这个设在六月某个晴朗日子里的节日,逐渐成为基督教历法中的一个主要节日项目。在这一天里,人们抬着圣饼,组成规模浩大的队伍,在城镇的大街小巷间游行;在这一天里,人们上演神迹剧,并举办体育活动;在这一天里,人们以教会售酒和其他教区活动为渠道,为慈善活动募集资金;在这一天里,人们对

犹太人展开攻击。正如从这个新节日的盛行中显示出来的，中世纪晚期的基督教信徒发展出了崭新的信仰形式；通过这些新形式，他们既为教会在精神上的重组打下了基础，也为在精神领域对教会的反抗埋下了伏笔。

教皇和教会会议

教会一直有一个理想，希望能建立起由教皇引领的基督教国家联合体（Commonwealth），但即便是在教皇英诺森三世领导下的繁盛时期，这个理想也没能全部实现。到了公元 1300 年，像法国国王腓力四世以及英格兰国王爱德华一世那样的君主，就已经开始积极地向教皇的最高权威发动攻势。此后，情况越发不可收拾，到公元 1500 年，作为一股国际势力的教皇，其实力已大不如昔；而君王们则大大加强了对各自土地上的教会机构的控制。在当时欧洲的许多王国与公国里，当某个高级教士的任免问题被摆上议席时，教皇的意思已经不再像原来那样重要了；同样地，教皇对神职及世俗人士征税的能力也已被极大地削弱；甚至于教会作为最后上诉法庭的职权——这是由教会法规确立的——也受到了威胁。更为严重的是，教皇在精神领域的权威也全面崩溃，横亘在虔诚的基督徒与教会之间的裂痕正变得越来越宽。

正如我们已经提到的，教皇在 14 世纪初迁到了阿维尼翁，那是和法国毗邻的一个城市；从 1309 年到 1376 年，数名富有才干的法籍教皇进行统治。只在极少数的情况下，居住在阿维尼翁的这几名教皇才屈从于法国国王；他们在很大程度上都是强大且独立的。但是，这几名教皇的所在之地，却让法国的敌人们觉得教皇已经不再是一股公正且具国际影响力的势力了。此外，这几名阿维尼翁教皇给人印象最深的地方，不是他们的圣洁，而是他们的政治手腕，因为正是他们，把其前辈对行政与财务管理效率的热衷追求推进到了完满的程度。阿维尼翁教廷运作良好的行政工作给人留下深刻的印象，但是它却没能让神秘主义者与改革家们满意；而它的赋税，也激怒了那些认为教皇只是隶属于法国的一件工具的人。所以说，尽管教皇正在变得更加富有、更加高效，但其精神基础却在不断流失。

人们曾经数次尝试让教皇迁回罗马，但是直到 1376 年，才由教皇格里高历十一世（Gregory XI，1370—1378 年在位）实现这一计划，回归圣城。教皇本人很快就对这一决定后悔不已；不过，他还来不及迁回阿维尼翁就去世了。人们很快就选出了两位新的教皇。红衣主教们选出了乌尔班六世（Urban VI，1378—1389 年在位），因为当时他们正受到一次罗马暴动的威胁，而这位教皇是待在罗马的意大利人。当红衣主教们不得不退到阿维尼翁时,他们宣布最初的选举结果无效,之后,教皇克莱芒七世(Clement VII,1378—1394 年在位)又应运而生,他是一个乐意于定居阿维尼翁的法国人。在此后的 40 年中,教会经历了它的大分裂(Great Schism)时期。分裂的双方,罗马与阿维尼翁,相互将对方逐出了教会;而欧洲的统治者们也因各自利益分成两派。法国及其盟国站在阿维尼翁一边,英格兰与神圣罗马帝国则为罗马方面撑腰,而意大利的那些邦国,则各自选择了于己有利的阵营。在此期间,教皇的声誉一落千丈。

315

几位中世纪晚期的教皇

卜尼法斯八世(Boniface VIII),1294—1303 年在位

克莱芒五世(Clement V),1305—1314 年在位

格里高历十一世(Gregory XI),1370—1378 年在位

乌尔班六世(Urban VI),1378—1389 年在位(阿维尼翁)

克莱芒七世(Clement VII),1378—1394 年在位(罗马)

马丁五世(Martin V),1417—1431 年在位

西斯科特四世(Sixtus IV),1471—1484 年在位

亚历山大六世(Alexander VI),1492—1503 年在位

从表面上看来,根据教皇权力的至高无上性,在西欧的基督教世界里,似乎再没有什么更大的权威有资格为敌对的两位教皇担任仲裁了。不过,很快就有人提出建议,要求通过一次由双方参与的教会全体会议对纷争进行调解。这一方案推行起来困难重重,因为没有人清楚,在教皇之外还有谁有资格主持这次会议。而两位教皇也都只把会议视为下级机构,认为他们只有资格提出建议(这其实正是过去的会议所做的事情),没有资格对教皇的无上权威加以评判。不过,最终还是由来自纠纷双方的一些红衣主教在比萨召开了一次会议。1409 年,500 名高级教士在那里废黜了当时的两位教皇,并选出了新的教皇。然而,由于那两位教皇都不肯承认这次会议的决议,所以,比萨会议的结果,反倒是把两方对峙的局面变成了三足鼎立。当时的情形荒唐滑稽。最后,终于由神圣罗马帝国的皇帝在康斯坦茨湖(Lake Constance)召开了另一次会议,结束了分裂。早先的两位教皇被废黜,第三位主动辞职,教会选出了新一任教皇马丁五世

(Martin V，1417—1431 年在位)，并最终回归统一。

对大分裂时期的终结，还只是我们现在所称的**"宗教会议运动"**(conciliar movement)的第一阶段——这一运动的宗旨，就是让教会会议取代教皇成为教会中的至高权威。当时的世俗王公们正受到来自国民会议的限制，受此启发，教会会议至上主义者们要求，教会也应当用类似的方法管理——也就是说，应该定期地召开全体会议，以便对教皇权力加以严格限制。这一观点既不新颖，也并不特别激进。以帕多瓦的马西利乌斯(Marsilius of Padua，1280—1343)和库萨的尼古拉(Nicholas of Cusa，1401—1464)为代表的政治哲学家早已对这种教会会议表示过强烈的要求。这一主张在康斯坦茨会议上受到了高级教士们的广泛支持，他们不顾教皇的反对，正式宣布，要定期召开全体会议，并在有关教会组织与教会学说的问题上保留最高权力。

教会会议至上主义者们的这些主张，遭到了马丁五世及其继任者们的坚决反对。这些教皇们继续坚持教皇至上原则。尽管他们确实召开了一些会议，却都是毫无效用的。在巴塞尔召开的教会会议是这类会议中的最后一次，它以很不体面的方式，为宗教会议运动拉下了帷幕。1449 年之后，教会会议不再对教皇在西欧基督教世界的统治构成任何实质性的威胁。

但是，教皇的至高权威又受到了来自另一方面的侵蚀——那就是在各个国家里逐渐成长起来的国家教会。在 1351 年与 1353 年，英格兰颁布了两道法令，限制教皇在英格兰教会内部的人事任免与法律规范方面的控制权；1438 年颁布的布尔日国事诏书(Pragmatic Sanction)，则在法国(或称高卢)教会中对教皇的干预能力设定了类似的限制；神圣罗马帝国也经由美因茨国事诏书而步了前二者的后尘。在 14 世纪，虽然教皇们都泰然自若地无视这些限制，还不时对其加以践踏，但是，新的原则——各国教会可以不受教皇干涉地处理部分事务——却被各国的国家宗教会议确立起来，并得到了教皇们勉强的承认。

随着教皇的国际影响力逐步降低，其重要性也江河日下。在时间上介于巴塞尔会议(1449)与新教改革运动(1517)之间的教皇们，相比于他们的前辈，已是大不相同的了。这表现在：这些教皇大多是意大利贵族，他们的注意力更多地集中在对教皇国而非整个西方基督教世界的统治之上。在放弃了关于一个国际性教会的大多数主张之后，教皇们转而投入到 15 世纪意大利的消遣性文化及其恼人的政治事务中。

15 世纪在教皇亚历山大六世(Alexander VI，1492—1503 年在位)的任期内画上句号。反观这位教皇在位的十年时间，就像是展开一幅讽刺画，几乎所有刺

316

痛教皇制度的东西都被浓缩在里面。亚历山大六世是一个文雅的人、一个了不起的政治战略家、一个慷慨大方的艺术赞助人,但是除这些以外,他同时还是——尽管不太适合——一个温柔的情人与父亲。他公开地和情人瓦诺莎·凯塔内(Vonazza Catanei,1445—1518)出双入对;这位情人生育了他的六个(另有说是八个)孩子中的四个。他还对其子西泽尔·波尔金(Cesare Borgia,约1475—1507)的一系列不道德活动给予了全面的支持;而这个西泽尔·波尔金的丰功伟绩,就是依靠暗杀、背叛以及残暴,在意大利半岛中部开创起一个波尔金国。到了教皇亚历山大六世逝世时,教皇明显已经不再是西欧基督教世界的精神领袖了。14 年后,马丁·路德(Martin Luther,1483—1546)开始发表他对某些教会政策的反对意见。当时的欧洲人虽然还没有为脱离基督教做好准备,却也是早已为抛弃荣光不再的罗马打好了群众基础。

普通基督徒对救赎的追求

对于普通的基督徒来说,大瘟疫及其多次余波都加剧了他们对生命的焦虑,这种焦虑既关乎此世,却也并非与来世无关。随着炼狱在精神上的重要性不断增长,这种焦虑又进一步地恶化。所谓炼狱,就是灵魂在进入天堂之前接受净化的地方。尽管炼狱在佛罗伦萨会议(1438—1445)之前并没有得到详细描述,但是与之相关的教义却早已影响着普通基督徒的行为。基督徒们通过各种各样的善举来拯救他们自己以及所爱之人的灵魂,使之免受炼狱中的净化煎熬。这些活动包括:朝圣、对圣徒的呼告、为死者举办弥撒、对宗教物品的崇拜、慈善遗赠以及购买赎罪券(indulgence,即教皇赦免罪行)。拯救日益地成为一种可被以商业手段得到的东西。虔诚和内在的精神性当然是有益的,但是大量虚伪的行为也被计算在内。

就教区来说,以上的这些想法使虔诚形成一种充满活力的文化。在这段时间里,许多教区教堂被建立或重建起来,并且得到了扩充、装饰以及美化。教区居民时常通过虔诚的教区公会(parish guild)或者教区协会(confraternity)聚集起来,从事为慈善事业募集资金、敬奉某位圣徒,以及追求精神目标等类似的活动。此时的大多数教区神父都比以前的更胜任其工作,这尤其要归功于那些神职人员手册——它们或以本国文字写成,或以拉丁文写成,记载了神父的职责以及一年中应有的布道。从教区看来,相对于以前,中世纪晚期的基督徒有了更好的教堂、更好的组织、更好的指导;这些都为他们对救赎的追求大开方便之门。

图 12.4 灵魂在炼狱中得到净化

让人们操心的事情很多，其中既包括拯救，也包括诅咒。魔鬼和他手下的妖邪越发地让人难以释怀，古老的魔法又被赋予了新的恶魔化的背景；而以前被认为是误入歧途的东西，则越发地被视作邪恶。诸如此类的担忧被一本女巫猎人手册推到了顶峰，这就是由两个多明我会修道士合著于 1486 年的《女巫之锤》（*Malleus Maleficarum*）。直到现代初期，这本穷凶极恶的书才在欧洲人当中找到广阔的用武之地；15 世纪晚期的人们并未对此书青睐有加，其作者甚至被某些城镇驱逐。然而，此书却与其他很多内容一道，在中世纪晚期构成了部分现代性的根基；日后，将由此而萌生出现代性的一个基本特点，并在 16—17 世纪歇斯底里的剿灭女巫运动中表现出来。

318

超凡的基督徒对救赎的追求

与此同时，大众之外的一些特殊基督徒们，则投身于个人主义的或神秘主义的精神历练，这对教会组织提出了挑战。这一类个人主义、神秘主义思潮都是关系紧密的，它们都强调个人与上帝的精神联系。神秘主义者往往拒不承认神职人员与圣礼活动是通往神圣恩典的途径。这些神秘主义者的信念与行为通常都十分传统，但是他们却通过与上帝的神秘关系而生活在一种无以名状的狂喜中，在他们眼里，一切的神父、教皇、圣礼都是不必要的。

对于中世纪晚期的基督徒来说，渴望与上帝的隐秘联系并不新鲜。宾根的希尔德加德（1098—1179）就曾是一位"上帝的女预言家"，而托马斯·阿奎那（约1225—1274）也在晚年脱离学术，转而投向神圣的启示。在 14—15 世纪里，神秘主义在基督教活动中的重要性日益突出，这部分地要归功于 13 世纪末期的贝居因神秘主义者,以及和他们同道的一位多明我会修道士,埃克哈特大师(Meister Eckhart,约1260—1327)。埃克哈特将禁欲主义与神秘主义结合起来,宣称只要能将灵魂中所有的欲望净化,就能达到与上帝的神秘接触。这一学说,为后来的锡耶纳的圣凯瑟琳(St. Catherine,1347—1380)所继承(详见"人物传略")。而当时的许多神秘主义者,更是为了追求上帝而抛弃了饮食、睡眠以及其他基本需要。他们强调崇拜胜过思索,强调精神洁净胜过外在善举,并指出通往神圣极乐的道路在于对神圣的体验而非圣礼活动。在面对强有力的人物之时,他们也能直言不讳。瑞典的博吉塔(Birgitta,1302—1373)就曾直斥教会的弊端,并敦促阿维尼翁的教皇返回罗马;锡耶纳的凯瑟琳也做过同样的事,她甚至当着教皇格里高历十一世的面,对后者的堕落宫廷中散发的"恶臭"大加埋怨;而且,就算是那些谦逊的神秘主义者,比如说斯西丹的里德维纳(Lidwina of Schiedam,1400—1433),也曾质疑过神父的权威。里德维纳本人曾经把她的神父递来的圣饼吐出,理由是作为圣饼的这块面包并不圣洁——然后,她宣称自己已经在奇迹的幻景中,从耶稣基督本人手中领受了真正的圣饼。大部分神秘主义者都保持着十足传统的生活方式,但是在他们的行为中,也包含着某些会在后来导致16世纪宗教改革的思想。

中世纪晚期的神秘主义者们大多与教会组织保持较远距离。以锡耶纳的凯瑟琳为例,她就并不是一名修女,而是一名多明我会第三会会员——也就是说,尽管她在生活中接受来自多明我修道会的指导,敬修苦行,广施善举,却仍旧是保持着世俗身份的。第三会的修行法则,在13世纪末得到了教会的承认,到了中世纪晚期,它已经发展成为一个重要的基督教修行流派。与凯瑟琳相似的例子,还有吉尔特·格鲁特(Geert Groote,1340—1384)以及他的追随者们;在他们身上,有着一种现代式的热诚(*devotio moderna*)。格鲁特强调——同样也是在传统的框架之内——基督徒的修行中心,在于内在的虔诚、俭朴、宗教阅读以及沉思。受他的学说影响,有部分修士、修女组成共同生活修道会(Brothers and Sisters of the Common Life);这很类似于早先的贝居因修会,他们也汇集各自的

人物传略

锡耶纳的圣凯瑟琳(1347—1380)

锡耶纳的凯瑟琳是一个神学家,一个魅力超凡的精神领袖,同时也是一

个重要的政治人物，是早期意大利文学的杰出作家。她还是一个历史的谜团，因为她的饮食习惯（或者说是缺少饮食的习惯）让一些历史学家们遗憾地认为她患有严重的厌食症；还有些人则认为，她是中世纪后期典型的女性神秘主义者。

凯瑟琳生于一个富足的家庭，祖居意大利北方的繁华城市锡耶纳；她的父母经营羊毛染坊，她在家中排行第二十四。在她小的时候，凯瑟琳就不屈从于父母的压力，不愿过"正常"的生活。她十几岁时就开始过着孤独的生活，她祈祷、冥想，每天靠着一顿面包、水以及生蔬菜为生。她拒绝结婚。最终加入了多明我会第三会，接受多明我会修士们的亲密指导，但并没有过修女们那种隐居生活。以这种方式，她躲开了婚姻和修道院；于是，凯瑟琳靠着她的意志力，以及她之后所说的"心中的修行小屋"，建起了她自己的隐修空间。

凯瑟琳在她的修行中实践了多种禁欲主义方法，她拒绝睡眠，并且让自己经受种种不适。另外，在她的自我精神训练中，最关键的是她所说的"吃的问题"。她吃得很少，而且还将大部分吐了出来。她只对一种食物感到放心——那就是圣餐。在中世纪晚期，就虔诚的标准来说，仪式性质的禁食通常就足够了，可是凯瑟琳的节食实践，却是远远超越了要求。不少人被凯瑟琳的节食感动，也有不少人认为这是魔鬼造成的结果，而更多的人——包括指导她的神父——则力劝凯瑟琳尝试更多地进食。她试了，但并未成功。最后，凯瑟琳英年早逝，而这明显地与她的自我绝食有关。

早在她还只有六七岁的时候，凯瑟琳就有了她的第一次幻觉体验，据她后来的描述，在这次幻觉体验中，在落日中的耶稣基督给了她一个微笑。23岁时，凯瑟琳不省人事地躺着，好像死去一般，这种状态持续了约四个小时。据她后来所说，在这段昏迷期中，她体验到了与上帝的神秘结合。在她的《对话集》里，她记叙了上帝对于个人、教会以及整个世界应该如何改革并重建所给出的劝导，而这本书也正是她受之后一次神秘经验之启发而作的。这本书以及她的其他著作（包括400多封信件），在她的时代产生了广泛的影响，时至今日，仍是如此。1970年，天主教教会正式授予凯瑟琳"博士"荣誉头衔，使她得以置身于希波的奥古斯丁以及托马斯·阿奎那等伟大的天主教思想家当中。

凯瑟琳投身于对贫弱者的关照。她也同样醉心于宗教学习，尤其是与一个有着类似思想的女性圈子一起时。随着她思想的日益深邃,凯瑟琳逐渐吸引了一群门徒(男女都有),于是,她和他们一起,奔走于意大利北部各地之间,呼吁神职组织的重组,支持开展新的改革运动,并传播她的关于悔悟,以及通过对上帝的爱而实现重生的学说。

1376 年,凯瑟琳行至阿维尼翁,劝说教皇格里高历十一世迁回罗马。格里高历十一世最终将教廷迁回了教皇的城市,这在某种程度上归功于凯瑟琳的努力,但是这位教皇于 1378 年的去世,却造成了一次充满争议的教皇选举,并导致后来的大分裂。在这次大分裂中,凯瑟琳站在罗马的原告——也就是乌尔班六世——一边。这时她也靠着她的人格魅力,频繁地对教皇乌尔班本人提出规劝。

1380 年春,在凯瑟琳 33 岁的时候,她突然中风辞世。凯瑟琳生命的最后阶段是在大分裂的喧哗与烦扰中度过的,而这次大分裂的种子,却也是由她在无意中参与种下的。在她的最后时日里,她感到自己正与耶稣基督单独相处,而后者 33 年的人世寿命——于此,她早就从福音书中知晓了——也正是和她相一致的。

320　　财产,共同支配生活,而又无需宣誓终身奉行。这种修行方式,在尼德兰以及北欧的其他地方影响甚巨。他们的学校堪称欧洲一流,很多最重要的神秘主义者、人文主义者以及改革家都来自这些学校——其中包括了德西德里斯·伊拉斯谟(Desiderius Erasmus,1466—1536)以及马丁·路德。

寻求救赎却走上歧途

禁欲主义,在中世纪晚期的多种精神追求方式中,始终是一个重要组成部分,但它也会导向某些为教会所谴责的极端。在突然爆发的大瘟疫中,男男女女们开始用鞭打自己的方式进行忏悔,如此这般的鞭身派教徒们(flagellant)四下游行,当众大规模展示他们的鞭身行为,并且宣称,他们靠着这种方法洗净了过去所有的罪恶。在 1349 年 10 月,鞭身派被宣布为异端,但是他们却并没有因此而销声匿迹,而是作为一大难题,一直困扰教会直到 15 世纪。同样地,鼓吹使徒式贫穷的教徒也很让教会头疼,因为在教会看来,组织机构的富有正是完成其神圣使命的保障。圣方济各崇尚圣人式贫穷,但他在这方面主要是律己,而并不强迫他人;而他的一些后来者，也就是灵修方济各会士，却坚持主张所有的神职人员必须保持贫穷。到了 14 世纪早期，他们成为坚定的反教权主义者与反教皇主义者。在 1323 年，他们有关使徒式贫穷的学说被宣布为异端，部分领袖也被烧死在火刑柱上。

　　许多传统的基督教神秘主义者，在接近上帝的过程中，都会表现出明显的个人主义倾向，然而，个人主义也被认为是异端。约翰·威克里夫（约 1330—1384）是牛津大学的一名教授，他宣称，比起教皇或者教会会议的公告，《圣经》是更具权威性的［这一学说正是一百多年后的路德主义学说（Lutheranism）的前身与基石］。他也同样强调个人朝向上帝的内在精神之旅，并对耶稣基督在圣餐仪式中的圣体实在问题提出了质疑。他轻视基督教的整个圣礼体系，并激烈地反对教会财富。于是，威克里夫被判为异端，不过却获准得到平静的死亡；这也许是因为，在教会看来，教授们通常并不具备足够强大的影响力，不足以构成威胁。威克里夫的追随者们——史称威克里夫派教徒（Lollards）——被冷酷地捕杀，直到 15 世纪，他们都是处在危机四伏的环境中的；尽管如此，威克里夫的学说还是被传到了遥远的波西米亚，在那里，这些学说被捷克宗教改革家扬·胡斯（约 1373—1415）吸收。

321

　　到了胡斯那里，威克里夫的异端学说显出了崭新而有力的面貌，宗教异议与民族主义结合了起来。和威克里夫一样，胡斯也是一名教授——任职于布拉格大学。他同时也是一个很能鼓舞人心的传教士、一个宗教空想家、一个波西米亚民族主义者。在他手中，威克里夫的反教权主义学说成为对教会的强有力的批判武器；此外，这种学说还为波西米亚（稍后的捷克）反抗日耳曼在政治文化上的控制，并争取独立的斗争，提供了支持。在 1415 年的康斯坦茨会议上，教会假意许诺安全通行权，邀胡斯到会，然后诱捕并监禁了他。经过审判，胡斯最终被烧死在火刑柱上。他的死，同时满足了教会与神圣罗马帝国的愿望：对于前者来说，他是一个危险的异端；而在后者看来，他是一个波西米亚革命党。不过，他的追随者们仍旧保持着不同的政见，保持着他们的民族团体，并一直延续到宗教改革时代。和圣女贞德（Joan of Arc）——她是一个被英国人当作异端烧死的法国女人——一样，扬·胡斯将欧洲的基督教信仰与民族主义的萌芽融合起来。如此的融合，正如 16 世纪初的马丁·路德所认识到的那样，是蕴含着强大力量的。

结语

　　饥荒与疾病的阴影笼罩着中世纪晚期的欧洲大地。在 14 世纪的头两个十年中,有十分之一的人死于饥荒;在第五个十年里,则有三分之一的人因瘟疫而死亡;而在此之后的一百五十年中,瘟疫持续降临,一再夺走人们的生命。祸不单行,这些恐怖时期还伴随着其他的困境:农民起义、贸易萧条、新式战争、阿维尼翁的教皇(以及此后的多位教皇)。从鸟瞰历史的角度来看,这些恐怖与困境似乎使得当时的欧洲成为一个非常让人讨厌的地方;但若是从这段历史的内部进行观察,则会发现中世纪晚期其实也并不是那般不堪。大量农民获得了更多的土地与更多的自由,雇佣工人的工资水平提高,他们也和农民们一样,住进了较好的房屋,穿上了较好的衣服,吃上了较好的食物——尤其是有了更多的肉和啤酒——这在以前是不可想象的。富有的城镇居民开始投资新的工业、新的技术以及新的探险。而基督徒们——同时包括普通的信众与异于常人的幻想家们——也开始以崭新的、完满的,并且是富有挑战性的方式,实践他们对上帝的崇拜。

第十三章
通往主权国家之路，约 1300—1500

引言

1324 年，帕多瓦的马西利乌斯(1280—约 1343)写了一篇很有远见卓识的论文，论及教会与国家的合理关系。在《和平的保卫者》(*Defensor Pacis*)一书中，他坚定地站在国家一边。马西利乌斯认为，应该将政治权威从教会中剥离开来，国家的统治应该遍及全体国民，不论是世俗人士，还是神职人员。依照此说，尽管教会是因信仰而联合起来的组织，却也理当为政治计而分化为诸多国家教会，各自服从自己的统治者，而非教皇。就在《和平的保卫者》一书为主权国家高唱颂歌的同时，它也为中世纪晚期直至现代初期的政治变革做出了预示。而主权——也就是一个国家在法律、内政、外交和公共制度等方面完整不可侵犯的权力——正是建立现代欧洲国家制度的基石。

《和平的保卫者》所预言的，在很久以后才实现。尽管中世纪晚期的君主们在与教皇的角力中取得了大面积的胜利，但是一直要等到 15 世纪，国家教会才显露出最初的轮廓。君主们在各自的领土上，还有另一大竞争对手，那就是贵族；在这两者间此消彼长的拉锯战中，君主一方逐渐胜出，其具体情形也是类似于前述的对教会的胜利。在中世纪晚期的很多时段里，都有势大难驯的显宦重臣，不断地在侵蚀着王室的权威。直到 1450 年之后，欧洲的某些君主才找到行之有效的办法以巩固自己的权力，应对那些长期藐视王权，甚至企图颠覆王权的公爵、伯爵们。然而，正如我们将在本章后文中看到的，直至公元 1500 年，对教会与贵族的限制，以及王权的巩固，其实都只是在部分地区得到了实现。在神圣罗马帝国，皇帝的实力虚弱一如往昔，而地方政治势力则持续保持强大。尽管变革推行缓慢，而且多在局部，但欧洲某些地方的君主还是在 1450 年至 1500 年间开始了新的统治方式——并由此开始了朝向理想的民族国家的发展。

323 **英国、法国，以及百年战争**

　　百年战争始于 1337 年，断断续续地一直持续了 116 年。在这期间，激烈的战事与大段大段的休战时间穿插在一起。这场战争是众多事件的结果，交战双方都在此战中消耗枯竭，而其中法国受害更深，因为大多数的战斗都是发生在法国境内的(见地图 13.1)。

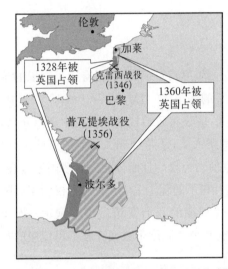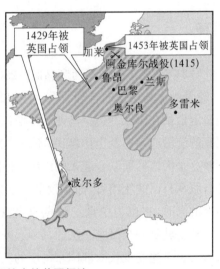

地图 13.1　百年战争时期(1337—1453)法国境内的英国领地
在百年战争之初，处于英国控制之下的法国领土只有两处：英吉利海峡对岸最近的一个小村落，以及波尔多附近的葡萄酒产区。但是到了 1360 年，他们在这两个地区都实现了扩张，尤其是在 1347 年夺取加莱港之后。至 1429 年，英国失去了南部地区，但他们在北部的领地却扩大了许多。在此之后，风云突变，一二十年之后，他们就只剩下加莱港一处领地了。

　　在这场战争的众多起因中，没有一个是完全充分的，但也正是聚沙成塔的大量小矛盾，才最终导致了英国在 1337 年跨越英吉利海峡，向法国发动进攻。冲突的成因，首先在于英国不断向法国方面提出的领土要求，不过英国方面一再收敛，从安茹帝国时期的狮子大开口，一路折扣到只要求法国西南部的加斯科涅省。在加斯科涅省，由于当地的波尔多葡萄酒(英国人特别着迷于此物)与英国纺织品的频繁贸易来往，英国国王在那里已然建立起稳固的威望。为了这个省份，在法国国王腓力四世与英国国王爱德华一世之间，早已于 1294 年至 1303 年间有过一场耗资巨大却毫无结果的战争。那场战争几乎就是 1337 年的预演，只是后者规模更为庞大。其次，当时的英国与法国，还在为佛兰德斯的控制权争斗不休。法国国王在政治上控制着佛兰德斯人，而英国国王则凭借佛兰德斯人对英国羊毛的依赖，掌握着那个地区的经济命脉。对于佛兰德斯地区那些富有的半独立城邦，英法两国都在虎视眈眈。

第三，当查理四世（Charles IV，1322—1328 年在位）于 1328 年无嗣而终之后，围绕法国的王位继承问题，争端骤起。英国的爱德华三世（Edward III，1327—1377 年在位）因其母之故，声称自己是法国王位的第一人选，但瓦卢瓦的腓力（Philip of Valois）也通过其父，与王位扯上了似是而非的关系。一个英国国王高踞法兰西王位之上，这让法国贵族们惶恐不已，于是他们使出"创造传统"的手腕，草创出一条新的法令，并将其当作撒利族法兰克人（Salian Franks）的传

图 13.1　百年战争
这是英国士兵在加斯科涅的堡垒上攀登的场景。

统供奉起来。根据这条法令，继承权不能通过女人获得。由此，爱德华三世的要求被置之不理，而瓦卢瓦的腓力则登上王位，成为腓力六世（Philip VI，1328—1350 年在位）。最初，爱德华三世承认了这一决议，可是世易时移，到了 1337

年,他却以此为借口向法国宣战,并在自己的英国国王头衔之外,又加上了一项法国国王的王冠。

骑士制度大概就是造成这场冲突的第四个原因了。爱德华三世与腓力六世两人都是有着骑士精神的、傲慢勇武的君主,他们在英雄主义式的交锋中寻得快乐。而冲突双方的贵族们也都是如此,他们大多对 1337 年的战争持欢迎态度,视之为寻找刺激、荣誉、战绩、勇气,乃至乐趣的绝好机会(见图 13.1)。

当英国弓箭手们在克雷西(Crécy)和普瓦提埃大获全胜之后,法国人的大部分热情就都被扑灭了。而英国一方的狂热,也在稍后被熄灭,那是在法国的胜利使他们的战争所得化为泡影的时候,以及在尚武的爱德华三世被阴沉的理查二世(Richard II,1377—1399 年在位)取代之时。当亨利五世(Henry V,1413—1422 年在位)于 1415 年的阿金库尔(Agincourt)战役中取得大捷之后,英国人的战争热情才又苏醒过来。但是这位国王很快就撒手人寰,而在那之后不久,发生了欧洲史上最引人注目的事件,陷入绝境的法国被一个农民女孩拯救,她就是圣女贞德(约 1412—1431,见图 13.2 以及后文的"人物传略")。贞德稳定了法国军队,击败了英国人,并恰到好处地将法国王位继承人[被称作"皇太子"(dauphin),因为海豚(dolphin)被认为是所有鱼类的首领]推上王位。后者在兰斯大教堂加冕为国王查理七世(Charles VII,1422—1461 年在位)。当这场旷日持久的战争最终在 1453 年结束之时,英国国王已经失去了在法国的几乎所有土地,仅仅留下加莱港。英国最终还是撤离了法国,于是查理七世毫无对手地统治着法国。

在百年战争的尾声,圣女贞德扮演的角色展示了战争能以新的方式影响普通人民。为什么一个农民女孩会关注这场骑士的战争? 原因部分在于,这场战争变了味,已经直接地影响到了这个女孩的生活。由于步兵和弓箭手的作用日益突出,农村男性也都被征募并被推上战场;由于战斗在时间和空间上都得到延伸,对食物与牲口的征用使农民的谷仓与贮藏室空空如也;由于供养军队的开支越来越大,赋税的负担也一年比一年沉重;由于战略破坏开始成为军事上普遍的策略,军队开始有意识地烧田毁舍,劫掠城镇;由于在断断续续的停战期间,被欠饷的兵士还会来闹事,和平甚至也变得和战乱一样危险。所以说,论及战争带给农民和城镇居民们的苦楚,法国是远甚于英国的;不过,对于交战双方来说,这种新式的战争——更多的步兵、更多的常备部队、更长久的战役、对平民的蓄意残害——都是在加重普通劳动者的负担,其中包括徭役、兵役、赋税,以及时有发生的恐怖行为。

图 13.2　圣女贞德

人物传略

圣女贞德(约 1412—1431)

　　圣女贞德将法国从低谷中拯救出来，并一举扭转了百年战争的局势。她被证实为法国的第一个爱国主义者。而她又仅仅只是一个农家女孩，一个要求人们简单地称她为"少女"的女孩。

　　贞德出生在法国东部边陲，她的村庄在她童年时饱受百年战争的战乱。贞德自幼活泼、诚恳。12 岁时，小贞德发现，有来自圣徒们的声音萦绕在她的耳边，据她后来说，正是这些声音告诉了她，英国人无权在法国土地上作威作福，她有责任将他们驱逐出去。17 岁时，贞德说服了附近一个卫戍部队的队长，在一小队人马的护卫下来到希侬(Chinon)；当时，尚未加冕的法国国王查理七世正在此地主持一个流亡政府，风雨飘摇，意志消沉。为了途中的安全,贞德开始穿的是男式服装。

查理将信将疑,但贞德最终还是说服他相信她的确是上帝派来拯救法国的人。查理没有更好的选择,也为贞德的热诚所动,又怀抱极不寻常的对奇迹的信念,他让贞德担任一支军队的统帅,并在 1429 年 4 月遣她领军前往战略重镇奥尔良解围。

到达奥尔良后,贞德警告英国人离开,但是他们并不害怕这个穿着盔甲的坏脾气农家姑娘。不过,贞德让他们认识到自己在此犯了一个大错。她穿过了英国人的包围,将被困的法国军队解救出来;接着成功打击了英国的营地。英国人阵脚大乱,在 5 月初撤退。从此,贞德获得了"奥尔良少女"的称号,并被人们永远地铭记在心中。6 月,贞德在帕提(Patay)战役中再获大捷。至此,所有人都知道了这个扭转战局的农家女孩。贞德乘胜追击,直到通往兰斯的道路被打通。1429 年 7 月,查理七世在兰斯大教堂正式加冕,贞德也出席了仪式。法国形势大好,而这大好形势的缔造者,正是贞德。

接着贞德祸不单行:国王查理开始疏远她;在进攻巴黎的一次战役中受了伤;被英国的勃艮第盟军俘虏;而查理则拒绝为她支付赎金。贞德被卖到了英国,并以异端与行巫术的罪名被送上了鲁昂城的法庭。

这次审判开始于 1431 年年初,理所当然地被英国操纵。贞德无权寻求法律顾问,只能自己为自己辩解。审讯者的攻击重心集中在她的女扮男装、她听见的神奇声音,以及她取得的军事胜利(这被认为有罪,因为英国人认为,上帝是站在他们一边的)。面对那些妄自尊大的受教育人士的讯问之时,贞德的回答是坚定、清晰而又聪明的。例如,当被问及是否服从教会权威之时,贞德回答说:"我服从,而我们的陛下是最早得到这种权威之认同的。"这句话既表达了必要的顺从,又把她与上帝的神秘关系的权威与这顺从调和起来。

迫于隔离、虐待以及疾病的压力,贞德终于认罪,她穿上女人的服装,换得无期徒刑的判决。但是她很快就推翻了供词,并再次穿上了男人的服装。于是,她被判火刑。当她站在火焰中时,仍然没有停止为自己的清白辩护,并要求行刑者将一个十字架放在她眼前,以便她直到最后都能看着它。贞德注视着这个十字架,在大喊"耶稣基督"之后死去。此时,她还未满 20 岁。

25 年之后,教皇推翻了对贞德的判决,还了她一个清白。直到 1920 年,贞德才荣登圣品，这不能不说是太晚了点。在今天的法国，她被视作一个早期爱国主义者、一个法国的救星，广受崇拜。在法国境内，贞德走过的路线上都建有纪念碑。在鲁昂，贞德受刑的地方，一座纪念碑被建立起来。在兰斯大教堂里，贞德身披铠甲的雕像傲然屹立，向人们展示着她最辉煌的胜利时光。

也许人们会问，为什么像贞德那样的一个农家女孩，会如此关心法国的国王？统治法国的国王应该是一个法国人，贞德对此确信不疑，从这一点上我们可以看出，一种爱国主义的或者民族主义的意识，已经在欧洲的民众中发展起来。这种忠诚是难以描述的，而若要加以解释，则更是难上加难；不过，在 15 世纪里，这种忠诚的的确确是比早先更为壮大了，不仅如此，它还会在此后的世纪中继续壮大。各国的本土语言开始显出新的重要性——虽然还很稚嫩，但却不可小视——这也在推动着民族意识的发展。同样地，国立大学以及国家教会也在其中起着重要作用。最后，当然还有一个不容忽视的因素：在欧洲占据最高统治地位的公共机构——教会，及其泛欧洲化的基督教世界这一伟大宏图已经江河日下，影响大不如前了。出于诸如此类的原因，中世纪晚期的欧洲人开始感觉到，他们是在和某些人（这通常是那些和他们共有同一个君主以及同一种语言的人）一道，分享着同样的历史、同样的利益和同样的未来——而与其他人，则并不如此。这种民族认同的形成，远不是局限于中世纪时期的事情；不过，正是在 15 世纪的某些地区，民族忠诚开始在领土忠诚之外成长起来，而这，正是王权的支柱。

英国：议会、内战、都铎王朝

正如我们在第十章里看到的，英国的国王们，在中世纪中期推行了一系列措施，建立起较好的行政系统，扩充了法律体系，又明智地使用议会；于是，他们的地位得到了巩固。到了中世纪晚期，这种良好局面保持了下来（见年表 13.1）。逐渐地，国王的大臣们不再仅仅隶属于国王个人，而且还成为整个领土的臣仆。他们的行为，还要向权贵、要人甚至议会负责（由此而产生了新的内阁弹劾办法）。而国王的司法制度，也以同样渐进的方式，更加深广地遍及了整个疆域，尤

年表 13.1　英国,1300—1500

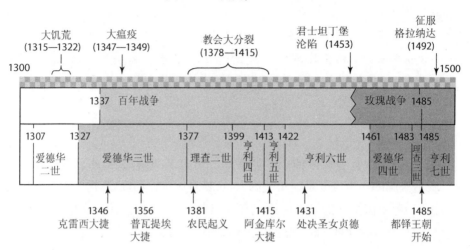

其是在 14 世纪引入了"治安法官"(Justice of the Peace)这一职位之后——治安法官的职责,就是要在一年中为英国诸郡县主持四次法庭[从此而有了"季审法院"(Quarter Sessions)]。然而,意义最为深远的变动,还是发生在议会的组织方式中。下议院(House of Commons)开始成形,虽然还没有发出独立的声音,但是一个代表英国民众的政治实体已经粗具规模。

328

中世纪晚期的英国国王

金雀花王朝(Plantagenets)

爱德华一世(Edward I),1272—1307 年在位

爱德华二世(Edward II),1307—1327 年在位

爱德华三世(Edward III),1327—1377 年在位

理查二世(Richard II),1377—1399 年在位

兰开斯特王朝与约克王朝(Lancastrians and Yorkists)

亨利四世(Henry IV),1399—1413 年在位

亨利五世(Henry V),1413—1422 年在位

亨利六世(Henry VI),1422—1461 年在位

爱德华四世(Edward IV)，1461—1483 年在位

[爱德华五世(Edward V)，1483 年在位]

理查三世(Richard III)，1483—1485 年在位

都铎王朝第一个国王(The First Tudor)

亨利七世(Henry VII)，1485—1509 年在位

在 14 世纪，英国议会从一个临时的会议，发展为一个常设机构，并且有了两院之分，其中上议院(House of Lords)代表出身高贵的贵族与高级教士，而下议院则由来自地方城镇的代表组成。下议院中的议员大多是来自郡县的骑士或地方绅士，他们常将各自在地方上获得的政治经验带到议会当中。郡县骑士大多是地方贵族，他们熟悉对地方的管理；而地方绅士则多为经验老到的城镇管理者，大多担任过地方议员、顾问，有的还是市长。

在百年战争期间，各项开支令英国不堪重负。面对这样的局面，下议院议员们联合一致，以他们在经济上对国库的支持来交换国王的政治特权。至 14 世纪末，他们的权力已经达到这样的程度：若要征收非传统项目的税收，必须经过下议院的同意。换句话说，他们有权批准或者拒绝所有新的税收。由此，下议院掌握了为王室拴钱袋的绳子。于是也就有更多的立法问题被置于他们的掌控之下。他们的策略是"先调再给"，国王必须首先同意他们在其他事情上的请愿，才能获得财政上的支持。国王不时地试图做出反抗，但是这种反抗几乎总是以对请愿的默许告终。逐渐地，下议院的控制所及，已经不再仅仅局限于税收，甚至出现了如此的局面：每一种新法律的缘起，都在下议院的请愿书中。

这些都是重大的变动，不过，中世纪晚期的下议院仍然只是一个从属于王室与贵族阶层的机构。大体上来说，下议院还是处在大贵族的控制之下，因为后者可以操纵选举，贿赂议员，有时还会通过威胁手段达成目的。在 14 世纪的英国，有两位国王被罢黜，分别是爱德华二世（1307—1327 年在位）与理查二世（1377—1399 年在位），议会也参与了这两次罢黜行动，这固然意义重大，然而在这两次事件中，议会发挥的功能，不过是为大贵族们早已在城堡与战场上达成的决议签字画押而已。

废黜国王的事件还反映出中世纪晚期英国的另一个侧面：贵族派系斗争。

329　在 14 世纪的开端与结尾，都有贵族叛乱发生。先是一个贵族团体起而反对爱德华二世，后有另一群贵族意图控制理查二世。谋反之外还有内战。在 15 世纪中期，百年战争结束刚两年，约克和兰开斯特的两个敌对贵族家族之间就爆发了冲突。双方争执的核心，就是王位的继承权。中世纪英国的最后一次贵族纷争，是在 1455 年至 1485 年间的玫瑰战争。在长期和平的年代里总是穿插着战争的暴行，国王废立无常，生命遭受摧残，土地饱经蹂躏。

　　在所有这些暴行中，有一件是时至今日还令人毛骨悚然的，这就是对爱德华四世(1461—1483 年在位)两个幼子的谋杀。这件事发生在两位王子的叔叔——理查三世(1483—1485 年在位)篡位之后，那时他们已被后者软禁在伦敦塔中了。威廉·莎士比亚(William Shakespeare)的历史剧《理查三世》(*Richard III*)在某种程度上要为我们将这一谋杀事件视为恐怖行为负责，但历史的遗忘性也同样要为此负责。毕竟，谋杀王位竞争对手其实是一个古老的传统，它向上可以追溯至墨洛温王朝，向下可以延续到都铎时代[举例来说，女王伊丽莎白一世(Queen Elizabeth I)就曾在 1587 年下令处死她的表侄女苏格兰女王玛丽(Queen Mary of Scots)]。然而，关于理查三世的行为及其罪孽的争论至今没有平息。现有一个国际性的组织——理查三世协会——在积极地继续着对理查三世的研究，他们甚至还建立了一个大型网站。该组织所有努力的最终目的，正是要"重塑他的声名与历史地位"。

　　无论如何，面对这种无休无止的内乱，最好的解决途径，大概就在于建立稳固的君主专制。爱德华四世为此打下了基础。他统治期内的最后十年是在和平中度过的(这在某种程度上是因为他的大部分敌手已经在之前的战事中被击倒了)，而他也是在那个时代 150 多年的历史中第一位没有给后世留下债务的国王。此后，在理查三世篡位时期，英国陷入混乱无序状态，但这只是一段短小的插曲。由爱德华四世打下的基础，很快就在都铎王朝的第一位国王——亨利七世(1485—1509 年在位)——手中得到了加强与发展。和爱德华四世一样，亨利七世也是爱好和平的，他追求的政治目标，是建立丰足的国库与高效的政府。这位国王被某些历史学家称为新式君主，这是因为他牢牢地控制了他的贵族、教会和官僚机构，并依靠方兴未艾的民族主义与国民的忠诚而使统治得到加强。当然，在 15 世纪晚期，上述的这些侧面都算不上新颖，亨利七世的成就其实在于：他是集中世纪之大成于一身的人；他带来了和平与稳定，并将英国置于强有力的领导之下。在亨利七世之后的都铎王朝，坚定而野心勃勃地追随着由他开辟的道路，终于使英国成了欧洲最早的民族国家。他们的各式法宝——贵族制、议会制、官僚体系、民族主义——也由此而同中世纪的君主制度交融在一起。

法国：宪政危机、战争、蜘蛛王

在百年战争中，法国所受的伤害是远甚于英国的。几乎所有的战事都发生在法国土地上，而唯利是图的歹徒们则不断地劫掠法国乡村，就算是在战争中断的时候仍是如此。国王"好人"约翰（John the Good，1350—1364 年在位）实际上是一个相当糟糕的君主。1356 年，时值法国在克雷西的军事大溃败之后第十个年头，同时也是大瘟疫初次暴发之后的第八年，法国就在这位国王的领导下，在普瓦提埃领受了又一次决定性的失败（见年表 13.2）。更糟的是，"好人"约翰拒绝离开战场（这更多的是发自骑士精神，而非智慧），于是，这位沦为英国阶下囚的国王，又让法国为赎回他而付出了巨大代价。

年表 13.2　法国，1300—1500

330

发生在普瓦提埃的灾难，在政治上促成了一次短暂而激进的实验。三级会议在巴黎召开，由巴黎商人领袖艾蒂安·马塞尔（Etienne Marcel）主持。这次会议暂时地接过了统治权，主持政府事务。1357 年，他们迫使皇太子查理签署了《大法令》（Great Ordinance），这份文件规定了一种新的宪政组织结构。据此，法国将不再被国王一人统治，而将处于国王和三级会议的联合统治之下。三级会议将定期召开，并将在财政、行政甚至外交事务上对王室进行监督。这是对君主权威的冒犯，查理对此甚为敌视。他先是委曲迎合，一有机会即逃离巴黎，到乡间寻求保王派的支持。

　　一年之后的 1358 年，法国爆发了扎克雷农民起义。农民的愤怒席卷了法国北部地区，在持续了两个礼拜后，被贵族和富有商人联合镇压下去。在这次起义中，夸张而病态的流言使恐怖被放大，变得更加耸人听闻。举例来说，有一个故事就说，一个贵族的妻子被强迫吃下了用她丈夫做的烤肉。不论是真是假，如此这般的故事都成为滋生恐惧的温床。而恐惧则导致了保守主义的复兴。人们渴望法律与秩序，而在当时看来，这两者正是贤明君主的同义词。这种高涨的保王主义思潮，注定了艾蒂安·马塞尔及其追随者们的宪政努力必将付诸流水，尤其是在马塞尔对起义表示支持以后。一天，当马塞尔正沿着巴黎城墙散步的时候，有人杀死了他。于是皇太子查理胜利地回归巴黎。

　　至此，1357 年的《大法令》变成一纸空文。三级会议的召开频率不断降低，其权力也渐渐枯竭。皇太子加冕成为国王查理五世（1364—1380 年在位）之后，立即制定了新的税收办法，这既为他带来了财富，也使他摆脱了任何代表会议的束缚。在处理国民问题的方式上，查理五世及其继任者们重拾过去的地方集会制度，废除了全国范围的三级会议。在 1357 年至 1358 年间，宪政在巴黎绽出灿烂的火花，但在弹指之间，即被彻底地扑灭了。

331

中世纪晚期的法国国王

卡佩王朝（Capetians）
"美男子"腓力四世（Philip IV, the Fair），1285—1314 年在位
路易十世（Louis X），1314—1316 年在位
腓力五世（Philip V），1316—1322 年在位
查理四世（Charles IV），1322—1328 年在位

瓦卢瓦王朝（Valois）
腓力六世（Philip VI），1328—1350 年在位
"好人"约翰二世（John II, the Good），1350—1364 年在位

> 查理五世(Charles V)，1364—1380 年在位
>
> 查理六世(Charles VI)，1380—1422 年在位
>
> 查理七世(Charles VII)，1422—1461 年在位
>
> 路易十一世(Louis XI)，1461—1483 年在位
>
> 查理八世(Charles VIII)，1483—1498 年在位

在对英国的问题上，查理五世也取得了很大进展。他的将军，人称"法国最丑陋的人和欧洲最好的将军"的伯特兰·杜·格斯克林(Bertrand du Guesclin，约 1320—1380)避开了大型战役，用小规模战斗使英国军队疲于奔命，并逐渐迫使对方退到了波尔多和加莱地方的狭小边区。查理五世还重建了法国的货币制度，整顿了浪荡的兵士团伙，组建了一支王室海军，并建立起一座王室图书馆。在他于 1380 年去世之前，查理五世已经使法国度过了普瓦提埃战役造成的灾难，并重建起法国君王的威望和荣耀。他被称为"智者"，实至名归。这时候，三级会议偃旗息鼓，王室国库丰足无忧，乡间和平清宁，而英国人，则正在退却。

但是查理五世也留下了一个致命的缺陷：他的无能的儿子和继承人"疯子"查理六世(Charles VI "the Mad"，1380—1422 年在位)。查理六世幼年孱弱，成年之后轻浮不定。他的软弱造成了权力的真空，于是，新兴的瓦卢瓦王朝陷入了血腥的纷争：两个手握重兵的世家——奥尔良家族(以查理六世的兄弟为首)和勃艮第家族(以查理六世的叔叔为首)——为争权夺位而兵戎相见。根据古老的卡佩王朝传下来的制度，国王的兄弟们可以获得独立的属地；长期以来，这一制度都是王朝更迭的源头。祸起萧墙，法国陷入了内战。奥尔良派逐渐成为代表瓦卢瓦王室的正统，而勃艮第公爵的角色，则渐渐演变为一个名不正言不顺的争权者。勃艮第公爵在自己的属地之外，还掌握着低地国家的大部分省份，在他统治之下的，是介于法国和神圣罗马帝国之间的一个半独立国家。而这个勃艮第，又时不时地会与英国结盟。

英国国王亨利五世乘虚而入，于 1415 年在阿金库尔大胜法国，并将勃艮第一方拉拢过去。他还担保说，他将会继承"疯子"查理的王位。粗看起来，英法之间自 1337 年以来的敌对状态似乎即将结束——它们将共处于同一个国王的统治之下。可是，查理六世和亨利五世在 1422 年相继去世，法国迎来一位新国王查理七世(1422—1461 年在位)。当时法国北部已经被勃艮第和英国瓜分，在这

种情况下临危受命的查理七世情绪低落,抵抗消极。不过,圣女贞德从天而降,领导了对英战争的大逆转。查理七世的军队先是在贞德的领导下,之后没有她的情况下连战连捷,他也应时重组了王室政府,建立稳固的军队,确保了税收,并改良了稳定成长中的王室统治机器。但他却未能征服法国的那些强大王公,尽管他们都承认了查理七世的宗主权,但在他们的郡县公国里,这些王公还是独断专行。奥尔良、勃艮第、波旁(Bourbon)、安茹的公爵们对查理七世叛服无常,他们时而与国王合作,时而密谋造反。在查理七世的儿子路易继承父位之后,亦复如是。

当路易十一世(1461—1483年在位)于1461年从流亡中返回,并登上王位的时候,那些过分强大的王公们正威胁着他的领土。不过,他当时的政治机构效率很高,又有常备军队的支持,再加上没有国民议会的各式请愿,情况并不算糟糕。路易十一世被称为"蜘蛛王"(Spider King),其最大的成就即征服了法国的大贵族们。他为诱捕这些贵族而织下错综复杂的网,公开处决与暗中捕杀双管齐下,还用上了其他各种肮脏伎俩。他也努力赢取其他人的忠诚,在这方面的手法却颇为传统,多是通过利诱,给予对方在宫廷、行政部门或者军队中的职务——也有的是通过联姻。他还很擅长把握时机,谋取利益,举例来说,当勃艮第公爵于1477年阵亡之后,路易十一世就力促勃艮第的继承人玛丽女公爵与他的儿子结婚。在被拒绝之后,他就依靠武力入侵并占领了对方大量土地。通过所有这些手段,"蜘蛛王"征服了那些大贵族们。在他的统治期结束之时,那些大世家已经所剩无几,仅余奥尔良和波旁两家,而这两家,还都被与王室的婚姻束缚着。

路易也明白,既然统治的障碍已经扫除,经济就成为首要问题。他着力于创造繁荣,建立新的市场以吸引外国商人,鼓励工业,削减国内关税。经济发展起来之后,他就加重赋税,王室税收提高了一倍有余。和英国的亨利七世一样,路易也是一个新式君主,他也用旧方法创造了更为繁荣稳定的国家。公元1500年,他的继任者得到了一个管理有序、财政良好的国家。法国的城镇再次繁盛起来,而英国人的麻烦也获得了一劳永逸的解决。

伊比利亚诸国:由同化而统一

我们已经知道,当基督教的再征服运动于13世纪下半叶告一段落之时,伊比利亚半岛上共有三个强大的基督教国家——卡斯提尔、阿拉贡、葡萄牙——以及南部的一个伊斯兰国家格拉纳达（见地图 13.2）。卡斯提尔是最大的一国，其经济建立在畜牧业之上，出产优质的美力奴羊毛（merino wool）。阿拉贡虽是一个农业国，又兼为陆地所包围，但由于它控制着加泰罗尼亚地区，拥有巴塞罗那富庶的港口，以及许多地中海岛屿，所以阿拉贡商人在地中海贸易中扮演着重要的角色。葡萄牙直面大西洋，它的船队很早就开始向西方和南方探求贸易。而格拉纳达只是从前的伊斯兰大国安达卢斯残留下来的一个小国，不过，它还保有着巍峨堂皇的阿尔罕布拉宫（见图 12.1），那是在建筑、美术和灌溉方面的一个奇迹式建筑群。相对而言，葡萄牙和格拉纳达更为相似，只是分别处在基督徒和穆斯林的支配之下；而在卡斯提尔和阿拉贡，则有犹太人、穆斯林和基督徒共同生活。

333

地图 13.2　伊莎贝拉和费迪南德时代的伊比利亚半岛

在伊比利亚的大量中世纪小公国中，有四个在 15 世纪保持了强大实力：沿着大西洋海岸的基督教国家葡萄牙；南方的伊斯兰国家格拉纳达；卡斯提尔居中，由很多小国合并而来，各民族在此交融；还有和卡斯提尔情况类似的阿拉贡居于东北。当卡斯提尔的伊莎贝拉和阿拉贡的费迪南德在 1469 年联姻以后，他们成为这个半岛上当之无愧的霸主。

就像英国和法国一样，在中世纪晚期，伊比利亚的三个基督教国家也饱受着战争的困扰——既有国内战争，又有相互之间的冲突。葡萄牙国王迪纳斯一世（Dinas I，1279—1325 年在位）为他的国家带来了繁荣、安全，以及一支海军，但是他的成就却被其后的王位之争以及对卡斯提尔的战争所败坏。而卡斯提尔则时常因贵族起义、王位继承权之争,以及同阿拉贡和葡萄牙的边境冲突而陷入分裂状态。在安抚贵族和商人方面,阿拉贡也只能取得有限的成果,为此,国王向地方代表会议(或称议会)做出了不少重要的让步。在 15 世纪中期,加泰罗尼亚爆发了一场旷日持久的内战;我们已经在上一章里看到,在这场战争中,农民和国王结盟反对贵族和商人。这场内战的平息,是在历尽艰辛之后才得以实现的。

1469 年,上述这些问题终于有了获得部分解决的转机,这源自一桩婚姻(见年表 13.3)。那一年,卡斯提尔的伊莎贝拉(1474—1504 年在位)嫁给阿拉贡的费迪南德(1479—1516 年在位),使他们各自的国家结合在同一个王朝的统治之下;不过,还是为双方保留了各自的海关和法律。伊莎贝拉于 1474 年继承了王位;费迪南德则于 1479 年登基。自此以后——除去各自的地方议会、法庭以及海关得以延续之外——两个国家被同一个大有作为的中央政权支配,并最终演变为西班牙王国。

年表 13.3 欧洲的政治,1300—1500

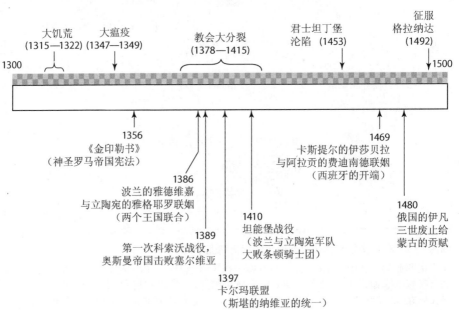

与英国的亨利七世和法国的路易十一世相似,伊莎贝拉和费迪南德也是新式君主,他们通过三条途径,使其王朝的实力得到增强。第一,他们削弱了贵族的势力,任用中产阶级的律师——而非贵族——组织起他们的政府机构,支持城镇反对当地领主,并重整军队,加强步兵,削弱骑兵。第二,他们压制住国内教

会，确保西班牙境内大多数高级教士的职位掌握在他们而非教皇的手中。第三，他们通过宗教热情培养民族精神。对于伊莎贝拉和费迪南德来说，基督教正统，是和政治上的顺从与民族团结紧密相连的。

在伊比利亚半岛，很长一段时期以来，犹太人和穆斯林的处境持续恶化。对于犹太人来说，1391 年是尤为难过的一年，因为在这一年里，他们面对着气势汹汹的暴民。有的人死了，有的被迫迁走，还有一些则违心地改信基督教。穆斯林也同样受到来自基督教统治者的压迫，逐渐失去了他们独立的法庭，有的甚至还失去了阿拉伯的知识传统。雪上加霜的是，1492 年，伊莎贝拉和费迪南德征服了格拉纳达，最终把整个伊比利亚半岛彻底基督教化。挟这次大捷的余威，两位君主给他们的穆斯林和犹太臣民下达了最后通牒：改宗，或者流放。很多人背井离乡，带走了他们的知识与才干，使这个新生的国家成为彻底的基督教世界。其他人改信基督教，有的出于真心，有的采取阳奉阴违的策略，表面上遵从基督教，暗地里延续旧有的传统信仰。

阳奉阴违的策略被证实是非常危险的，这是因为，既然他们是公开的基督徒，这种改信者（conversos）就落入宗教裁判所——伊莎贝拉和费迪南德在 1478 年设立的正式法庭——的权力范围内了。他们担心，既然这些秘密的异教徒不是真正的基督徒，也就不是忠实的臣民。西班牙宗教裁判所的多明我会修道士们成了君主的舒心良药，由于这个新国家对臣民的忠诚疑虑重重，搜捕伪基督徒的教士们也就成为国家的重要同盟。在搜捕秘密犹太人和秘密穆斯林的过程中，宗教裁判官发布了一系列清单，开列出可能表明皈依有假的行为表现。这些清单对食物相当重视——包括吃什么、何时吃、怎样烹调，还有忌吃什么等方方面面。例如，阿尔曼佐（Almazán）的阿东扎·拉涅茨（Aldonza Laínez）就因向他的工人提供了一盘芜菁奶酪而于某年春天被举报。为什么？因为在四旬斋期间基督徒不吃奶酪。截至公元 1500 年，西班牙已经诞生，这要归功于那桩政治婚姻，还有伊莎贝拉和费迪南德的谨慎的政策，以及在基督教问题上的紧张状态——时间将会证明，这最后一点既是这个国家的一股强大的力量，也是一个危险的弱点。

欧洲外围的新势力

15 世纪末的新式君主们，在英国、法国以及西班牙为现代欧洲的三个重要民族国家打下了基础。但他们还没有强大到三分天下的地步。在北方还有丹麦,其领土在 11 世纪就已扩展到了英国境内。在中世纪晚期,他们表现并不抢眼。然而,丹麦实际上已经成长为波罗的海附近一股强大而有凝聚力的力量。到 14 世纪末,丹麦女王玛格利特(Margaret,1353—1412 年在位)也成为挪威和瑞典的摄政王。1397 年,这位女王将她的国土整合为卡尔玛联盟(Union of Kalmar),建立了一个统一的斯堪的纳维亚国家,并指定她的侄孙为所有三个国家的名义国王(而她自己,则掌握实权直到去世,而且还十分独断专行)。瑞典在 15 世纪脱离了这个联邦,而挪威和丹麦的政治联盟则一直持续到 19 世纪。

在东方的俄罗斯和小亚细亚地区,古老的分裂状态被终结,取而代之的是一个新兴的强大国家。由于这些事件都发生在欧洲的东部边缘,所以说,这里的兴衰变化都是植根于欧亚往来之中的,其中尤其重要的,是蒙古人在 13 世纪的入侵和奥斯曼土耳其在 14 世纪的崛起。

俄国和蒙古

我们已经在第三章里看到,正是索菲亚大教堂那令人敬畏的美说服了弗拉基米尔一世(980—1015 年在位),使他携全体臣民一起改宗东正教。虽然他的基辅国于 12 世纪亡于内战,但是他引进的新宗教却流传下来,并发扬光大。从那以后,拜占庭文明在俄罗斯文化的发展中发挥了重要作用。在蒙古人那里也有类似情况;对于他们来说,俄罗斯的诸公国都是可汗的兵力及收入的来源:它们在 13 世纪被征服,成为金帐汗国的一部分。

在此后的两个世纪中,蒙古人给予了俄罗斯的基督教公国相当程度的自治权,但是他们要求大量的贡赋。我们在第十章里已经看到,诺夫哥罗德的亚历山大·涅夫斯基(约 1220—1263)是第一个与蒙古人合作密切的人,作为回报,他得到了大公头衔。这种权力和威望最后被传到了莫斯科,那里的大公继续与蒙古统治者保持合作,并在这种机制里为自己谋利。莫斯科的大公成为蒙古贡赋的唯一征收人,于是他们在讨好蒙古统治者的同时,也为自己积聚实力。有时候,他们甚至帮助蒙古人镇压其他俄罗斯王公的起义,这更加扩大了他们的声势。不过,他们始终对东正教会保持着忠诚,在他们的领导下,莫斯科成了俄罗斯东正教的中心,被称为"第三个罗马"。

在 14 世纪末,这些奴仆终于还是起来造主人的反;莫斯科的王公们开始成为反蒙古斗争的领头人。1480 年,终于由名副其实的"大帝"伊凡三世(Ivan III,1462—1505 年在位)彻底地推翻了蒙古统治,废止了贡赋。他把其他俄罗斯公国集合在自己麾下,入侵了立陶宛—波兰。他还重建了克里姆林宫,并将拜占庭的标志归至自己名下;他还娶了一名拜占庭公主为妻,并开始自称为俄国"沙皇"(Czar,或Caesar,即恺撒)。

伊凡三世视自己为拜占庭帝国的继承人(后者已经于1453年君士坦丁堡沦陷之后落入了奥斯曼土耳其的手中),并进而自认为是罗马的继承人。尽管在西方几乎没有人认同莫斯科就是第三个罗马的观点,但是从伊凡三世的专制程度来看,他的确可以媲美罗马和拜占庭那些最为独裁的统治者们。他不受任何地方议会或者国民议会的限制;他不靠任何由源源不断的精明忠诚的中产阶级书记员组成的官僚机构来支撑他的统治;他毫不犹豫地将诸如诺夫哥罗德等城邦国家中初生的敌对力量扼杀在襁褓中。他不是一个新式君主,因为从他选择的头衔就可以看出,他是一个非常老派的帝王。但是他为自己以及他的俄罗斯人民砸碎了"鞑靼枷锁"(Tartar yoke),并一手缔造了一个新的俄罗斯国家——俄国。

拜占庭、伊斯兰、奥斯曼帝国

与此同时,南方的一股新势力正在逐步取代衰老的塞尔柱帝国和拜占庭帝国。在14世纪初期,奥斯曼土耳其取代了塞尔柱王朝成为小亚细亚地区的统治者,并于1354年绕过狭小的拜占庭帝国,向欧洲进犯。直至今日,塞尔维亚民族主义者们还能带着骄傲与苦涩记起1389年的科索沃(Kosovo)战役;人们在"黑鸟之野"(Field of Blackbirds)建起纪念碑,铭记着当时的塞尔维亚东正教教徒面对奥斯曼土耳其穆斯林军队所进行的英勇而不幸的抵抗。在那次战斗和许多其他战役中,土耳其人都取得了胜利。在那个世纪结束之前,他们已经攻占了塞尔维亚和保加利亚,使他们的疆土覆盖了巴尔干半岛的大部分地区。1453年发生在君士坦丁堡的那场风暴,无异于为奥斯曼土耳其对小亚细亚和巴尔干地区的征服画上一个圆满的句号(见地图13.3)。至此,整个欧洲都意识到:一个时代已然结束。当奥斯曼军队用大炮轰开君士坦丁堡的巍巍城墙之时,他们的行为正是象征着时代的变迁。

和新俄国的沙皇一样,奥斯曼帝国的苏丹也是独裁者。他们的统治建立在强有力的中央集权政府和对军队的严密掌控之上。

他们一直对基督教欧洲以及作为其根基的地中海地区保持着威胁,直到1571年,西班牙在里班多大海战(Battle of Lepanto)中获胜之后,才终于遏止了奥斯曼帝国的扩张。然而,在此后的数个世纪里,土耳其苏丹的皇宫都设在君士坦丁堡——这是由罗马皇帝君士坦丁所建的城市,被崇奉为东正教圣地的城市,被拜占庭统治者查士丁尼和狄奥多拉精心装饰过的城市。苏丹们也像君士坦丁、

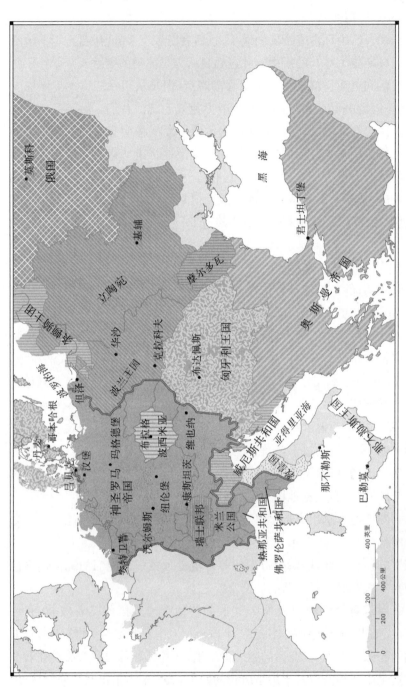

地图 13.3　中欧和东欧，约 1490

至 15 世纪末，中欧和东欧地区还没有出现成功的"新式君主"。神圣罗马帝国在哈布斯堡王朝的统治之下，仍旧保持着宽松放任的状态，在其名下，看超过一百个独立的城邦、侯国、郡县、公国。意大利半岛仍旧保持分裂。而东欧那些偏远的国家，虽然国土辽阔，却也是处在松懈的管理之下的。

查士丁尼、狄奥多拉那样，统治着一个连接东西、跨越欧亚的国家；不同的是，这 　　338
是一个伊斯兰王国。

神圣罗马帝国的遗产

对于小型国家来说，并没有什么缺陷是它本身固有的。正如我们已经看到
的，在中世纪中期那些治理得最为出色的国家中，有不少是小型国家。这并不是
偶然现象。欧洲的那些治国有方的王公——10 世纪的米兰主教、11 世纪的香槟
伯爵、12 世纪的西西里国王、13 世纪的奥地利公爵——他们之所以能够将国家
治理得井井有条，正是由于在他们统治之下的，是相对集中的领地，这使得他们
能够有效地对其加以保护、管理、支配。在小型国家里，还更容易建立女性统治，
因为女性对公国或者郡县的继承权更易获得承认。若是她们想继承一个王国，
则是非常困难的。中世纪时代有很多女性统治者，例如托斯卡纳的玛蒂尔德
（1046—1115）和佛兰德斯的珍妮（Jeanne of Flanders，1204—1244 年在位），在
她们治下的，大多是相对小型的国家；这样的国家更加有利于她们个人魅力的施
展，以消除人们固有的、对女性执政的忧虑。

无论如何，在中世纪统治者们的勃勃野心面前，"小"是不能体现出"美"的：
这是因为，他们总是希望扩大自己的领土和权威。在神圣罗马帝国，那些贯穿其
历史，并将它对意大利半岛的野心点燃的危险的梦想，还只是这种扩张欲望的万
千实例之一而已。何况，在之后的现代欧洲，小国家也被证明是缺乏竞争力的。
公元 1500 年之后，小型国家渐渐沦为大国的附庸。这在今天还是不争的事实。
卢森堡大公国（Grand Duchy of Luxemburg）正是那些一度在中世纪大地上星罗
棋布的小国家们残留下来的一块迷人的遗迹，但是在新的欧洲联盟政治中，它可
还算不上是一个参与者。

日耳曼诸国

中世纪晚期的那些小国家中，有很多都是以各种方式从神圣罗马帝国中分裂
出来的；后者在其第一个哈布斯堡皇帝于 1273 年登基之时，就已经是病入膏肓了。
颁布于 1356 年的《金印勒书》（Golden Bull）规定了神圣罗马帝国的组织方式，这份
文件由教皇签署，并且通过一次**三政会**（diet）而得到认可；它正式规定，以选举
制解决皇帝的继承问题，并指派了七名日耳曼王公为选帝侯（electors）：美因茨、
特里尔（Trier）、科隆的三位大主教，莱茵地区的帕拉丁伯爵（count palatine）、萨

克森公爵、布兰登堡侯爵(maragrave of Brandenburg),还有波西米亚国王。参与选举的诸小国各自都保持了相对的稳定,而在以奥地利哈布斯堡公国为代表的其他日耳曼公国,情况也是一样;只有作为整体的帝国被极大地削弱了。至公元1500年,帝国境内已经有了超过一百个公国——其中包括教会城邦、自治城市、伯爵领地、公国;所有这些公国都处在动荡之中,在战争、婚姻、继承等因素的作用下,相互边界变化不定。其中一些治理得尤为得当;以瑞士联邦和奥地利公国为例的一些国家,还成为现代国家的先驱。但所有这些都太小了。其中的大部分都内向地专注于国内,而缺乏外向的壮志宏图,眼光不曾朝向一个日耳曼大国,更不曾有过统领全欧的魄力。

威廉·特尔

　　威廉·特尔(William Tell)的故事发生在14世纪初期,也就是瑞士联邦于1291年成立之后几十年。这次联盟中,有三个州——乌里(Uri)、施维茨(Schwyz)、翁特瓦尔登(Unterwalden)——结成了防御同盟,共同反抗神圣罗马帝国新的哈布斯堡王朝不断膨胀的野心。威廉·特尔的传说——其实也只是传说——讲述的内容,正是一个来自乌里的人反抗哈布斯堡侵略的故事。这个传说有四个部分,第一部分的场景是固定的:一个名叫盖斯勒(Gessler)的哈布斯堡官员来到乌里,他试图在此地强化皇帝的控制。作为对当地人的侮辱,他将自己的帽子挂在城镇广场的一根旗杆上,命令每个人都必须向这顶帽子鞠躬行礼。第二部分是发出挑战:威廉·特尔拒绝行礼,于是盖斯勒愤怒地命令他用箭射放在其子头上的一个苹果。威廉·特尔虽然满心不愿,却也不得不照办。凭借娴熟的射术,他用自己的十字弓完成了任务,但是由于侮辱了盖斯勒,他还是被判终身监禁。第三部分是逃亡:在前往监狱的路上,一场猛烈的风暴使威廉·特尔得以从押送他的船上逃脱。第四部分是复仇:威廉·特尔追杀盖斯勒,将一支箭头插入对方的心脏,杀死了他,然后消失在乌里的莽莽丛林中。这是一个激动人心的故事,尤其是在15世纪那些第一批讲述这个故事的人那里;这个故事让他们的民族热情一下子高涨起来。这个故事用个人的冲突(盖斯勒对威廉·特尔)表现了围绕民族主权的斗争(哈布斯堡王朝对瑞士联邦),并创造出一个民族英雄形象：威廉·特尔。这一形象是一个技艺高超的木匠，一个值得信赖的父亲，一个忠实的瑞士人。若是把这个故事讲给一个 12 世纪的听众，其中的民族情感肯定不能被领会；但在 15 世纪，这种情感就是明显的。甚至在今天，这个故事也还能拨动人们的心弦。年轻的瑞士侦察员被教育要尊敬"威廉·特尔，瑞士的民族英雄"。如果你想感受音乐对灵魂的震撼，请听罗西尼的歌剧《威廉·特尔》(1829)当中的序曲；在今天，这首曲子也许是作为 20 世纪 50 年代的电视节目《孤独的巡逻骑兵》(*The Lone Ranger*)中的主题曲而广为人知。

　　然而在 15 世纪，在由哈布斯堡的鲁道夫(Rudolf，1273—1291 年在位)夺回皇帝头衔的哈布斯堡王朝统治下，帝国的实力已大为增强；不过，神圣罗马帝国对治下众多小国的控制，仍旧只是象征性的。在阿尔伯特二世(Albert II，1404—1439 年任奥地利公爵，1438—1439 年任帝国皇帝)于 1438 年当选为皇帝之后，直至 1711 年，哈布斯堡家族都牢牢占据着皇帝头衔；选举制并没有被废除，但被选上的却总是哈布斯堡家族的继承人。阿尔伯特的儿子腓特烈三世(Frederick III，1440—1493 年在位)很快就继承了父位，他是一个长寿而精明的皇帝。虽然腓特烈失去了波西米亚和匈牙利，但他却通过其子马克西米利安 (Maximilian，1493—1519 年在位)和勃艮第女公爵玛丽(就是这位女继承人，路易十一世希望通过联姻将其领地并入自己的王朝，却没有成功)的婚姻，将大量领土攫入囊中。后来，马克西米利安和玛丽的儿子还与西班牙的乔安娜(Joanna of Spain，1479—1555)结合，而后者正是阿拉贡与卡斯提尔联合王国的女继承人。由此，一个内弱外强的哈布斯堡王朝被建立起来：虽然它对神圣罗马帝国的控制显得无力，但却掌握了日耳曼诸国之外的大量土地——尤其是勃艮第、尼德兰、西班牙及美洲的大部分地区。正是从 15 世纪神圣罗马帝国的贫瘠土壤中，生长出了 16 世纪欧洲最为强大的帝国。

340

几位重要的哈布斯堡王朝皇帝

哈布斯堡的鲁道夫(Rudolph of Habsburg)，1273—1291 年在位

阿尔伯特二世(Albert II),1438—1439 年在位

腓特烈三世(Frederick III),1440—1493 年在位

马克西米利安(Maximilian),1493—1519 年在位

意大利诸国

在中世纪晚期,意大利半岛经历了一次领土调整,小城邦或者被其周围较大的城邦兼并,或者被控制。在此过程中,意大利半岛在中世纪中期的极端散乱的政治状况得到改变,于 15 世纪发展出五个主要政治实体:那不勒斯王国、教皇国,以及北方的三个城邦佛罗伦萨、米兰、威尼斯。那不勒斯,是在名为"西西里晚祷"(1282—1302)的惨烈战争之后被建立起来的(对此,我们已经在第十章里有过讨论了)。这个地区最早是处在法兰克王朝的统治之下,然后又落入阿拉贡手中。在 15 世纪中期,那不勒斯重新与西西里合并,暂时地恢复了原西西里诺曼王国时期的疆域。在半岛中央的教皇国保持着对教皇的服从,但是教皇本人真正的控制力,却因当地贵族奉行的特殊神宠论,以及罗马自身的政治紊乱而大打折扣。虽然米兰和佛罗伦萨都实行共和制,且都因自己曾率先展开独立斗争而感到骄傲,但是这两个城邦却都在中世纪晚期落入了暴君手中。威尼斯保持着共和政体,但这是一种奇怪的共和:对内,它受制于寡头政治;对外,则对周边更小的邦国施行皇帝式的控制。不论是在这些邦国内部,还是在相互间的关系上,一直都是麻烦不断;各个邦国在圭尔夫派和吉柏林派的名义下被分别归入敌对的阵营,相互之间纷争不休。

在内政方面,诸多邦国都各有独特之处,但是其中也有一大交集,即贵族的党派斗争、起义,还有动荡不安的局势。在这种前提下,对于米兰、佛罗伦萨,以及其他一些更小的城邦来说,中世纪晚期涌现出来的那些暴君倒也因他们带来的安定环境而受到欢迎。这些暴君们更多的是凭借他们自己的才智和残忍在进行统治,而不是依靠传统或者习俗。由于其中的一部分成了马基雅维利(Machiavelli)《君主论》(*The Prince*)中的原型,这些暴君们也时常被视为新式的"文艺复兴"统治者。事实上,他们的那种投机主义统治方式对北方的君主们来说早已司空见惯,而他们的冷酷无情在查理曼(768—814 年在位)和"征服者"威廉(1066—1087 年在位)的面前,也是不值一提的。

在相互关系方面，这些意大利邦国之间兵戎不断；在战斗中，他们的军队总是表现得唯利是图，有的还是雇佣军（condottieri）。不过，由于在五支主要势力之间维持着脆弱的平衡，外交也在战争之外发挥着重要作用。各国之间频繁地交换大使，而这些大使都是既擅长恭维之术，又精通间谍技巧的人；还有错综复杂的联盟常常维持着半岛上的诸权相衡。中世纪晚期的外交，是无关于道德限制或者教会仲裁的；因为这种外交更有利于促成各方的平衡，所以在这一时期蓬勃地发展起来。正是在意大利的诸多邦国中，最早地实现了这种新式外交——并且，这种外交还将在很长一段历史中延续下去。

波兰和立陶宛

在整个 14 世纪，条顿骑士团的东征一直没有停止；随着他们的铁蹄一路向东踏去，日耳曼人的扩张不断继续。到了 15 世纪，这些条顿骑士才被一股新兴的斯拉夫力量阻止——这就是波兰和立陶宛联合王国。类似于阿拉贡和卡斯提尔，这个联合王国也是通过两个王朝间的通婚建立起来的，而且，在这个王国里也出现了一次宗教改宗运动。1386 年，一个波兰国家的女继承人雅德维嘉（Jadwiga，1384—1399 年在位）和立陶宛大公雅格耶罗（Jagiello，1377—1434）结合；前者的国家从大约公元 1000 年开始，就一直信奉天主教，而后者也迅速地皈依天主教。这两个国家的联合造就了欧洲最大的政治实体，不过，这个政治实体也很可能是全欧洲最缺乏治理的一个。雅德维嘉英年早逝，而雅格耶罗也没能建立起有效的统治和真正的中央集权政府。尽管后者成功地在坦能堡战役（Tannenberg，1410）中击败了条顿骑士团，但是他并没能控制住他的贵族——只有在反对共同的日耳曼敌人之时，这些贵族才肯和国王合作（甚至连这种合作也只是短暂而勉强的）。立陶宛—波兰联合王国吞并了条顿骑士团的大量土地以及基辅—俄罗斯的大多数领土，其疆域横跨黑海与波罗的海。有着如此辽阔疆土的这个王国，却没有一个有力的管理者和政治机构对其领土进行必要的治理。正是这个王国的政治无能，造成了这样的局面：在此后的数个世纪里，日耳曼诸国和俄罗斯之间的广阔土地上，一直都没能形成一个强大的国家。

结语

截至公元 1500 年（见地图 13.4），英国、法国、西班牙的君主们，都如帕多瓦

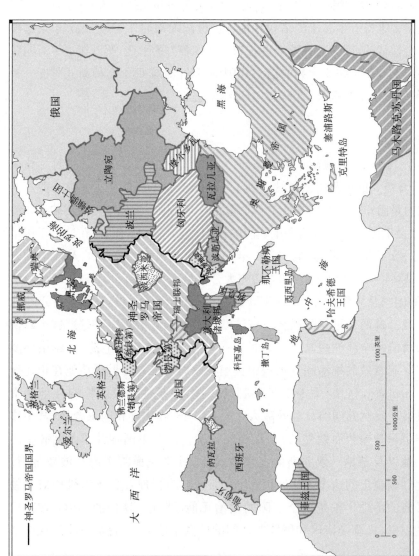

地图 13.4　欧洲，约 1500

中世纪行将结束之时，英国，法国，西班牙王国的边界已经和今天相差无几。欧洲其他地方的大部分版图仍被分裂成更小、更弱的国家。在东方，奥斯曼帝国统治着原先属于拜占庭帝国的地方。

342

的马西利乌斯曾经建议过的那样，实现了对其国家教会的控制，而且还远远不止于此。这些君主的行政机器高效运转；他们的边疆清宁晏安；他们的贵族虽然尚未被驯服，但却也不敢再随意滋事。正是在这些国家的版图之上，将会出现现代欧洲早期典型的民族国家；这类民族国家的建立都离不开其中世纪基础，但它们也都从公元 1500 年之后成形的那些理论、制度、信仰当中吸取养分，并由此而壮大起来。

欧洲的其他地方则面临着截然不同的命运。一直到 19 世纪末，日耳曼和意大利才建立起现代国家。在中世纪晚期，这两个地区的民族情感一直因国家的分裂而处于压抑状态；五个世纪之后，这种情感终于挟着危险的能量爆发出来。历史学家们至今仍然在争论：在这两个国家的统一过程中发生的种种暴行，是否正是部分地植根于如火山喷发一般的民族情感的？而在欧洲的边缘地带，则有数个庞大且多少有点笨重的国家——俄国、奥斯曼土耳其、立陶宛—波兰，以及短暂统一的斯堪的纳维亚——行进在通往现代的道路上，不同的命运正在这些大国各自的道路上等待着它们。

第十四章
文化中的多样性与创造性，约 1300—1500

引言

　　和普通百姓一样，艺术家和知识分子也受到了来自大瘟疫的影响。其中，有不少人死于瘟疫，哲学家奥卡姆的威廉（William of Ockham，约 1285—1349）就是其中之一。而其他那些大瘟疫的幸存者，则为那个曾铺展在他们眼前的恐怖时代留下了证言。在《十日谈》（*Decameron*）中，伟大的作家乔万尼·薄伽丘（1313—1373）搜集了各式各样的故事，并以出色的叙述技巧将这些故事记录下来。在这本书里，先于薄伽丘所搜集的那些故事出场的，正是对大瘟疫时期佛罗伦萨所作的近乎冷峻的描写，置身其中，举目所见皆是鲜血、疽痈、肿胀、速死、群葬。就是在 1350 年之后很久，死亡和衰朽也还是纠缠在很多艺术家与知识分子心头，久久无法排遣，一直是他们的主题。有些雕塑家抛弃了传统墓葬建筑中的那种优雅的雕像，将衰朽的形象引入到纪念雕塑中——腐烂的肉体、骨骼残骸，甚至还有被蛆虫噬食的内脏。"死亡之舞"（*danse macabre*）成为某些艺术家偏爱的主题，在他们的画里，常有死神收取罹难者的场面，或者死人与不知不觉的活人混杂狂欢的景象。在 14—15 世纪的欧洲，死亡的阴影笼罩在每个人的心头——而这，也是很容易理解的。

　　对死亡的沉迷并没有导致文化的死亡——事实上，情况截然相反（见年表14.1）。在这两个世纪里，教育和文化的普及带给普通人的好处，是以前的任何时期都不曾有过的；普通人也得以通过戏剧、歌唱以及故事而有效地表达他们的思想。女性也从文化教育事业中获益匪浅；随着各国本土语言的地位不断上升，女性在文化方面的发言权也不断增强，而这种发言权在教会的拉丁语统治时期，是不曾有过的。在这样的大好形势下，她们既在写作中身体力行，也鼓励扶植其他人的创作和翻译。在文学艺术方面，乔托·迪·波登（Giotto di Bondone，1266—1337）、杰弗里·乔叟（约 1340—1400）、扬·凡·埃克（Jan van Eyck，约 1385—

1440)等天才人物创造了灿烂永恒的作品。在建筑方面，虽然大多数人都没能施展，无大作为，但也有一些建筑师取得了辉煌的成就。他们当中有的是将哥特风格发展到了一个新的、美妙绝伦的高度，有的则开始效法古希腊—罗马风格中的那种平和与宁静。在欧洲的大学和学院里，哲学家们的工作起到了继往开来的作用。中世纪晚期的欧洲文化充满了对立——生命与死亡、反教权与虔诚的信仰、古老的风格与新颖的实验——而由这些对立之统一产生的结果，则是充满了创造性的、激动人心的。这时期的文化，正对未来产生着无与伦比的影响。

345

年表 14.1　文化变迁，1300—1500

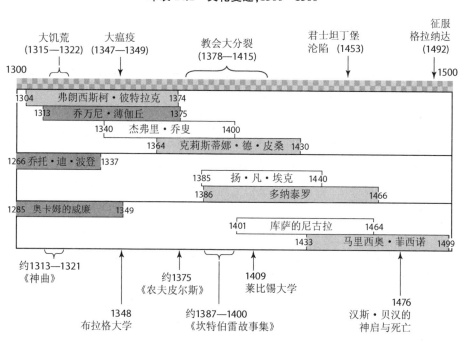

识字率与地方语言

正如我们在第七章里看到的，在 11 世纪开始了一次大规模的教育普及运动。地方学校、教堂学校、大学等教育机构如雨后春笋般涌现出来。到了 14—15 世纪，这一教育普及运动继续开展，使欧洲人中的文化普及率显著增长。换句话说，在中世纪晚期，较高级的教育机构持续地蓬勃发展起来（举例来说，布拉格于1348年、维也纳于1365年、海德堡于1385年、克拉科夫于1397年、莱比锡于1409年、圣安德鲁斯于1412年,纷纷建起了大学);而更为重要的是基础学校的兴起,这种学校为男孩们——有时也包括女孩——提供了一种很实在的教育,让他们掌握读、写、算的能力。在大瘟疫前夕的佛罗伦萨,有大约600名男孩进入文法学校(grammar school),在那里他们学习传统课程,为成为律师、神职人员,或者进入大学深造打下基础。他们学习的是拉丁语,在当时看来,只有这种语言是有语法的。而另一些佛罗伦萨男孩,人数约为前者两倍,进入了另一种学校,在那里他们学习珠算、记账,以及用托斯卡纳地方语言进行读写。这些男孩们的未来职业是商人、工匠,或者书记员,而非律师或神职人员——事实是,他们这种地方语言教育正日益普及。

在14—15世纪中,北欧和南欧的很多城镇都为他们的孩子建起地方语言学校(vernacular school)。有的城镇还不止一座。只有富裕家庭的孩子才能进入这类学校,而且这些学校还基本不向女孩开放。当然,很少有农村能建起这类地方语言学校,农民们的知识来源仅限于其父辈和当地的神父。不过,那些由地方语言学校传授的技能却也经由社会而散播开来。我们无法给出当时的识字率数据,但是截至公元1400年,在占据重要社会地位的少数族群中,终于有部分人具备了些许阅读能力了。尤其是在男性中、在"名门"(乡绅、贵族以及商人阶层)中,以及在英语世界中,阅读能力得到了普及。在整个欧洲,越来越多的非神职人员掌握了记账、阅读公证人文书、译解法庭文件、撰写家族历史和日记的能力——在最后一条上,尤以意大利人做得最为普遍。他们还能自己阅读用地方语言写作的书籍——也能为想听的人们朗读;由于实际上有很多人愿意听朗诵,所以从统计方面看来,一个阅读者也就意味着许多受众。当一个阅读者和一群听众共享信息——来自书籍、小册子、告示、公文等——的时候,他或者她就已将文字的力量播撒到识字者以外的、更为广泛的人群中了。

随着这种阅读的文化在中世纪晚期的欧洲传播开来,地方语言文学繁荣起来:传奇故事、史诗、实用指南,当然还有像但丁、杰弗里·乔叟以及克莉丝蒂娜·德·皮桑(1364—1430)等人的地方语言作品。另外,用地方语言翻译拉丁文著作也成为一股潮流。至公元1400年,《圣经》已经有了法文、荷兰文、英文,以及其他大多数欧洲语言的版本。同样被广泛翻译的还有很多虔信书籍,包括圣徒生平、神秘主义著作以及有关祈祷的书。在鼓励翻译方面,富有的女性表现尤为突出。她们这样做不仅出于自身考虑,也是为了能更好地培养后代。

类似地，在中世纪晚期的欧洲蔓延开来的，还有一种书写的文化。最直接的表现就是，和过去相比，人们写下的东西更多了。由此，通过考察普通百姓的日记、歌谣、摘录的箴言、神秘剧，甚至他们在书页空白处的涂鸦，我们对普通人的生活有了更为详尽的了解。在他们的文化中，处于核心地位的是庆典与节日，因为正是在一年中的这些日子里，农民和城镇居民们才能抛下工作，而把信仰与游戏结合起来。每到圣诞节、狂欢节（在四月斋之前的狂欢节）、复活节、仲夏的施洗约翰节，以及其他大量较小型节日之时，农民和城镇居民们都会用歌唱、舞蹈、戏剧演出、篝火晚会、宴饮游戏等方式进行庆祝。他们有一种令人心惊的对残酷的偏好（纵犬逗熊的游戏即一例），而他们对颠倒错位的爱好也很是值得玩味——他们选出冒牌的主教和市长来主持节日，然后沉浸在那类穷人翻身斗败富人的传说（比如说罗宾汉的故事）里，纵乐狂欢。

中世纪晚期的人也从布道、公共朗读、绘画、交谈等渠道获得了丰富的天主教传统知识。15世纪30年代的准神秘主义者马格里·肯佩（Margery Kempe，约1372—1439）就以口授的方式完成了她的自传。她自称是一个"文盲"，但她也定然是一个明心见性的倾听者与观察者，因为她对《圣经》、神秘主义著作，以及圣徒生平都有着广泛的了解。类似的还有一名不识字的牧羊人汉斯·贝汉（Hans Behem），他的讲道曾于1476年的数月间，在他周围的农民当中引起轰动（见"人物传略"）。这位牧羊人的知识结构里，也有相当部分在今天的我们看来是属于"书本知识"的。在中世纪晚期的欧洲，识字能力的普及达到了前所未有的程度，但是识字能力并未成为学习的必然前提。

人文教育

347

就在各种地方语言的教育和文学以前所未有的良好态势蓬勃发展的同时，对拉丁语和古典文化的研究也兴旺发展起来，毫不逊色于前者的成就。弗朗西斯科·彼特拉克（1304—1374）就是这方面的先驱。彼特拉克对西塞罗的著作大为着迷，他认为在他的时代里，拉丁语正被败坏。他下定决心要重建西塞罗那种"纯净"的拉丁语，并打算建立一个图书馆，专门保管那种古老风格的拉丁语写作的手稿——那种古老风格也就是我们今天称为古典拉丁语（classical Latin）的风格，这是对比于中世纪拉丁语（medieval Latin）来说的——为了这个目标，彼特拉克在各修道院的藏书库里苦苦搜寻，找到了大量"失落"的古代文稿；他吸收了这些古典时期的风格，成为一名诗人、一名文学家。他还创立了一种新的教育模式,这是因为他既不喜欢文法学校和大学里那种拉丁语教育(也就是中世纪拉丁语),也对地方语言学校那种实际的教学毫无兴趣。他认为对古罗马文学的学习——那些散文、诗歌、历史——才是最好的教育,因为这种教育提倡的,正是清晰的思路、正确的道德观,以及令人满意的生活。

　　彼特拉克由此而成了**人文主义**(humanist)教育之父——这种教育通过对古典语言和文学、历史、艺术的学习,使年轻的男孩们成长为优秀的基督徒与优秀的公民。彼特拉克的信徒们不再将他们的儿子送进地方性学校、教堂学校,或者大学,而是请熟悉西塞罗风格拉丁语的家庭教师到家执教,或者让他们的儿子进入教授人文主义课程的新式学校。由此可以看出,这些彼特拉克信徒们多是富人,所以说,就在其他教育模式向越来越广泛的人群敞开的同时,这种新式的人文主义教育正吸引着富有贵族和富商们的兴趣,而对其他人并无很大影响。

图 14.1　彼特拉克的"胜利诗篇"
彼特拉克模仿《神曲》,以象征手法,从爱、纯洁、死亡、名望、时间、永恒六个方面描写诗人内心的体验,带有中世纪文学的梦幻色彩。

人物传略

汉斯·贝汉（卒于 1476）

　　汉斯·贝汉生于 15 世纪 50 年代的尼克劳斯豪森（Niklashausen），那是神圣罗马帝国中央的一个村庄（见地图 13.3，纽伦堡以东不远）。由于贫穷，他以牧羊为业——一种很寻常的职业。他还靠在酒馆打鼓奏乐，赚取一点额外的收入——这种副业稍显粗鄙，倒也并不独特。然而，在 1476 年春，贝汉的生活遭遇了一次戏剧性的转折，他相信自己遇到了马利亚。贝汉开始布道，并将其谱成歌曲；它吸引了数以千计的朝圣者涌入尼克劳斯豪森；而仅在数月之后，他就死了——被维尔茨堡主教鲁道夫·冯·施隆博格（Rudolph von Sherenberg）处决。

　　在贝汉的幻觉里，圣母和他谈论的话题都是围绕日常生活的，尤其是关于为什么他以及他的邻人们要贫穷受苦的问题。圣母的部分言语，很可能正是贝汉对他从教区教堂里听来的布道的回应：空虚无处不在，而人们必须抛开他们妄自尊大地据为己有的东西，谦恭地站在上帝面前。不过，贝汉幻觉中的其他部分却一点也不像是得自传教士的，因为据他自己说，圣母曾痛心疾首地说到教士的罪恶以及富人的贪婪。她还告诉他要为未来做好准备，因为有一天万物都将成为公有，人人平等，不再有特权。这种思想不可能出现在正统教义中，而随之而生的更为激进的观点，号召杀光教士、清理教会罪行的演讲，则更是不可能从正统的讲道中发端。

　　当地的伯爵起初对来尼克劳斯豪森的朝圣人潮感到高兴；他们带来的税收和商机让他有利可图。不过很快，大量人潮涌来聆听贝汉，每天有多达 8 000 人，以至于伯爵和其他当局人员开始担心。有足够的饮食供应给所有这些人吗？怎样对人群加以控制？对这些屠杀教士与万物公有的说教该怎样对待？

　　7 月初，维尔茨堡主教派出密探搜集罪证。之后他很快将贝汉捉拿，并以异端罪名问罪。贝汉被判有罪，并被烧死在火刑柱上。大多数朝圣者四散归家，还有一些反叛者被对准人群的大炮驱散。尼克劳斯豪森的教堂被夷为平地，唯恐这里会再次成为未来朝圣者的集会地点；而贝汉的骨灰也被撒到河里，消形灭迹。主教无法消灭朝圣者及其对贝汉的回忆，但是他却消灭了除那些以外的所有东西。

贝汉是个贫穷的年轻人。在既定权威看来,他只是一个"小蠢货",一个"无知的半吊子才子"。维尔茨堡主教也是一名不同寻常的人物——75 岁,养尊处优,受过良好的教育,手握年轻人的生杀大权。贝汉在主教绝不会踏足的污秽酒馆里击鼓,为主教绝不可能听到的放荡歌谣奏乐;主教则在会令贝汉晕头转向的图书馆里阅读,那些书是贝汉永远不可能接触到的。然而,当贝汉谈论困扰他的空虚和教士的堕落之时,冯·施隆博格能理解,因为他也在努力尝试对他的教士们进行改革,并提供更坚定的指导。当贝汉在讲述不可思议的幻觉和事件之时,冯·施隆博格该是会愉快地和他在这一点上达成共识的:上帝是日常生活中的一位强大的在场者。当贝汉做他的那些最为重要的布道之时,他选择的日期都是在各种基督教节日里,这些日子对于他反对的主教来说,都是意义重大的。贝汉和他的主教——目不识丁的年轻鼓手和将其处死的男人——不是在用同样的眼光观察这个世界,但是他们的差异却绝非天上地下般十足的分明,而是非常的微妙。他们站在世界对立的两端——大众文化对精英文化——但脚下的,却也是同一个世界。

349　　　这些精英阶层的女儿们,有时也能和她们的兄弟一起接受教育;在当时,已经有不少女性人文主义者获得了极大的名声。不过,从总体上看,人文教育——以培养优秀公民为目标的教育——还是更加偏向男性。1528 年,人文主义作家巴达萨尔·卡斯提莱尼(Baldassare Castiglione,1478—1529)以异常直率的方式对人文教育中的性别差异进行了陈述。他说女性应该在古典文学和历史方面获得更好的教育,但这只是为了让她们能更好地取悦男性。由此观点看来,一个受过良好人文教育的女人,也只不过是餐桌上的一个更好的伴侣罢了。

　　彼特拉克一生中的大部分时间是在罗马和佛罗伦萨度过的,而他对西塞罗时代罗马的偏爱,也特别地在意大利半岛引起了回响。在那里,意大利商人凭着他们对地中海贸易的控制,为自己的家庭积聚起大量的财富;在那里,北方城邦的市民精神正在鼓励表达方式的创新;在那里,对西塞罗时代那个一度统治地中海世界的罗马的记忆,也一再地被散落在各个城市里的罗马纪念碑、雕塑,以及建筑物所唤醒。14 世纪的意大利诸国,陷在教皇和皇帝的战争中,疲惫不堪,他们几乎没有任何理由去对近在咫尺的历史心怀留念,而彼特拉克的人文主义却从两个方面满足了他们:一面是唤醒了他们对古代荣光的回忆,另一面则是切合了他们对训练有素、彬彬有礼且具有高尚道德情操的领导人的渴求。最后,

"人文主义"在欧洲人中有了许多含义：对古典的崇尚；一种强调文学、艺术、历史的教育方式；对人的潜力所抱持的乐观态度，用早期的一名人文主义者的话说，人是"无拘无束"的。

文学

以上言及的那些教育方面的变革，也在中世纪晚期的文学中得到了反映；就在那些变革的进程中，人文主义者的古典拉丁文学，以及读者群愈发壮大的地方语言文学领域里，都有伟大的作品涌现出来。前者的成就略显狭小，因为彼特拉克及其追随者们的文学成就，最初只是在意大利北方城邦里富有的商人和贵族中找到了知音。不过，彼特拉克的作品包括上百封信件，以及极富独创性的地方语诗歌，另外，他还发展了那种温文尔雅的理想夫人形象、那种典雅爱情的对象——这无疑是他留给后人的一笔巨大财富。彼特拉克的大部分诗歌的灵感都是源于劳拉(Laura)——据我们所知，这是他在一次礼拜仪式上一见钟情的女人。在中世纪传奇故事中，那种温文尔雅的夫人们，总是能成为她的骑士情人的灵感源泉，理想化而又遥不可及；而对于彼特拉克来说，劳拉正是这样一位夫人。她有着理想化的美貌、理想化的善良，以及高不可攀的距离感——她简直就是人文主义式文雅贵妇的一幅标准像。

在地方文学方面，以传奇故事为代表的古老题材继续受到欢迎，不过，那种文雅的传统则逐渐地被淡化，作家们更多奉行一种颇为坚毅且富有主见的现实主义，他们对社会中等阶级的关注丝毫不逊于对王公贵胄的注意。在意大利，薄伽丘的《十日谈》里，那些小故事是由七女三男在佛罗伦萨郊外躲避大瘟疫的时候讲述的，纯粹为了自娱。其中很多故事都涉及乱伦、通奸以及教士的堕落，这些故事被以那样高超的叙事技巧讲出，以至于薄伽丘本人在今天已被奉为"短篇小说之父"。他的作品大受欢迎，这为日后托斯卡纳语在意大利半岛的主宰地位打下了基础，并最终由但丁完成。

在英格兰，有两首流传广泛的14世纪诗歌，它们被许多图书馆珍藏，其风格也被诗人们争相效仿。《农夫皮尔斯》(Piers Plowman，约写于1375)是一个长篇寓言，讲述了一个人对真理和救赎的追求。其中有很多生动有力的细节，描述了穷人的生活与富人的为富不仁。这部作品的匿名作者[按照惯例署名为威廉·朗兰(William Langland)]似乎是一名隐姓埋名的神职人员。十数年后，诞生了杰弗里·乔叟的《坎特伯雷故事集》(The Canterbury Tales，创作于约1387—1400)，这是一部更为生动的作品，在结构上仿效了薄伽丘《十日谈》：朝圣者们在从伦敦出发，去往圣托马斯·贝克特的圣地坎特伯雷的路上轮番讲故事。乔叟是一名有着罕见洞察力和叙述技巧的诗人，在他创造的人物形象中，最了不起的一个大概就要数巴斯夫人（Wife of Bath）了；她自以为是、专断独行，而且颇有点剽悍，也是有过五任丈夫的寡妇。当她的第五任丈夫坚持要向她大声朗读一本反女性主义的"有关刻毒妻子的书"之时，她毫不客气地亲自动手解决了麻烦。如她自己所说：

> 我见他没完没了，要不停
> 读这破书直到天明，
> 就突然扯下其中三页，
> 从他正读的地方，
> 又如此这般，以老拳着着脸，
> 叫他仰面倒向火炉。

图 14.2　克莉斯蒂娜·德·皮桑

自此以后，文学研究者们一直在围绕着这个问题争论不休：乔叟创造巴斯夫人的初衷，究竟是对女性表示同情，还是对她们的嘲讽？

在法国，克莉斯蒂娜·德·皮桑（1364—1430）是一名天赋异禀的作家和诗人，也是欧洲第一个通过写作来证明自己的女性（见图 14.2）。她从父亲那里接受了教育，后者是一名人文主义学者，他因在法国宫廷中获得一个职位而离开威尼斯。克莉斯蒂娜·德·皮桑主要用散文和诗歌的形式进行创作，其题材范围宽广得令人惊讶，另外她也涉及其他很多文体。除自传以外，她还

351

写了大量抒情诗，表达对她丈夫的忠贞不渝的爱情，后者在她 25 岁的时候去世，使她成为寡妇；她还分别给女性和男性各写了一本道德忠告；另有一本韵文形式的史书，记述了从创世开始直到她的时代的历史；一本对历史上的伟大女性的研究著作；以及著名的论文《致仁爱的主》(The Letter to the God of Love)，在这本书中，她有力地反驳了让·德·莫恩在《玫瑰传奇》中的反女性主义观点。这是欧洲历史上有记载的第一位起身反击中伤的女性，她没有保持女性一直以来的隐忍，而是打破了沉默。这篇论文还在让·德·莫恩的同情者和克莉斯蒂娜·德·皮桑的支持者之间引发了一场激烈的争论，并一直延续到 16 世纪——皮桑一方支持者甚众。然而，她最杰出的贡献还在于，她雄辩地反驳了那种古老的偏见，即和男性相比，女性是尤为邪恶的。她曾如此略带理想主义地认为，女性

　　　　不会杀伤他人，不会造成他人的残废；也不会背信弃义；不会灭他人之门，或抢夺继承权；不会下毒或偷盗金银；不会骗人钱财，或伪造文书夺人祖产；不会破坏任何国家。

　　克莉斯蒂娜·德·皮桑在理想主义之外，也还有刻薄的一面。当一名男子嘲讽她说："一个受过教育的女人是没有吸引力的，因为太稀少。"她立刻回敬："一个无知的男人是更加没有吸引力的，因为太普遍。"

　　乔叟和皮桑都是为上流社会写作的，但并不是所有的中世纪晚期作家都如此。著名的诗人、作家弗朗索瓦·维庸(1431—约 1463)就是一个聒噪的巴黎流浪汉，他的生活是和法国宫廷的豪华奢侈沾不上半点关系的——反之，宫廷却正是皮桑度过她一生中大部分时光的地方。维庸的写作风格，是一种痛苦的，有时还不乏残酷的现实主义；用这种风格，他生动地反映了充斥于中世纪晚期欧洲社会中的苦恼和缺乏安全感的情绪。对于他来说，死神是最伟大的民主主义者：

　　　　我知道人无论贫富，无论如何
　　　　愚蠢或智慧，神圣或世俗，
　　　　粗俗或高雅，伟大或渺小，
　　　　高贵或低贱，美好或丑恶，
　　　　乃至丽装华服，招摇过市，

352

来自什么血统世家,

每天打扮一新,戴新的头巾,

死神都会收走他们,一视同仁。

艺术和建筑

一到中世纪晚期,在艺术和建筑领域,也立即出现了两个发展方向:其一是古希腊—罗马风格的复兴,这一派作品将彼特拉克式的对古典的爱好用颜料和石块表达出来;其二,是对哥特风格更进一步的发展。在意大利,建筑师们抛弃了哥特式的尖塔和尖顶拱门,把创造力转向了对古罗马的回忆——圆屋顶、圆拱门,还有典雅的古典式正墙(见图 14.3)。与此类似,雕塑家们也把目光转向了他们本土的古代遗产,重拾古希腊—罗马风格对完美人体轮廓的重视。在佛罗伦萨工作的多纳泰罗(Donatello,1386—1466)研究了古代雕塑家们的作品,并使古典时代那种完美理想的人体结构,在他的《大卫》(David)以及其他作品中得到了再现(见图 14.4);米开朗琪罗(Michelangelo,1475—1564)以及其他稍后出现的雕塑家都是沿着他开辟的道路继续走下去。对于画家们来说,他们并没有多少古典原型可供模仿,但他们也在热烈地追求着逼真的人像和风景,并对透视技巧进行了最初的探索。在乔托的带领下,他们抛弃了拜占庭和中世纪艺术中那种呆板的形式,转而投入了自然主义风格的怀抱,对古罗马艺术发出了召唤。乔托的画面是高度写实而且富有细节的(见图 14.5)。

在北方,哥特建筑的垂直度和华丽程度都被进一步地加强。教堂被赋予了恢宏的垂直线条、精细的扇形拱顶,以及丰富多样的雕塑(见图 14.6)。早在 13 世纪末,老式哥特风格中那种平衡,在向上擢升的渴望和比例的协调性之间——在垂直方向和水平方向之间——的平衡,就已经开始衰落,取而代之的是对垂直线条的更为热烈的崇尚。到了中世纪晚期,所有那些能为建筑加强水平方向力度的元素都被取消了,尤其是那些阻断了柱子向上延伸的柱顶结构,以及为扶拱垛的飞升渴望提供了平衡的装饰,从而彻底地为从地面到天顶的那种戏剧化的擢升打开了空间。中世纪晚期的教堂建筑,毫不妥协地实现了一种流畅的垂直伸展——这是一种对超越的热望,它直接与神秘的国度接壤。

图 14.3 古典建筑的复兴 353

这是坐落在曼图亚(Mantua)的圣安德烈大教堂的内部，从中我们可以看出，受到人文主义理想感召的建筑师们是怎样再现古罗马建筑的。可将这座 15 世纪教堂的内部和 5 世纪的圣萨比纳(Santa Sabina)修道院的内部进行一对比(图 1.2)。

不过，早在 13 世纪末，哥特风格在基础结构方面的可能性就已经得到了充分的开发，所以，中世纪晚期在哥特建筑上的创新，主要是在更为精细的装饰上。这造成了今天的这样一种有趣局面：今人看当时的教堂，会因个人口味的不同而得出截然不同的结论，有的认为那些丰富的装饰传达出了热烈的喜悦，另外一些则认为那些教堂不过是被过度装饰的雕塑展览馆罢了。当意大利北部城邦里的雕塑家们正在仿效其古罗马前辈之时，北方的雕塑家们却正在追求情感的擢升，为对个性的强调鸣锣开道。哥特雕塑中的平和宁静被打破，取而代之的是一种会令弗朗索瓦·维庸感到骄傲的、严酷的现实主义：腐烂的尸体、激烈的形象、无边的悲戚，还有那些将弱点和美德一同暴露出来的个人。

在阿尔卑斯山以北，佛兰德斯的绘画学校里，那种精确的现实主义发展到了一个顶峰。在对自然世界的再现方面，扬·凡·埃克(约 1385—1440)超越了前人的成就；他对细节的刻画及其精细程度，几乎达到了摄影的水平(见图 14.7)。这位画家誉满欧洲，甚至在意大利的艺术家当中，他也享有极佳口碑；后者当时正专注于对古典的模仿,他们之所以对埃克青睐有加,主要是因为他在技术上的创新,以及他对油画的先驱性探索。

354　哲学

和文学、艺术及建筑等领域一样,思想的发展也有两个方向。哲学家们要么向柏拉图靠拢——这是受彼特拉克影响的一派;要么沿着托马斯·阿奎那的道路继续——这是一直走在中世纪大学的传统学术框架里的一派。

图14.4　多纳泰罗的《大卫》
在对完美男体的追寻中,多纳泰罗的目光被古典时代的作品紧紧抓住,最终,他取法古希腊罗马时代的雕塑,完成了雕塑的内在与结构方面的设计。

在15世纪,人文主义者的研究已经让柏拉图的许多著作重见天日,一股复兴柏拉图主义和新柏拉图主义的潮流已经盛行。马西利奥·菲西诺(Marsilio Ficino,1433—1499)是一名精通希腊文和古拉丁文的学者,他把柏拉图所有的对话都翻译成了拉丁语。他还立志要将柏拉图哲学和基督教信仰调和起来——这很像阿奎那曾经试图对亚里士多德做的工作。他的学生乔万尼·毕柯·德拉·米兰多拉(Giovanni Pico della Mirandola,1463—1494)则更进一步,试图将所有已知的哲学统一到一个体系当中。他的浩大工程始于一篇论文《论人的尊严》(On the Dignity of Man)。在这篇论文中,他以罕见的雄辩才能,陈述了他——以及其他人文主义者——对人类思想和灵魂之无限潜力的信念。然而,无论是菲西诺还是毕柯·德拉·米兰多拉,都不具备阿奎那和其他很多中世纪中期哲学家那样的睿智;而在思想深度上,他们也都不及他们的同时代人:一位来自阿尔卑斯北麓的伟大哲学家库萨的尼古拉(Nicholas of Cusa,1401—1464)。

图 14.5　乔托的《犹大之吻》

乔托的这幅壁画以戏剧化的处理手法将尖锐对立的矛盾双方的核心人物，也就是耶稣和犹大置于视觉中心，其余人物以主体人物为中心，对称地分列两旁。

　　库萨的尼古拉曾先后就学于海德堡和帕多瓦的大学，又在日常生活中深受神秘主义兄弟会的影响；经由一条与人文主义者菲西诺和毕柯·德拉·米兰多拉不同的途径，他也到达了新柏拉图主义哲学。库萨的尼古拉逐渐形成了这样的思想：物质世界里的矛盾和差异在一个不可知的上帝那里得到调和；这个上帝是超乎理性所能理解的范围之外的，只有通过某种神秘的途径才能为人所接近；他将其中那种神秘的途径称作"博学的无知状态"。他的那种不可知的上帝的概念，植根于 3 世纪新柏拉图主义哲学家普罗提诺（Plotinus，205—270）的学说；后者的思想其实正是埋在基督教深层思想中的一股潜流，贯穿了自圣奥古斯丁和约翰·斯各图·爱留根纳以降的整个中世纪。和早期的新柏拉图主义者一样,库萨的尼古拉也认为,宇宙源自一个无限的上帝的永不停息的创造。但是,他又比他的新柏拉图主义前辈们更进了一步,他还论证了:这样一个源自无限的上帝的宇宙,是不可能被人类的时空概念限制的。简而言之,上帝创造的宇宙是无限的。从库萨的尼古拉所持的综合观看来,宇宙是有序的,这与 13 世纪学院派的乐观主义同声相应。他对神秘主义和对人类理性之局限的强调,也很符合他那个时代的特点:艰苦而执着。他提出的有关无限宇宙的大胆概念,则开了现代哲学与现代天文学之先河。

图 14.6　中世纪晚期的哥特风格

图为始建于 15 世纪末的剑桥大学国王学院礼拜堂(King's College Chapel)内部。这座礼拜堂为中世纪晚期哥特建筑中的垂直风格和装饰特色提供了极好的例证。

　　14—15 世纪的大学里,围绕阿奎那的鸿篇巨著《神学大全》,发生了一场广泛而批判性的争论。阿奎那调和了思维和灵魂、逻辑与神秘,并对之做出等级划分,这把中世纪中期对合理化宇宙秩序的探求推向了高潮。这个高潮之后,理所当然地就是低谷,就是迎面而来的批评。这很容易理解,因为阿奎那的成就如此之宏伟,人们必须小心地对他加以研究和论证。于是,就在人文主义者们逆时光之流而上、一路追溯至两千年前的哲学思想之时,学院派的哲学家们却正在沿着

图 14.7 扬·凡·埃克，《乔万尼·阿诺菲尼和他的新娘》(1434)

在这幅图里，那些少见的细节正展示着凡·埃克特有的天赋。举例的话，可以注意前景里的狗和凉鞋，以及上方的树枝形饰灯。最令人吃惊的是，背景中的那面镜子还从后面映出了整个场景。凡·埃克对油画的应用，使他在追求那种类似照相术的现实主义时得心应手。

由一个世纪前的旷世奇才成就的方向继续工作。14世纪对阿奎那大综合观的批判，主要集中于以下相关的两点：① 将理性归结于上帝，就是在把人类逻辑的局限性加至全能的上帝身上；② 人的理性无法理解上帝，因为逻辑和信仰是处在两个相互封闭、各不相关的世界里的。由其中的第一条出发，托马斯式的理性的上帝让位给了一个不可知的上帝。而在第二条中，有关自然世界的知识重新达到自足自洽，因为这种知识将从此不再受限于神学术语。

对一个任性而不可理解的上帝概念研究的第一步，是由牛津的圣方济各修道士约翰·邓司·斯各特(John Duns Scotus，约1266—1308)迈出的；他对托马斯主义的知识理论进行了详尽的批驳。邓司·斯各特并不排斥通过理性解说信仰的可能性，但是在应用理性的时候，他显然比阿奎那更为谨慎。阿奎那被人们称为"天使博士"(The Angelic Doctor)，而邓司·斯各特则得到了"狡猾博士"(The Subtle Doctor)的称号；他思想中的极端烦琐性，促使后人将那些不厌其烦地追随其后的人戏称作"邓司"(dunce，意为"傻瓜")。这样的诨名并未对实情做出公正的反映，因为邓司·斯各特正是晚期经院哲学发展过程中一个绕不开的人物，他极其重要且富有原创性。在他的错综复杂的思想体系，和后期哥特教堂建筑中的那种细密装饰之间,我们可以很容易地找到共同之处。尽管邓司·斯各特本人是一个十足的基督教理性主义者,但他还是成了消解托马斯主义大综合理论的第一人,并率先开始了将理性从神学中抽离的进程。

而牛津的另一名圣方济各修道士——奥卡姆的威廉,如今他最闻名的也许是"奥卡姆剃刀理论"(Ockham's razor);根据这个理论,任何解说都是越简单的越好——则对托马斯主义大综合理论发起了全方位的攻击。奥卡姆认为,上帝和基督教教义都是彻底无法证明的,人们只能以信仰的方式接受之。由此而来的结论是,对人类理性的应用,必须被局限在可见的现象领域。奥卡姆的世界观是这样的:世界源自某个深不可测的创造者,是不可预料的。由这种世界观看来,只有在作用于直接可见或可被直接感知的事物之时,理性才是有意义的。他那种激进的经验主义排除了一切的形而上学——至少是所有那些归于逻辑学和哲学名下的;他的哲学也生出了一种全新的动力,推动了对自然现象的逻辑观察。奥卡姆的威廉切断了神秘和理性之间的联系,为未来的哲学照亮了两条途径:或者是不受逻辑拘束的神秘主义,或者是无关信仰的自然哲学(也就是科学)。对于奥卡姆和他的追随者们来说,神秘主义启示和经验主义科学是和谐共处的。因为这是两个永不相交的世界,它们之间不会有任何对立。一个明智的基督徒是可以在这两条船上各踏一只脚的。

由此,奥卡姆的哲学同时为中世纪晚期的神秘主义和科学奠定了良好的基础。事实上,的确有很多神秘主义者自视为经验主义者,因为所谓经验主义者,正是那些只接受直接经验所得的人,而神秘主义者,既然抛弃了理解上帝的努力,也就只能求之于对他的体验了。对于那些接受了奥卡姆对自然世界的观点的人们来说,对自然世界的研究从此就可以在独立的术语体系中进行,而无需在神学领域中找寻理论支持。巴黎大学的教师尼古拉·奥里斯姆(Nicholas Oresme,1325—1382)驳斥了亚里士多德的运动理论,提出了一个旋转地球的模型,以解释太阳和群星在天上的运行现象。奥里斯姆的理论,从以罗伯特·格罗斯泰斯特(1168—1253)为代表的 13 世纪科学家的学说中吸收了很多内容;那些科学家影响奥里斯姆的程度远高于奥卡姆对他的影响,但是他表现出来的意愿——对解说宇宙的物理结构的传统学说进行修补——正体现出了他那个时代的特征;在那个时代里,科学思索正从外在的事实中抽身而出。

在中世纪晚期的哲学家里,很多人都无法接受奥卡姆的理论,并坚持着托马斯主义学说。不过,阿奎那的成就太过宏伟,使得他的后继者们的工作,都只能停留在对细部的装饰以及小修小补之上。当时的哲学家们面临着这样的选择:

或者是为后期托马斯主义冗长乏味的琐碎工作烦心，或者是在奥卡姆给哲学思索加上的极端限制之下畏首畏尾。在这种情况下，欧洲许多最杰出的思想家都远远地避开了哲学，转而投入到更能激动人心的科学、数学，以及古典文学的研究领域中。当巴黎大学校长、哲学家让·吉尔森(Jean Gerson，1364—1429)在他的演讲中数落那种存在于基督教领域内的无用好奇心之时，他已是在以直白的方式向他的学生们指出：对信仰和理性的综合已不再是经院哲学的核心。对吉尔森来说，这个结论顺理成章，因为他本人就既是一个神秘主义者，又是一名自然哲学家。

政治思想

很少有政治理论能和政治实践紧密结合，这一现象非常普遍，在中世纪晚期也不例外。然而，这几个世纪里政治上的风云变幻，却也的确引出了一系列精辟的解释。一部分作家仍在继续为教皇至上论做理论上的阐释——如我们在第七章里已经看到的那样——这一理论立场在授职之争中曾一度占尽优势。1302年，教皇卜尼法斯八世在和法国国王腓力四世的角力中，签署了一条保留条款，其中毫不含糊地规定，每个基督徒首先都是教皇的臣民。对此，以罗马的伊莱斯(Giles of Rome，约 1245—1346)为代表的理论家们表示了热烈的支持；甚至到了 15 世纪，罗马方面都不乏后继者。但是随着教皇的势力在这几个世纪中的不断衰弱，教皇至上论的式微也在所难免。

另有少部分人则站在皇权至上论者一边，他们认为应该由一名皇帝来统治基督教世界；这位皇帝应该有能力同时为教会和国家提供仁慈的统治，就像查理曼曾经试图做到的那样。但丁在他完成于约 1320 年的《论世界帝国》(On Monarchy)中表达了类似的观点。但丁认为，神授的君权可以带来和平，而和平正是在教会工作中至关重要的根基。不过但丁也并不完全是皇权至上论者们的辩护人，因为他也注意到，君王的力量可能会直接对他深爱的佛罗伦萨以及其他意大利城邦的自治造成破坏。随着神圣罗马帝国皇帝的势力不断衰落，皇权至上论也不可避免地式微了。

事实上，在 14—15 世纪里最引人注目的理论还是要数教权至上论，这套理论试图为教会和国家划定各自的权力领域。在 11 世纪里，各种理论的立足点动荡不定、变化无常，而其中的教权至上论，就算是摇摆幅度最小的了。帕多瓦的马西利乌斯猛烈地攻击了教会的主张，并为世俗政府的权力提供了有力的支持，不过他的论点也涉及了权力的分离：教会作为精神领域的权威,而国家作为世俗领域的权威。他的朋友奥卡姆的威廉,同样提出了将教会力量限制在信仰领域的观点；在奥卡姆看来,信仰总是在揭示真理,而真理超越于理性之上。根据奥卡姆的理论,教会的教义应该是只能被遵守,而无法被理解的；国家却应该是一个务实而理性的政治实体。

然而,在这些关于教会和国家相互关系的古老争论之外,两种新的思潮正在兴起,它们都直接瞄准了中世纪晚期的政治形势变化。首先是由以马西利乌斯为首的学者们开始的精确定义工作,他们试图辨清政治实体的构成,确定其应有的权限。马西利乌斯在他的著作中指出,每个政治实体都有一个"统治区域",对于处在这个区域中的对象来说,此实体享有完全的权威——举例来说,神职者们就构成了这样一个政治实体。巴图鲁斯·德·萨素福拉多(Bartolus de Sassoferrato,约1313—1357)则将类似的观点表达得更为简洁,他指出,每个意大利城邦都是自己的主人,是自治的实体(*sibi princepts*),对内部拥有一切权力。这样的思想并不仅仅局限在理论上,还被应用到了实践当中——举例来说,英国议会就宣称,他们自己代表的是"整个国家社区"(the community of the realm)。所有这些思想都在为一个轮廓清晰的主权国家概念之成形推波助澜——也就是说,朝向一个对主权国家的定义,其核心在于：来自永恒至高之处的自治权；高悬于其边界以内每个个体头上的权威。另外还有一种出现于 5 世纪,并在其后的岁月里日益获得应用的思潮；这种思潮倾向于轻视抽象思想,重视对政府实际运作方式的评论和思索。身为一名英国法官的约翰·福特斯鸠爵士(Sir John Fortescue,约1394—1476)就曾在其论文中对英国和法国的政府进行比较,并以务实的态度向统治者们提供治国之策。从他身上,我们可以看出当时盛行的经验主义的痕迹。他的著作可以视作马基雅维利那部统治者指南——《君主论》——的先驱。

结语

进入 16 世纪之后,由弗朗西斯科·彼特拉克发起的人文主义运动将会立即迎来其高峰,这场运动中最伟大的作品纷纷诞生：1509 年有德西德里斯·伊拉斯谟的《愚行颂》(*The Praise of Folly*),1513 年有马基雅维利的《君主论》,1516 年有托马斯·莫尔(Thomas Moor)的《乌托邦》(*Utopia*),1528 年有巴达萨尔·卡斯提莱尼的《廷臣论》(*Book of the Courtier*),还有列奥纳多·达·芬奇(Leonardo da Vinci,1452—1519)的伟大作品,等等。与此同时,当尼古拉斯·

哥白尼（Nicolaus Copernicus，1473—1543）的《天体运行论》（*On the Revolution of the Heavenly Spheres*）和安德莱阿·维萨留斯（Andreas Vesalius，1514—1564）的《人体的构造》（*The Structure of the Human Body*）同时于 1543 年发表之后，科学研究也开始加速发展。在这两部诞生于 1543 年的著作中，前者是对日心说的数学阐释，后者则用解剖的方式增进了对人体的了解。另外，当然还必须提到马丁·路德在 1517 年推动的宗教改革，他向天主教教会的教义提出挑战，并最终创立了以"新教"为名的教派。

以上都是具有决定意义的事件，它们的出现并不突兀，而它们其实也并不代表前中世纪时代的"复兴"或"重生"。相反，这些关键事件的发生，恰恰正是以中世纪为历史基础的。所以如果我们说"没有彼特拉克就没有伊拉斯谟"，或"没有乔托就没有列奥纳多""没有奥卡姆就没有哥白尼""没有威克里夫和胡斯就没有路德"，那绝不是在夸大其词。在 16 世纪早期那些富有创造性的欧洲人身上，固然是有一种崭新而"现代"的思想在发生作用，但这并不能否认，很多中世纪的方法、风格以及思维习惯，正是他们创造力的源头。

此外，在除智力和艺术领域外的很多地方，公元 1500 年前的欧洲，都为未来那个被我们称作"现代早期"（约 1500—1800）的时代提供了原型或模板。在西欧，许多中世纪晚期农民已然摆脱了农奴身份，他们的生活比以往任何时代都好，而他们的眼界也比以往任何时代都宽。在欧洲全境内，商业再度兴旺发展起来，城市繁荣，人口增长。有更多的人接受教育，而这些人又为由新兴的印刷术生产的廉价书籍提供了广阔的市场。其他新的发明和进步——火药、水泵、眼镜、机械钟表——也正在改变着人们的生活。一度梦想在整个天主教世界建立统治的教皇，此时的势力范围只剩下罗马附近的一个小小公国而已。英国、法国、西班牙、俄国各自建立了稳定的中央集权政府，它们正大步走在通往主权国家的道路上。此时此刻，欧洲的船只已经触到了美洲及印度的岸边，而葡萄牙的商人，则正在从来自非洲海岸的商船上卸载货物。公元 1500 年左右，从饥荒和瘟疫中幸存下来的中世纪人已经完成欧洲的重建工作，一个崭新的欧洲，正走在与世界其他部分相聚会的途中。

专业术语表

下面是一些关于中世纪的专业术语的解释。这些术语第一次在本书中出现时都加了粗体,这样您就可以知道应该去查一下这些词。

如果您在这里查不到某个词,也可以:① 查"索引",其中包含很多在正文中出现的、未纳入术语表中的主题(和词组);或者② 查字典,您可以从中查到其他未包含于此的词组,比如,如果您不确定"Balkans"或者"Iberia"的含义,字典会帮助您。

为方便交叉引用,下列术语的解释中出现的其他术语用斜体标出。

A

abbey(修道院)　一个修道团体,由修道院院长管理。修道院和小修道院(priory)不同的是,修道院更大或者有更多的自治权,或者两者皆有。也可参见"*教团(monastic orders)*"。

Albigensianism(阿尔比教派)　中世纪异教派清洁派(*Catharism*)的另一个名称。

anti-clericalism(反教权主义)　反对教士阶层统治的立场。在中世纪,反教权主义意味着反对教士的贪欲和恶劣品行,教士在主持圣事(*sacraments*)时的特权,或以上两者。

apanage(封禄)　法国国王给自己家族成员的封地,通常是王室领地的一部分。

apprentice(学徒)　在某一个行当接受训练的年轻男性(偶有年轻女性)。参见熟练工(*journeyman/woman*)。

Arians(阿里乌斯派)　早期基督教异端,认为圣三一是三个不相等的实体。请不要把这词和纳粹所谓的雅利安人种(Aryan)混淆起来。

artisan(工匠)　技巧成熟的手艺人,比如金匠或鞋匠。

B

bailiff(执行官)　广而言之,就是一块采邑的主要行政官。另一个特定的含义是法国国王腓力二世(1180—1223 年在位)所设的一个王室官职。腓力二世和他的继任者用它来增加王室领地以外的收益。参见郡长(*sheriff*)和行政官(*ministerial*)。

barbarian(蛮族)　总的来说,就是一个希腊语词汇,指不说希腊语的民族。本书所使用的一个特定含义是指最早定居在罗马帝国境内的民族,包括西哥特人、东哥特人、汪达尔人、法兰克人、撒克逊人、盎格鲁人、朱特人(Jutes)等。也可参见*日耳曼(Germanic)*。

beguines(贝居因修女)　生活在宗教团体内,但是不受宗教保护或规则限制的女性。贝居因修女和贝居因修会在 13 世纪的西北欧城市里非常受欢迎,但在 14 世纪早期被教会镇压。

bishop(主教)　源自希腊语的"监督者"。主教是一个主教管区(*diocese*)的首席神父,位列管区内所有教士之上。主教的职责包括教牧关怀和道德指引。

burgess(burgher)(市民)　一个城镇的市民。并不是一个城镇所有的居民都是市民,市民通常指最富裕、最有势力的城镇居民。

C

caliph[哈里发(政权)]　源自阿拉伯语的"继任者"。哈里发在穆罕默德死后继任了他在伊斯兰世界世俗领导和宗教领袖的职位。随着时间的推移,这个词被用来指代伊斯兰世界内不同政治实体的领袖,比如埃及的法蒂玛哈里发政权和科尔多瓦哈里发政权。

canon(法规、教士)　源自古希腊语的"标准"("standard"或"criterion")。"canon"一词在中世纪有多重含义,包括:① 教会的法令、法律[因此有教会法(*canon law*)一词];② 从事俗世工作,但是通常在教堂过着半修道生活的教士,通常是和大教堂相关(女性被称为"canonesses");③ 作形容词时,相当于"权威的",正如用于 7 个"祈祷时刻"(canonical hours)或穿插在每天修道生活的圣事事务。

canon law(教会法) 教会的法律。

capitulary(法令集) 查理曼(768—814 年在位)及其后人颁布的法律和规章,在查理曼帝国时期有效。

cardinal(红衣主教) 11 世纪时创立的教会职位。红衣主教有选举教皇的权力。红衣主教可以是任何教职的荣誉职位。

Catharism(清洁派) 中世纪中期一个*两神论*(dualist)异端。也被称为*"阿尔比派(Albigensianism)"*。

cathedral(大教堂) *主教*(bishop)的主教堂,通常位于他的*主教管区*(diocese)的中心城市。

cathedral schools(教堂学校) 教堂附设的学校。和修道院学校不同的是,教堂学校开在城市里。教堂学校在北部比较常见,在南部则多为市立学校;两者都是 11 世纪时教育普及的一部分,直接导致 12 世纪时第一批大学的出现。

catholic(天主的、天主教教徒) 总的来说,意为"普遍的,全体的"。一个特定的意思是指向罗马教皇寻求精神指引的中世纪基督徒,因为罗马教皇宣称对全体基督徒拥有威权。东方的*东正教教徒*(orthodox)拒绝承认罗马教皇的权威。两派的分裂在 1054 年教皇利奥四世(1049—1054 年在位)和君士坦丁堡宗主教米哈伊尔·塞如拉乌斯(1043—1058 年在位)互相开除教籍时达到高潮。16 世纪时,西方基督教会在新教徒的压力之下再次分裂,"天主的"一词就又有了新的意义。但在整个中世纪,"天主的"一词指的是所有西方正统基督教教徒的信仰。

chansons de geste(武功歌) 字面意思就是"颂扬伟大事迹的歌"。这类史诗在 11—12 世纪的法国贵族中间特别流行。

charter(特许令) 一种记载着赠予、授予、买卖或其他事务的笔头文件。

Christendom(基督教界、基督教世界) 字面意思是"基督教徒的地区",指的是查理曼统治的地方。在此后的几个世纪里,基督教世界一词对许多中世纪基督徒来说带上了很强的意识形态力量,演变为几乎相当于"欧洲"的代名词,用来指代这块土地上一个统一的基督教社会这个宏伟蓝图。

church(教堂、教会) 总的来说,就是指一个敬拜上帝的地方。本书中的大写"Church"有一个特定的意思,就是指以罗马教皇为首而建立起的中世纪教会制度。

clergy(cleric)(教士、教士阶层) 参见"非修会圣职人员(secular clergy)"和"修会圣职人员(regular clergy)",也可参见"平信徒、外行、俗人(laity)"。

comitatus(扈从队、扈从军) 蛮族战斗团队,由一个首领统率,其成员都对首领绝对忠诚。扈从队里对人际关系的约束是*封建主义*(feudalism)的前身。

common law(习惯法) 习惯法在 12 世纪的英国发展起来,有两大特点:① 它是国王制定的法律,对统治地区内所有人都有效;② 它的基础是*习俗*(custom)和惯例,而不是法令。

communal movement(自治运动) 中世纪中期时城镇为争取自治权而发起的斗争。这些运动的领导人通常是参与集体宣誓的市民。因为获得自治的形式是由政府颁布*特许令*(charters),自治运动也被称为"特许令运动"。

commune(自治体) 获得自治*特许令*(charter)的政治区域。11—12 世纪的许多城市都获得了特许令。有少数农村也组成自治体。参见"*行会*(guild)"和"*自治运动*(communal movement)"。

compurgation(立誓免罪) 用宣誓的形式证明犯罪嫌疑人无罪。

conciliar movement(宗教会议运动) 中世纪晚期(约 1378—1449)的一个宗教运动,其目的是使宗教会议(councils)而不是*教皇*(popes)成为*教会*(Church)的最高权威。

cortes[(西班牙、葡萄牙等地的)议会] 伊比利亚半岛基督教国家的全民代表大会。参见"*三政会*(diet)""*三级会议*(Estates General)"和"*议会*(parliament)"。

councils(宗教会议) 在中世纪历史的特殊语境下,这个词是指教会官员的会议。最早的一次宗教会议于 325 年在尼西亚召开,会上明确了基督教教义的基本问题。在中世纪中期,宗教会议是教皇实现其君权的有力工具,特别是在 1215 年的第四次拉特兰宗教大会上。在中世纪晚期,宗教会议曾短暂地成为挑战教皇权威的机构。参见"宗教会议运动(conciliar movement)",也可参见"地区宗教大会(synod)"。

courtly love(典雅爱情) 用来描述 12 世纪法国文学中男女之间浪漫爱情的现代词汇。

crusader states(十字军国家) 第一次十字军东征全面胜利之后,十字军战士建立起来的四个国家:埃德萨伯爵领地、安提俄克公国、的黎波里伯爵领地和耶路撒冷王国,其中耶路撒冷国王理论上统治着其他三国。

curia(法庭、会议) 拉丁语的"法庭",专指最高法庭或最高会议,例如"*御前会议*(curia regis,即国王

G3

的最高议庭)"和"罗马教廷(*papa lcuria*)"。

curia regis(御前会议)　英国国王的法庭或会议。从高官权贵向国王进谏的制度里,诞生出英国议会(*parliaments*)中的一些功能。

custom(习俗)　由于长期有效而成为法律的做法、实践。基于习惯的法律和基于法令的法律正相反,其效力来自过去的实践:过去怎么做,现在也应该怎么做。参见"习惯法(*common law*)"。

D

demesne(领地)　总的来说,是指领主直接留作自用的土地,与分配给佃农、封臣和其他人的土地相对。在一块采邑(*manor*)里,领地指的是其产出的利益完全归领主(*lord* 或*lady*)所有的土地。在一个国家里,王室领地由君主直接控制。

diet(三政会)　源自拉丁语的"天",指日耳曼诸国的国事大会。参见"(西班牙、葡萄牙等地的)议会(*cortes*)""三级会议(*Estates General*)"和"议会(*parliament*)"。

diocese(主教管区)　主教(*bishop*)监管的区域。另见"宗座(*see*)"。

domestic proselytization(通婚劝皈)　由历史学家简·舒伦堡(Jane Schulenburg)创造的词,指通过婚姻(特别是王室联姻)的形式,基督教女子让异教男子皈依基督教的做法。

double monastery(男女修道院)　修士和修女在一起修行的修道院。在中世纪早期,这样的修道院通常由女院长管理。大多数男女修道院最终演变成单一性别的修道院。在中世纪中期,新型的男女修道院兴起,以方便能够主持圣事(*sacraments*)的男性在女修道院里帮助修女完成圣事。

dualism(二神论)　一种强调善恶这两种相对力量互相斗争的哲学或宗教,例如波斯的琐罗亚斯德教和中世纪中期的清洁派(*Cathar*)异端。

E

ecclesiastical(基督教会的)　与教会相关的体制机构。

Estates General(三级会议)　法国的国民代表大会,由"美男子"腓力首次召开。也可参见"(西班牙、葡萄牙等地的)议会(*cortes*)""三政会(*diet*)""议会(*parliament*)"。

Eucharist(圣餐)　用来纪念最后的晚餐的基督教圣事(*sacrament*)。根据由1215年的第四次拉特兰宗教大会通过的圣餐变体教义,圣餐里的面包[圣饼(*Host*)]的酒在弥撒中变形为基督的身体和血液。13世纪时,人们在复活节约两个月之后的圣体宴里庆祝这项奇迹的发生。

excommunication(绝罚)　开除出教会团契。中世纪神学家认为教会的圣事(*sacraments*)是救赎的基础,因此开除教籍也就意味着永久的诅咒。也可参见"宗教禁令(*interdict*)"。

F

fable(寓言)　一种城市文学体裁,其中的人物都用动物来比喻。中世纪寓言中,当属列那狐最为出色,它是一只足智多谋、肆无忌惮,几乎让所有碰到它的人都受了一番羞辱的狐狸。

fabliaux(市民文学)　关于市民生活的故事,充满了讽刺、性和喜剧情节。

fallow(休耕地)　没有耕种的地,特别指留空等待土壤恢复肥力的地。在三地轮耕制(*three-field system*)里,每一块地每三年轮空一次。

family church(家族教堂)　由一个家族建立的教堂或修道院,被视作这个家族的财产的一部分。这些家族会继续投资教堂并保护之,同时也希望能够由自己任命其神父,有时也控制其所拥有的资源。参见"俗世授职(*lay investiture*)"。

family monastery(家族修道院)　参见"家族教堂(*family church*)"。

feud(世仇)　长期的严重争端,通常是在两个家族或派系之间。

feudalism(封建主义)　一个现代词汇,用来描述中世纪中期和晚期的一种保持军事精英权力的政治、军事和社会习俗。也可参见"采邑制(*manorialism*)"。

fief(封地)　领主期望封臣效劳于己(通常是军事方面),而对封臣的赠予(通常是一份地产,有时候是官职或年俸)。封地原先只是终身所有,但很快变成了世袭的。

free peasant(自由农)　与农奴(*serf*)、奴隶(*slave*)相对,指一个能够迁居、做工、结婚以及做出其他自由决定而不需要征得领主同意的农民。

friar(行乞修道士)　13世纪早期成立的多明我会或圣方济各会的修士。行乞修道士不必守在一座修道院里,他们行走于整个欧洲,担任布道师、宗教裁判官和教师等职务。行乞修道士也被称作托钵僧(*mendicant*),因为他们依靠托钵化缘为生。加尔默罗会(Carmelite)和圣奥古斯丁修会也有行乞修道士。

G

German, Germanic[日耳曼(的)]　今指现代德国的人和语言。用于中世纪史,指的是后来在罗马帝国境内定居的边境部族——西哥特人、东哥特人、汪达尔人、法兰克人、撒克逊人、盎格鲁人、朱特人等。但是罗马人很少称他们为"日耳曼人"，他们更喜欢用蛮族(*barbarian*)一词。另外，这些部族说的语言并不全是今天德语的前身，他们的国家也没有全都演变为当今德国的一部分。参见"神圣罗马帝国(*Holy Roman Empire*)"。

gloss(注释)　对一个文本的批注，最初由法律注释家写在书页边上。这种注释加上后来对注释的注释，是经院哲学(*scholasticism*)研究的一个重要方法。

Gothic(哥特式)　源自 12 世纪法国的一种建筑风格，其特点是使用飞扶壁(flying butress)、尖顶的拱形结构和肋架拱顶。

guild(行会、协会)　总的来说，就是人们因某种共同目的而聚成的社群，例如 11—12 世纪时从城镇统治者那里争取特许令(*charters*)的行会，[这些组织也被称为*自治体*(*communes*)。]另指中世纪大学里学生或教员组成的协会，或者协助地方宗教活动的教区协会(confraternities)。一个特定的意思是指城市里贸易和手工行业监管培训、产品质量和货物买卖的组织。

H

hagiography(圣徒传)　基督教文学中很流行的一种体裁，记录圣徒的生平。

heretic(异端)　所持信仰偏离其宗教并且坚持自己信仰的人。注：犹太人和穆斯林作为非基督徒，并不被中世纪教会视作异端，因而不在宗教裁判官(*inquisitors*)司法权的范围之内。对中世纪基督徒来说，犹太人和穆斯林是无信仰者(*infidels*)。

Holy Roman Empire(神圣罗马帝国)　这个名称虽然在 12 世纪才开始有特指意义，但它一直指的是奥托一世之后的日耳曼帝国。奥托一世(936—973年在位)在公元 962 年加冕为皇帝。奥托的继任者们由长子继承或选举登上皇位，但他们作为皇帝需要经过教皇的加冕。神圣罗马帝国在其漫长历史中，最终演变为一个松散的网络，差不多是被日耳曼地区的自治国家给推翻了。

Host(圣饼)　参见"圣餐(*Eucharist*)"。

household(家庭，家族)　大致地说，是指一群住在一起、共享劳动和产出的人。和现代"家庭"(family)不同的是，它还包括了仆人和付薪的劳工，甚至还有住客。

humanism(人文主义)　一场最早起源于弗朗西斯科·彼特拉克(1304—1374)的学术运动，强调：① 对古典时期的崇敬，② 对文学、艺术和历史教育的重视，③ 对人类潜力的乐观评价。

I

icon(圣像)　圣人的画像。在 8 世纪的拜占庭，"圣像破坏主义者"想要毁掉这些圣像，因为他们害怕人们会把神力归结到圣像头上。"崇拜圣像主义者"想要保留圣像，因为他们认为圣像是激发沉思的好工具。

infidel(无信仰者)　字面意思是"没有信仰的人"。这是中世纪基督徒给犹太人和穆斯林贴的标签。也可参见"异教徒(*pagan*)"。

inquisitor(宗教裁判官)　教会官员，通常是方济各会行乞修道士(*friar*)，由教皇授权搜寻、惩罚异端(*heretics*)。

interdict(宗教禁令)　一种群体绝罚(*excommunication*)行为，在一个特定的地区禁止一切宗教仪式和圣事(*sacrament*)，也就是说，不能给婴儿洗礼，不能举办婚姻，不能符合规矩地埋葬死者，以及许多别的禁令。

itinerant judges(巡回法官)　英国特有的官种。巡回法官在乡村游走，将国王的司法权力传递到国王无法亲自到达的地方。

J

journeyman/woman[(男女)熟练工]　结束学徒期，但尚未建立独立的店铺成为师傅(*master* 或 *mistress*)的人。熟练工的工钱按天来计。(法语写作"journée")

K

knight(骑士)　经训练、配武装的骑马作战的战士。许多骑士——但并不是全部——都是封臣(*vassals*)。在中世纪中期整个过程中，对骑士的训练——作男侍(page)和骑士随从(squire)阶段——变得更为繁复，男性全副武装并成为骑士的仪式也更为复杂。

L

lady(女主人)　由于维多利亚时代的文化影响，我们现在把"lady"这个词和温婉文雅的女性形象联系在一起，意思是"女士"。然而，在中世纪，"lady"指的是女主人，是一个有权力的女人，不论是对一块采邑的权力，还是对封臣，甚至是在一个国家的统治权。参见"领主(*lord*)""封臣(*vassal*)"和"女主人、女师傅(*mistress*)"。

laity(平信徒、外行、俗人)　一般指没有专业知识和兴趣的人。在中世纪史的语境下，这个词专指不在教会内从事专职的人。关于教会专职人士,参见"修会专职人员(regular clergy)"和"非修会专职人员(secular clergy)"。

lay investiture(俗世授职) 严格地说,指俗世人士授予圣职人员其教会官职象征物的做法。大致地说,是指俗世人士对教会职员选举的控制。参见"家族教堂(family church)"。

legate(教廷使节、教皇的使节) 通常指具有能代表教皇采取行动的大权的大使。

lord(领主、统治者) 可用于很多语境,"领主"其实就是一个主人,一个对别人享有权威的男性,例如作为采邑主、封建主、国王、主教或别的人物。也可参见"女主人(lady)""封臣(vassal)"和"家长、师傅(master)"。

M

magnate(权贵) 一个特别富裕或特别有影响力的贵族,通常能够直接接触到国王的人。一个国家最大的贵族(nobles)即权贵。

manorialism(采邑制) 一种通过农奴(serfs)和自由农(free peasants)的劳动来支撑地主阶级的经济制度。一块"采邑"指一块地产,包括土地和在土地上劳作的人。而且,由于采邑通常有自己的法庭和执行官,它除了作为经济单位之外,也是一个司法单位。参见"封建主义(feudalism)"。

master(家长、师傅) 对城市居民和农民阶级来说,指的是一个家族(household)的男性首领。在城市行会里,这个词指的是一个有自己的工作间或营生的男性,他手下可能有学徒(apprentice)和熟练工(journeyman/woman)一起工作。从这个词最终派生出今天的"先生"(Mr.)这个称呼。参见"女主人(mistress)"和"领主(lord)"。

mendicants(托钵修士) 参见"行乞修道士(friars)"。

military orders(军人修会) 在十字军运动期间发展起来的修会,将作战技巧和修道生活的活力结合了起来。最强大的军人修会有圣殿骑士团、医护骑士团、条顿骑士团(活跃于波罗的海)和圣地亚哥骑士团(致力于和伊比利亚的穆斯林作战)。

ministerial(行政官) 为神圣罗马帝国皇帝工作的低出身骑士,职能是保护皇帝在日耳曼诸王国的利益。也可参见"执行官(bailiff)"和"郡长(sheriff)"。

missi dominici(监察使) 查理曼用来在广阔的疆域范围内加强自己统治的信使。监察使通常成对出游,其中一人是教会官员,另一人是世俗人士。参见"行政官(ministerial)""执行官(bailiff)"及"郡长(sheriff)"。

mistress(女主人、女师傅) 对城市居民和农民阶层来说,这个词等同于"lady",指一个家族的女性领袖甚至是一份营生的拥有者。从这个词最终派生出今天的"女士"(Mrs.)称呼。参见"家长、师傅(master)"。

monastic orders(修团、修会) 由① 共同的*修院规则*(monastic rule)或② 正式的行政、统治结构而联结在一起的一群修道院。第二类中,最早的一个是克鲁尼修会,其中克鲁尼修道院是其主*修道院*(abbey),其他小修道院(priory)都受克鲁尼修道院控制。

monastic rules(修院规则) 对修行生活做出的规定和引导。最重要的修院规则是努西亚的圣本笃编写的会规。参见"修团、修会(monastic order)"。

monastic schools(修院学校) 早期的修道院通常还设有学校;公元 789 年查理曼颁布法令集之后,修道院学校地位骤升。查理曼命令每座修道院都必须提供教育。许多修道院学校除了培养修士修女之外,还培养修道院之外的学生。后来,在男性教育方面,修院学校渐渐被*教堂学校*(cathedral school)和大学(university)取代,但在女性教育方面仍然发挥着重要作用。

mystery plays(神迹剧) 由城市行会(guild)举办上演的戏剧,讲述《圣经》故事。整个神迹剧系列由创世记开始,到末日审判结束。

mystery religions(神秘教派) 古时宣扬信徒必能得到神秘启示的宗教和教派,强调信徒个人的信仰发展与救赎。

mysticism(神秘主义) 人类和神圣间的直接交流。基督教神秘主义者试图通过祈祷、沉思和其他方式来开启这种神秘的体验。在中世纪伊斯兰世界,苏菲派信徒是最早的神秘主义者。在犹太教,犹太神秘教派是人与神进行神秘结合的主要途径。

N

Neoplatonism(新柏拉图主义) 柏拉图哲学的扩展,特别是 3 世纪哲学家普罗提诺(205—270)的理论。他教导说,一个全能而不可知的神,只有通过神秘体验才能接近。对新柏拉图主义者来说,人类灵魂应该通过神秘主义来回到神的完美状态。

noble(贵族) 骑士中的上层阶级,与其他骑士的不同点在于其出身高贵,有财有势。

O

oblation(奉献) 泛指礼物。特指将儿童献给修道院,由其培养成修士或修女的行为。教会并不支持此举,而奉献儿童行为也在中世纪中期彻底消失。这个词也指教区信众给神父的礼物,感谢他主持婚礼、葬礼和其他圣事。

open fields(敞地) 村庄周围的土地,分成条地(*strips*),由佃农耕种。由于没有篱笆隔开每块条地,因此被称为"敞地"。

orthodox(正统的、正派派) 泛指宗教权威认定的"正确观念"。参见"异端(*heresy*)"。大写时特指东正教(主要在希腊、俄罗斯、塞尔维亚等地)。

P

pagan(异教徒,无信仰者) 泛指没有宗教信仰的人,特别是中世纪基督徒对犹太人和穆斯林的称呼。也可参见"无信仰者(*infidel*)"。特指信仰多神教者,例如信仰古罗马的神明。

papacy(教权,教廷) 教皇(*pope*)的权力和职位。

papal bull(教皇诏书) "诏书"泛指印有蜡封的文件。教皇诏书指印有教皇专用蜡印的诏书。

papal curia(罗马教廷) 教皇(*pope*)的法庭和行政体。

parish(教区,堂区) 教会组织结构中最小的地理单位,是公众敬神活动的最小单位。一个教区理论上拥有一座教堂和一个处理教区中所有宗教事务的神父。

Parlement[(法国)最高法院] 法国的一个重要司法机构。法国的民众代表大会被称为三级会议(*Estates General*)。

parliament(议会) 英国的民众代表大会,在 14 世纪时,由大领主(俗世和教会都有)、郡县骑士代表和市民代表组成。参见"(西班牙、葡萄牙)的议会(*cortes*)""三政会(*diet*)"和"三级会议(*Estates General*)"。

patarenes(拾荒者) 在 11 世纪的米兰,拾荒者与教会改革家结成同盟,反对忠于皇帝的城市商人和主教。因为拾荒者也集体宣誓过,他们的运动是伦巴底和其他城市寻求更大自治权的*自治运动*(*communal movement*)的前身。

pontificate(教皇任期,教皇任职) 一个教皇(*pope*)统治的一段时间或其任职。

pope(教皇) 罗马主教,天主教徒(*Catholic*)认为他是圣彼得的继任者,是所有基督徒的真正领导。

prelate(高级教士) 职位较高的教会职员,例如主教和男修道院院长。女修道院院长有时被列入高级教士,但经常不被列入。

primogeniture(长子继承制) 由长子继承遗产的做法。

prince(王子) 特指国王的儿子。本书中用的是泛指意义,即一个地区的主要统治者,无论男女。

priory(小修道院) 由小修道院院长管理的修行团体。小修道院有时在更高一级的修道院(*abbey*)统治之下,但有时只是一个较小的独立修行团体而已。在一些特别大的修道院,小修道院院长(prior 或 prioress)并不主管某一个小修道团体,而是修道院院长的副手。也可参见"修团、修会(*monastic orders*)"。

Q

quadrivium(四艺) 自由技艺的一部分,指数学、音乐、天文、地理四门学科。自由技艺的另一部分称为"三学(*trivium*)"。

R

regular clergy(修会圣职人员) 加入修道团体的教会职员,也就是说,都是修士或修女。参见"修院规则(*monastic rule*)"和"非修会圣职人员(*secular clergy*)"。

relic(圣物) 因和圣人或其他宗教人物有关而受到敬拜的物品。通常认为圣物有能够产生奇迹的力量。

ritual murder(仪式谋杀) 指 1144 年从英国诺福克郡散播开的一个谣言中犹太人犯下的罪行,由此引起对犹太人的大规模迫害。谣言称,犹太人谋杀了信仰基督教的小男孩,其手段相传是模仿基督被钉上十字架上的刑罚。

romance(传奇) 12 世纪出现在法国的一种文学体裁。传奇文学将主人公的英雄事迹安排在古代或更早的传说时期,讲述武士们的伟大功绩和典雅爱情(*courtly love*)。

Romanesque(罗马风格) 12 世纪前的主要建筑风格,其特点是圆形的拱门和由厚墙、立柱支撑的石制屋顶。

S

sacrament(圣事) 将上帝的恩惠传达给接受者的宗教仪式。在 1215 年的第四次拉特兰宗教大会上,西方基督教会的圣事被规范为七种:洗礼、坚信礼、圣餐礼、忏悔礼、婚礼、终傅圣事和授职礼。因为圣事由神父主持,并且是获得救赎的根本,因此掌握圣事在中世纪是基督教会的基本大权之一。参见"反教权主义(*anti-clericalism*)""绝罚(*excommunication*)"和"宗教禁令(*interdict*)"。

saint(圣人) 泛指神圣的人。特指被教会权威正

G8

式承认的圣人。按惯例,活着的人都不是圣人。神圣性是对一个人身前功绩的追认。

schism[(宗派)分立]　分裂,特别指宗教上的分裂。中世纪的两次最重要的宗教分裂发生在 1054 年(东正教和天主教的分裂)和 1378 年[两个(后来演变成三个)教皇继任人之间的分裂]。

scholasticism(经院哲学)　一种哲学体系,阿奎那的著作是其制高点。经院哲学运用理性来化解不同权威之间的分歧,从过去的众多繁杂的著作和观念里创造出一套和谐有序的学术系统。他们的研究方法包括仔细研读著作、尊重过去的权威和逻辑思考。

scriptorium(文书房)　修道院里供修士修女抄写手稿的地方。

secular(俗世的,世俗的)　与世界有关,和精神及宗教相对。

secular clergy(非修会圣职人员)　和必须遵守修院规则的修会圣职人员(*regular clergy*)相反,非修会圣职人员在俗世工作,照顾到平信徒(*laity*)的宗教需求。大多都受到正式任命,有权主持弥撒和圣事(*sacrament*)。

see(宗座)　源自拉丁语的"座位"(seat),宗座指主教的主教管区(*diocese*),即他具有司法权威的地区。

serf(农奴)　农奴不能离开他们的采邑;他们必须付劳役租,另外还有各种罚金和费用。农奴和奴隶(*slaves*)及自由农(*free peasants*)都不一样。

sheriff(郡长)　英国官职,是郡与王室行政之间的联系员。和必须完全忠于王室的法国的执行官(*bailiff*)不同的是,英国的郡长是本地人,会在当地利益和为王室的职责之间寻求平衡。也可参见"行政官(*ministerial*)"。

simony(贩卖圣事)　买卖教会官职的行为,为 11 世纪时格里高历改革所禁止。

slave(奴隶)　奴隶的生命完全受其主人控制。中世纪时,奴隶制已不如古代或现代欧洲早期那么昌盛。也可参见"农奴(*serf*)"和"自由农(*free peasant*)"。

sovereignty(主权)　政府的权威,特别是不受敌对管辖权牵涉的权威。敌对的管辖权,在外部包括国际性组织(比如教会)的权威,在内部包括独立组织(比如独立城邦或独立公国)的权威。

steward(督事)　采邑上的官员之一。督事有时等同于执行官(*bailiff*),即一块采邑的主要官员。但有时候督事可以监管几块采邑,这样,他就监管着几个执行官。

strip(条地)　敞地(*open field*)里的窄条形土地。村庄里的每个家庭都可能耕种每块敞地里的其中一块条地。

synod(地区宗教大会)　教会官员召开的会议,与教会的宗教会议(*councils*)不同,地区宗教大会通常只召集一个地区或一个国家的教会官员。

T

tertiary orders(第三会)　多明我会与方济各会附设的世俗修会。第三会在 1289 年得到教会认可,成员在行乞修道士(*friars*)的指引下做祷告、举行圣礼,同时仍然过着家庭生活,处理种种世俗杂务。

three-field system(三地轮耕制)　三块地上轮流耕种的农耕方法:一块地冬种,一块地春种,另一块地留空。

tithe(什一税)　每个基督徒必须向教会缴纳其收成的十分之一的规定。从中世纪中期开始,这种税为了支持教区教堂和神父的需要,已经形成既定规矩。

toll(通行税)　使用公路、过桥,甚至在贸易时交的税。城市居民反对缴纳通行税,而城市特许令(*urban charter*)最终让他们免交此税。

trial by ordeal(神明裁判)　一种审判形式,源自蛮族(*barbarian*)法律,依靠神意来判决嫌犯是否有罪。

trivium(三学)　语法学、修辞学、逻辑学。与四艺(*quadrivium*)合为中世纪学校和大学教育的七门自由技艺。

U

urban charter(城市特许令)　授予一座城市自治权的文件。参见"自治体(*commune*)"。

usury(高利贷)　有利贷款。此举为中世纪教会所谴责。

V

vassal(封臣)　效忠于封建主、对他忠诚的骑士,他们获得的报偿通常是封地(*fief*)。

vernacular language(地方语言)　一个地区的本地语言或母语。在中世纪,拉丁语是一切文艺和研究的主宰语言,但在中世纪中期时,地方语言文学开始兴起。

Vulgate Bible(拉丁《圣经》)　圣哲罗姆翻译的拉丁语《圣经》。在中世纪时一直是《圣经》的标准文本。

W

wergild(赎杀金)　对受害者或其家庭的赔偿。这种解决争端的方式在蛮族(*barbarian*)部族里很常见。

索 引

（索引中数字为英文原版书页码，即本书边码。）

页码标注 G 的指"专业术语表"。

图书在版编目(CIP)数据

欧洲中世纪史 : 第 11 版 / (美)朱迪斯·M. 本内特
著 ; 林盛, 杨宁, 李韵译 .— 上海 : 上海社会科学院
出版社, 2021
书名原文 : Medieval Europe : A Short History
(Eleventh Edition)
ISBN 978 - 7 - 5520 - 3362 - 5

Ⅰ.①欧… Ⅱ.①朱… ②林… ③杨… ④李… Ⅲ.
①欧洲—中世纪史 Ⅳ.①K503

中国版本图书馆 CIP 数据核字(2021)第 050665 号

欧洲中世纪史(第 11 版)

著 者:[美]朱迪斯·M. 本内特
译 者:林盛 杨宁 李韵
责任编辑:张晶
封面设计:夏艺堂
出版发行:上海社会科学院出版社
    上海顺昌路 622 号 邮编 200025
    电话总机 021 - 63315947 销售热线 021 - 53063735
    http://www.sassp.cn E-mail:sassp@sassp.cn
排 版:南京展望文化发展有限公司
印 刷:上海新文印刷厂有限公司
开 本:710 毫米×1010 毫米 1/16
印 张:29.75
字 数:513 千字
版 次:2021 年 7 月第 1 版 2024 年 4 月第 7 次印刷

ISBN 978 - 7 - 5520 - 3362 - 5/K·600   定价:88.00 元
审图号:GS(2021)57 号